PERSISTANCE
ET MÉTAMORPHOSE
DU SACRÉ

DU MÊME AUTEUR

1958 *Fuerza y flaqueza de la religion*, Barcelona, Herder. (Traduction et adaptation espagnoles de B. Häring, 1956, *Macht und Ohnmacht der Religion*, Salzburg, Otto Müller.)

1969 *La sociologie de la religion chez Max Weber. Essai d'analyse et de critique de la méthode*, Louvain/Paris, Nauwelaerts.

1974 *Le renouveau communautaire chrétien au Québec. Expériences récentes*, Montréal, Fides (en collaboration).

1986 *Religion et culture au Québec. Figures contemporaines du sacré*, Montréal, Fides (en collaboration).

SOCIOLOGIE D'AUJOURD'HUI
COLLECTION DIRIGÉE PAR GEORGES BALANDIER

PERSISTANCE ET MÉTAMORPHOSE DU SACRÉ

*Actualiser Durkheim
et repenser la modernité*

JOSÉ A. PRADES
Professeur à l'Université du Québec
à Montréal

PRÉFACE DE FERNAND DUMONT

PRESSES UNIVERSITAIRES DE FRANCE

*A Nicole,
al cariño.*

ISBN 2 13 040187 2
ISSN 0768 0503

Dépôt légal — 1ʳᵉ édition : 1987, octobre
© Presses Universitaires de France, 1987
108, boulevard Saint-Germain, 75006 Paris

Sommaire

Préface de Fernand Dumont — 9

Abréviations et signes conventionnels — 13
Remerciements — 15

Introduction — Sacré, humanité, modernité — 17

I
LA QUESTION DE BASE : QU'EST-CE QUE LA RELIGION ?

Chapitre I — Définition de la religion — 33

Questions préliminaires — 34
Une définition préalable ?, 34 – *Une définition scientifique ?*, 39 – *Présupposés idéologiques et pratiques*, 41.

Le grand débat — 44
La catégorie de « surnaturel », 44 – *La catégorie de « divinité »*, 47 – *Appréciation des critiques de Durkheim*, 49.

La définition de Durkheim — 55
Phénomène et système, 56 – *Croyances et rites*, 58 – *Sacré et profane*, 62 – *Magie et religion*, 62 – *L'énoncé de la définition de la religion*, 63.

Chapitre II — **Une définition réelle et substantive**   65

  Une définition réelle   66
    L'état de la question, 66 – *Notre appréciation critique*, 69.

  Une définition substantive   74
    L'état de la question, 75 – *Une avalanche d'interrogations*, 80.

Chapitre III — **Une définition empathique et critique**   85

  Le « sujet » des croyances religieuses   86
    Viser l'intériorité objectivement, 88 – *Comprendre dans une perspective critique*, 91 – *Reconnaître l'efficacité subjective des croyances*, 93 – *Considérer l'aspect individuel et collectif de la vie religieuse*, 95 – *Respecter le caractère spécifique et générique de la religion*, 99.

  L' « objet » des croyances religieuses   103
    Réalité de l'objet des croyances, 103 – *« Transcendance » de l'objet des croyances*, 106.

II

VERS UNE ANALYSE THÉORIQUE DES CONCEPTS DE SACRÉ ET DE RELIGION

Chapitre IV — **Sacré et religion**   119

  Les thèses   120
    Les commencements, 120 – *Les développements*, 128.

  Les critiques   143
    Talcott Parsons : une réaction théorique élogieuse, 143 – *W. E. H. Stanner : une réaction empirique hostile*, 147 – *Intérêt d'une perspective heuristique*, 154.

Chapitre V — **Quasireligion et parareligion**   159

  Le problème du quasireligieux   160
    L'état de la question, 160 – *La position de Durkheim*, 165 – *Appréciation critique*, 168.

  Le problème du parareligieux   171
    Une perspective générale, 172 – *Magie et religion*, 178 – *Appréciation critique*, 186.

Sommaire 7

III
VERS UNE THÉORIE EXPLICATIVE DES ORIGINES DU SACRÉ ET DE LA RELIGION

CHAPITRE VI — **L'explication des origines du sacré et de la religion** 201
  Les principes méthodologiques 202
    Le problème, 202 – *Les principes méthodologiques de base*, 204.
  Explications rejetées par Durkheim 208
    Les objections de Durkheim, 208 – *Appréciation des objections de Durkheim*, 214.
  L'explication proposée par Durkheim 217
    Remarques préliminaires, 220 – *Explication sociétiste du totémisme australien*, 222 – *Corollaire : l'explication sociétiste de la religion*, 236.

CHAPITRE VII — **Appréciation critique du sociétisme durkheimien** 247
  Le problème totémique 248
    La place de Durkheim, 248 – *Le décodage des critiques*, 252.
  L'explication sociétiste des origines de la religion 260
    La ligne de fond, 260 – *La valeur empirique*, 267 – *La valeur théorique*, 272.

CONCLUSION — **La valeur heuristique de la socio-religiologie durkheimienne** 285

APPENDICE — **Emile David Durkheim. Les racines religieuses** 297

RÉFÉRENCES BIBLIOGRAPHIQUES 313
  Références générales, 313 – *Références à l'œuvre de Durkheim*, 330.

Préface

Après nous avoir donné un livre important sur la sociologie de la religion de Max Weber, José Prades nous offre, cette fois, une exacte présentation de la pensée religieuse de Durkheim. On en reconnaîtra sans peine la valeur : la minutie de l'analyse, la précision de la documentation, le souci de considérer de l'intérieur le développement de la réflexion durkheimienne. Je sais que l'auteur élargit aujourd'hui sa recherche à l'ensemble de l'école qui procède de Durkheim et de Mauss ; bien au fait qu'il est par ailleurs des courants allemands et américains, espérons qu'il entreprendra avant peu une histoire de la sociologie de la religion qu'il est éminemment préparé à écrire.

A la lecture de ce livre, on ne manque pas de s'interroger à nouveau sur un phénomène qui touche de près aux raisons mêmes de la croissance de nos disciplines : la prolifération des travaux d'histoire de la sociologie. Ce phénomène n'a pas atteint, semble-t-il, pareille amplitude pour les sciences voisines, du moins dans les pays de langue française. Il y a là un symptôme qui mérite attention.

On peut l'interpréter de diverses manières. Essoufflement ? Temps d'arrêt ? Sans doute. Quand la science fait retour sur sa genèse, il faut y voir d'abord une hésitation quant à ses projets.

Depuis quelques décennies, nous avons connu une extraordinaire expansion de la sociologie. Cela s'est traduit de diverses manières : multiplication des postes d'enseignement, des centres de recherche, des publications ; éclatement en des spécialités de plus en plus diversifiées ; participation des sociologues aux entreprises de régulation sociale ; production de théories générales, malgré les appels de Merton et de plusieurs autres à la tempérance. S'il y a crise actuellement, ce n'est pas par défaut de la recherche ; c'est que nous désespérons de remembrer notre discipline. Nous ne savons plus très bien ce qu'est la sociologie. Et nous ne savons pas mieux ce qu'est la sociologie de la religion : la croyance s'est déportée hors des Eglises pour investir des pratiques, médicales ou psychologiques par exemple ; les frontières n'obéissent guère aux anciennes délimitations et aux anciennes problématiques. Des conventions, universitaires surtout, assurent encore un certain statut au sociologue ; mais les transformations de la société, et de la sociologie elle-même, ne correspondent plus aux critères d'une profession *qui venait à peine d'émerger.*

Aussi, le retour aux classiques, partout observable, procède d'abord de la nostalgie. En deçà des plaisirs de l'érudition, qui ne sont pas négligeables, il y a là le désir de retrouver l'unité perdue, de récapituler un dessein qui s'est égaré en route.

Et voilà qu'à mesure que se poursuit cette inversion de la recherche, nous sommes déconcertés. Nous découvrons qu'il n'y a jamais eu d'unité, que chacun des ancêtres *s'est engagé dans une quête singulière. Les cours d'histoire de la sociologie que nous suivions en nos jeunes années devaient nous rassurer sur le progrès de la discipline dont nous allions censément prendre le relais ; ce n'était que la rationalisation d'un devenir arbitrairement reconstitué pour nous justifier.*

Durkheim est, à cet égard, exemplaire. A vingt ans, lisant les Règles de la méthode, *comment n'aurions-nous pas pensé, malgré des réticences de détail, tenir une garantie ? Les travaux qui se sont multipliés sur Durkheim nous ont montré, au contraire, sous les apparences des belles constructions abstraites, les tâtonnements d'un homme de son temps, interrogé par des problèmes de sa société, et dont la volonté systématique dépendait tout entière de son itinéraire personnel. Bernard Lacroix a décrit, dans un fort beau livre, comment l'orientation de Durkheim vers les problèmes religieux, l'intention des* Formes *élémentaires, furent le résultat d'une crise, d'un drame dans la vie de l'auteur.*

Durkheim avait soigneusement dissimulé sa biographie sous le revêtement de la théorie. Les autres sociologues révèlent mieux leur singularité, à mesure que la sociologie redécouvre son histoire, qu'il s'agisse de Tocqueville, de Pareto, de Veblen, de Weber ou des chercheurs de l'Ecole de Chicago.

Nous sommes renvoyés de la sociologie aux sociologues : à des hommes resitués dans leur époque, affrontés aux interrogations de leur temps et à leurs propres incertitudes, posant les assises précaires d'œuvres dont ils espèrent faire une science sans y parvenir jamais. Les synthèses arrangées selon les canons du progrès sont déroutées, au profit d'un héritage. Le fabricant de sociologie est mis à découvert. Une nouvelle épistémologie s'annonce qui, en deçà des astuces de théories et de méthodes, va nous montrer comment le sociologue prend place par rapport à son objet, et comment il entre en dialogue avec une tradition. Est-il meilleure stratégie pour combattre l'utilisation d'une sociologie anonyme par les entreprises de régulation où le technocrate ne demande pas mieux que des résultats aseptisés, débarrassés des personnes qui les produisent ?

Loin d'être la sclérose d'une discipline vieillissante qui se retournerait sur son passé avec regret, l'attention à l'histoire de la sociologie est l'affirmation d'un recommencement, la preuve de la jeunesse de notre discipline.

On saura gré à l'auteur de ce livre de contribuer à nous en faire souvenir.

Fernand DUMONT,
*Professeur à l'Université Laval,
Directeur de l'Institut Québécois
de Recherche sur la Culture.*

Abréviations et signes conventionnels

Au cours de cet ouvrage, les références bibliographiques sont citées en abrégé : nom de l'auteur (ou des auteurs) suivi de l'année de la publication. Les références complètes (auteur, année, titre, lieu et maison d'édition) se trouvent à la fin du volume.

Les écrits de Durkheim sont cités également en abrégé. En règle générale, la citation se limite à indiquer, entre parenthèses, l'année de la publication, suivie des lettres selon le modèle proposé par Lukes (1972). Les références complètes se trouvent également à la fin du volume. Quelques écrits sont cités comme suit.

Citation abrégée	*Notation de Lukes*	*Titre complet*	*Edition utilisée*
Division	1893 b	*De la division du travail social*	7e, 1960
Règles	1895 a	*Les règles de la méthode sociologique*	17e, 1968
Suicide	1897 a	*Le suicide. Etude de sociologie*	Nouv., 1981
Définition	1899 a (ii)	« De la définition des phénomènes religieux »	Originale
Cours	1907 f	« Cours d'Emile Durkheim à la Sorbonne »	Originale
Formes	1912 a	*Les formes élémentaires de la vie religieuse*	4e, 1960
Morale	1925 a	*L'éducation morale*	Nouv., 1974
Socialisme	1928 a	*Le socialisme*	Retz, 1978
Pédagogie	1938 a	*L'évolution pédagogique en France*	1re, 1938
Physique	1950 a	*Leçons de sociologie. Physique des mœurs et du droit*	1re, 1950
Pragmatisme	1955 a	*Pragmatisme et sociologie*	1re, 1955
Ed. So.	1922 a	*Education et sociologie*	Nouv., 1968

Citation abrégée	Notation de Lukes	Titre complet	Edition utilisée
So. Phi.	1924 a	Sociologie et philosophie	4e, 1974
JS	1969 c	Journal sociologique	1re, 1969
SSA	1970 a	La science sociale et l'action	1re, 1970
T. 1	1975 a	Textes I. Eléments d'une théorie sociale	1re, 1975
T. 2	1975 b	Textes II. Religion, morale, anomie	1re, 1975
T. 3	1975 c	Textes III. Fonctions sociales et institutions	1re, 1975

Les deux points (:) qui suivent ces abréviations ou les chiffres indiquant l'année de parution d'un écrit désigne la page ou les pages d'une référence. Exemples : « Règles : 21-27 », renvoie aux pages 21 à 27 des *Règles de la méthode sociologique*. « Parsons (1973 : 157) » renvoie à la page 157 de l'article de Parsons « Durkheim on Religion Revisited ».

Les crochets ([ ]) qui suivent éventuellement ces abréviations ou ces chiffres indiquant l'année de parution d'un écrit désignent le lieu où nous avons trouvé la citation de référence. Exemple : « 1902 a [*JS* : 316] » c'est dire que la citation tirée de l'article de Durkheim « Sur le totémisme », paru originalement dans *L'Année sociologique*, année 1900-1901, vol. V, p. 82 à 121, se trouve dans l'ouvrage *Journal sociologique*, à la page 316.

Les points entre crochets ([...]) signifient que c'est nous qui avons supprimé quelques mots dans une citation. Exemple : « [...] les mouvements propres des particuliers sont d'autant plus rares que la solidarité mécanique est plus développée », c'est dire que nous avons supprimé quelques mots au début de cette phrase.

Le ou les mots se trouvant entre crochets sont des mots que nous avons ajouté à l'intérieur d'une citation. Exemple : « M. Frazer, n'a pas su reconnaître le caractère profondément religieux des croyances et des rites qui seront étudiés plus loin [dans ce livre]. »

L'astérisque (*) placé à la fin d'un mot ou d'une série de mots soulignés signifie que c'est nous qui soulignons (et non pas l'auteur de la citation). Les mots soulignés non accompagnés de ce signe ont été donc soulignés par leurs auteurs.

Supra et *infra* renvoient, respectivement, à des pages antérieures ou postérieures du présent ouvrage.

Pour citer une référence bibliographique ayant plus de deux auteurs, on citera le nom du principal auteur mentionné, suivi de l'expression *et al.*

Pour citer une référence bibliographique ayant plusieurs auteurs, sans distinguer un auteur principal, on utilisera l'expression *Varii*.

Abréviations courantes : s. : suivants, suivantes ; Univ. : Université, universitaire, university... ; s.d. : sans date.

Remerciements

Ce livre n'aurait pas été possible sans l'aide et l'encouragement d'un grand nombre de personnes.

Je tiens à remercier d'abord celles qui ont lu en tout ou en partie mon manuscrit et qui m'ont prodigué leurs suggestions et leurs conseils. Mes maîtres, Georges Balandier, Henri Desroche, Fernand Dumont, Raimundo Panikkar, Jean Séguy. Mes collègues et amis Philippe Besnard, Maurice Boutin, Michel Carlens, Roland Chagnon, André Corten, Yvon Desrosiers, Normand Lacharité, Jacques Langlais, Michael Löwy, Michel Maffesoli, Guy Ménard, W. S. F. Pickering, Marcel Rafie, Louis Rousseau, Denis Savard et Mme Marie-Blanche Tahon.

Denis Benoît mérite toute ma gratitude pour sa contribution patiente et efficace à la préparation d'innombrables tâches techniques, en particulier la confection et la vérification de fiches et de références bibliographiques. Jacques Cormier, Sylvie Samson et Marcelle Forest m'ont constamment aidé de façon attentive et dévouée dans les travaux de secrétariat et de dactylographie. Sarah Ann Porter a consacré de très longues heures à la transcription informatisée de l'ensemble du manuscrit, avec une compétence et une ténacité remarquables. Je les remercie très profondément. Je remercie également l'Université du Québec à Montréal, son Comité des Publications et son Fonds institutionnel de Recherche ainsi que la Fondation Gérard-Dion, pour leur obligeante aide financière qui m'a permis de bénéficier de ces excellents collaboratrices et collaborateurs.

Qu'il me soit permis de dire aussi que je dois à mes parents l'initiation à la lecture des classiques et la joie et la passion pour le travail intellectuel et, *last but not least*, que la générosité et la confiance inconditionnelles de ma femme, au long d'interminables années de concentration et d'écriture, ont été le réconfort le plus apprécié et la meilleure des récompenses.

INTRODUCTION

SACRÉ, HUMANITÉ MODERNITÉ

> « *En tête de ces analyses, on trouvera, cette année comme l'an dernier, celles qui concernent la sociologie religieuse. On s'est étonné de l'espèce de primauté que nous avons ainsi accordée à cette sorte de phénomènes ; mais c'est qu'ils sont le germe d'où tous les autres — ou, tout au moins, presque tous les autres — sont dérivés. La religion contient en elle-même, dès le principe, mais à l'état confus, tous les éléments qui, en se dissociant, en se déterminant, en se combinant de mille manières avec eux-mêmes, ont donné naissance aux diverses manifestations de la vie collective [...] On ne peut comprendre notre représentation du monde, nos conceptions philosophiques [...] sur la vie, si l'on ne connaît les croyances religieuses qui en ont été la forme première [...]* »
>
> E. Durkheim, « Préface », *L'Année sociologique*, vol. II, 1899.

Ce livre est le fruit d'une rencontre et d'une confrontation permanentes entre deux centres d'intérêt qui traversent notre histoire personnelle, le problème du sacré et le besoin de comprendre l'homme d'hier et d'aujourd'hui.

Ce livre ne s'adresse pas d'abord aux lectrices et aux lecteurs qui, comme nous, cherchent à élucider le rapport profond qui lie ces deux variables fondamentales. Il s'adresse tout autant à celles et à ceux qui, voulant approfondir la portée et le sens de l'une ou de l'autre, sont prêts à faire l'effort d'élargir leur problématique et d'ouvrir leur esprit.

Nous osons espérer que notre propos pourra rendre service aux uns et aux autres. Essayons maintenant de dire comment et pourquoi.

Le problème du sacré

L'être humain, ce microcosme hypercomposite et hypercomplexe que notre métier d'intellectuel nous invite à interroger sans répit, nous étonne.

Confronté au besoin d'assurer sa survie, il est constamment aux prises avec la nature, avec sa santé et sa sexualité, avec sa lutte implacable pour l'avoir, le pouvoir, le savoir.

Confronté, en même temps et sans solution de continuité, au besoin d'assurer son intégration personnelle et sociale, il est investi par des systèmes symboliques porteurs de sens. Parmi ceux-ci, il en existe d'une rare subtilité, doués de pouvoirs infinis et inéluctables qui orientent ou commandent les racines profondes de la pensée et les effets pratiques du comportement des êtres humains. Ce sont les symboles des forces sacrées, auxquelles les hommes et les femmes, hier et aujourd'hui, semblent se donner entièrement.

Cette vision des choses pose le problème qui nous concerne, un problème que nous considérons éminemment réel et essentiel.

Que signifie cette étrange capacité des êtres humains à se soumettre à des forces ou à des systèmes symboliques absolus, inconditionnels, sacrés, religieux ? Quel est le rapport essentiel entre le sentiment du sacré et la constitution des religions ? Quelle est la nature et l'origine, la portée sociale et politique, l'étendue et la fonction historique du sacré et de la religion ? Pourquoi l'homme tient-il, pour le meilleur et pour le pire, à vivre religieusement ? Quelles sont les formes du sacré et de la religion qui s'imposent parmi nous aujourd'hui ? Quelle est leur influence sur notre vie quotidienne et sur notre culture ? Quels problèmes et quelles lignes de réponse, nos convictions sacrées et religieuses nous proposent-elles ou ne nous proposent-elles pas d'envisager ? Quel est l'impact de l'étude du sacré et de la religion sur la science de l'homme et sur la politique de l'humain ?

Introduction

Le sentiment religieux et la vie religieuse qui s'ensuit constituent-ils un domaine à part, vécu par des esprits exceptionnels ou forment-ils une fraction de toute vie humaine, à côté de la vie intellectuelle, politique, économique ou sexuelle ? La vie religieuse est-elle une illusion ou une donnée de fait ? La vie religieuse est-elle une expérience sublime capable d'entraîner des gestes héroïques, des sommets d'humanité et de sagesse ou est-elle par contre une source de fanatisme, d'intolérance et d'étroitesse d'esprit menant nécessairement à des erreurs et à des aberrations vaines ou funestes ?

Cette vie religieuse subtile, profonde et efficace, réelle ou illusoire, salutaire ou dangereuse, est-elle, comme on l'a prétendu, une chose du passé, un avatar des phases primitives de l'évolution humaine, un reliquat du vieux monde préscientifique et prétechnique ou est-elle plutôt une qualité inhérente à la condition humaine qui évolue avec elle, qui subit comme elle les transformations imposées par le changement des structures techniques, économiques, démographiques, psychologiques ou culturelles ? Qu'en est-il alors de la modernité ? Où en est-elle par rapport au problème de Dieu, au problème des dieux ? S'agit-il de figures définitivement absentes ? Les finalités et les légitimations des comportements privés et publics sont-elles mues par des calculs purement rationnels, fondés sur une réalité dépouillée de tout sens de l'idéal, de toute aspiration à des valeurs sûres, transcendantes et sacrées ou, au contraire, sommes-nous portés, comme nos ancêtres, par des forces et par des systèmes symboliques qui véhiculent puissamment le monde des valeurs sacrées ?

En fait, nous ne savons pas grand-chose de ces soubassements cachés dans des profondeurs aussi impénétrables. Nous avons besoin pourtant de savoir. Il faut donc étudier le problème du sacré et de la religion très attentivement.

Comment ?

La science de l'homme

Le problème du sacré constitue notre premier centre d'intérêt. Il en appelle un deuxième, inévitable : la recherche systématique de réponses qui l'éclairent de façon de plus en plus précise et de plus en plus profonde.

Façonné par de longues années passées à étudier et à enseigner des théories classiques des sciences humaines, nous sommes convaincu que le chemin du savoir passe par un labeur rigoureux qui doit exploiter et développer l'œuvre léguée par les grandes traditions intellectuelles et les critiques qui l'ont commentée et enrichie.

Voilà donc tout simplement les origines de la genèse de ce livre. Incapable de nous dessaisir du problème du sacré autant que de notre métier d'historien des idées, notre chemin est tout tracé. Nous ne cherchons pas à faire une étude purement historique des idées dans leur contexte spécifique. Nous ne nous proposons pas de commencer à scruter directement la réalité, en faisant des études sur le terrain. Puisque, pour nous, la double référence est inévitable, ce livre se propose d'étudier le problème du sacré à la lumière de la tradition intellectuelle.

Avec ce point de départ et ce point d'ancrage, notre point de mire, continuellement présent et agissant, nous portera donc à analyser et à tâcher d'apprécier ce que la tradition intellectuelle peut apporter pour éclairer le problème qui constitue la base et le but de notre recherche.

Pourquoi Durkheim ?

Pour beaucoup de raisons qui se sont accumulées insensiblement au fil des années. Notre formation de base nous a orienté très tôt vers l'étude de la théorie de la religion. Nous avons débuté par une recherche sur la sociologie de la religion chez Max Weber. Nos activités d'enseignement universitaire se sont progressivement concentrées autour de l'histoire comparée des sciences de la religion (sociologie, psychologie, histoire et phénoménologie, ethnologie, philosophie, théologie, etc.). Dans cette perspective, l'œuvre de Durkheim a pris de plus en plus de relief dans notre réflexion. Dès l'automne 1980, le projet de lui consacrer une étude monographique approfondie s'est imposé définitivement.

A l'origine de ce choix se trouve une sorte d'intuition impossible à justifier objectivement, un peu dans le sens où Raymond Aron (1962 : 242 ; 1967 : 21) avait vu en Max Weber « le » sociologue. En regardant effectivement l'ensemble de notre répertoire d'auteurs classiques, l'œuvre de Durkheim finit par s'imposer comme celle qui est la plus proche de nos préoccupations. Voici un ensemble d'éléments qui ont contribué à motiver et à confirmer ce choix.

Il y a d'abord des traits de personnalité et des préoccupations vitales qui offrent un intérêt tout particulier. Durkheim est un homme profondément religieux. « Les témoignages de ceux qui connurent et approchèrent Durkheim s'accordent au moins sur un point : la religiosité fondamentale qui émanait de l'homme » (Filloux, 1977 : 5). Il s'agit par ailleurs d'une religiosité marquée par des déchirements émotifs profonds.

Né dans une tradition juive stricte qu'il a intériorisée intensément, « imprégné de judaïsme » (Filloux, 1977 : 8) et destiné à être rabbin, il est devenu un « Juif infidèle, voué à la colère du Dieu jaloux, et parjure malgré lui » (Lacroix, 1981 : 149). Né dans une société en crise et en quête de valeurs transcendantes, il a été appelé à professer une religiosité humaniste et laïque militante. Durkheim est « non seulement un sociologue, [mais] un philosophe [...], un moraliste [...], un grand prêtre [et] un prophète [...] » (Bellah, 1973 a : 10). Croyant et incroyant, vivant dans la situation inconfortable de celui qui se trouve en dehors du système des convictions reconnues et établies, cet homme déchiré par les traverses de la foi a vécu dans sa chair le problème du sacré.

Il y a ensuite chez Durkheim une conjonction de perspectives intellectuelles d'une complexité enviable (Prades, 1981) qui le rend à nos yeux un penseur d'un intérêt exceptionnel.

Une perspective anthropologique. — Durkheim étudie le rapport entre l'homme et le sacré dans une perspective anthropologique évidente. Le terme est défini nettement. « [...] comme l'indique le nom même qu'elle s'est donnée [école anthropologique], son but est d'atteindre, par-delà les différences nationales et historiques, *les bases universelles et vraiment humaines** de la vie religieuse » (*Formes* : 132).

Durkheim et les durkheimiens se sont passionnés autant par la distinction que par la conjonction entre l'anthropologie et la sociologie. Mauss (1979 : 219) reviendra de façon solennelle sur le fondement de telle conjonction en parlant de « [...] l'homme total, la seule unité que rencontre le sociologue ».

Ce n'est donc rien de moins que l'être humain qui est concerné lorsqu'il s'agit de « découvrir les *causes** qui firent *éclore** le sentiment religieux de l'*humanité** » (*Formes* : 239).

Cette « humanité » ne doit pas être comprise dans un sens métaphysique ou philosophique abstrait. La perspective durkheimienne est « scientifique ». Le terme « anthropologie » sera donc traduit par des expressions proches de cette forme étymologique. Durkheim parlera ainsi souvent de « la science humaine » (*Formes* : 25), « des sciences humaines » (1904 *a* (5) : 381) et, surtout, de « la science de l'homme » (*Formes* : 637).

Une perspective sociologique. — Eliade (1971 : 42), sans expliciter davantage, affirme fort curieusement que les *Formes* « ne représentent pas à proprement parler une contribution à la sociologie de la religion ». Cette affirmation peut paraître énorme. Elle mérite d'être explicitée et discutée en détail.

Durkheim travaille toute sa théorie du sacré et de la religion dans le cadre d'une problématique théorique ayant un caractère sociologique, à deux niveaux complémentaires. Son point de départ est une enquête précise portant non pas sur les êtres humains en général, mais sur les êtres humains qui vivent dans une société précise : « un système religieux [qui] se rencontre dans des *sociétés** dont l'organisation n'est dépassée par aucune autre en simplicité » (*Formes* : 1). Son axe central développe un principe explicatif d'ordre sociologique : « comme nous y voyons [dans la nature religieuse de l'homme] non une donnée constitutionnelle, mais un produit *de causes sociales**, il ne saurait être question de la déterminer, abstraction faite de tout milieu social » (*Formes* : 133 n.).

La sociologie n'est jamais pour Durkheim une activité monodisciplinaire enfermée dans des limites étroites. Il suffit de parcourir ce monument intellectuel qu'est *L'Année sociologique* pour constater comment elle embrasse, oriente et anime l'ensemble des sciences de l'homme : l'anthropologie, l'histoire, l'ethnologie, la morale, le droit, l'économie, la pédagogie, la psychologie, la science des religions.

Il faudrait donc apporter les nuances nécessaires sur le fait que pour Durkheim le principe d'explication sociologique exclut les conditionnements de nature cosmologique ou géographique mais inclut les conditionnements de nature psychologique, historique, morale, religieuse, etc., puisqu'il s'agit justement de la « science de l'homme ». Ce regard qui se veut à la fois sociologique et anthropologique implique notamment la prise en considération de la perspective psychologique, une obsession pour Durkheim qui, comme on sait, a failli devenir psychologue au début de sa carrière. Attaqué souvent sur ce flanc, Durkheim s'en est toujours plaint en se sentant obligé de déclarer qu'il n'a « jamais songé à dire qu'on pouvait faire de la sociologie sans culture psychologique » (Lettre à C. Bouglé [T. 2 : 393]).

Une perspective religiologique. — Durkheim se démarque des conceptions traditionnelles du sacré et de la religion profondément ancrées dans notre culture, qui sont d'origine théologique. Son idée la plus intéressante et la plus originale, ce n'est pas seulement d'étudier le sacré et la religion à un niveau anthropologique et sociologique, mais de les étudier indépendamment de leur conception théologique, généralement implicite dans la tradition occidentale.

Son propos est net : « notre but n'est pas simplement de préciser le sens usuel du mot [religion], mais de nous donner un *objet de recherche** qui puisse être traité par les procédés ordinaires de la science » (*Définition* : 2). La détermination de son « objet » n'est pas moins précise : « savoir ce qui constitue la nature religieuse de l'homme » (*Formes* : 133 n.).

Pour signaler la profonde originalité de cette piste de recherche, nous utilisons le néologisme *religiologie*, dans le sens d'étude systématique du sacré et de la religion, à partir d'une conception anthropologique et générale qui se démarque de la conception théologique usuelle de ces réalités humaines.

Certes Durkheim n'utilise pas le terme « religiologie ». On trouvera à sa place, dans les *Formes* et dans *L'Année sociologique*, les expressions « sociologie religieuse » et « science des religions ». Ces expressions ne sont toujours pas strictement synonymes. Il faudra y revenir pour fournir des précisions. Voir par exemple les *Formes* (1, 78, 91, 98, 99, 101, 116, 117, 127, 133, etc.) et ailleurs (*Définition* : 22 n., 23, 24, 1913 *a* (ii) (15) : 326, etc.).

L'approche socio-religiologique

Chez Durkheim, l'expérience vécue et la réflexion théorique sur le sacré et la religion sont fondées sur des bases extrêmement riches et complexes. Elles comprennent une vaste gamme de l'expression religieuse, des « formes élémentaires » aux « formes complexes » (Westley, 1984). Elles visent une problématique fondamentale : « faire comprendre la nature religieuse de l'homme » (*Formes* : 2). Elles débouchent sur une problématique typiquement contemporaine. « Durkheim insista sur *la nature religieuse* des intérêts* [...] collectifs. Il préparait ainsi ses lecteurs à comprendre comment l'Etat, la Classe ou la Nation peuvent devenir *au plus haut point hiérophaniques** » (Eliade, 1972 : 33 n. 1). Elles occupent une place centrale, par le souci de situer « la sociologie religieuse à la place centrale de *L'Année* [...] comme clef de voûte de la théorie de la société » (Karady, 1979 : 75).

En interaction constante avec un regard à la fois général (anthropologique) et concret (sociologique et religiologique), Durkheim étudie le sacré et la religion d'une manière extrêmement complexe et originale. Tout en étant bien conscient de cette complexité, mais pour faire bref, nous utilisons le raccourci du terme *socio-religiologique* tant qu'il n'est pas considéré nécessaire d'insister sur l'aspect proprement anthropologique, psychologique, sociologique et/ou religiologique de la démarche durkheimienne.

Durkheim est ainsi un des rares penseurs classiques qui appartient en même temps à la tradition intellectuelle des sciences humaines et à celle des sciences religieuses. Son œuvre socio-religiologique comprend une théorie de la religion et une théorie de la société fondues dans une théorie de l'être humain.

En créant une manière nouvelle de penser, cette œuvre durkheimienne est une source d'inspiration, de sa naissance (Hubert, Mauss) jusqu'à nos jours (Swanson, Bellah). Cette œuvre féconde n'en est pas moins pleine de difficultés, de contradictions et d'ambiguïtés qui l'ont transformée en une cible critique de choix (Richard, Goldenweiser, Stanner, Evans-Pritchard). Durkheim peut captiver ou révolter, il ne laisse pas indifférent.

Introduction

Notre propos

Ce livre examinera l'œuvre socio-religiologique de Durkheim en tenant compte surtout de ses intuitions les plus fondamentales. Il n'ignorera cependant pas ses hésitations et ses maladresses, ni surtout ses limites plus profondes, qui procèdent de son inévitable ignorance de champs disciplinaires qui lui échappent entièrement, surtout ceux qui se sont développés après lui.

En effet il n'est pas permis d'oublier l'essor de l'entreprise herméneutique dans l'étude de la réalité humaine et de l'expérience religieuse. Pensons par exemple à l'œuvre de Freud et de Jung, de Bultmann, de Cassirer, de Ricœur, de Barthes, de Benveniste, de Derrida, de Lacan, d'Eliade... pour ne citer que quelques contributions parmi les plus connues.

On ne saurait par conséquent considérer l'œuvre de Durkheim comme une quelconque solution au problème du sacré et de la religion. Elle ne peut être qu'un stimulant et, au plus, un stimulant privilégié, par rapport à des pistes de recherche bien précises. Nous ne pourrions pas sans nous trahir y chercher une panacée. « Le bon usage de la pensée de Durkheim, aujourd'hui, consiste à l'intégrer dans un champ épistémologique nouveau, celui qu'exigent les sociétés contemporaines [...] La pensée de Durkheim doit être prise dans une perspective dynamique [...] qu'il nous appartient de prolonger » (Duvignaud, 1969 : 26).

Ces dernières réflexions aideront à déterminer notre propos. Sur la voie de notre problème de base et à la recherche d'une théorie systématique du sacré et de la religion, particulièrement vouée à repenser la modernité, ce livre essayera de revenir constamment à sa boucle originale. Sélectionner des problèmes concrets. Faire l'état de la question. Examiner la contribution durkheimienne. La contraster avec celle de ses critiques. Tâcher de faire le point. Ouvrir de nouvelles interrogations, de nouvelles lignes de réponse.

Trois éléments essentiels articulent l'ensemble de notre ouvrage. La question préliminaire de la définition de la religion. La tentative de fonder théoriquement le concept et l'explication du sacré et de la religion.

Le lecteur comprendra que notre projet doit rester très modeste. Les thèmes essentiels sont toujours trop nombreux, les connexions beaucoup trop riches, les nuances doivent se multiplier à l'infini. Nous ne pourrons jamais tout dire, fermer un dossier, terminer une réflexion. Ce livre restera ainsi au stade d'une introduction, d'un tour d'horizon sans doute nécessaire mais immanquablement insuffisant.

Cette introduction est une sorte de grand chantier qui laisse au lecteur le choix d'entrer dans chaque aspect d'un immense débat et de vérifier par lui-même la vision de la réalité qui est proposée à partir d'un examen circonstancié de l'œuvre de Durkheim confrontée à ses critiques. Cette introduction est aussi et surtout une invitation à refaire le chemin de façon plus complète et mieux finie et à prendre son envol sur des pistes de recherche inexplorées.

Nous nous sentons maintenant bien proche de tant de collègues qui nous ont précédé dans cet exercice laborieux de l'étude théorique et critique des classiques de la sociologie de la religion. Nous pensons surtout à W. S. F. Pickering (1984), dont le livre nous est arrivé trop tard pour en tenir compte ici avec le détail qu'il mérite (Prades, 1985 b). Nous pensons aussi très concrètement à quelques autres. Aux travaux de Desroche (1962, 1965) sur Marx et Engels; de Séguy (1980) sur Troeltsch; d'Isambert (1982) sur Durkheim et les durkheimiens; de Waardenburg (1978 a) sur Van der Leeuw; d'Allen (1982) et de Dudley (1977) sur Eliade... Nous n'oublions pas, bien sûr, notre propre ouvrage sur la sociologie de la religion chez Weber (Prades, 1969) avec toutes les critiques, justes ou bienveillantes, qu'il a suscitées.

En rejoignant aujourd'hui le rang des commentateurs d'une grande tradition intellectuelle, nous renouvelons l'ambition de contribuer tant soit peu à actualiser la théorie durkheimienne du sacré et à poursuivre ainsi le gigantesque projet de repenser la modernité.

I

LA QUESTION DE BASE : QU'EST-CE QUE LA RELIGION ?

> « [...] nous estimerions que nos recherches ne méritent pas une heure de peine si elles ne devaient avoir qu'un intérêt spéculatif. Si nous séparons avec soin les problèmes théoriques* des problèmes pratiques*, ce n'est pas pour négliger ces derniers : c'est, au contraire, pour nous mettre en état de mieux les résoudre. »
>
> E. Durkheim, *De la division du travail social.*

Profondément influencé par sa souche juive et par sa religion de l'humanité (*infra* : Appendice), Durkheim poursuit au long de sa carrière un projet gigantesque. Pédagogue et moraliste dans l'âme, rationaliste impénitent en sa démarche intellectuelle, son propos central consiste à jeter les bases d'une science de l'homme directement consacrée à la résolution des problèmes fondamentaux de l'humanité.

Ce propos peut être considéré excessif ou insensé. Nous, avec bien d'autres, ne sommes pas de cet avis. Toute recherche scientifique vise à faire œuvre de connaissance et à jeter les bases d'un savoir ayant une visée universelle. Il ne s'agit donc pas de mettre en question l'ampleur des buts qui, en fin de compte, ne sauraient avoir des limites. Il s'agit plus simplement d'examiner le choix concret qu'a proposé Durkheim pour faire reculer les frontières de notre ignorance.

Le problème

En début de carrière, faisant siennes certaines préoccupations de son temps, Durkheim, motivé directement par des raisons morales, se voue à l'étude scientifique de « la loi supérieure des sociétés humaines et la condition du progrès » (*Division* : 2). Ce propos se maintient tout au long de sa vie. « La sociologie [...] comme toute science positive [...] a, avant tout, pour objet d'expliquer une réalité [...] capable [...] *d'affecter nos idées et nos actes** (*Formes* : 1-2).

Cette recherche théorique et pratique du progrès de l'humanité pose le problème sociologique fondamental, celui de l'origine, de la finalité, des lois de gestation, de composition, de fonctionnement, de développement ou de régression des sociétés humaines.

Prenons, par exemple, le totémisme australien, le Moyen Age chinois, la Renaissance italienne, la société nord-américaine contemporaine... ; considérons surtout la réalité qui nous concerne de la façon la plus directe et la plus intense : la modernité. Comment se fait-il que des systèmes aussi complexes réussissent à se constituer et à se maintenir, en dépit de l'existence de tant de sources perturbatrices qui les menacent ? Qu'est-ce qui permet aux hommes de créer telles cultures et de bâtir telles civilisations ? Sur quoi se fonde le fait omniprésent, universel et nécessaire du progrès et du déclin des constructions collectives ?

Un programme de recherche

Le problème immense qu'on vient d'évoquer a suscité bien des hypothèses et des lignes de réponse. Pour rendre compte de la contribution de Durkheim considérons sa conception de la réalité des choses et celle de la connaissance de cette réalité.

La réalité. — En regard de la réalité, la position de Durkheim est nette. Il l'énonce déjà en tout début de carrière, dans la « Leçon d'ouverture » à son « Cours de science sociale » qu'il inaugure à Bordeaux en 1887. S'opposant aux prétentions des économistes classiques qui concevaient le monde humain comme un agrégat d'individus affairés à défendre des intérêts spécifiques, le jeune professeur propose une règle de lecture de « l'homme réel ».

« L'homme réel, que nous connaissons et que nous sommes, est autrement complexe : il est d'un temps et d'un pays, il a une famille, une cité, une patrie, une foi religieuse et politique, et tous ces ressorts et bien d'autres encore se mêlent, se combinent de mille manières, croisent et entrecroisent leur influence sans qu'il soit possible de dire au premier coup d'œil où l'un commence et où l'autre finit. Ce n'est qu'après de longues et laborieuses analyses, à peine commencées aujourd'hui, qu'il sera possible un jour de faire à peu près la part de chacun » (1888 a [SSA : 85]).

Contre une vision atomiste qui voit des individus séparés confrontés à des problèmes circonscrits (économiques, en l'occurrence), Durkheim introduit une vision de complexité où les hommes et leurs actes « se mêlent, se combinent et s'entrecroisent » sans arrêt et sans mesure.

Dans cette perspective, c'est la complexité qui est la source de la complexité. Les mille et une facettes de la socialité ne peuvent se fonder — ni seulement, ni principalement — sur un élément constitutif particulier de la vie humaine. Les cultures et les civilisations se fondent donc toujours et partout, sur tous les éléments qui, de façon simultanée et inséparable, constituent l'être humain : la matière, la physiologie, la raison, l'idéologie, les besoins matériels ou spirituels, les intérêts politiques ou économiques, l'imaginaire, l'amour et la haine, la passion et la fatigue, le rêve, la bêtise, la babiole, le hasard et le reste.

Dans cette vision des choses, « l'homme réel » ne vit jamais une expérience parfaitement délimitée. Personne ne peut accomplir un acte purement économique, purement esthétique, purement mythique, purement scientifique, purement religieux, etc. Toute décision humaine est forcément complexe, pluridimensionnelle, multiforme, polyvalente. L'opération économique la plus rationnelle du financier qui cherche le bon moment pour s'emparer d'un paquet d'actions, peut-elle se passer de toute composante mythique, esthétique, libidinale ? L'acte scientifique le plus désintéressé du chercheur qui consacre sa vie à la recherche en laboratoire peut-il être parfaitement exempt de toute composante idéologique, économique, politique, militaire ?

Notre lecture de Durkheim porte dès lors à préciser et à approfondir une hypothèse centrale : toute œuvre essentiellement humaine prend appui sur un fondement de caractère sacré.

La connaissance. — Un regard sur la réalité des choses montre donc que l'être humain vit dans le monde de l'hypercomplexité. Ce n'est qu'au moment où l'on se met à étudier cette réalité que, par un besoin pratique de clarté et d'ordre, on ne la traite plus comme elle est (une et hypercomplexe) mais comme elle semble pouvoir être approchée (sectorisée et atomistique).

Comme tout chercheur qui essaie d'être conscient du rapport qui lie le but général et les moyens concrets de sa démarche intellectuelle, Durkheim décidera un ensemble successif de choix. Un premier choix décisif consiste à identifier la variable stratégique fondamentale de sa pensée, la société, ce « système de forces agissantes » où converge « la dualité de la nature humaine », inéluctablement individuelle et collective.

La jonction entre les convictions les plus déterminantes de sa personnalité donne ainsi lieu chez Durkheim à la naissance de la sociologie. La science humaine par excellence, qu'il compte développer non pas comme une discipline spécialisée, périphérique et complémentaire, mais comme une discipline-carrefour qui, englobant les apports spécifiques et indispensables de l'anthropologie, de l'histoire, de la psychologie, des sciences morales, juridiques et religieuses..., a pour objet d'éclairer l'ensemble de nos connaissances sur l'homme et d'orienter en conséquence une pédagogie, une morale et une politique de l'humain.

La sociologie, à l'intérieur du cadre méthodologique et scientifique qui lui est propre, a un champ d'exploration aussi immense que celui de l'expérience humaine. Durkheim sait qu'un regard complet sur l'homme dans toute son intégralité est à la fois un résultat impossible et un objectif nécessaire. Cet objet immense, attirant et insaisissable, exige de nombreux choix.

Ainsi donc, celui qui était parti à la recherche de la « science de l'homme », au service du « progrès de l'humanité », choisira la sociologie et le sacré, avec la religion qui l'encadre socialement, comme les axes privilégiés de son regard intellectuel.

Certes, l'homme réel est un tout qui implique et est impliqué par le tout. Certes la « science de l'homme » exige l'analyse de l'influence qu'exercent — et que subissent — sur la socialité humaine, tous et chacun des nombreux éléments qui la constituent, sans interdits ni exclusives.

En tenant compte de cet état des choses, Durkheim nous invite à explorer son problème global de base, à partir d'une approche particulière. Il nous invite à élucider de façon systématique le sens et la mesure dans lesquels toute œuvre humaine comporte nécessairement et universellement des fondements sacrés de caractère strictement religieux.

Un nouveau paradigme

Au risque de faire fausse route, nous prendrons le parti de suivre Durkheim dans son dessein : poser un vieux problème dans un cadre fondamentalement nouveau. Connaissant la littérature pertinente, nous savons que la problématique durkheimienne introduit un paradigme (Kuhn, 1962) inédit.

Le développement qui va suivre tentera d'en faire la preuve. Son but est d'expliciter et d'actualiser les intuitions durkheimiennes en les confrontant à celles de ses prédécesseurs et de ses critiques. Nous allons poursuivre ainsi la grande tradition intellectuelle qui, obligée de quitter la terre ferme de « la science normale », prend le risque inconfortable de mettre à nu une énigme et de proposer une nouvelle voie d'exploration.

La portée de l'enjeu, on s'en doute, est énorme. Elle nous a amené à hésiter, à douter, à désespérer souvent et pendant très longtemps. Nous ne sommes toujours pas rassurés. Mais il a fallu finir par oser soumettre modestement à la critique les idées que nous prétendons élucider. Il ne reste qu'à espérer bénéficier des avantages d'un débat difficile et exigeant.

Notre tâche

Voilà donc nos questions et nos hypothèses : s'interroger sur les fondements de la socialité ; passer en revue ses divers fondements ; examiner le sacré — et son corollaire, l'organisation religieuse — comme fondement nécessaire et universel de la socialité ; analyser les différentes formes de sacré et de religion, à l'origine des différentes formes de socialité ; scruter ce type précis de fondement comme un fondement parmi d'autres...

Ces questions et ces hypothèses, assurément graves et délicates, impliquent en outre la difficulté de poser de façon nouvelle le problème classique des rapports entre « société » et « religion ».

Pour accompagner et pour souligner la nouveauté de cette recherche, nous avons proposé d'appeler *religiologie* l'effort intellectuel et, à la limite, la discipline scientifique qui a pour objet de penser et de construire la théorie générale du sacré et de la religion. Dans la même veine, nous appelons *socio-religiologie* l'effort intellectuel et, à la limite, la discipline scientifique qui a pour objet de penser et de construire la théorie particulière de l'homme et de la société qui surgit à la lumière de celle du sacré et de la religion.

Nous n'insisterons pas maintenant sur la nouveauté du propos. Les théoriciens de la « société » et les théoriciens de la « religion » seront en mesure de juger, au fur et à mesure que nous progresserons dans notre enquête.

Ce qui nous intéresse par contre c'est de préciser, d'élargir et d'approfondir les idées de recherche qu'on n'a fait qu'esquisser de façon rapide et maladroite et de poursuivre ainsi le cheminement intellectuel amorcé dans l'œuvre durkheimienne.

Il faut entreprendre sans plus tarder cette immense tâche. Le premier pas sera de relire Durkheim et ses critiques en essayant de commencer par le commencement : savoir qu'est-ce qu'il faut comprendre par sacré et par religion.

CHAPITRE I

Définition de la religion

Qu'est-ce que le religieux ? Qu'est-ce que la religion, les religions ? De quoi parle-t-on lorsqu'il est question de religiologie, de sociologie religieuse, de science des religions ?

La question de la définition de la religion serait-elle une question de goût qui tomberait sous la maxime *de gustibus non est disputandum* ? (Berger, 1971 : 271 ; Dobbelaere-Lauwers, 1974 : 536-540 ; Berger, 1974 : 125-126). Serait-elle par contre une question essentielle, parce qu'elle obligerait à vérifier les raisons, implicites ou explicites, qui fondent les différentes positions ? (Baum, 1980 : 51) ; parce qu'elle inciterait à évaluer dans quel sens et dans quelle mesure chaque type de définition contribue effectivement à faire avancer la théorie et la recherche ? (Machalek, 1977 : 400).

Pour Durkheim, la définition est une œuvre de clarification indispensable. « La première démarche du sociologue doit donc être de définir les *choses** dont il traite » (*Règles* : 34). « Une définition de chose, non de concept » (1893 *c* : 506). Or c'est justement la religion qui est la « chose » que nous nous proposons d'étudier ici. Rien de plus naturel que de poser la question de sa définition au premier point de l'ordre du jour.

Fauconnet (1922 : 27) rapporte que Durkheim traitait « les doctrines comme des faits ». Nous tâcherons de suivre ici cette perspective en prenant comme base de notre analyse le premier chapitre des *Formes*.

QUESTIONS PRÉLIMINAIRES

> « *Toute investigation scientifique porte sur un groupe déterminé de phénomènes qui répondent à une même définition. La première démarche du sociologue doit donc être de définir les choses dont il traite, afin que l'on sache et qu'il sache bien de quoi il est question. C'est la première et la plus indispensable condition de toute preuve et de toute vérification* [...]. »
>
> E. Durkheim, *Les règles de la méthode sociologique.*

Faut-il une définition préalable de la religion ? La religion est-elle en fin de compte une « chose » ayant une nature propre ? Constitue-t-elle un phénomène spécifique définissable scientifiquement ?[1].

▶ UNE DÉFINITION PRÉALABLE ?

« Il nous faut tout d'abord définir ce qu'il convient d'entendre par une religion » (*Formes* : 31). Définir, c'est-à-dire « indiquer un certain nombre de signes extérieurs, facilement perceptibles, qui permettent de reconnaître les phénomènes religieux partout où ils se rencontrent, et qui empêchent de les confondre avec d'autres » (*Formes* : 32). Durkheim distingue nettement, dès le départ, deux opérations intellectuelles distinctes : la définition de la religion et la théorie de la religion. La définition est une « opération préliminaire » (*Formes* : 32),

---

1. Elles sont nombreuses, cela va de soi, les questions qu'on peut se poser au départ d'une telle recherche et que nous ne traiterons pas ici. Prenons-en une pour citer un exemple. Lorsqu'il s'agit ici de la définition de la religion, de quel type de connaissance s'agit-il ? Il s'agit évidemment d'un type particulier de connaissance, de la connaissance propre à la « science positive » (*Formes* : 2). Ce type de connaissance est-il véritablement approprié pour l'étude de formes de spiritualité qui constituent « une expérience immédiate outrepassant [...] la pensée intellectuelle » (Capra, 1979 : 30) ? La question peut être débattue. Elle ne sera pas considérée ici. Nos analyses porteront sur la connaissance scientifique de la vie religieuse, sachant bien par ailleurs que cette forme de connaissance, comme toute autre, comporte ses propres limites.

relativement simple, purement heuristique et descriptive[2]. La théorie est concernée, par contre, par « les caractères profonds et vraiment explicatifs de la religion » (*Formes* : 31) lesquels, évidemment, ne peuvent être déterminés « qu'au terme de la recherche » (*Formes* : 32 et 65).

Une définition de la religion est-elle vraiment possible ? Est-elle en outre nécessaire ? Cette question a suscité des réactions nombreuses et diverses parmi les spécialistes[3]. Essayons d'examiner le problème « en fonction de son utilité par rapport à la tâche intellectuelle qui est en question » (Machalek, 1977 : 401).

Pour amorcer la réflexion comparons, comme l'ont fait bien d'autres auteurs[4], la démarche de Durkheim avec celle de Max Weber. Quant à la nécessité de la définition préalable de la religion, elles semblent en effet contradictoires. Selon Durkheim, « il nous faut tout d'abord définir ce qu'il convient d'entendre par une religion » (*Formes* : 31). Selon Weber, il « est impossible d'offrir une définition de ce que *c'est* que la religion au début d'une recherche comme celle que nous abordons maintenant ; elle ne pourrait être donnée, tout au plus, qu'à la fin de cette étude » (Weber, 1922 : 245). Quel sens et quelle portée ont ces affirmations ?

Le niveau formel

A ce niveau, la différence entre les positions de Weber et de Durkheim nous semble, en fait, minime. Durkheim esquisse une définition préalable, avec un certain détail. Mais il s'empresse d'affirmer que la connaissance du phénomène religieux appartient au stade final et non pas au stade préliminaire de la recherche (*Formes* : 32). Il avait déjà fait remarquer (*Défi-*

---

2. Il y a certainement une immense distance entre la « définition » et la « théorie » C'est ce point que nous voulons souligner ici. Il ne faut cependant pas exagérer outre mesure et penser que l'élaboration d'une définition est une opération aussi « simple » et surtout aussi « inoffensive » qu'on a l'air de le suggérer ici.
3. Pour des références bibliographiques abondantes sur la définition de la religion, voir entre autres : Blasi, 1980 ; 68-70 ; Dobbelaere-Lauwers, 1974 : 536-546 ; Berkowitz-Johnson, 1967 b : 1-13.
4. Cette pratique est courante parmi les sociologues de la religion. Voir, entre autres : Luckmann, 1977 ; Lukes, 1972 ; Bendix, 1971 ; Lenski, 1963 ; Baum, 1980 ; Robertson, 1970 ; Robertson, 1977 ; Berger, 1963, etc.

nition : 1) qu'il s'agit d'une connaissance de type scientifique, et non pas « d'exprimer l'essence de la chose définie ».

Weber fait à peu près pareil. Il esquisse, sans entrer dans les détails, une indication préalable : « nous parlons des conditions et des effets d'un type déterminé d'action communautaire ». Il insiste également sur l'impossibilité d'une véritable connaissance scientifique au départ de la recherche et sur son manque d'intérêt pour le problème de « l'essence » du phénomène religieux (Weber, 1922 : 245).

Lorsque Weber affirme qu'une définition préalable est « impossible », il ne se différencie pas fondamentalement de Durkheim. Celui-ci est également conscient de l'infinie complexité du réel (1885 *b* [*SSA* : 178] ; 1886 *a* [*SSA* : 198]), autant que de « la prodigieuse complexité des phénomènes religieux » (1886 *a* [*SSA* : 190]).

Si on s'en tient donc à ce premier niveau formel, Weber et Durkheim coïncident. Ils savent très bien que le *definitum* sera toujours dépassé par le *definiendum* et ils utilisent une notion provisoire[5] au début de leur recherche. La différence qui les sépare est relativement mineure : Durkheim explicite davantage que Weber la notion elle-même et insiste, surtout, sur le besoin de la traiter au début de la recherche.

Le niveau théorique

A ce niveau, la différence entre les positions de Durkheim et de Weber sur la notion même de religion reste à nos yeux considérable.

Weber prétend qu'une définition de la religion est inutile pour la recherche. Pourquoi ? Parce que son centre d'intérêt consiste à étudier « les conditions et les effets » des religions. Pour lui, les religions ont été désignées une fois pour toutes, de façon non problématique, comme « ce type déterminé d'action communautaire », donc comme une réalité typique déter-

---

5. Weber opère avec une notion préalable de la religion : « Il avait de toute évidence des critères sur ce qui devait constituer le domaine de son enquête sur la religion » (Robertson, 1970 : 35). Il a donc une définition implicite qui n'en a pas moins d'importantes conséquences théoriques et pratiques. « [...] à la différence d'autres auteurs, Weber considérait que l'orientation fondamentale de la société moderne n'avait pas, par définition, un caractère religieux » (Robertson, 1970 : 35).

minée d'avance[6]. L'étude de l'essence de la religion, manifestement, ne le concerne pas.

Durkheim pense autrement. Pour lui, une définition préalable est nécessaire. Pourquoi ? Parce que son centre d'intérêt, tout en excluant l'étude de l'essence de la religion dans une perspective philosophique, inclut l'étude de la nature de la religion dans une perspective scientifique.

Weber se place dans la perspective d'une définition exclusive de la religion (*infra* : 163-164). Pour lui, « les religions » constituent un élément connu, dont « les conditions et les effets » sont à connaître. Durkheim se place, lui, dans une perspective inclusive. Il postule que « les formes de la vie religieuse » constituent une inconnue qu'il faut tâcher de connaître, tout autant que « les conditions et les effets » qu'elles véhiculent.

Au niveau théorique, la différence entre les approches de Weber et Durkheim se trouve donc, entre autres[7], dans leur centre d'intérêt. Celui de Durkheim est plus large que celui de Weber. Plus large, dans un sens quantitatif : il s'intéresse à toute forme de religion, institutionnalisée ou pas. Plus large dans un sens qualitatif : il est directement concerné par « la nature religieuse de l'homme », par l'analyse théorique du concept de religion lui-même, qui implique l'étude de sa « nature » autant que de ses « conditions et effets ».

La réponse à notre question initiale peut donc être précisée. La nécessité d'une définition préalable de la religion dépend de l'objectif central de la recherche. Weber a raison de ne pas sentir le besoin de commencer sa recherche par une définition de la religion, car l'objectif qu'il poursuit fondamentalement — l'étude de l'impact social de l'éthique économique des

---

6. Déterminé par qui ? A première vue, il s'agit d'une « évidence » de sens commun qui serait ensuite adoptée par la *Religionswissenschaft* (Berger, 1971 : 267) ou du moins par les « scientifiques occidentaux » (Robertson, 1970 : 35). En réalité, les choses sont bien moins évidentes et beaucoup plus problématiques. D'une part, parce qu'il s'agit d'un « sens commun » propre à un temps, à une époque, à une culture (donc, à la limite, à une idéologie). Ensuite, de façon plus positive, parce que cette « évidence » n'est pas partagée, ni par certains mouvements qui refusent l'étiquette de « religieux » (Chagnon, 1985 : 62) ni par les spécialistes de la *Religionswissenschaft* eux-mêmes (Smart, 1978 : 16).
7. Pour une comparaison éclairante entre ces deux perspectives, voir notamment Baum (1980 : 43-46) qui attire pertinemment l'attention sur une différence fondamentale, à savoir : pour Durkheim, contrairement à Weber, la matrice du sens de la société, ancienne et moderne, est d'origine religieuse. Leur conception de la religion, rien que par ce fait, est dès lors radicalement différente.

grandes religions universelles — n'exige point cette démarche. Durkheim a également raison de prétendre le contraire, car, comme nous allons le voir, la définition préalable de la religion est exigée par l'objet même de sa recherche : l'étude de la « nature » du phénomène religieux.

Tout en comprenant la légitimité de l'une et de l'autre approche, un fait essentiel reste cependant à souligner. L'approche de Weber, avec bien d'autres, refuse de mettre en question la définition de la religion et adopte sans discussion la notion de religion qu'impose le sens commun. L'approche de Durkheim, par contre, met en question justement la notion de sens commun, dont la base est théologique et occidentale (judéo-chrétienne). Il cherche par contre à construire une définition de la religion sur une base religiologique et trans-historique.

Ces réflexions éclairent l'objectif fondamental de la recherche durkheimienne sur la religion[8], objectif qui oriente et qui organise l'ensemble de sa démarche. « Nous nous proposons d'étudier dans ce livre la religion la plus primitive et la plus simple qui soit actuellement connue, d'en faire l'analyse et d'en tenter l'explication [...] Nous n'étudierons donc pas la religion très archaïque dont il va être question pour le seul plaisir d'en raconter les bizarreries et les singularités. Si nous l'avons prise comme objet de notre recherche, c'est qu'elle nous a paru plus apte que toute autre à faire comprendre la *nature religieuse** de l'homme, c'est-à-dire, à nous révéler un aspect essentiel et permanent de l'humanité (*Formes* : 1-2).

A ce stade du raisonnement, nous pouvons retenir les éléments que voici. Pour Durkheim, la définition de la religion est une opération préliminaire et relativement simple, qui n'ignore pas la différence qui existe entre définition de la religion et théorie de la religion. La définition est conçue comme une opération éminemment finalisée, c'est-à-dire, une opération qui se fait en fonction de l'objet de la recherche. L'objet immédiat de la recherche durkheimienne (identifier la religion la plus simple) se situe dans la perspective de son objet fondamental (l'étude scientifique de la nature du phénomène reli-

---

8. Durkheim expose fort en détail « l'objet de sa recherche » dans l'introduction de son ouvrage (*Formes* : 1-28).

gieux et de la religion). L'objet de la recherche durkheimienne exige donc une définition préalable de la religion. Cette exigence est propre à un type particulier d'étude de la religion : l'analyse religiologique ; elle ne s'impose par conséquent pas, indistinctement, à tous les types d'étude de la religion.

▶ UNE DÉFINITION SCIENTIFIQUE ?

Durkheim sait très bien que l'originalité de sa démarche ne concerne pas le contenu mais la méthode de sa recherche. En effet, du point de vue du contenu, l'objet de la recherche, l'étude de la nature de la religion, est bien connu d'un grand nombre de philosophes. Durkheim partage leur intérêt pour l'étude de ce contenu (*Formes* : 6). Il insiste sur l'opportunité de cette interrogation philosophique (*Formes* : 6).

L'originalité de Durkheim est de maintenir l'interrogation des philosophes en utilisant, en même temps, la méthode empirique propre aux scientifiques : « si cette méthode [...] purement dialectique [...] doit être abandonnée [...] le problème reste tout entier [...] il peut être repris par d'autres voies » (*Formes* : 6).

Quelle méthode propose donc Durkheim pour procéder à une définition scientifique de la religion ? Tout en renvoyant à des développements méthodologiques plus détaillés[9], Durkheim revient ici sur un principe de base qui lui est cher : « Ce n'est pas à nos préjugés, à nos passions, à nos habitudes que doivent être demandés les éléments de la définition qui nous est nécessaire ; c'est à la réalité même qu'il s'agit de définir » (*Formes* : 32).

Et il exprime avec une certaine netteté la suite des opérations.

« Mettons-nous donc *en face de cette réalité**. Laissant de côté toute conception de la religion *en général**, considérons les religions dans leur réalité concrète et tâchons de *dégager ce qu'elles peuvent avoir de commun** [...] Dans cette *comparaison**, nous ferons donc entrer *tous** les systèmes religieux que nous

---

9. Quant aux orientations générales de « la méthode à suivre », Durkheim renvoie ici aux *Formes* : 33 ; aux *Règles* : 43 et s. ; et au *Suicide* : 1 et s.

pouvons *connaître**, ceux du présent et ceux du passé, *les plus primitifs** et les plus simples aussi bien que les plus récents et *les plus raffinés** [...] Nous avons vu, d'ailleurs, combien *il s'en faut** que la meilleure façon d'étudier la religion soit de la considérer *de préférence** sous la forme qu'elle présente chez les peuples les plus civilisés » (*Formes* : 32-33)[10].

Il s'agit en somme de la méthode scientifique expérimentale. Une méthode qui soulève un problème essentiel[11]. Elle présuppose en effet que la religion est un phénomène humain qui a une « nature » propre et qui est par conséquent une « chose » susceptible d'être analysée et expliquée selon les règles de la méthode scientifique (1900 *b* [*SSA* : 113]).

Durkheim l'affirme clairement. « Puisque toutes les religions sont comparables, puisqu'elles sont toutes des espèces d'un même genre, il y a nécessairement des éléments essentiels qui leur sont communs [...]. Ce sont ces éléments permanents qui constituent ce qu'il y a d'éternel et d'humain dans la religion : ils sont tout le contenu objectif de l'idée que l'on exprime quand on parle de *la religion* en général » (*Formes* : 6).

Quelle est la base de cette affirmation qui fonderait, semble-t-il, le besoin d'une définition préalable de religion ? S'agit-il, tout simplement, d'une *petitio principii* ? (Lukes, 1972 : 31)[12].

Ce n'est pas notre avis. Pour nous, il s'agit plutôt d'une sorte d'hypothèse centrale dont l'explication et la vérification constituent l'œuvre de la « science des religions » (*Formes* : 5).

---

10. Notons au passage que Durkheim connaît plusieurs de ces systèmes. Il connaît d'abord le judaïsme, par ses origines familiales (*infra* : Appendice) ; le christianisme, par son immersion culturelle (Pickering, 1975 : 340) ; les religions sémites, par son étude de Robertson Smith (Greenwald, 1973 : 160-165) ; les religions archaïques par la longue préparation des *Formes*, etc. Il s'agit dès lors d'une connaissance des « religions » ayant une certaine ampleur, sans compter sa connaissance des religions humanistes et séculières, à la suite de ses études sur Rousseau (1892 *a*), sur Saint-Simon et Comte (1888 *a* ; 1900 *b* ; 1909 *e*) (*infra* : 307 et s.). Ceci étant, le sens précis que donne ici Durkheim à l'expression « tous les systèmes religieux qu'on peut connaître » est un peu différent. « Connaître » signifie « une connaissance quelconque », approfondie ou tout simplement générale, comme celle d'une personne minimalement informée.

11. Il y a sans doute beaucoup d'autres problèmes importants. Mentionnons seulement le problème (d'origine évolutionniste) tant débattu sur la nécessité de trouver le germe de la nature de la religion dans l'étude des religions primitives. Pour nous, ce problème n'est point essentiel. Certes, Durkheim n'a pas démontré scientifiquement que les religions « simples » ont nécessairement le même contenu que les religions « complexes ». Ce n'était même pas son intention. Son idée est d'ordre méthodique et heuristique. Il considère l'intérêt d'étudier ce qu'il y a de commun entre plusieurs types de religion sur la base de sa théorie du sacré.

12. Durkheim emploie à son tour cette même expression, en critiquant la théorie de Tylor (*Formes* : 260).

Définition de la religion

Il s'agit, enfin, d'une œuvre qui a pour but de montrer pourquoi et comment l'identification d'une composante spécifique de l'être humain, la composante religieuse, s'avère éclairante et explicative pour comprendre la structure globale de la personnalité humaine au sein de tout type de culture ou de civilisation.

C'est dans cette perspective que nous examinons avec grande attention critique l'ensemble de la théorie durkheimienne de la religion. On sait que les témoignages sur la valeur explicative du religieux chez Durkheim sont solides et nombreux (Desroche, 1969 ; Nisbet, 1965 a : 73-83). Certes, il n'est pas question de considérer cette théorie comme une sorte de vérité fermée devant laquelle il faut plier, mais comme une grande question ouverte qui stimule la réflexion et incite à la recherche. La problématique religiologique de Durkheim sur la « nature » du religieux (en contreposition à celle de l'étude des « conditions et effets » des religions chez Marx, Freud ou Weber) devient ainsi avant tout un lieu privilégié de fouille, d'exploration et de découverte.

Notre perspective centrale est donc pour nous éminemment heuristique. Il s'agit d'expliciter et d'actualiser l'approche théorique durkheimienne dans le but de contribuer au progrès de nos connaissances concernant l'impact réel du sacré et du religieux sur l'être humain.

▶ PRÉSUPPOSÉS IDÉOLOGIQUES ET PRATIQUES

La conception de la religion que se font les savants est entachée de parti pris d'ordre pratique, aux niveaux idéologique, politique, théologique ou religieux. Ce problème n'a pas de solution au niveau purement scientifique ou purement rationnel. Il doit être résolu au niveau pratique. En effet, la façon de concevoir la nature du religieux ne peut pas convenir à la fois à toutes les formes de position existentielle qu'ont les hommes — et les savants — face aux choses sacrées.

Pour illustrer ce propos, citons seulement quelques positions typiques[13], parmi bien d'autres. La question mériterait un

---

13. Sans entrer dans une réflexion fondamentale, on se permet d'esquisser une typologie qui complète celle qui sera proposée à l'Appendice (*infra* : 303-306).

traitement plus systématique et plus approfondi. Considérons rapidement quelques types de positions existentielles en ce qui concerne l'appréciation de la nature du phénomène religieux. Ils nous permettent de voir d'une part qu'il faut se situer dans l'une ou l'autre d'entre elles ou, à la rigueur, dans une nouvelle position et, d'autre part, qu'il est impossible de se situer, soit dans aucune, soit dans toutes les positions à la fois. Ils montrent enfin qu'il est impossible de choisir l'une ou l'autre comme la vraie ou comme la meilleure du point de vue strictement scientifique.

Une position agnostique

Cette position prétend qu'il est impossible et inutile de chercher à concevoir la nature et les fondements de la religiosité. On n'en saura jamais rien. La seule issue raisonnable est d'oublier la problématique de son « essence » et de se consacrer à l'étude des manifestations[14] des phénomènes dits religieux tels qu'ils semblent se poser dans la réalité. Cela peut se faire de différentes façons. Des nombreux exemples pourraient être cités où cette sorte d'agnosticisme semble éclatante (Weber, 1922 : 328 ; Dobbelaere-Lauwers, 1974 : 535).

Une position négatrice

Cette position a un parti pris : la religion c'est une erreur de parcours de l'humanité, une « illusion », « l'opium du peuple », une sorte de défense appelée à disparaître dès que cette humanité entre dans une phase de maturité et d'accomplissement. Deux textes célèbres pourraient être évoqués (Freud, 1971 : 61 ; Marx, 1844 [Marx-Engels 1960 : 41-42]).

Nous ne commenterons pas ici ces textes célèbres. Notre propos se limite à noter que la définition de la religion chez Freud et chez Marx correspond à une conception de la nature de la religion qui, comme toute autre conception, suppose un parti pris idéologique, existentiel et pratique.

---

14. L'expression antithétique : « essence-manifestations » appartient à l'œuvre bien connue de G. Van der Leeuw (1955). La position de ce grand classique des sciences de la religion, il va de soi, est cependant loin d'être une position agnostique.

Des positions affirmatives

Une longue tradition de la culture occidentale a développé une position affirmative de base. Elaborée notamment par la tradition théologique, elle est partagée par la plupart des spécialistes des sciences religieuses et par une sorte de sens commun largement généralisé.

Cette position conçoit la religion comme la soumission volontaire de l'homme à Dieu (ou à des dieux). Dans cette perspective qui affirme l'altérité radicale de l'être « tout autre [*das ganz Andere*] », comme fondement de la religion, la plupart des spécialistes de la science des religions prennent comme point de référence l'ouvrage de Rudolf Otto (1917), *Das Heilige*[15].

Durkheim se situe aussi dans une perspective affirmative. En face de la position agnostique de Weber et des positions négatrices[16] de Marx et de Freud, Durkheim accepte la réalité et la légitimité de la religion. « Il n'y a donc pas, au fond, de religions qui soient fausses » (*Formes* : 3). Mais cette perspective affirmative durkheimienne est radicalement différente de la perspective affirmative de type théiste (*infra* : 47-49). En face de l'affirmation de Dieu, Durkheim affirme un dualisme fondamental et une religion de l'humanité (*infra* : Appendice).

Ces considérations doivent être complétées par une remarque qui ne manque pas de piquant. Malgré ce qu'on vient de dire, les représentants de chaque position ont une curieuse tendance à critiquer celles des autres comme des positions idéologiques et à ignorer le caractère également idéologique de sa propre position... Les preuves ne sont que trop nombreuses (Dobbelaere-Lauwers, 1974 : 535 ; Berger, 1974 : 127). Durkheim, naturellement, ne fait pas exception : « [....] pour aider l'esprit à s'affranchir de ces conceptions usuelles qui, par leur prestige, peuvent l'empêcher de voir les choses telles qu'elles sont, il

---

15. Cette position théiste est la position la plus générale au sein de la *Religionswissenschaft* depuis ses débuts (Müller, Tylor, Otto), jusqu'à nos jours (Eliade, Berger). Une analyse historique détaillée est, évidemment, hors de question ici. Sharpe (1975) permet une vue d'ensemble informée sur ce sujet.
16. Ces positions ont été aussi qualifiées de « matérialistes ». Elles se distinguent à ce niveau aussi de la position durkheinienne qui est, elle, spiritualiste. « Toutes les religions [...] sont, en un sens, spiritualistes » (*Formes* : 600).

convient, avant d'aborder la question pour notre compte, d'examiner quelques-unes des définitions les plus courantes dans lesquelles ces *préjugés** sont venus s'exprimer » (*Formes* : 33).

LE GRAND DÉBAT

> « *Les forces religieuses [...] sont des forces humaines [...]. Je suppose, en effet, qu'elles font partie de la nature. Mais c'est le postulat même de la science des religions. Il n'y a de science possible que des choses données dans la nature. Mais de ce qu'elles sont naturelles, il ne suit nullement qu'elles soient de l'ordre des forces que l'on peut capter pour s'en servir au lieu de les servir. [...] dans mon livre je me suis attaché à montrer que [le culte] avait aussi pour objet de servir les dieux [...]* »
>
> E. Durkheim, *Le problème religieux et la dualité de la nature humaine.*

Quelle en est l'origine, qu'est-ce qui explique en dernière instance la naissance de la religion ? Quelle est la catégorie théorique fondamentale sur laquelle s'assied le concept de religion ? Faut-il se fonder nécessairement sur les catégories de « surnaturel » ou de « divin » ? Quelle est la position de Durkheim ?

▶ LA CATÉGORIE DE « SURNATUREL »

Durkheim évoque la notion de surnaturel (*Formes* : 33-34) et les noms de quelques spécialistes qui, selon lui, la présentent comme la catégorie de base pour la définition de la religion (*Formes* : 33, 34, 37). Il s'attarde à montrer plus en détail (*Formes* : 34-40) que cette catégorie ne peut constituer « la caractéristique des phénomènes religieux sans exclure de la définition la majorité des faits à définir » (*Formes* : 40).

Spencer, Müller, Jevons

Au lieu de donner une définition de la notion de surnaturel, Durkheim entasse une kyrielle de formules descriptives, à première vue fort peu élaborées : « tout ordre de choses qui dépasse la portée de notre entendement » (*Formes* : 33) ; « le monde du mystère, de l'inconnaissable, de l'incompréhensible » (*Formes* : 33) ; « une sorte d'*ultima ratio* à laquelle l'intelligence ne se résigne qu'en désespoir de cause » (*Formes* : 35) ; « l'idée contraire [...] à un *ordre naturel des choses* » (*Formes* : 36)...

En somme, l'idée d'ordre surnaturel est l'idée contraire à celle d'ordre naturel (l'ordre des lois nécessaires et immanentes qui constituent la réalité des choses, l'ordre objectif qui fait par ailleurs l'objet de la connaissance rationnelle, en particulier la connaissance scientifique). Durkheim ne va pas plus loin dans la détermination du contenu de cette idée de surnaturel. Sans approfondir la question, il cite quelques lignes de trois spécialistes qui, selon lui, fondent la définition de religion sur la catégorie du surnaturel ou du mystérieux.

Herbert Spencer : « Les religions [...] s'accordent à reconnaître tacitement que le monde [...] est un mystère qui veut une explication ». Les religions consisteraient donc essentiellement dans « la croyance à l'omniprésence de quelque chose qui passe [sic] l'intelligence » (*Formes* : 33-34). Max Müller : Il voyait la religion comme « un effet pour concevoir l'inconcevable, pour exprimer l'inexprimable, une aspiration vers l'infini » (*Formes* : 34). William S. Jevons : « Il arrive que le soleil s'éclipse brusquement, etc. Parce que ces événements sont en dehors du cours ordinaire des choses, on les impute à des causes extraordinaires [...] extra-culturelles. C'est sous cette forme que l'idée de surnaturel serait née [...] et c'est ainsi que [...] la pensée religieuse se serait trouvée munie de son objet propre » (*Formes* : 38).

La critique de Durkheim

Durkheim présente (*Formes* : 33-40) plusieurs séries d'arguments à l'encontre de cette conception des choses. La raison principale, pour s'en tenir à l'essentiel, c'est que « le sentiment de mystère [...] n'apparaît que très tardivement dans l'histoire des religions » (*Formes* : 34).

La notion de mystère a joué son rôle dans certaines religions, notamment dans le christianisme, concède Durkheim, mais cette idée est loin d'être universellement répandue dans toutes les religions. Pour le montrer, il examine avec attention l'expérience vécue des croyants[17] en se référant à des peuples « primitifs » et « contemporains ». Pour l'homme primitif, « il n'y a rien d'étrange à ce qu'on puisse, de la voix ou du geste, commander aux éléments, arrêter ou précipiter le cours des astres [...] » (*Formes* : 35). Il en va de même, dit-il, de nos contemporains qui admettent « par exemple, que le législateur peut créer une institution de rien [...] transformer un système social [...] tout comme les croyants de tant de religions admettent que la volonté divine [...] peut arbitrairement transmuter les êtres les uns dans les autres [...] ». (*Formes* : 37).

Cette analyse de l'expérience vécue des croyants se confirme par la considération même du concept d'ordre surnaturel. En effet, celui-ci s'oppose au concept d'ordre naturel, concept qui selon Durkheim a un caractère scientifique et, par conséquent, est une construction récente dans l'histoire des religions et de l'humanité. Loin d'être paradoxal, note Durkheim, « c'est la science et non la religion, qui a appris aux hommes que les choses sont complexes et malaisées à comprendre » (*Formes* : 37). Par ailleurs, renchérit Durkheim, « les conceptions religieuses ont, avant tout, pour objet d'exprimer et d'expliquer, non ce qu'il y a d'exceptionnel et d'anormal dans les choses, mais au contraire, ce qu'elles ont de constant et de régulier » (*Formes* : 39).

Bref « [...] l'idée de mystère n'a rien d'originel. Elle n'est pas donnée à l'homme ; c'est l'homme qui l'a forgée [...]. C'est pourquoi elle ne tient quelque place que dans un petit nombre de religions avancées. On ne peut donc en faire la caractéristique des phénomènes religieux sans exclure de la définition la majorité des faits à définir » (*Formes* : 39-40).

---

17. Nous avons été particulièrement intéressé par une argumentation de ce genre. Elle montre comment Durkheim se préoccupe d'étudier la religion telle que vécue par le croyant « de l'intérieur [*from within*] » (*infra* : 86 et s.).

Définition de la religion

▶ LA CATÉGORIE DE « DIVINITÉ »

Suivant le même plan que dans le paragraphe précédent, Durkheim rappelle d'abord la notion de divinité (*Formes* : 40) et les noms de quelques spécialistes qui, selon lui, présentent cette notion comme la catégorie de base pour définir la religion (*Formes* : 40-41). Il critique ensuite le bien-fondé de ce type de définition en montrant que « la religion déborde [...] l'idée de dieux ou d'esprits, et par conséquent, ne peut se définir exclusivement en fonction de cette dernière » (*Formes* : 41-69).

Réville, Tylor, Frazer

Durkheim distingue le terme « divinité » (à prendre « dans un sens précis et étroit [...] au sens propre du mot ») et l'expression « des êtres spirituels » (« des sujets conscients, doués de pouvoirs supérieurs à ceux que possède le commun des hommes ») (*Formes* : 40-41). Pour les besoins de l'argumentation, Durkheim comprend ces deux notions ensemble, en notant que la qualification « êtres spirituels [...] convient [...] aux âmes des morts, aux génies, aux démons aussi bien qu'aux divinités proprement dites » (*Formes* : 41). Pour le moment, Durkheim s'en tient à un exposé succinct. Il reviendra très en détail sur ce sujet dans un chapitre intitulé « La notion d'esprits et des dieux » (*Formes* : 391-424)[18].

Après avoir fait ces distinctions, Durkheim cite quelques spécialistes qui se réclament de la thèse qu'il critique.

Albert Réville : « La religion [...] est la détermination de la vie humaine par le sentiment d'un lien unissant l'esprit humain à l'esprit mystérieux dont il reconnaît la domination sur le monde et sur lui-même et auquel il aime à se sentir uni » (*Formes* : 40). Edward B. Tylor : « Le premier point essentiel quand il s'agit d'étudier systématiquement les religions des races intérieures, c'est [...] de définir et de préciser ce qu'on entend par religion. Si l'on tient à faire entendre par ce mot la croyance à une divinité suprême [...] un certain nombre de

---

18. Nous y reviendrons aussi pour notre part (*infra* : 129-130) en insistant notamment sur ce que, chez Durkheim, la notion de divinité n'est jamais véritablement approfondie.

tribus se trouveront exclues du monde religieux. Mais cette définition trop étroite a le défaut d'identifier la religion avec quelques-uns de ses développements particuliers [...]. Mieux vaut, ce semble, poser simplement comme définition minimum de la religion la croyance en des êtres spirituels » (*Formes* : 40). Par ailleurs, conclut Durkheim, Sir James G. Frazer et, avec lui plusieurs ethnographes, notamment Spencer, Gillen et Preuss se réfèrent « à ce critère [...] systématiquement » (*Formes* : 41).

La critique de Durkheim

L'argumentation de Durkheim (*Formes* : 40-49) se fonde sur une thèse fondamentale : « [...] il existe de grandes religions d'où l'idée de dieux et d'esprits est absente, où, tout au moins, elle ne joue qu'un rôle secondaire et effacé » (*Formes* : 41).

Pour étayer cette thèse, Durkheim se réfère d'abord au bouddhisme (*Formes* : 41-46), en se basant sur le témoignage de plusieurs spécialistes : Eugène Burnouf : « une morale sans dieux et un athéisme sans nature » ; Barth : « sa doctrine est absolument athée » ; Oldenberg : « une religion sans dieu ». Durkheim commente et nuance : « Ce n'est pas à dire qu'il (le bouddhiste) nie de front l'existence d'être appelés Indra, Agni, Varuna ; mais il estime qu'il ne leur doit rien et qu'il n'a rien à faire avec eux, car leur pouvoir ne peut s'étendre que sur les biens de ce monde qui, pour lui, sont sans valeur » (*Formes* : 42-43).

Dans la même perspective, Durkheim cite un deuxième cas : « Tout ce qui précède s'applique également à une autre grande religion de l'Inde, au jaïnisme » (*Formes* : 45). Et, en se référant à nouveau aux travaux de Barth et d'Oldenberg, Durkheim poursuit : « Si d'ailleurs, cette indifférence pour le divin est à ce point développée dans le bouddhisme et le jaïnisme, c'est qu'elle était déjà en germe dans le brahmanisme d'où l'une et l'autre religion sont dérivées » (*Formes* : 47).

Durkheim apporte enfin une deuxième série d'arguments. En se référant cette fois à des religions qui croient à l'existence d'une divinité, il souligne qu'on y trouve « un grand nombre de rites qui sont complètement indépendants de toute idée de dieux ou d'êtres spirituels » (*Formes* : 47). Durkheim donne des exemples de rites négatifs et de rites positifs chez les Hébreux (il cite les livres de *Samuel*, du *Lévitique* et du *Deutéronome*) et dans le sacrifice védique, d'après le témoignage de M. Bergaigne.

Bref « [...] il y a des rites sans dieux [...]. Toutes les vertus religieuses n'émanent pas de personnalités divines et il y a des relations cultuelles qui ont un autre objet que d'unir l'homme à une divinité. La religion déborde donc l'idée de dieux ou d'esprits, et par conséquent, ne peut se définir exclusivement en fonction de cette dernière » (*Formes* : 49).

▶ APPRÉCIATION DES CRITIQUES DE DURKHEIM

Les faits qu'apporte Durkheim dans son argumentation critique correspondent-ils à la réalité ? Que vaut la critique durkheimienne des autres définitions de la religion ?

Jugement de vérité

Ce problème, essentiellement méthodologique, pose des nouvelles questions. Les notions de « surnaturel » et de « divinité » sont-elles cernées ici de façon suffisamment précise ?[19]. Est-il exact qu'on trouve des religions reconnues comme telles où ces notions sont réellement absentes ? Si la réponse à ces deux questions n'est pas affirmative, que faut-il conclure logiquement ?

Des notions imprécises ? Cette question délicate exige une réponse nuancée. A notre sens, il faut affirmer nettement que les notions de « surnaturel » et de « divinité » évoquées par Durkheim ici ne constituent ni une véritable « définition opérationnelle »[20] ni un véritable « concept théorique »[21]. Il s'agit

---

19. « La première démarche du sociologue doit donc être de définir les choses dont il traite [...]. C'est la première et la plus indispensable condition de toute preuve et de toute vérification » (*Règles* : 34).
20. Selltiz *et al*. (1959 : 42-44 ; 178-186) traitent de la « définition opérationnelle » dans le sens actuel du terme, comme détermination rigoureuse d'un ensemble d'indicateurs soumis à des tests de fidélité et de validité. Durkheim exprime cette idée de façon moins précise. « Ne jamais prendre pour objet de recherches qu'un groupe de phénomènes préalablement définis par certains caractères extérieurs qui leur sont communs et comprendre dans la même recherche tous ceux qui répondent à cette définition » (*Règles* : 36).
21. Sur la notion de concept et sur la problématique méthodologique de l'élaboration conceptuelle, nous renvoyons à une étude antérieure (Prades, 1969 : 159-201).

de notions vagues et confuses et incapables, par conséquent, de permettre l'établissement d'une « preuve » valable du point de vue de la méthodologie de la recherche scientifique.

Des faits non prouvés ? Strictement parlant, nous ne le savons pas d'une façon certaine et rigoureuse. Parce que ces notions n'ont pas été définies scientifiquement et parce que l'enquête systématique permettant de déceler la présence de ces notions (ou des notions proches et/ou parallèles) n'a pas été faite.

Que faut-il conclure ? La réponse aux deux questions est clairement négative. L'argumentation de Durkheim n'est donc pas probante. Cela ne signifie cependant pas, tout en restant sur le strict plan méthodologique, que l'argumentation de Durkheim est nulle et non avenue et dépourvue de toute valeur, comme semblent tentés d'affirmer certains critiques[22].

Sans apporter des preuves scientifiquement irrécusables, mais en se basant sur un certain nombre de témoignages de spécialistes réputés dans la science des religions[23], Durkheim propose une argumentation qui mérite d'être précisée et vérifiée méthodiquement. La recherche de Durkheim sur les catégories de base de la religion ne constitue ni une thèse, ni un postulat. Il s'agit d'une hypothèse, comme il le dira à la fin de son livre (*Formes* : 638) et le répétera quelques mois après sa parution (1913 *b* : 66).

Cette hypothèse est par ailleurs capitale. Elle invite à entreprendre une gigantesque enquête sur un grand nombre de religions vécues dans les différentes cultures archaïque, classique et contemporaine. Cette enquête, qui exige des connaissances diversifiées et approfondies, peut seule contribuer à déterminer la validité et la pertinence de fonder une théorie de

---

22. Un spécialiste contemporain confirme incidentalement les vues de Durkheim sur l'athéisme de la religion bouddhique. « Par exemple, le bouddhiste Théravada ne croit pas en un Théos [...] » (Smart, 1978 : 12). Ou encore, « il est important de noter, par exemple, que le bouddhisme Théravada n'implique pas un Etre personnel suprême [...] » (Smart, 1978 : 77).

23. Il faut lire attentivement la critique de la définition durkheimienne de la religion chez Robertson (1970 : 36-37). On y invoque au passage une remarque de Spiro (1966) affirmant que « Durkheim a faussement présupposé qu'il n'y avait pas de conceptions surnaturelles dans les religions bouddhistes ». Manifestement trop pressé pour liquider rapidement la définition « inclusive » de la religion chez Durkheim, Robertson confond plusieurs niveaux d'analyse : définitionnel, conceptuel, empirique, théorique, heuristique, idéologique... Nous y reviendrons un peu plus en détail (*infra* : 163-164).

Définition de la religion

la religion sur le concept de « sacré » plutôt que sur celui de « divinité » ou de « surnaturel ». Mais elle peut aussi et surtout apporter les éléments nécessaires pour approfondir le problème du sens et de la portée de l'infinie variété de formes de religiosité des êtres humains.

Le jugement de vérité ne se termine donc pas par un verdict négatif. Il porte à l'ouverture d'un jugement de pertinence.

Jugement de pertinence

Parmi beaucoup d'autres, prenons d'abord une question pratique. Y a-t-il une tentative d'évacuation des catégories qui fondent traditionnellement le concept de religion ?[24]. Non, certainement pas. Durkheim essaye de faire comprendre que les notions de surnaturel et de divinité ne se trouvent pas dans toutes les religions, mais seulement dans certaines religions. Il constate que, *de facto*, ces notions ne font pas partie de la nature des réalités religieuses et infère logiquement qu'elles ne doivent pas faire partie de la définition de la religion.

On comprend que cet élargissement de champ ait suscité — et suscite encore — une grande réticence de la part d'un grand nombre de spécialistes des sciences de la religion, ceux notamment qui, nourris de la foi judéo-chrétienne traditionnelle, perçoivent cette ouverture comme un risque de liquidation des croyances aux réalités transcendantes et surnaturelles, avec tous les dangers que cela pourrait comporter.

Pour notre part, nous nous permettons de faire remarquer que ces craintes ne sont pas fondées. Certes, elles ne sont pas fondées du point de vue scientifique. Mais — il nous semble — elles ne sont pas fondées du point de vue de la croyance religieuse elle-même. En effet, l'étude scientifique de la religion, de toutes les formes de religion, ne peut apporter, en définitive, qu'une meilleure connaissance de l'humain. Or, tenter une meilleure connaissance de l'humain peut susciter des appréhen-

---

24. A comparer avec la fameuse invective de Berger (1974 : 126), « un assassinat au moyen d'une définition [*assassination through definition*] ». Durkheim réagit ainsi à ce type de problématique. « Nous n'avons pas à rechercher ici s'il s'est réellement rencontré des savants [...] qui ont fait de l'histoire et de l'ethnographie religieuse une machine de guerre contre la religion. En tout cas, tel ne saurait être le point de vue d'un sociologue » (*Formes* : 2-3).

sions seulement au départ de la démarche, lorsqu'elle entraîne dans son élan, peut-être, toutes sortes de précipitations, d'erreurs ou d'injustices.

En dernière analyse, cependant, cette tentative de clarification ne peut pas être considérée comme une menace. Toute l'histoire de la théologie, pour nous en tenir à un exemple capital, montre à satiété comment la foi chrétienne a appris à exorciser ses craintes devant la critique scientifique. Et comment elle a fini par s'en accommoder. Et, de l'avis de beaucoup de théologiens, et non des moindres, elle en est sortie purifiée, revigorée, rajeunie[25].

Retenons maintenant une question théorique. Quelle peut être alors la pertinence de l'hypothèse durkheimienne ? Qu'est-ce qui change à la compréhension et à l'explication de la nature des phénomènes religieux le fait qu'ils soient constitués par les catégories de surnaturel ou de divinité ou par la catégorie de sacré ?

A notre sens, la différence est extrêmement importante, pour une raison essentielle qu'il convient de signaler. En effet, chez Durkheim la catégorie de sacré est plus large que celle de divinité et de surnaturel[26], car elle les inclut et les dépasse en extension. Si donc la science des religions définit la religion à partir de la catégorie de sacré, elle élargit très considérablement son champ d'étude, pour inclure toutes les autres formes de phénomène ou de système religieux on outre de celles qui se basent sur les catégories de divinité et de surnaturel.

Cette ouverture du champ a beaucoup d'intérêt, du point de vue théorique. Une conception du religieux basée sur les catégories de divinité ou de surnaturel risque de confondre religion avec une forme particulière de religion, ce qu'on appelle, avec Max Weber, « les grandes religions universelles [*Weltreligionen*] », en somme les grandes religions classiques nées dans l'ère agricole de l'histoire humaine.

Cette conception peut exclure du domaine des religions tout un ensemble de formes élémentaires de religion, correspondant

---

25. Bouillard (1972) offre un exposé vigoureux sur l'histoire et les tâches actuelles de l'apologétique chrétienne, dans une perspective épistémologique qui épouse les exigences scientifiques de notre temps.
26. Nous avons vu (*supra* : 43) que la notion de « sacré » chez Otto est moins large que chez Durkheim. Pour Otto, en effet, la notion de « sacré [*das Heilige*] » implique la notion d'être personnel transcendant.

en gros aux sociétés archaïques dans l'ère de la cueillette et de la chasse. Elle peut exclure, du même coup, les formes complexes de religion sécularisée qui se sont développées dans les sociétés modernes dans l'ère de l'éclosion de la science, de la société industrielle et du progrès technologique[27].

Cette ouverture du champ a donc un intérêt essentiel, de notre point de vue, car elle permet de passer, d'une théorie de la religion temporellement et culturellement datée à une théorie de la religion susceptible d'avoir une portée transhistorique et une base anthropologique et susceptible de devenir par conséquent une théorie générale de la religion.

Or c'est justement de ce genre de théorie dont nous avons besoin. Pour affronter d'abord l'étude comparative des formes élémentaires, des formes classiques et des formes contemporaines, sécularisées, de la vie religieuse. Pour affronter en définitive — ce qui est pour nous capital — l'étude des formes de sacralité qui se développent aujourd'hui tout près de nous, de façon plus ou moins insensible.

Ce dernier point doit être souligné. En effet, « toute science positive [...] a, avant tout, pour objet d'expliquer une réalité actuelle, proche de nous, capable, par suite, d'affecter nos idées et nos actes : cette réalité, c'est l'homme et, plus spécialement, l'homme d'aujourd'hui, car il n'en est pas que nous soyons intéressés à bien connaître » (*Formes* : 2). Or, tout le débat sur la question de la sécularisation témoigne d'une constatation majeure : la culture contemporaine implique pour beaucoup une diminution, une perte des croyances dans les êtres divins et surnaturels (Dobbelaere, 1981 *a*). Mais, s'agit-il d'une perte, tout simplement ? Ne s'agit-il pas plutôt d'une transformation fondamentale ?

Tout un pan de la culture de la modernité serait ainsi en dehors de l'analyse religiologique si l'on décide de fonder le concept de religion, exclusivement, sur les catégories de « divinité » ou de « surnaturel ». Bien sûr, ces catégories appartiennent à la science de la religion, c'est évident. Mais, qu'est-ce qui empêche de considérer l'hypothèse selon laquelle les femmes et les hommes de l'ère sécularisée, vivraient aussi l'expérience

---

[27]. La question des conceptions « exclusive » ou « inclusive » de la religion, sera discutée en détail plus loin à propos du concept de quasireligion (*infra* : 163 et s.).

de « forces supérieures » qui les « dominent » et qui, en même temps, les « sustentent » (1919 b : 99), des forces qu'ils considéreraient comme sacrées mais pas précisément comme divines ?

Rien, oserions-nous dire. Il suffit de poser, à la base de la définition de la religion, une catégorie plus large que celles de « divinité » ou de « surnaturel » tout en les incluant. C'est le cas, lorsqu'on se base sur la catégorie de « sacré ». Avec cette hypothèse, il est permis d'étudier, avec toute la rigueur de la méthode scientifique expérimentale, dans quel sens et dans quelle mesure, l'analyse des formes sécularisées du rapport au sacré pourrait aider à comprendre des segments importants de la culture contemporaine. Sans cette hypothèse, ces segments de notre vie culturelle risquent de rester inexplorés.

En fin de compte, notre raisonnement est très simple. La catégorie de « sacré » n'exclut pas celle de « divinité » et de « surnaturel » du champ de l'étude de la religion. Elle les inclut et, par définition, les dépasse en largeur. C'est justement ce dépassement qui fonde la possibilité de l'analyse de toutes les formes historiques de religion. A toutes : à celles qui sont considérées comme telles par le sens commun (aujourd'hui, en Occident) ; mais en outre, à d'autres formes historiques dont l'étude peut s'avérer également profitable. Cette ouverture à un nouveau champ d'exploration de l'expérience humaine, nous la devons, en bonne partie, à l'œuvre de Durkheim.

Qu'il nous soit permis, avant de terminer ce paragraphe, de formuler deux remarques mineures. Première remarque. En 1913, à l'occasion d'un exposé devant les membres de la Société française de philosophie, où il présente « les idées principales » des *Formes*, Durkheim parle de l'antithèse entre « le divin et le profane » (1913 b : 64). Qu'est-ce à dire ? Faut-il dès lors comprendre, à l'encontre de tout ce qui vient d'être dit, qu'en fin de compte, pour Durkheim, divin et sacré est-ce la même chose ? Non. Rassurons-nous tout de suite. Il n'en est pas question. Cette expression isolée doit être interprétée à travers les nombreux textes où Durkheim oppose conceptuellement ces deux notions sans l'ombre d'un doute (*Formes* : 440-449 et 391-424).

Deuxième remarque. En 1899, bien avant les *Formes*, Durkheim tentait d'élaborer pour une première fois « la définition des phénomènes religieux ». En cherchant « une catégorie de faits religieux [...] particulièrement caractéristique de la religion » (*Définition* : 16), il était arrivé à considérer le culte comme un « ensemble de pratiques qui concernent les choses sacrées » (*Définition* : 17). A ce moment-là, Durkheim n'avait point découvert la pertinence de la catégorie de sacré car, pensait-il, définir la religion par le sacré ce n'est que « remplacer un mot par un autre et cette substitution n'apporte, par elle-même, aucune clarté » (*Définition* : 17). Et il décide ainsi d'aller chercher ce critère caractéristique ailleurs.

C'est seulement dix ans plus tard que Durkheim saisit la différence qui existe entre fonder le concept de religion sur la catégorie de divinité ou celle de sacré. Dans les *Formes*, il revient en arrière, abandonne le critère de 1899, et permet de comprendre que la catégorie de sacré n'est pas seulement un critère pertinent mais « l'idée cardinale de toute religion » (*Formes* : 266), celle qui permet d'en fonder la théorie générale.

LA DÉFINITION DE DURKHEIM

> « *Différentes [...] stratégies définitionnelles rendent disponibles différentes sortes d'informations sur le monde social. Les définitions doivent donc être évaluées en fonction de leur utilité en face d'un type spécifique d'information. Toute définition n'est pas apte à fournir toutes les formes de la connaissance. Il est irréfléchi de critiquer des définitions pour leur incapacité à fournir le type d'information pour lequel elles n'ont pas été conçues.* »
>
> R. Machalek, *Definitional Strategies in the Study of Religion.*

Durkheim reproche aux définitions de la religion qu'il vient de critiquer, de vouloir exprimer directement « la nature de la religion dans son ensemble [...] comme si la religion formait une sorte d'entité indivisible ». Cette remarque l'amène à formuler le principe méthodologique directeur de sa stratégie définitionnelle : « la religion [...] est un tout formé de parties [...] un tout ne peut être défini que par rapport aux parties qui le forment » (*Formes* : 49). Quelles sont ces parties selon l'analyse durkheimienne ?

▶ PHÉNOMÈNE ET SYSTÈME

Durkheim distingue la « religion » et le « phénomène religieux », comme le tout et la partie. Pourquoi cette distinction ? Il y voit plusieurs raisons. D'abord, parce que c'est un fait, parce que c'est ainsi que sont faites les choses : « il existe des phénomènes religieux qui ne ressortissent à aucune religion déterminée » (*Formes* : 49). Ensuite parce que cette distinction répond aux exigences de la démarche scientifique : « Il est plus méthodique » (*Formes* : 49). Enfin, parce que cette distinction a une considérable portée théorique, au point de permettre « de renouveler la science des religions » (*Formes* : 50).

Les faits d'abord. Durkheim propose plusieurs exemples de « phénomènes religieux [...] dans nos pays européens », ne faisant pas partie d'une « religion » : Fêtes de l'arbre de mai, du solstice d'été, du carnaval, croyances diverses relatives à des génies, à des démons locaux, etc. » (*Formes* : 49-50). D'une manière générale, ces phénomènes religieux sont ignorés par la science des religions et « constituent la matière du folklore » (*Formes* : 49)[28]. Durkheim signale enfin que ces phénomènes peuvent avoir une double origine ; il y en a en effet qui sont « des débris de religions disparues, des survivances inorganisées ; mais il en est aussi qui se sont formés spontanément sous l'influence de causes locales » (*Formes* : 49).

Ensuite, les exigences méthodologiques. Il ne faut pas commencer par vouloir saisir d'emblée la complexité des « systèmes religieux ». « Il est donc plus méthodique de chercher à caractériser les phénomènes élémentaires dont toute religion résulte, avant le système produit par leur union » (*Formes* : 49). Or, cette distinction entre « phénomène » et

---

28. Durkheim utilise ici le terme « folklore » dans le sens de « discipline », de champ d'étude. Il s'agit d'un sens connu par ailleurs. « Le mot folklore, inventé en 1846 par Thomas, désigne la science de la littérature, des traditions et des usages populaires » (Pinard de La Boullaye, 1922 : 353).

« système » permet de rencontrer cette exigence méthodologique[29].

Enfin, les considérations de caractère théorique. Durkheim ne s'étend pas ici sur le sujet. Il cite au passage les travaux de Mannhardt et de son école. Il s'agit d'une évocation fugace et en même temps excessivement flatteuse. Ces travaux, tout en reconnaissant que le caractère religieux de certains phénomènes isolés « va en s'effaçant », ont souligné « leur importance religieuse » et contribué ainsi à rien de moins que « renouveler la science des religions » (*Formes* : 50). Ce qui a retenu particulièrement l'attention de Durkheim parmi ces travaux de l'Ecole de Mannhardt, c'est justement qu'à partir de la distinction entre « religion » et « phénomène religieux », ils ont mis l'accent sur la survivance de phénomènes religieux isolés procédant d'anciennes systématisations mythologiques. On connaît l'intérêt primordial de Durkheim : « toute science positive [...] a, avant tout, pour objet d'expliquer une réalité actuelle » (*Formes* : 2). C'est sans doute dans ce sens qu'il envisage le renouveau de la science des religions, une science de toutes les formes connues de la vie religieuse : phénomènes isolés et constructions systématiques ; expressions élémentaires ou archaïques et manifestations complexes, classiques ou modernes.

Quelques pages plus loin, après avoir montré que les phénomènes religieux ont comme caractéristique spécifique leur « référence au sacré », Durkheim revient sur la question en prenant cette fois un ton visiblement solennel : « Bien que cette définition ne soit que préliminaire, elle permet déjà d'entrevoir en quels termes doit se poser le problème qui domine nécessairement la science des religions » (*Formes* : 57). Quel est ce problème dominant ? Durkheim se limitera ici à le nommer sans aucun développement, sans aucun commentaire : « se demander [...] ce qui a pu déterminer l'homme à voir dans le monde deux mondes hétérogènes et incomparables, alors que rien dans l'expérience sensible ne semblait lui suggérer l'idée d'une dualité si radicale » (*Formes* : 58).

---

29. Notons cependant que Durkheim ne distingue pas nettement deux sens différents du terme « phénomène religieux ». Il est employé tantôt comme partie aléatoire, séparée du « système religieux », tantôt comme partie constitutive essentielle du « système religieux ».

Attentifs à l'ensemble de la démarche durkheimienne, il faudrait rappeler ici que pour Durkheim (*Règles* : 89-123 ; *Formes* : 1) le problème dominant de la science des religions, au-delà de la description et de la compréhension des structures et des fonctions des systèmes religieux, est de l'ordre de l'explication.

Etant donné que la vision durkheimienne de la religion est transsociale et transhistorique, « le problème qui domine nécessairement la science des religions » est « l'explication » des « systèmes religieux » et des « phénomènes religieux » vécus par toutes les cultures qui nous sont connues. C'est donc dans le sens le plus précis du terme que l'étude de la religion, chez Durkheim, a un caractère éminemment socio-religiologique.

Ces considérations nous aident à voir plus clairement l'importance de la distinction entre phénomènes et systèmes religieux. Une grande importance théorique, car cette distinction permet d'attaquer le problème essentiel de la science des religions : découvrir la cause, les origines, l'explication du geste constitutif élémentaire des croyances et des cérémonies religieuses, indépendamment de l'existence, de l'essor ou du déclin des systèmes religieux. Nous aurons l'occasion (*infra* : chap. VI-VII) de revenir sur les nombreuses questions méthodologiques et théoriques que pose cette conception du caractère explicatif de la science des religions. Pour l'instant, nous avons voulu tout simplement attirer l'attention sur l'apport essentiel de cette première distinction de Durkheim, au moment d'entamer sa définition de la religion.

▶ CROYANCES ET RITES

Durkheim distingue deux catégories fondamentales de phénomènes religieux : « les croyances et les rites » (*Formes* : 50). Il ne définit ces catégories que de façon très sommaire : les croyances sont « des états d'opinion, elles consistent en représentations » ; les rites sont « des modes d'action déterminés »[30].

---

30. Durkheim reviendra en détail sur ces notions dans le corps des *Formes*. Sur les « croyances », dans les pages 142-424 ; sur les « attitudes rituelles », dans les pages 425-592.

« Entre ces deux classes de faits, il y a toute la différence qui sépare la pensée du mouvement » (*Formes* : 50). C'est à peu près tout. Pourquoi une description si sommaire ? Pourquoi une division des phénomènes religieux en deux catégories ? Pourquoi ces deux catégories-là et pas d'autres ?

Durkheim ne répond pas à ces questions. Il se limite à donner une seule justification à ses propos : les phénomènes religieux se rangent en deux catégories « tout naturellement » (*Formes* : 50). Cela semble aller de soi. Pourquoi ?

Certains auteurs ont tenté une explication des divisions bipartites de Durkheim comme s'il s'agissait chez lui d'une sorte de « manie ». Ainsi, par exemple, Stanner (1967) qui, dans un bref et retentissant article, critique sévèrement « l'inclination de Durkheim pour les dichotomies et les dualismes » (p. 229) et, n'ayant visiblement pas envie d'affronter la question, se met à espérer qu'elle ne manquera pas d'intéresser « l'historien des idées » (p. 229). Lukes, s'appuyant en l'occurrence sur le jugement de Stanner, ne semble pas beaucoup plus avancé. Il attribue les nombreuses « dichotomies ou oppositions binaires » (Lukes, 1972 : 3)[31] au « mode de pensée et la façon de s'exprimer de Durkheim » (p. 3). On conviendra, de toute évidence, que ces « explications » ne font pas avancer considérablement notre dossier. Essayons de clarifier les choses de façon plus approfondie ou, du moins, tâchons d'établir un rapport plus immédiat entre la problématique et la méthodologie de Durkheim et les questions qui nous concernent présentement.

Les spécialistes en sciences des religions ont diverses conceptions de composantes essentielles de la vie religieuse. Une division classique distingue, d'une part, « l'expérience religieuse » et, d'autre part, « les expressions de la vie religieuse » (expression théorique : la doctrine ; expression pratique : le culte ; expression sociologique : la communion, la communauté (Wach, 1955 : 21-33)[32]. Dans une perspective parallèle, d'autres auteurs ont cherché à opposer « essence » et « manifestations » de la vie religieuse (Van der Leeuw, 1955) ; « doctrine » et « expérience

---

31. Lukes (1972 : 16-30) analyse par ailleurs minutieusement ces dichotomies.
32. Nous avons commenté ailleurs cette conception de Wach (Prades, 1969 : 23-27).

personnelle » (Watts, 1976) ; « croyance » et « foi » (Smith, 1977 ; 1979)[33]. Cette liste pourrait être continuée très longuement sans peine.

Durkheim ignore-t-il ces nuances en se lançant dans une division bipartite simpliste et mal fondée ? Nous ne le pensons pas. Nous pensons, par contre, que Durkheim comprend cette division entre croyances et pratiques, de façon souple et complexe. Voici comment. La division des phénomènes religieux en plusieurs catégories de base peut être comprise d'une manière rigide et simpliste ou d'une manière souple et complexe. Une interprétation rigide comprend que chacune de ces divisions est formée d'une seule et unique dimension. Une interprétation souple, par contre, comprend que chacune de ces divisions est formée par un ensemble de dimensions différentes. Donnons un exemple, en nous en tenant à la catégorie de « croyance ».

Une interprétation rigide identifie de manière unidimensionnelle « croyance » et « adhésion inconditionnelle à une doctrine » et oppose ainsi, disons, « croyance » et « expérience mystique ». Une interprétation souple de la catégorie « croyance » la définit par contre de façon multidimensionnelle, ce qui permet d'inclure dans cette catégorie plusieurs formes d'adhésion ou de représentation (rationnelles, mystiques, expérientielles, affectives, etc.). L'interprétation rigide comprend donc la catégorie « croyance » comme une forme seule et unique qui s'opposerait à d'autres formes de croyance. L'interprétation souple comprend, par contre, la catégorie « croyance » comme une forme complexe qui s'oppose, non pas à d'autres formes de croyances, mais à d'autres catégories foncièrement différentes, comme la catégorie « rite » en l'occurrence.

Cette brève clarification permet de comprendre pourquoi Durkheim, qui a une interprétation souple des catégories « croyance » et « rite », n'a pas ressenti le besoin de justifier ici sa démarche. Il a pris pour acquis, en effet, que la distinction de base entre « représentations » et « modes d'action » (*Formes* : 50) est une distinction généralement admise. Une distinction qui permet d'examiner à part deux types de comportement

---

33. Cette distinction a été commentée et critiquée profusément (Slater-Wiebe-Horvath : 1981).

humain qui, de fait, s'entrecroisent et s'influencent continuellement. En d'autres mots, nous sommes ici en présence d'une distinction ouverte et pratique. Et Durkheim se propose de consacrer ses efforts, non pas à justifier cette dichotomie, mais à travailler avec elle consciencieusement.

En interprétant ainsi les choses, nous sommes en mesure de comprendre la façon de procéder de Durkheim dans le propos qui nous occupe. De comprendre surtout qu'il n'est pas question ici d'une velléité quelconque et que ce qu'il faut critiquer chez Durkheim ce n'est pas tant cette division bipartite mais le contenu de chacune de ces deux catégories. Pour ce faire, on devra se référer au cœur de son ouvrage et examiner attentivement la validité des diverses sous-catégories utilisées par Durkheim en ce qui concerne les croyances (mythe, foi, dogme, expérience religieuse, etc.) et les rites (négatifs, piaculaires, sacré pur et impur, etc.).

Durkheim pose donc la distinction entre deux catégories constitutives du phénomène religieux qui sont des catégories complexes. Il ne justifie point son choix. Il va s'atteler à l'étudier longuement. Pour le moment, il avait seulement besoin de le poser, sans plus, en vue de procéder immédiatement au sujet précis qui le concerne présentement : la définition de la religion. Dans cette perspective, il se limite à donner quelques indications très simples.

« Les rites sont des règles de conduite qui prescrivent comment l'homme doit se comporter avec les choses sacrées » (*Formes* : 56). Ils doivent être étudiés après les croyances parce qu'ils en dépendent. « Les croyances, les mythes, les gnogmes [sic], les légendes sont ou des représentations ou des systèmes de représentations qui expriment la nature des choses sacrées, les vertus et les pouvoirs qui leur sont attribués, leur histoire, leurs rapports les uns avec les autres et avec les choses profanes »(*Formes* : 51). En somme, la distinction entre croyances et rites sert surtout à introduire une nouvelle dichotomie, celle du « sacré et du profane [...] trait distinctif de la pensée religieuse » (*Formes* : 51)[34]. Ce faisant, Durkheim nous invite ainsi à suivre son raisonnement.

34. Durkheim pense que c'est la croyance qui fonde le sacré et non pas le rite. Ce point de vue est naturellement discutable. Pour Durkheim, cela semble aller de soi. « Il n'est guère de rite, si matériel soit-il, qui ne soit accompagné de quelque

▶ SACRÉ ET PROFANE

Durkheim présente les notions de sacré et de profane en suivant son procédé typique[35]. Il pose le problème, écarte les solutions qu'il juge erronées, donne sa propre définition. Il ne termine pas le cycle sans poser la question décisive de la démarche scientifique : la question de l'explication du phénomène qu'on vient de définir. « [...] il faut se demander alors ce qui a pu déterminer l'homme à voir dans le monde deux mondes hétérogènes et incompatibles, alors que rien dans l'expérience sensible ne semblait devoir lui suggérer l'idée d'une dualité si radicale » (*Formes* : 58).

Etant donné le poids décisif de ces questions dans l'ensemble de l'argumentation durkheimienne, nous traiterons plus en détail le problème des concepts de sacré et de profane et les critiques qu'ils ont suscitées ainsi que celui de l'origine de ces concepts et de leur portée explicative (chap. IV-VII).

▶ MAGIE ET RELIGION

A la fin de son exposé préliminaire sur les caractéristiques du sacré, Durkheim aboutit à la définition de la religion que voici. « Quand un certain nombre de choses sacrées soutiennent les unes avec les autres des rapports de coordination et de subordination, de manière à former un *système** d'une certaine unité, mais qui ne rentre lui-même dans aucun autre *système** du même genre, l'ensemble de croyances et de rites correspondants constitue une religion » (*Formes* : 56). Cette définition « systémique »[36] de la religion offre une très grande généralité. Durkheim s'empresse de la compléter, « car elle convient également à deux ordres de faits qui, tout en étant

---

système, plus ou moins bien organisé, de *représentations** destinées à l'expliquer, à le justifier ; car l'homme a besoin de comprendre ce qu'il fait, tout en se contentant parfois à peu de frais » (1906 *b* [*So. Phi.* : 98]). On reviendra sur la question (*infra* : 131, n. 9).

35. Durkheim reprend constamment le même plan type. Voir, par exemple, celui du *Suicide*. Introduction : définition du phénomène. Réfutation des interprétations courantes. Types de suicide. Explication sociologique du phénomène. Conséquences pratiques (*Suicide* : 455-463).

36. Durkheim a été considéré comme précurseur de l'analyse systémique (Birnbaum, 1971 : 10-11).

parents l'un de l'autre, demandent pourtant à être distingués : C'est la magie et la religion » (*Formes* : 58).

Arrivé à ce point, Durkheim traite de façon succincte le rapport entre magie et religion en se référant, à plusieurs reprises, aux travaux de ses collaborateurs Hubert et Mauss[37].

Durkheim énonce ici des principes théoriques d'un intérêt religiologique considérable. Quel critère permet de faire le rapprochement et la distinction entre ces deux phénomènes analogues, la magie et la religion ? La piste de recherche est nette. Le critère qui détermine leur identification est leur rapport au sacré ; celui qui détermine leur distinction est la notion d'Eglise. Nous reviendrons sur ces questions un peu plus en détail au moment d'étudier les concepts fondamentaux de Durkheim concernant sa théorie de la religion (*infra* : 171 et s.).

▶ L'ÉNONCÉ DE LA DÉFINITION

« Nous arrivons donc à la définition suivante : *Une religion est un système solidaire de croyances et de pratiques relatives à des choses sacrées, c'est-à-dire séparées, interdites, croyances et pratiques qui unissent en une même communauté morale, appelée Eglise, tous ceux qui y adhèrent* » (*Formes* : 65).

Trois éléments essentiels composent cette définition de la religion. Le système formé par les croyances et les pratiques. La relation fondamentale aux choses sacrées. L'union en une même communauté de tous ceux qui y adhèrent.

Durkheim rappelle ici que c'est justement par ce dernier élément : « l'idée de religion est inséparable de l'idée d'Eglise » (*Formes* : 65) que sa définition de la religion « rejoint celle que nous avons proposée jadis dans l'*Année sociologique* » (*Formes* : 65, n. 1)[38].

---

37. Deux travaux sont cités. L'article « Magia » de Hubert et l'étude (importante et approfondie) de Hubert et Mauss, « Esquisse d'une théorie générale de la magie ». Plusieurs autres textes de ces mêmes auteurs portant sur le même sujet ne sont cependant pas mentionnés ici, notamment : Hubert, 1905 ; Mauss, 1909. Ces deux derniers textes avaient pourtant été réimprimés dans le recueil *Mélanges d'histoire des religions* (Hubert-Mauss, 1909).
38. Cette définition, la voici, dans les deux passages où elle a été formulée : « *Les phénomènes dits religieux consistent en croyances obligatoires, connexes de pratiques définies qui se rapportent à des objets donnés dans ces croyances* » (*Définition* : 22). Subsidiairement, on appelle également phénomènes religieux les croyances et les pratiques facultatives qui concernent des objets similaires ou assimilés aux précédents » (*Définition* : 28).

Les similitudes et les différences entre ces deux définitions sont signalées sommairement. D'abord les similitudes. Jadis, on avait défini « exclusivement les croyances religieuses par leur caractère obligatoire [en montrant] que ces croyances sont la chose d'un groupe qui les impose à ses membres. Les deux définitions se recouvrent donc en partie » (*Formes* : 65-66).

Mais il y a aussi des différences. « La première définition était trop formelle et négligeait trop complètement le contenu des représentations religieuses » (*Formes* : 66). Autrement dit, la nouvelle définition insiste sur une nouvelle variable stratégique : la relation « aux choses sacrées ».

CHAPITRE II

Une définition réelle et substantive

Quelle est la nature de la définition durkheimienne de la religion ? Quelle en est sa valeur du point de vue heuristique, empirique, théorique ?

Les problèmes que pose la définition de la religion font l'objet d'une vaste littérature. Ils sont délicats, nombreux et interdépendants : peut-on, doit-on envisager une définition nominale, réelle, inclusive, exclusive, substantive, fonctionnelle, traitée « de l'intérieur », « de l'extérieur », fondée sur une base historique, théologique, sociologique, religiologique ?...

Les auteurs qui traitent ces problèmes se réfèrent par ailleurs à Durkheim très fréquemment. Ces références sont généralement négatives, rarement favorables. Elles se fondent pour la plupart sur une analyse superficielle de l'œuvre durkheimienne.

Dans le but de donner à la question toute l'importance qu'elle mérite, nous examinerons la nature et la valeur de la définition durkheimienne de la religion en concentrant notre attention sur les objections majeures qui ont été formulées par ses critiques.

UNE DÉFINITION RÉELLE

> « *J'entends ici par* Realdefinition *celle qui ne se borne pas à substituer au nom d'une chose d'autres termes plus faciles à comprendre, mais celle qui énonce un caractère si clair que l'objet* (definitum) *puisse être reconnu sûrement dans tous les cas, et qui rend ainsi le concept expliqué utilisable dans ses applications.* »
>
> E. Kant, *Critique de la raison pure.*

La définition durkheimienne de la religion porte-t-elle un jugement de vérité qui prétend dire ce qui est ce et qui n'est pas religieux (définition réelle) ? Si oui, sur quoi se fonde-t-elle ? Sur un sentiment subjectif (intuition, pétition de principe, biais idéologique [...]) ? Certainement, mais en partie ? exclusivement ?

▶ L'ÉTAT DE LA QUESTION

En se référant à Hempel (1952 : 2-14), Spiro (1972 : 109-111) distingue deux grands types de définitions : les définitions nominales et les définitions réelles[1].

Les définitions nominales[2] sont celles qui substituent un

---

1. Nous analysons ici surtout Spiro (1966). Cet article a fait école. Il a servi de base au chapitre « Basic problems of definition » de Robertson (1970 : 34-51) qui, à son tour, a été fréquemment cité et très apprécié : Dobbelaere (1981 b : 36 et 38) ; Baum (1980 : 50). Pour Baum, le travail de Robertson est « excellent ». Robertson emploie le même terme pour qualifier celui de Spiro. Pour notre part, nous utilisons ici une version française de Spiro (1966) : Spiro (1972). Notons aussi que la position de Spiro, malgré sa vaste audience, est loin de faire l'unanimité des spécialistes. Baird (1971) pourrait être cité comme exemple éminent d'une ligne de pensée opposée. Celle-ci tient compte également de la distinction entre définitions réelles et définitions fonctionnelles ; par contre, elle maintient l'intérêt d'une définition réelle qui ne requiert pas de « présupposé ontologique ». A la fin de ce chapitre, nous tâcherons de voir en quoi la définition réelle de la religion, chez Durkheim, se distingue de celle de Spiro et de celle de Baird.
2. La problématique de la définition et de la distinction entre définitions « réelles » et « nominales » a intéressé les logiciens et les méthodologues depuis Aristote. Le problème du nominalisme (Roscelin, Occam, Hobbes) a déjà été une question majeure en philosophie. Nous n'entrons pas ici à ce niveau de généralité. Pour des indications bibliographiques, voir, notamment, Berkowitz-Johnson, 1967 b ; Blasi, 1980 ; Pummer, 1975 ; Robinson, 1968. Pour notre part, nous nous référons principalement ici à Robertson, 1970 ; Spiro, 1972 ; Berger, 1974 ; Luckmann, 1967.

mot dont le sens est inconnu par un terme ou une expression déjà connus. C'est ce qu'on fait souvent quand on présente des concepts nouveaux à des étudiants débutants[3]. Ce type de définition présente des difficultés lorsque différents spécialistes attribuent des définitions différentes aux mêmes concepts. Mais, à la rigueur, ces difficultés pourraient se résoudre assez facilement en chargeant un comité international d'établir un lexique à vocation universelle. L'objectif ici est tout simplement de s'entendre sur le sens que l'on convient de donner à un terme peu connu[4].

Contrairement aux définitions nominales, les définitions réelles sont conçues comme « des affirmations vraies sur des entités ou des choses » (p. 110). Ce type de définition présente des difficultés beaucoup plus graves. Spiro en retient trois notamment : 1. Peut-on donner une définition réelle à une construction hypothétique — telle que la culture ou la structure sociale — qui n'est pas empiriquement observable ? 2. Peut-on prétendre à donner « l'essence » du phénomène qu'on tente de définir ? 3. Peut-on envisager des définitions de caractère universel, valables pour tous les temps et toutes les cultures ?

En examinant plus concrètement le problème de la définition réelle de la religion, Spiro arrive à la conclusion que, d'une manière générale, l'ensemble des controverses qui divisent les auteurs ne porte pas sur la signification du terme religion (définition nominale). Pour lui, la controverse porte essentiellement sur le(s) phénomène(s) qu'il faut considérer comme « les référents empiriques légitimes du terme » (p. 111). Les anthropologues et les spécialistes des sciences humaines s'accordent plus ou moins sur la classe exacte d'objets à laquelle renvoient des mots tels que « sœur » ou « chef », « ils ne sont pas

---

3. La définition nominale ne se situe pas nécessairement à ce niveau élémentaire. Elle peut faire l'objet d'un choix réfléchi, apparemment arbitraire mais, de fait, orienté par un propos théorique précis. Voir dans ce sens une définition nominale de la religion fondée sur des présupposés théoriques de type pragmatiste : « Il serait déraisonnable d'établir une définition abstraite de l'essence de la religion et de vouloir la défendre envers et contre tous. Ceci n'interdit pas [...] de donner mon avis sur ce en quoi consiste la religion, de choisir parmi les multiples sens du mot celui-là seul sur lequel je veux attirer l'attention et de postuler que, lorsque je parlerai de « religion », c'est ce *sens-là* que j'ai en vue » (James, 1902 : 28). Deconchy (1969 : 52-56) et Prades (1973 : 49) abondent dans le même sens.
4. Bien entendu, Spiro simplifie ici la question. Voir, par exemple, Robinson (1968) qui consacre quatre longs chapitres à la problématique des définitions nominales (p. 12-148) et un chapitre (p. 149-192) à celle des définitions réelles.

du tout d'accord sur les phénomènes auxquels le mot "religion" *devrait* renvoyer » (p. 112). C'est à ce propos que les controverses sont « interminables (et stériles) » (p. 112).

Selon Spiro donc, le vrai problème n'est pas d'opter pour une définition nominale ou pour une définition réelle de la religion, mais de produire une « bonne » définition réelle de la religion, une définition correcte et valable du point de vue de « la logique de la recherche » (p. 112). Quels critères permettraient d'en juger ? Spiro propose deux critères fondamentaux : *a)* Préciser sans ambiguïtés les variables phénoménales que désigne le terme « religion » (p. 115) ; *b)* Rendre compte de la définition intuitive que donne de sa religion telle ou telle société ou, à tout le moins, ne pas aller à l'encontre de cette intuition (p. 116).

Sur la base de ces critères évaluatifs, on aurait pu s'attendre à ce que Spiro procède à un examen critique de différentes définitions réelles de la religion. En réalité, son argumentation s'est orientée tout autrement. Dans la section intitulée « Le problème de la définition de la religion », Spiro cite Durkheim sept fois en cinq pages et concentre toute son argumentation contre lui, sans s'occuper d'aucun autre auteur en la matière. Cela peut sembler étrange car, de l'aveu même de Spiro, il y a sur ce sujet « des controverses permanentes » (p. 111). On finira cependant par comprendre, en suivant les méandres du raisonnement de Spiro. En effet, son travail ne cherche pas à clarifier ces controverses en en faisant l'historique ou l'inventaire. Son propos est plus net et plus radical. Sans l'affirmer explicitement, comme l'ont fait bien d'autres[5], Spiro prend

---

5. On retrouve ce type de division bipartite chez de nombreux auteurs. En voici des exemples, un peu au hasard : *a)* « [...] il y a deux approches prédominantes de la définition de la religion [...] L'approche substantielle (Otto, Van der Leeuw, Eliade) [...] L'approche fonctionnelle (Durkheim, Malinowski) » (Berger, 1974 : 126) ; *b)* « L'influence de Durkheim en matière de définition a été considérable [...] une tradition assez différente [...] vient de Rudolf Otto [...] » (Robertson, 1970 : 70) ; *c)* « Skorupski [1976] distingue deux approches anthropologiques dominantes dans l'étude de la religion [...] intellectualisme [...] (Frazer [...] Tylor [...] Horton [...]), symbolisme [...] (Durkheim [...] Mary Douglas) » (Wilson, 1978 : 74-75) ; *d)* « Il n'y a que deux thèses d'histoire des religions. Il y a Voltaire qui, d'ailleurs, est très profond et qui dit au fond : le religieux est parasitaire partout puisque, visiblement, il ne sert à rien. Et, d'une certaine façon, Durkheim dit le contraire — dans ce sens je suis durkheimien — Durkheim dit : le religieux est à l'origine de tout » (Girard, 1981 : 77) ; *e)* « Durkheim et Marx ont développé deux lignes d'analyse parallèles mais fondamentalement opposées » (Alexander, 1982 *b* : 370) ; *f)* « [...] chacun de ces hommes [Weber [...] Durkheim] a publié un ouvrage majeur concernant la place de la religion dans la société ; ceci les a placés dans une situation de

parti. Il oppose de façon définitive deux camps : celui qui intègre et celui « qui n'intègre pas comme variable clé, la croyance en des êtres surnaturels » (p. 116). Pour lui, sans avoir besoin d'autres nuances, le premier de ces camps est le bon et, en plus, celui du consensus. Le deuxième, le mauvais camp, celui de la dissidence, a Durkheim pour tête. C'est donc sur cette base que le « problème de la définition de la religion » va être étudié : en s'attaquant à la tête et en critiquant la définition réelle de la religion proposée par Durkheim.

▶ NOTRE APPRÉCIATION CRITIQUE

En étudiant attentivement le problème de la définition réelle de la religion, nous estimons que Spiro, malgré la pauvreté méthodologique[6] de ses objections, a posé la question dans des termes clairs et rigoureux. En effet, le problème essentiel d'une définition réelle de la religion est de déterminer « la variable centrale » qu'il faut prendre comme « référent empirique »[7]. C'est évident — une fois que c'est énoncé de façon aussi limpide. Mais il faut faire un pas de plus. Le choix de cette variable centrale doit se baser sur un critère solide et valable du point de vue de la méthodologie de la recherche. Quel est ce critère ? Le double critère qu'il faut établir : opéra-

---

conflit profond en face de la pensée sociale qui les avait précédés » (Lenski, 1963 : 3-4);
g) « La conception du sacré d'Eliade [...] procure tout un autre modèle que celle de Durkheim » (Stirrat, 1984 : 202). Pour notre part, nous prenons acte de l'importance — diverse — qu'on accorde à la conception durkheimienne de la religion. Cette importance et cette diversité de perspectives devrait porter à complexifier les schémas binaires et à confronter la conception durkheimienne de la religion avec plusieurs traditions intellectuelles. Nommons-en plusieurs : 1 / Les « durkheimiens » (Hubert, Mauss, Caillois, Cazeneuve, Bastide, Parsons, Bellah, Swanson...) ; 2 / Le matérialisme historique (Marx, Engels, les marxistes et les marxologues) ; 3 / L'école d'anthropologie anglaise (Tylor, Frazer, Evans-Pritchard, Spiro, Stanner); 4 / La sociologie de la religion classique allemande (Weber, Troeltsch, les wébériens) ; 5 / Les écoles phénoménologiques (Otto, Van der Leeuw, Eliade, les phénoménologues de l'école hollandaise) ; 6 / Les écoles psychologiques (James, Freud, Jung) ; 7 / Diverses traditions intellectuelles théologiques ou spiritualistes (Bergson, Belot, Richard, Deploige). Il y en a certainement d'autres (Seger, 1957).
6. Nous discutons ici formellement et exclusivement la validité méthodologique des objections formulées par Spiro. Nous ne prétendons par ailleurs pas que la définition réelle de la religion proposée par Durkheim ne présente pas des difficultés qu'il faut approfondir et dépasser.
7. C'est, bien entendu, une façon de poser la question. A la réflexion, elle nous semble bien meilleure que celle que nous avons essayé ailleurs (Prades, 1973) orientée, elle, vers l'identification de l'ensemble des éléments constitutifs du concept de religion.

tionnalité et respect du consensus, n'offre aucune consistance. Ceci, nous l'avons dit, c'est l'aspect négatif de notre appréciation. Passons maintenant à son aspect positif, en essayant de montrer la validité méthodologique des critères sur lesquels Durkheim fonde son choix.

On sait que Durkheim a choisi la « division du monde en [...] sacré [...] profane » (*Formes* : 50-51) comme cette « variable centrale » qu'il faut considérer comme « référent empirique » du concept de religion. Ce choix peut être considéré heureux ou déplorable selon les critères méthodologiques utilisés pour l'évaluer. Quels sont ces critères ? Quelle est la valeur de la définition réelle de la religion proposée par Durkheim ? Nous pensons qu'essentiellement elle a deux mérites : son caractère heuristique, ses fondements théoriques.

Une définition heuristique

Durkheim ne fonde pas le choix de sa variable centrale sur le critère de son opérationnalité. Comment une variable parfaitement univoque et unidimensionnelle pourrait-elle prendre la place centrale d'une construction théorique destinée à rendre compte d'une problématique aussi complexe que « la nature religieuse de l'homme » (*Formes* : 2) ? Durkheim ne fonde pas, ne peut pas fonder, ce choix sur le critère d'une opérationnalité immédiate. Renonce-t-il pour autant à travailler avec des termes opérationnels ? Non. Il propose de travailler avec une variable susceptible d'être précisée, approfondie et développée.

C'est dans ce sens qu'il propose une définition heuristique[8]. Une définition qui n'est pas destinée à clore, mais à ouvrir le débat. Ni pétition de principe (Lukes, 1972 : 31), ni vision dogmatique (Richard, 1923 ; Pickering, 1975 : 343-359), ni élucubration métaphysique (Ginsberg, 1956 *b* : 230 et 236 ; Rafie, 1981 : 60-62 ; Oliver, 1976 : 462).

---

8. « L'avantage des systèmes théoriques étendus, par rapport aux hypothèses conservatrices limitées à un champ particulier de données, c'est que les premiers ont une bien plus grande puissance heuristique pour diriger les recherches sur de nouvelles lignes et pour identifier les grandes structures [patterns] qui échappent à la vision monoculaire du chercheur superspécialisé » (Brown, 1981 : 440). « [...] si nous avons choisi nombre de textes [...] en particulier de l'Ecole durkheimienne, c'est que [...] la situation de commencement est la plus favorable à l'explication des principes qui rendent possible un type nouveau de discours scientifique » (Bourdieu *et al.*, 1968 : 116).

Le débat qu'il s'agit d'ouvrir est connu (*supra* : Introduction). C'est un débat immense qui porte sur la capacité explicative du concept de sacré et du concept de religion (réalités mal connues : *Division* : 142 ; Lacroix, 1981 : 131-132) en vue de « nous révéler un aspect essentiel et permanent de l'humanité » (*Formes* : 2).

Le fondement de la définition de Durkheim n'est donc pas le hasard, ni un principe philosophique, ni le résultat d'une enquête empirique, ni le constat d'un quelconque consensus. Le fondement de cette définition est une construction théorique de caractère hypothétique, donc heuristique. Citons un passage capital de la conclusion des *Formes*.

« [...] il convient de rechercher [...] ce qui, dans l'individu, dépasse l'individu [...]. Certes, on ne saurait dire dès maintenant jusqu'où ces explications peuvent s'étendre [...]. Mais il est tout aussi impossible de marquer par avance une limite qu'elles ne sauraient dépasser. Ce qu'il faut, c'est essayer l'hypothèse, la soumettre aussi méthodiquement qu'on peut au contrôle des faits » (*Formes* : 638).

Cette hypothèse, cette construction théorique complexe, constitue le fondement d'une conception de la religion élaborée à partir des concepts de sacré et profane. Voilà pourquoi, au départ, la définition est heuristique. Voyons maintenant comment elle s'articule dans le dessein théorique de son auteur.

Une définition réelle fondée théoriquement

Le dessein fondamental de l'œuvre durkheimienne n'est pas de prouver que, de fait, la division du monde en sacré et profane constitue un phénomène universel, un phénomène qu'on rencontrerait dans toutes les civilisations de tous les temps, un peu comme on peut rencontrer des vérités et des mensonges aux quatre coins du monde.

Il y a là, selon nous, une nette méprise de la part de Spiro, des auteurs qui le suivent et de ceux qui se font le devoir de se lancer en guerre, contre « la prétention conventionnelle de l'universalité de la religion » (Cohn, 1962 : 25).

Le dessein fondamental de la construction théorique durkheimienne s'oriente davantage dans l'ordre de la compréhension et de l'explication, dans l'ordre de ce qu'il appelle « l'intelligence des faits sociaux » (*Règles* : 143)[9]. C'est donc dans cette perspective qu'il faut saisir la place et les fondements de cette pièce que nous considérons maintenant : la variable centrale de la définition de la religion. Pour le faire d'une façon positive et concrète, il faut rappeler les maillons essentiels de l'œuvre théorique durkheimienne, au risque de la déformer. Ce rappel nous semble nécessaire pour essayer de montrer l'articulation qui relie cette pièce à l'ensemble de l'édifice durkheimien et, ce faisant, montrer comment c'est justement cet ensemble qui fonde cette pièce et lui donne tout son sens.

Durkheim est d'abord intéressé par une problématique humaniste qu'on pourrait appeler, dans son sens le plus large, une problématique morale (Bellah, 1973 a). Réaliste, il se préoccupe surtout de la problématique morale de l'humanité de son temps. Scientiste, il croit que les problèmes moraux doivent être traités à partir d'un effort de connaissance, d'une véritable connaissance, d'une connaissance scientifique. C'est dans ce contexte que Durkheim crée la sociologie, une forme de connaissance scientifique de l'homme, essentiellement orientée à comprendre l'homme d'aujourd'hui, « car il n'en est pas que nous soyons plus intéressés à bien connaître » (*Formes* : 2 ; Tiryakian, 1964 : 249).

En quête de cette connaissance de l'homme d'aujourd'hui, Durkheim se préoccupe de la connaissance de l' « humanité » (*Formes* : 2) et de là son intérêt pour « la nature religieuse de l'homme » (*Formes* : 2). Dans le but d'étudier à son tour ce phénomène « naturel » qu'est la « religion », Durkheim se propose, « pour des raisons de méthode » (*Formes* : 4), d'analyser d'abord « la religion [...] la plus simple qui soit actuellement connue » (*Formes* : 1)[10]. « Pour pouvoir rechercher quelle est la religion [...] la plus simple [...], il nous faut [...] définir ce qu'il convient d'entendre par une religion » (*Formes* : 31). Et c'est justement ici qu'intervient l'idée de « chercher à caractériser

---

9. Comparer avec Hubert-Mauss (1909 : XXI). Ils déclarent sans hésiter que l'universalité du sacré se prouve par sa capacité explicative.
10. Durkheim n'a pas eu le temps de continuer son travail et d'entreprendre l'étude des formes « complexes » de la vie religieuse. Ce travail reste toujours à faire, sur un plan systématique et approfondi. Dans cette perspective, deux références nous semblent particulièrement importantes : Luckmann, 1967, et Bellah, 1970 a.

les phénomènes élémentaires dont toute religion résulte » (*Formes* : 49) et la proposition fondamentale, clé de voûte de tout l'édifice : « la division du monde en [...] sacré [...] profane, tel est le trait distinctif de la pensée religieuse » (*Formes* : 51).

Cette clé de voûte, ne doit-elle pas être universelle, se rencontrer donc « toujours et partout » (*Formes* : 55) ? Oui. Mais sans oublier qu'on se situe ici dans l'optique d'une « opération préliminaire » (*Formes* : 32) et que ce dont il s'agit, c'est de déterminer, « au terme de la recherche » (*Formes* : 32), « les caractères profonds et vraiment explicatifs de la religion » (*Formes* : 31), qui permettront de reconnaître « cet aspect essentiel et permanent de l'humanité » (*Formes* : 2), qui est commun aux femmes et aux hommes de la société archaïque et de la société contemporaine.

Pour une foule de raisons que Durkheim explore, cette clé de voûte ne semble donc pouvoir être « la croyance en des êtres surhumains » (Spiro, 1972 : 119). Pourquoi ? Surtout, et avant tout, parce que Durkheim a une conscience très vive[11], de ce que ce type de croyance est absente de l'expérience de beaucoup de personnes, tout particulièrement à l'époque contemporaine[12], qui ne cessent pourtant pas d'avoir des convictions sacrées et de vivre ainsi une vraie expérience religieuse[13].

C'est donc cette expérience du sacré qui constitue la clé de voûte et la variable centrale qui pourrait faire comprendre et expliquer ce comportement fondamental de l'humain. Fondamental, non pas dans un sens purement factuel. Fondamental, dans le sens où l'on ouvre un parcours théorique rigoureux

---

11. « [...] il y a une idée à laquelle il faut nous faire de toute nécessité : c'est que l'humanité est abandonnée, sur cette terre, à ses seules forces et ne peut compter que sur elle-même pour diriger ses destinées. A mesure qu'on avance dans l'histoire, cette idée n'a fait que gagner du terrain ; je doute qu'elle en perde donc dans l'avenir » (1919 *b* : 105).

12. « [...] s'il est vrai qu'une religion est, en un sens, indispensable, il est non moins certain que les religions se transforment, que celle d'hier ne saurait être celle de demain. L'important serait donc de nous dire ce que doit être la religion d'aujourd'hui. Or tout concourt précisément à faire croire que la seule possible est cette religion de l'humanité dont la morale individualiste est l'expression rationnelle [...] par suite, il ne reste plus rien que les hommes puissent aimer et honorer en commun, si ce n'est l'homme lui-même et pourquoi il ne peut plus, sans se mentir à soi-même, se faire d'autres dieux » (1898 *c* : 12).

13. « [...] un des axiomes fondamentaux de notre morale, on pourrait même dire l'axiome fondamental, c'est que la personne humaine est la chose sainte par excellence ; c'est qu'elle a droit au respect que le croyant de toutes les *religions** réserve à son dieu ; et c'est que nous exprimons nous-mêmes, quand nous faisons de l'idée d'humanité la fin et la raison d'être de la patrie » (*Morale* : 91). Pour un intéressant développement de cette idée, voir Bastide, 1975 : 214-236.

qui dans un éclairage anthropologique, historique, sociologique, psychologique, religiologique... dévoile l'importance décisive qu'a pour les êtres humains l'expérience d'une réalité fondatrice, radicalement hétérogène à l'expérience de la réalité quotidienne.

C'est ainsi que nous avons interprété le choix de Durkheim au moment d'établir sa définition réelle de la religion. En insistant sur le fait qu'il s'agit d'un choix heuristique, car il faut que ce choix puisse conduire à clarifier le problème central qu'on cherche à clarifier. Et qu'il s'agit d'un choix théorique, dans ce sens que son rôle n'est pas d'affirmer mais d'identifier, de comprendre et d'expliquer l'existence et l'impact d'un élément constitutif essentiel de l'être humain.

Certes, il ne s'agit pas d'arriver à la conclusion qu'il faut adopter la définition de Durkheim. Notre réflexion porte à une conclusion plus générale : la définition réelle de la religion proposée par Durkheim mérite une attention sérieuse, même et surtout si elle est un point de départ. Elle l'est certainement. Jones (1977 : 279) cite vingt-six « études empiriques [...] parmi les plus remarquables dérivées, à des degrés divers, des *Formes* » et renvoie à d'autres références bibliographiques (Honigsheim, 1964 ; Lukes, 1972 : 434-484)[14].

UNE DÉFINITION SUBSTANTIVE

> « *Je réponds : oui, cet état de conscience surnaturel — j'entends par-là cet état de conscience dans lequel l'homme s'élève au-dessus de ce qu'on appelle ordinairement la nature, au-dessus du donné pour vivre une vie de purs idéaux* — *cet état existe ; il existe dans toute société, et toute religion tend à le réaliser.* »
>
> E. Durkheim, *Le problème religieux et la dualité de la nature humaine.*

Il ne faut pas perdre de vue que la religion constitue un champ d'étude éminemment idéologique, voire passionnel (*supra* :

---

14. Voir aussi Tiryakian, 1978 ; Simpson, 1983 ; Wuthnow, 1983 ; Besnard (Ed.), 1983 ; Isambert, 1982 : 213-274 ; Alexander, 1982 *b* : 299-327... Pour suivre la production bibliographique courante portant sur le développement de la pensée de Durkheim et de ses héritiers immédiats, voir surtout le Bulletin d'information *Etudes durkheimiennes*.

41 et s.). Toute tentative d'élaborer une définition de la religion présente une difficulté inévitable.

Considérons maintenant dans quel sens et dans quelle mesure la question de la « substantivité » permet de canaliser cette difficulté et d'offrir une ligne de réponse éclairante.

▶ L'ÉTAT DE LA QUESTION

De par nos conditionnements historiques et culturels, nous sommes souvent portés à confondre la définition de la religion avec notre attitude sur la religion. Cette confusion génère une série de malentendus qu'il faudrait clarifier.

Positions antithétiques

En regardant autour de nous, on rencontre de nombreuses personnes que le langage courant qualifie de croyants. Ces personnes ont une attitude favorable face à l'idée de religion qui s'est développée dans notre contexte culturel d'origine judéo-chrétienne. Les croyants tiennent l'objet de leur croyance comme un objet réel qui à la limite constitue la Réalité elle-même. Les croyants défendent habituellement une prétention logique très importante : l'idée même de religion doit refléter la condition de substantivité qui lui est inhérente et doit par conséquent être élaborée et jugée « de l'intérieur », de manière entièrement « non réductive ». Pour eux, l'expérience religieuse — une expérience mystérieuse de la Réalité — ne peut être approchée autrement.

Cette exigence peut-elle être considérée comme légitime ? Disons pour l'instant qu'elle pose un problème immense dans la mesure où elle surdétermine la définition de la religion. En effet, les croyants ont tendance à confondre de fait leur attitude et leur idée ; leur manière particulière avec la manière générale — théorique — de concevoir la « substantivité » de la religion.

En réaction contre l'attitude de ces croyants, nous rencontrons l'attitude contraire. Ceux qu'on appelle des non-croyants prétendent pour leur part qu'il est impossible de déterminer dans quelle mesure l'objet des croyances religieuses peut être considéré comme un objet réel. Pour eux la « substantivité » de la religion constitue un concept qui fait problème. Cette attitude déclenche deux types de réaction.

Une première réaction d'indifférence plus ou moins teintée de mépris. Puisque l'exigence de substantivité est somme toute une exigence subjective, diront-ils, laissons aux croyants le soin de faire la théorie de la religion, voire la théologie qui leur convient ; la religion, c'est leur affaire ; elle ne nous concerne pas. Une deuxième réaction se limite à satisfaire une certaine curiosité intellectuelle. Puisque l'exigence de substantivité est indéterminable, tenons-nous-en à une analyse fonctionnelle ; laissons de côté toute préoccupation fondamentale et considérons tout simplement « les conditions et les effets » des croyances ou des institutions religieuses qu'il nous est donné d'observer.

Ces trois types de position se répercutent assez nettement dans le champ des spécialistes, divisés, à leur tour, en trois grandes fractions : d'abord ceux qui délaissent complètement l'étude de la religion et, ensuite, parmi ceux qui s'y intéressent, les « fonctionnalistes » et les « substantivistes ». Ces fractions deviennent facilement antithétiques et, en conséquence, relativement sectaires. Cet état de fait a pour effet d'empêcher le développement de la recherche. Voici comment.

Entre le désintéressement et l'intolérance

L'absence d'un débat exigeant sur le problème de la subtantivité de la religion explique en grande partie le désintéressement de nombreux spécialistes pour la problématique religieuse. Le fait de relier, sans nuances et sans critique, l'idée de croyance religieuse à l'idée de croyance en des êtres divins, censés être à la fois réels et méta-empiriques, a une conséquence directe bien compréhensible. La plupart des spécialistes en sciences humaines qui ont une attitude hostile ou réticente en face des croyances aux divinités célestes s'abstiendront d'examiner non seulement cette sorte de croyance, mais toute forme de croyance profonde ou fondamentale.

Il est facile d'estimer le tort que peut faire à la recherche anthropologique, historique, psychosociologique, religiologique... la généralisation d'un tel désintéressement à l'égard de tout un pan de questions aussi décisives pour les hommes et pour les cultures que le développement des croyances et des pratiques symboliques, magiques, mythiques, sacrées[15].

La même raison, l'absence d'un débat approfondi sur le problème de la substantivité de la religion, explique d'autre part une attitude proche de l'intolérance chez d'autres spécialistes. Stimulés par le louable désir de sauvegarder la spécificité propre au phénomène religieux, ils accusent de réductivisme les chercheurs qui défendent une définition « fonctionnelle » de la religion. Dans cette perspective, par exemple, Durkheim ne sera pas considéré comme un spécialiste appartenant de plain-pied à la « véritable » science de la religion. Les « substantivistes » le verront plutôt comme un « sociologue » (De Vries, 1977 : 157-161 ; Pinard, 1922 : 438-441 ; Sharpe, 1975 : 86) et, plus explicitement, comme un « sociologue réductionniste » (Allen, 1982 : 250 ; Eliade, 1971 : 41-42 ; Dupré, 1975 : 224 ; White, 1977)[16].

Nous pensons pour notre part que ces jugements sont excessifs et injustifiés. La pensée religieuse de Durkheim, tout en étant limitée et, certes, parfaitement discutable, présente un grand degré de complexité. Une lecture attentive de ses textes montre sans peine que Durkheim a une conception originale de la religion, une conception qui pourrait même combiner les caractéristiques propres à la définition fonctionnelle et à la définition substantive.

En ce qui concerne l'attitude de Durkheim face à la religion, on connaît également sa position nuancée. Elle dépend souvent du contexte et de l'interlocuteur devant lequel il se situe. Ainsi, par exemple, il demandera aux chrétiens de « respecter » les religions primitives (1913 b : 97) et se permettra, à son tour, de juger de la qualité de certaines manifestations religieuses (*Formes* : 3). Durkheim s'insurgera par ailleurs explicitement

---

15. Il y a plus de vingt ans que Luckmann (1963 ; 1967), à la suite de Durkheim et en sociologue, ouvrait une vaste piste de réflexion dans cette même perspective. Luckmann parlait, lui, de « la religion invisible ». Tout compte fait, cette ouverture n'a pas réussi à renverser les habitudes et à exercer un véritable impact sur le développement de la recherche dans le cadre de cette problématique.
16. Assurément Durkheim ne mérite pas son exclusion du champ institutionnel de l'étude de la religion. Cette exclusion est parfois choquante. Le cas de Mitros (1973), qui cite quelque cinq mille spécialistes mais qui ignore Durkheim, même dans la bibliographie de l'étude des religions primitives (!), reste pourtant un cas exceptionnel.

contre « l'erreur et l'injustice dans laquelle sont tombés certains croyants qui ont qualifié de foncièrement irréligieuse ma façon d'interpréter la religion » (1919 b : 102)[17].

Cet état de choses entraîne des conséquences fâcheuses[18]. Il porte à exclure l'œuvre durkheimienne — et avec elle toute une vaste problématique intellectuelle — du champ institutionnel de la science des religions ainsi que de celui de la vulgarisation et des communications de masse.

L'enseignement supérieur, la recherche universitaire, les publications scientifiques, les manuels qui définissent les acquis de la « science normale » et, par voie de conséquence, les journaux, les magazines, les romans, les films et les émissions de télévision contribueront ainsi à croire et à faire croire que dans notre monde contemporain, définitivement sécularisé, la problématique du sacré se confine dans les limites spécialisées des institutions « religieuses », voire ecclésiastiques.

Rouvrir le débat

Les problèmes qu'on vient d'évoquer méritent une réflexion attentive. Il nous semble dès lors important de rouvrir le débat concernant les deux grands types de définition de la religion : les définitions « fonctionnelles » et les définitions « substantives ».

Ils sont nombreux les auteurs (Berger, 1967 ; Luckmann, 1967 ; Robertson, 1970 ; Dobbelaere-Lauwers, 1974 ; Weigert, 1974 a ; Baum, 1980 ; Dobbelaere, 1981 b) qui font référence à cette distinction. En règle générale, ils n'étudient pas son origine[19], ni son évolution historique, ni ses tenants et aboutis-

---

17. Filloux résume avec à-propos : « Durkheim... n'était pas antireligieux. Sa qensée était bien qu'une religion est indispensable à toute société ; il mettait en puestion le contenu des religions traditionnelles, non la religion en tant que système symbolique » (Filloux, 1970 : 301-302).
18. Nous en avons fait l'expérience à nos dépens. Ayant soumis, en mai 1982, une demande de subvention de recherche pour un projet d'étude portant sur « La théorie de la religion chez Durkheim », un conseiller — anonyme — recommanda le refus [*rejection*] de la subvention, entre autres pour la raison que voici : « Il y a qnelque chose d'ironique dans l'attention portée à Durkheim, qui n'est pas un "religioniste [*religionist*]" mais un sociologue — c'est presque comme si on appuyait la critique maintes fois avancée contre la discipline, qui prétend que les progrès les plus importants dans l'étude scientifique de la religion sont venus de l'extérieur de notre champ, non pas de l'intérieur de lui-même » (Anonyme, 1982 : 3).
19. Nous ne trouvons ni chez Weber ni chez Durkheim une référence explicite à cette terminologie. Simmel (1923 : 151-196) utilise le binôme « substance » - « fonction », mais dans tout un autre contexte que celui de la définition de la religion.

sants de caractère théorique. La distinction semble tout simplement connue, acquise et comme allant de soi. Une référence et une source commune fait l'unanimité : Peter Berger.

On sait que, dans le domaine des sciences de la religion, Peter Berger est (avec Eliade) un des auteurs contemporains les plus célèbres, malgré le fait d'avoir produit le gros de son œuvre dans la décennie de 1960. Berger a publié, en effet, un ouvrage approfondi : Berger-Luckmann (1966)[20]. Il s'est fait surtout connaître par son talent de vulgarisateur (Berger, 1967 surtout ; 1961 a ; 1961 b ; 1963 ; 1969 a ; 1980) à propos notamment du problème de la sécularisation de l'homme contemporain.

Préoccupé tout d'abord par l'évolution du christianisme au seuil de la société contemporaine, il est particulièrement sensible à la relation entre théologie et sociologie (Séguy, 1969 ; 1971 ; 1972 ; Corr, 1972). Dans le traitement de sa problématique, Berger se montre souvent indécis et ambigu. Il lui arrive même d'être considéré comme « réductiviste » (Smart, 1981 b : 620) ou comme « fonctionnaliste » (Robertson, 1970 : 37). Il ne refuse pas non plus de se reprendre et de se désavouer lui-même (Berger, 1971 : 273).

Berger nous intéresse aussi de façon spéciale par le fait de se référer très souvent à l'œuvre durkheimienne. Berger semble la connaître, mais, malheureusement, son interprétation et son évaluation restent en général assez superficielles, car elles ne se fondent pratiquement jamais sur une étude rigoureuse des textes. En opposition aux commentaires de Parsons et de Bellah, les commentaires de Berger sur Durkheim tendent à afficher une position critique et négative (Berger, 1963 : 39-40, 128, 177 ss). Malgré ces considérations, il faut tout de même reconnaître avec Parsons (1973 : 176) que Berger est « un écrivain très stimulant », à cause notamment de l'importance des problèmes qu'il pose.

Berger s'est exprimé sur le problème des définitions substantives de la religion à une double reprise. Il a lancé l'idée d'abord dans un livre connu et influent[21]. Il s'est repris quelques années

---

20. Voir à ce sujet Thomason (1971).
21. Berger, 1967 (édition américaine) ; Berger, 1969 b (édition anglaise) ; Berger, 1971 (édition française).

plus tard dans un discours prononcé devant l'American Academy of Religion à Chicago en 1973, devenu par la suite un article retentissant (Berger, 1974).

Berger a esquissé un schéma historique et théorique à la fois élémentaire et capital[22]. Certes, il ne se situe pas en tant qu'historien ou en tant que théoricien de la science des religions, mais en tant que « militant » dévoué à démasquer[23] des intérêts qui ne lui semblent pas légitimes (Berger, 1974 : 128).

▶ UNE AVALANCHE D'INTERROGATIONS

L'approche de Berger suscite une avalanche de questions que nous considérons graves et pertinentes. Les réponses ou les indications qu'il en donne sont cependant loin d'être rigoureuses et éclairantes.

A propos de Weber

Prenons la fameuse question de la vision « de l'intérieur » *(from within)*. Berger croit pouvoir l'attribuer à Weber et la refuser à Durkheim qui se contenterait d'une vision chosifiante et fonctionnelle. Avec ce grand raccourci, pour certains peut-être suggestif, Berger ne nous apprend pas grand-chose. Il ne rend pas compte de la pensée de Durkheim, comme nous le verrons tout de suite, pas plus d'ailleurs que de celle de Weber qui est, aussi, beaucoup plus nuancée[24].

---

22. Notons que Weigert (1974 *b*) et Nathan (1975), qui critiquent certaines idées des « Second Thoughts », ne mettent pas en question ni la vision historique ni la vision théorique de Berger que nous commentons présentement.

23. Luckmann (1967 : 41-42) se déclare nettement contre les définitions substantives. Pourquoi Berger, au départ si proche de Luckmann, s'en sépare-t-il maintenant et, revisant sa « tolérance œcuménique », se déclare « militant en mon opposition aux définitions fonctionnelles » (Berger, 1974 : 127) ? L'étude de cette question pourrait s'avérer éclairante pour mieux comprendre le poids des positions idéologiques, notamment théologiques et « religieuses » dans la construction de la science de la religion.

24. En effet, la pensée de Weber est plus complexe. Rappelons, par exemple, la boutade bien connue (qu'il reprend de Simmel) : « il n'est pas nécessaire d'être César pour comprendre César » et sa justification du point de vue méthodologique : « La possibilité de revivre effectivement le comportement d'autrui est sans doute importante pour l'évidence propre à la compréhension, mais elle n'est pas une condition absolue d'une interprétation significative » (Weber, 1922 : 2). Dans ce contexte, Badie (1983) propose des rapprochements entre Weber et Durkheim qui ont un grand intérêt du point de vue religiologique.

On pourrait croire que Berger présente ces idées comme une sorte d'hypothèse. C'est pourtant incertain. Berger a l'habitude de citer abondamment Weber et Durkheim (Berger, 1963 ; Berger, 1967) sans pour autant se référer à une analyse des textes. Or, une telle analyse est nécessaire pour cerner une problématique aussi complexe que celle qui oppose les principes épistémologiques d'une connaissance dite « du dedans » ou « du dehors »[25].

Cette problématique possède déjà des antécédents tout au long de l'histoire de la philosophie et de la théorie de la connaissance. Weber l'a héritée très directement de la grande tradition épistémologique allemande du XIXᵉ siècle, tout particulièrement concernée par le problème de la connaissance scientifique des phénomènes humains en distinguant *Naturwissenschaften* et *Geiteswissenschaften*. Pour rendre compte donc de cette problématique, il faudrait se référer d'abord à l'œuvre de Dilthey[26] et ensuite à celle de l'Ecole néo-kantienne de Baden, en particulier, celle de H. Rickert[27] qui a inspiré très immédiatement l'axiomatique méthodologique wébérienne.

Cette problématique a fait l'objet d'importants travaux chez Weber lui-même. Elle traverse une partie importante de son œuvre[28] et a donné lieu à des études minutieuses et importantes (Weber, 1906 ; Weber, 1913). Elle a été également étudiée par les critiques et les commentateurs de Weber, en particulier par Alfred Schütz[29] qui, sur cette question, peut

---

25. Ce ne sont sans doute pas des arrangements mineurs, sans véritable portée théorique, qui feront avancer le dossier. Voir dans ce sens *The Study of Religion from within* (King, 1968 : 1-8).
26. L'œuvre complète de Dilthey comprend une vingtaine de volumes. Plusieurs de ses ouvrages ont été traduits en français (Dilthey, 1942 ; 1946 ; 1947). Pour une bibliographie, Herrmann, 1969. Pour une introduction générale, Aron, 1964.
27. Weber dit de l'œuvre de H. Rickert (1896-1902). « J'y trouve en grande partie ce que je pense moi-même sans l'avoir élaboré logiquement » (Weber, 1926 : 273). Pour une brève introduction, Prades, 1966 : 49-58.
28. Pour un aperçu accessible et complet, voir Freund, 1966 : 76-115.
29. Alfred Schütz (1899-1959), sociologue, philosophe, phénoménologue (d'origine autrichienne, comme Peter Berger), a produit une œuvre très importante dans le domaine qui nous occupe. Il a publié d'abord une œuvre maîtresse (Schütz, 1932) qui étudie en détail, après douze années de recherche, la théorie de l'intentionnalité et de l'intersubjectivité proposée par Husserl. Grâce aux soins des Archives Husserl de l'Université de Louvain, nous disposons de la série complète des *Collected Papers* de Schütz en trois volumes. Cette œuvre mérite une attention particulière sur les rapports entre la méthode phénoménologique et l'analyse sociologique et, plus généralement, entre phénoménologie et sciences humaines. Par rapport à la question ici en cause : la compréhension d'autrui « de l'intérieur », Schütz a fourni une contribution essentielle, la théorie de l'empathie *(Einfühlung)* (Van der Leeuw, 1955 : 658). Cette théorie est envisagée au niveau transcendantal (« les conditions

être considéré comme l'un des plus brillants continuateurs de l'œuvre de son maître.

Le raccourci de Berger ne peut donc traduire la complexité de l'épistémologie wébérienne. Certes, nous ne sommes pas en mesure de l'examiner ici dans sa véritable ampleur. Nous tâcherons de relever en quelque sorte le défi lancé par Berger en étudiant en détail toute cette problématique à partir de l'œuvre durkheimienne.

A propos de Durkheim

Sur ces deux plans, l'examen des textes de P. Berger s'est avéré vraiment décevant.

D'abord au niveau exégétique. N'ayant jamais présenté à une lecture approfondie de l'œuvre durkheimienne, Berger présente malheureusement une vision très superficielle du noyau central de ses intuitions fondamentales. Nous y reviendrons en détail.

Ensuite au niveau proprement théorique. Deux failles importantes semblent se renforcer réciproquement.

En premier lieu, un manque de travail analytique rigoureux. Berger n'expose ici manifestement pas les résultats d'une recherche suivie de façon circonstanciée, il livre plutôt ses impressions, présente quelques éléments — très intéressants — d'une problématique d'ensemble extrêmement riche et complexe, et tient surtout à prendre position, à faire œuvre « militante » en se déclarant en faveur ou contre telle ou telle hypothèse.

En deuxième lieu, un manque de rigueur théorique. La prise de position de Berger — en soi, assurément, respectable et légitime — ne se fonde pas sur un raisonnement théorique, ni du point de vue sociologique ni du point de vue religiologique. Il se fonde directement sur une base qu'on serait tenté, à première vue, d'appeler « théologique » mais qu'il faudrait qualifier carrément de « confessionnelle ».

nécessaires avant l'apparition de la connaissance d'un *alter ego* peuvent être réunies », Schütz, 1962 : 159) et au niveau empirique (« les problèmes psychologiques empiriques de la compréhension des autres », Schütz, 1962 : 159). Pour la question transcendantale, Schütz se base surtout sur Scheler (1923); pour la question empirique, sur Allport (1937). Pour une étude détaillée de la problématique de la « compréhension d'autrui », Schütz constitue une référence indispensable.

Nous tenions à rappeler les idées de Berger d'abord et surtout par son influence sur l'importante question de la substantivité de la définition de la religion. L'analyse de cette question soulève en effet tout un ensemble d'éléments qui déterminent de façon très directe l'idée de base de la religion. Cette analyse permet d'affronter deux difficultés majeures qui menacent constamment de rendre impossible toute étude lucide et détachée de cette matière. A un extrême, l'idée de la futilité, de la vacuité des croyances religieuses. A l'autre extrême, l'idée de l'infinité unique et exclusive de l'objet de la croyance véritablement religieuse. L'analyse rigoureuse de la substantivité de la religion constitue par conséquent une pièce essentielle pour l'élucidation de notre problème fondamental de la persistance et de la métamorphose du sacré.

Le fondement de l'argumentation de Berger semble se situer au niveau de la défense de ses propres convictions religieuses bien plus qu'au niveau de l'analyse des faits ou à celui de l'élaboration rationnelle d'une théorie socio-religiologique. C'est peut-être cela qui l'empêche de réaliser que la question de la substantivité de la définition de la religion détermine une problématique théorique centrale pour la science de l'homme : qu'est-ce que le sacré et le religieux ?, comment ces phénomènes prennent-ils racine chez les êtres humains ? comment se développent-ils ? que signifient-ils pour l'homme archaïque, pour l'homme classique, pour l'homme moderne ?

Devrions-nous avouer notre surprise devant la situation de la « science normale » (Kuhn, 1962) concernant les fondements de la définition de la religion ?

CHAPITRE III

Une définition empathique et critique

On vient de voir les éléments de base de la définition durkheimienne de la religion et les jugements que portent sur cette définition deux éminents critiques. Examinons maintenant la nature de cette définition en nous référant directement aux textes de Durkheim.

Dans l'étude du sacré et de la religion, l'héritage théologique a contribué à exiger du savant une attitude spéciale pour affronter l'objet central de la foi religieuse, son « focus » (Smart 1978 : 10 et ss), son point de référence nodal. L'étude de cette exigence a donné lieu à une immense littérature. Durkheim a été souvent accusé de l'ignorer (White, 1977).

La lecture des textes durkheimiens révèle une conception de la religion à la fois substantive et fonctionnelle et une attitude empathique (« de l'intérieur ») et critique (« de l'extérieur »). Ces positions ont un intérêt exceptionnel pour la science des religions autant que pour la science de l'homme (Girard, 1972 ; Eisenstadt, 1978). Une position à la fois respectueuse et critique de la croyance du croyant concerne la relation « objectivité-subjectivité ». Elle convient à la science des religions autant qu'à chacune des sciences humaines.

LE « SUJET »
DES CROYANCES RELIGIEUSES

> « *Durkheim était radicalement psychologique. Deux de ses concepts les plus fondamentaux, "conscience" et "représentation", font référence à des réalités mentales ou psychiques. De fait, Durkheim parlait des faits sociaux comme des choses appartenant au monde du "mental", de la "morale", du "spirituel" ou de l' "idéal". Il a été constamment préoccupé par l'esprit [mind], par la conscience [consciousness, conscience] [...].* »
>
> R. N. Bellah, Introduction,
> *Emile Durkheim on Morality and Society.*

Quelle attitude convient-il au chercheur face à la subjectivité des croyants. Peut-il, doit-il préconiser une vision « du dedans » et/ou une vision « du dehors » ? Qu'en est-il de Durkheim ?

Partons d'une distinction fondamentale. Tout au long de son œuvre, Durkheim distingue deux moments fondamentaux de la recherche : le moment « d'observer [...] décrire [...] comparer » (*Règles* : 15) et le moment de procéder à « la partie vraiment explicative de la science » (*Règles* : 89)[1]. Cette distinction s'applique au domaine de l'étude des phénomènes religieux. D'entrée de jeu, Durkheim déclare son intention dans les trois premières lignes des *Formes* : « Nous nous proposons d'étudier dans ce livre la religion la plus primitive et la plus simple qui soit actuellement connue, d'en faire *l'analyse** et d'en tenter *l'explication** » (*Formes* : 1).

Cette distinction fondamentale nous inspire une double hypothèse.

Au moment de l'étude descriptive des phénomènes religieux, où il s'efforce d'opérer « avec l'exactitude et la fidélité

---

[1]. Durkheim utilise et développe constamment cette distinction fondamentale consacrée dans les *Règles* où il a traité longuement des « règles relatives à l'observation, description, comparaison... » et des « règles relatives à l'explication des faits sociaux ». Cette distinction fondamentale se retrouve nettement dans le plan du *Suicide* et dans celui des *Formes*.

que pourraient y mettre un ethnographe ou un historien » (*Formes* : 1), Durkheim tient compte (certes, en partie) de la subjectivité du croyant. Il maintient donc une sorte de double attitude en relation réciproque : une attitude qui le porte à voir la subjectivité du croyant « du dedans » et « du dehors ».

Au moment de tenter l'explication scientifique des phénomènes religieux, Durkheim ne tient pas compte de l'interprétation subjective du croyant[2]. A ce niveau d'analyse Durkheim vise à développer, « du dehors », un ensemble de raisonnements explicatifs, notamment : *a)* Une explication génétique de l'origine objective du phénomène ; *b)* Une explication fonctionnelle de la place du phénomène à l'intérieur de l'ensemble qui l'englobe ; *c)* Une explication herméneutique du sens du phénomène pour comprendre la nature profonde de l'être humain.

Cette deuxième hypothèse sera considérée à propos de la théorie explicative de la religion chez Durkheim (*infra* : chap. VI et VII). Considérons maintenant la première, après avoir esquissé une note lexicographique.

Note lexicographique

Durkheim utilise les expressions « du dedans » et « du dehors » continuellement (1895 *a* : 28, 30 ; 1898 *b* : 289 ; 1899 *a* (i) : v ; 1899 *a* (ii) : 2 ; 1901 *c* : xxii ; 1901 *c* : 129 ; 1903 *b* [*Ed. So.* : 101] ; 1925 *a* : 130 ; 1912 *a* : 340 ; 1955 *a* : 184, etc.). Il utilise cependant ces expressions de manière multivoque et asymétrique. Pour bien comprendre leur sens, il faut les interpréter chaque fois dans leur contexte. Voici, en guise d'exemples, trois sens différents de l'expression « du dehors ».

Une vision « du dehors » qui peut être considérée comme

---

2. A ce propos, La Capra (1972 : 61) insiste sur ce que « sa propre approche explicative extrême du symbolisme religieux offensait aussi bien les étudiants de la culture qui regardent analytiquement la religion de l'extérieur, que les croyants qui, eux, expérimentent la religion de l'intérieur ». White (1977 : 119) exprime, de façon positive, cette fois-ci, cette même dualité durkheimienne : « Il y a les explications que fournirait un théologien tribal, utilisant des concepts internes au groupe. Il y a des explications basées sur des principes psychologiques [...] et [...] sociologiques. » Pour notre part, il nous paraît évident que le savant peut expliquer telle croyance ou tel rite comme une réponse à certains problèmes, tandis que « l'homme qui les accomplit, lui, n'en a pas forcément la conscience claire » (Cazeneuve, 1971 : 36).

insuffisante et négative. « [...] la sensation, qui ne voit rien que *du dehors** » s'oppose à « l'esprit » qui lui seul est capable de créer des concepts et des explications (*Formes* : 339-340). « [...] ce n'est pas *du dehors** [...] que le maître doit tenir son autorité [...] elle ne peut venir que d'un for intérieur. Il faut qu'il croie [...] à la grandeur de sa tâche » (*Morale* : 130-131). « On ne connaît la réalité sociale si on ne l'a vue que *du dehors** » (1899 *a* (i) : V).

Une vision « du dehors » qui peut être considérée comme neutre. « [...] les habitudes individuelles nous dominent *du dedans** [...] les croyances et les pratiques sociales agissent sur nous *du dehors** » (*Règles* : XXI-XXII).

Une vision « du dehors » qui peut être considérée comme pertinente et positive. « [...] deux tendances : une tendance vers la vérité objective et scientifique [*du dehors*] et une tendance vers la vérité aperçue *du dedans**, vers la vérité mythologique » (*Pragmatisme* : 184).

Cette multivocité ne prête réellement pas à confusion. Durkheim manifeste tout simplement que la vision « du dehors » (comme celle « du dedans ») peut s'avérer neutre, bénéfique ou mystifiante. C'est ce que nous allons voir en examinant les cinq distinctions qu'on vient de proposer pour rendre compte de la complexité de l'attitude de Durkheim face à la subjectivité des croyances religieuses.

▶ VISER L'INTÉRIORITÉ OBJECTIVEMENT

Les *Règles*[3] font état d'un rapport de réciprocité entre l'intériorité et l'extériorité, rapport qui sera constamment visible dans l'œuvre durkheimienne. Reprenons les textes.

---

3. Les *Règles* « un traité de philosophie de la science, une polémique et un manifeste » (Lukes, 1972 : 226) est une œuvre qui appartient à une période de transition dans la pensée durkheimienne. On sait, en effet, que Durkheim lui-même situe en 1895 sa grande coupure épistémologique où il vit comme une « révélation » (*supra* : 299) « le sentiment net du rôle capital de la religion dans la vie sociale » (Parsons, 1937 ; Besnard, 1982 *a* : 45 ; Lacroix, 1981 : 131 ss). Or, les *Règles* ont été d'abord publiées en 1894 et rééditées ensuite en 1895 et 1901. Il s'agit donc d'une œuvre fondamentale conçue avant la coupure et utilisée, telle quelle, tout de suite après. Cette œuvre présente donc un intérêt tout particulier pour l'historien de la religiologie. Elle permet en effet de découvrir la nature, le degré, la direction du changement éventuel de la méthodologie durkheimienne entre la période de transition et celle de l'œuvre de maturité, appliquée dans les *Formes*.

« [...] la première règle [...] considérer les faits sociaux comme des choses » (*Règles* : 15). Cela signifie « écarter systématiquement toutes les prénotions » (*Règles* : 31), « prendre pour objet de recherches [...] un groupe de phénomènes préalablement définis » (*Règles* : 35), « retenir exclusivement [les données] qui présentent un certain degré d'objectivité » (*Règles* : 43-44). Cette exigence d'objectivité porte à une première conclusion. Durkheim invite à considérer les croyances religieuses comme des « choses », dans le sens qu'elles « ont » et non pas dans celui qu'elles « devraient avoir » (*Règles* : 26) selon le sociologue. L'axiomatique méthodologique durkheimienne, par souci d'objectivité, exige donc de considérer telles qu'elles sont les croyances des croyants.

Il y a un deuxième niveau qu'il faut également considérer. Durkheim souligne les exigences d'une vision scientifique et objective, dans un langage proche à s'y méprendre de celui de la phénoménologie (Van der Leeuw, 1955 : 661-662). « [...] les phénomènes sociaux [...] sont l'unique *datum* offert au sociologue » (*Règles* : 27). « Il nous faut donc considérer les phénomènes sociaux *en eux-mêmes**, détachés des sujets conscients qui se les représentent : il faut les étudier *du dehors** comme des choses extérieures » (*Règles* : 28). Cette exigence s'applique évidemment à l'étude des « faits psychiques [...] intérieurs par définition » (*Règles* : 30). A ce point que « la psychologie scientifique [...] n'a vraiment pris naissance que [...] quand on fut enfin parvenu à cette conception que *les états de conscience peuvent et doivent être considérés du dehors** et non du point de vue de la conscience qui les éprouve » (*Règles* : 30). Cette même exigence est appliquée, explicitement, à l'étude des convictions morales et religieuses[4].

Cette dialectique entre les visions « du dedans » et « du dehors », a été énoncée explicitement (*Règles* : 28). Elle se retrouve tout au long de l'œuvre durkhei-

---

4. « Le seul fait de soumettre [ces phénomènes] à une froide et sèche analyse révolte certains esprits. Quiconque entreprend d'étudier la morale *du dehors** et comme une réalité extérieure paraît à ces délicats dénoué de sens moral, comme le vivisectionniste semble au vulgaire dénué de la sensibilité commune » (*Règles* : 33). La même chose arrive à propos de la religion, poursuit-il, en citant un savoureux texte de J. Darmesteter, « un éloquent historien des religions ». *N.B.* — J. Darmesteter (1849-1894), linguiste et orientaliste connu, professeur au Collège de France, traduit en français le *Send-Avesta* (3 vol.) et contribua à la traduction anglaise des volumes 4, 23 et 31 de la collection *Sacred Books of the East*.

mienne, du début (1898 b : 289) à la fin (*Pragmatisme* : 51).

Cette même dialectique se retrouve dans l'emploi que fait Durkheim de l'expression : étudier les choses « en elles-mêmes » (*Définition* : 2 ; *Formes* : 33), l'expression husserlienne *(zu den Sachen selbst)* si chère à Eliade (1952 : 36) et aux phénoménologues de la religion (Van der Leeuw, 1955 : 654-662 ; Bleeker, 1959 : 97 et ss). Des fois, Durkheim remarque explicitement que cette considération des choses « en elles-mêmes » constitue un moment de la recherche et non pas tout le cours de celle-ci, puisque le regard doit être « du dedans » et « du dehors » (1899 a (i) : II).

White (1977 : 162-163), qui est pourtant un critique sévère de l'œuvre religiologique de Durkheim, a très bien exprimé cette dialectique durkheimienne. Il souligne que Durkheim, à la manière d'un « théologien tribal », n'ignore point les croyances des aborigènes australiens. Il ne dit pas que « les natifs croient en "*p*", mais, en fait, ils croient en "*q*" ». Il distingue et reconnaît les deux plans, sachant bien que « pour les natifs [subjectivement] "*p*" se réfère à "*x*" (le totem) » tandis que « en fait [objectivement] "*p*" renvoie à "*y*" (la société) ». Durkheim accorde donc aux aborigènes l'intégrité de leur croyance qui est symboliquement vraie et fonctionnellement isomorphique.

Durkheim propose et pratique donc une vision qui se veut à la fois objective et vigilante, sans faire « distorsion » aux faits de conscience et sans manquer d'intérêt pour « les prendre en considération » (Berger, 1974 : 126). Pour notre part, nous estimons que cette double vision n'est pas seulement plus complexe et plus riche que celle qui se contenterait de considérer exclusivement l'un ou l'autre de ces aspects. Cette double vision constitue l'attitude méthodologique à notre sens la plus adéquate pour l'analyse religiologique et, plus généralement, pour l'étude de toute sorte de vécu humain. Celui-ci, en effet, est inévitablement transpercé par la dialectique de l'intériorité et de l'extériorité, de la subjectivité et de l'objectivité[5].

---

5. Le problème est très complexe. Nous ne faisons que l'effleurer ici. Nous n'avons pas la prétention de penser que la double vision est en elle-même plus complexe que la vision de l'intérieur (théologique ou phénoménologique) ou que la vision de l'extérieur (explicative ou critique). Chaque type de vision peut être plus ou moins complexe, plus ou moins approfondie et circonstanciée.

▶ COMPRENDRE DANS UNE PERSPECTIVE CRITIQUE

Comprendre, saisir « les significations subjectives de la conduite humaine » (Prades, 1969 : 161) traduit le concept de *verstehen* rendu célèbre par Max Weber (Weber, 1913). La problématique du *verstehen* a fait l'objet d'une importante littérature scientifique (Schütz, 1932 : 106-155 et 247-284 ; Schütz, 1962 : 48-66 ; Abel, 1948 ; Nagel, 1953, etc.). Certains critiques se plaisent à opposer Weber et Durkheim, à ce propos. Berger, par exemple, prétend que la sociologie « compréhensive » de Max Weber serait fondamentalement attentive aux significations subjectives, tandis que la sociologie de Durkheim montrerait « une indifférence hautaine pour les motifs et les significations individuelles » (Berger, 1963 : 39-40 ; Berger, 1974 : 126-127)[6].

Il y aurait beaucoup à dire sur cette importante question controversée de la « convergence » entre les méthodologies wébérienne et durkheimienne (Parsons, 1937 ; Parsons, 1972 ; Pope-Cohen-Hazelrigg, 1975 ; Warner, 1978 ; Parsons, 1978 ; Pope-Cohen, 1978). On peut penser, avec Parsons, qu'à ce niveau les vues de Weber et de Durkheim sont plutôt convergentes. Quoi qu'il en soit, nous nous en tiendrons à référer ici à quelques textes de Durkheim qui montrent clairement son souci de « comprendre », de saisir « les significations subjectives », d'apercevoir les « significations » que confèrent les croyants à leurs croyances religieuses.

Dans une de ses premières publications, en essayant d'expliquer rationnellement l'origine de l'idée de Dieu, Durkheim écrit au passage, pour ainsi dire spontanément : « Les idées religieuses résultent donc de l'interprétation de sentiments

---

6. Dans le sillage de la pensée wébérienne, ce sont « les *significations** subjectives de la conduite humaine » (Prades, 1969 : 161) qui constituent « l'objet de la compréhension ». De là l'importance du terme « signification [*meaning*] » dans la science de la religion de tendance phénoménologique, dont la tâche fondamentale c'est « la compréhension des significations religieuses ». Qu'est-ce à dire ? « A première vue on est enclin à travailler de façon descriptive : une signification religieuse "touche" une partie essentielle d'une personne ou d'un groupe. Elle a un caractère fondateur en autant qu'elle implique un nouveau départ. Elle met toute chose y compris la vie humaine dans une lumière ou une perspective "fondamentales" » (Waardenburg, 1978 *a* : 11). Ce lien entre *verstehen* et *meaning* est constamment rappelé par les sociologues de la religion qui se réfèrent à Weber (Robertson, 1970 : 34).

préexistants, et, pour étudier la religion, il faut *pénétrer jusqu'à ces sentiments** » (1887 *b* : 309). Vingt-cinq ans plus tard, Durkheim revient sur la même idée : « [...] il est impossible de rien entendre à une religion quand on ignore les idées sur lesquelles elle repose » (*Formes* : 141)[7].

Cette attitude « compréhensive » revient fréquemment après la publication des *Formes*. Dans son cours sur le Pragmatisme, rappelons-le, il insiste : « plaçons-nous au point de vue pragmatiste » (*Pragmatisme* : 68). Dans sa présentation des *Formes* devant la Société française de Philosophie : « [...] je crois [...] non pas dénaturer l'état d'âme religieux, mais, au contraire, en mieux découvrir la nature foncière » (1913 *b* : 97).

Dans une de ses dernières interventions publiques, devant l'Union de Libres Penseurs et de Libres Croyants pour la Culture morale où, plaidant sa manière « d'entendre et d'expliquer la religion », il explicite sa position solennellement (1919 *b* : 101-102)[8].

Notre lecture de l'axiomatique méthodologique durkheimienne sera confirmée par une brève analyse de sa pratique de la recherche. Tout le corps central des *Formes* consacré à étudier « Les croyances élémentaires » (*Formes* : 139-424) et « Les principales attitudes rituelles » (*Formes* : 425-592) en témoigne largement. Prenons, par exemple, le chapitre consacré à « La notion d'âme » (*Formes* : 343-390).

On constate immédiatement que, tout en conservant son attitude neutre et objective (et tout en poursuivant sa problématique explicative), donc, tout en se tenant à une vision « du dehors », Durkheim pénètre l'état d'âme des croyants aborigènes australiens selon les exigences de la méthode compréhensive (*Formes* : 355). Durkheim entre, sans hésitation,

---

7. Durkheim n'emploie probablement pas le terme « comprendre » dans le sens technique du terme allemand *verstehen*. Il ne faut cependant pas penser qu'il utilise le mot « entendre » dans le même sens. « Entendre » a un sens global : « saisir par l'intelligence un objet ». « Comprendre » a un sens restreint : « saisir la signification subjective que donne un acteur social à son action ». Notons en passant que *verstehen* se trouve souvent tel quel, non traduit, dans les travaux écrits en langue anglaise (Abel, 1948 ; Nagel, 1953).
8. Lukes (1972 : 515) se déclare quelque peu étonné à propos de cette citation de Durkheim : « C'est la première fois que Durkheim a été le plus proche du principe du *verstehen*. » Ce n'est pas notre avis. Nous croyons par contre que Durkheim (comme Weber d'ailleurs) pratique le principe de la compréhension *(deutend verstehen)* combiné avec celui de l'explication *(ursachlich erklären)* (Weber, 1922 : 1-11).

dans les significations subjectives des croyants (*Formes* : 375).

Il est donc difficile de soutenir raisonnablement que Durkheim ignore le principe méthodologique du *verstehen*. Cela ne signifie nullement, bien entendu, que ce soit pour lui un principe exclusif. Pour Durkheim, il s'agit d'un principe nécessaire, mais pas suffisant. C'est, assurément, la même chose pour Weber qui, tout en essayant de « comprendre » *(deutend verstehen)*, n'oublie pas de tâcher d'expliquer *(uhrsachlich erklären)* (Prades, 1969 : 161). Pour notre part, il nous semble parfaitement légitime et profondément avantageux de chercher la complémentarité entre une perspective « compréhensive » et une perspective « objectiviste et critique » dans l'analyse religiologique.

▶ RECONNAÎTRE L'EFFICACITÉ SUBJECTIVE DES CROYANCES

L'axiomatique méthodologique durkheimienne accepte constamment que, pour le croyant, la foi est vraie et les rites qu'il accomplit sont utiles et efficaces.

Le texte de présentation des *Formes* devant la Société française de philosophie est particulièrement explicite à cet égard. « La foi est accompagnée de raison ; elle ne va pas sans une certaine représentation du monde que le fidèle croit *vraie**. Qui songe à contester cette évidence ? » (1913 *b* : 82-83). « Les gestes qui constituent les rites ne sont *pas vains**, puisque [...] ils servent à régler, à discipliner, à tonifier les consciences » (1913 *b* : 95). « En un mot, la caractéristique de la religion, c'est l'*influence** dynamogénique qu'elle exerce sur les consciences » (1913 *b* : 101).

Fort de cette perspective, Durkheim n'hésite même pas à interpeller ouvertement ceux qui méprisent les croyances des religions primitives[9] (1913 *b* : 97). « Ces dieux des carrefours, que vous écartez avec quelque dédain, ce *sont** des dieux pourtant ; ce sont même ces dieux qui *ont** de tout temps *aidé, consolé, soutenu** les hommes » (1913 *b* : 99).

Cette attitude de respect de la valeur subjective des

---

9. Notons au passage la « correction » que fait Durkheim au concept « chronologique » de religion primitive. « Il n'y a pas de véritables primitifs : je l'ai dit dès la première page de mon livre » (1919 *b* : 143).

croyances et des rites n'empêche cependant pas Durkheim de maintenir sa position objectiviste et critique. « Supposons qu'on ait persuadé un homme [...] qu'un mal physique dont il est atteint est dû à des esprits malins [...] On lui fait absorber une substance [...] dont on lui assure qu'elle mettra en fuite les esprits qui le tourmentent. *Il le croit et il guérit**. Le résultat est bien le résultat escompté [...]. L'idée n'en était pas moins fausse » (*Pragmatisme* : 110). Et plus généralement. « [...] les représentations mythiques sont *fausses** par rapport aux choses, mais elles sont *vraies** par rapport aux sujets qui les pensent » (*Pragmatisme* : 177). « [...] l'idée [mythologique] est *vraie*, non en raison de sa conformité au réel, mais en raison de son pouvoir créateur » (*Pragmatisme* : 173)[10].

La pratique de la recherche durkheimienne est en accord avec cette perspective méthodologique. Prenons, en guise d'illustration, un texte qui analyse « le culte négatif et [...] les rites ascétiques » (*Formes* : 427-464).

Suivant son procédé habituel, Durkheim définit d'abord « le culte négatif » (*Formes* : 428). Il analyse ensuite, assez en détail, quelques-unes de ses « formes multiples » : les rites qui distinguent la religion et la magie, ceux qui distinguent différentes formes de sacré, ceux qui distinguent le sacré et le profane (*Formes* : 429-432). Il poursuit en proposant une interprétation de ces cultes et déclare sans ambages, sur un plan qu'on n'hésiterait pas à qualifier de phénoménologique : « Les rites [...] *confèrent* [...] *des pouvoirs efficaces** » (*Formes* : 442). Arrivé à ce point, Durkheim développe une intéressante phénoménologie de l'ascétisme montrant qu'il constitue « un

---

10. L'attitude critique face à la croyance du croyant présente plusieurs niveaux. A un premier niveau, la critique distingue entre la vérité subjective et la vérité objective. A ce niveau, deux attitudes sont possibles : celle qui accorde la vérité subjective et laisse en suspens la vérité objective (ex. : l'athéisme méthodologique de Berger) et celle qui accorde la vérité subjective et conteste la vérité objective (ex. : l'athéisme méthodologique de Durkheim). Mais il y a également d'autres niveaux de critique dans lesquels n'intervient pas Durkheim. Par exemple, la critique qui analyse et qui dévoile des aspects mystificateurs et carrément nuisibles des croyances religieuses (préjudice, fanatisme, superstition, aberrations de toutes sortes...). Durkheim, comme Weber (à la différence de Marx et de Freud), ne développe pas ce type de niveau critique. Pour un traitement important de ce niveau, voir, par exemple, *Religion and Prejudice* (Allport, 1958 : 413-426). « La sublimité des idéaux religieux est compensée par les horreurs des persécutions qui ont été faites au nom de ces mêmes idéaux » (p. 413). Pour une mise à jour thématique et bibliographique, voir Payette (1981) qui renchérit. « L'histoire de l'humanité démontre cependant que le fanatisme religieux fut très répandu à travers les siècles et a causé des ravages et des horreurs indescriptibles » (p. 133).

élément essentiel [...] de la vie religieuse » (*Formes* : 445) et une source « génératrice de forces exceptionnelles » (*Formes* : 451).

Au cours de ce développement, Durkheim montre un niveau d'empathie d'une intensité étonnante. « Cette croyance n'est pas sans fondement [...] [L'ascète] n'est-il pas victime d'une pure illusion quand il se croit investi d'une sorte de maîtrise sur les choses : il s'est *réellement** élevé *au-dessus** d'elles » (*Formes* : 451). On croirait entendre un discours typiquement « phénoménologique ». Mais il faut voir tout de suite une complémentarité qui est, elle, étrangère au phénoménologue.

En effet, Durkheim ajoute à cette partie de son discours une deuxième partie qui se veut objectiviste et explicative. « Mais l'ascétisme ne sert pas seulement à des fins religieuses. Ici, comme ailleurs, les intérêts religieux *ne sont que** la forme symbolique d'intérêts sociaux et moraux » (*Formes* : 452).

Ces textes ne sont pas équivoques. Contrairement à bien d'autres critiques, Durkheim reconnaît, avec une sorte de vision « du dedans », la vérité et l'efficacité subjective des croyances et des rites religieux. Il n'en reste cependant pas là. Il poursuit également une autre sorte de vision, « du dehors », objectiviste, critique, explicative. Sans prétendre que cette attitude de Durkheim doit être prise nécessairement comme un modèle méthodologique, elle offre à l'analyse socio-religiologique une base opérationnelle légitime et profitable.

▶ CONSIDÉRER L'ASPECT INDIVIDUEL ET COLLECTIF DE LA VIE RELIGIEUSE

Le « sociologisme » de Durkheim, donc son incapacité foncière à tenir compte de la part de l'individu dans la vie religieuse[11], voilà une autre façon de souligner l'extériorité de

---

11. Sharpe insiste pertinemment sur « l'individualisme typiquement britannique de l'interprétation de la religion [...] particulièrement proche de la pensée libérale de la fin du XIXe siècle en Angleterre (et possiblement plus encore en Amérique) » (Sharpe, 1975 : 70). Tout en soulignant que « Les travaux de Durkheim étaient conçus en violente réaction contre l'individualisme d'orientation psychologique » (Sharpe, 1975 : 70 et 83), cet auteur se limite à noter cette réaction de Durkheim en faisant fi de tous ses efforts pour intégrer la part de l'individuel et celle du collectif dans la vie religieuse.

l'approche durkheimienne et une nouvelle raison pour l'exclure du champ institutionnel de la « véritable » science des religions (Berger, 1963 : 39-40 ; Sharpe, 1975 : 86 ; De Vries, 1977 : 158-161). Qu'en faut-il penser ?

La question de la dialectique « individuel-social » chez Durkheim, fort importante et complexe, a fait l'objet d'études nombreuses. Autant au niveau de la sociologie générale (Mitchel, 1976 ; Filloux, 1977 : 43-64 ; Lukes, 1972 : 19-22 et 521-522)[12] qu'au niveau de la sociologie religieuse (Richard, 1923 ; Seger, 1957 : 36-47 ; Lukes, 1972 : 473-474, 497-499, 508-512, 522-527 [...])[13]. Ne pouvant pas entrer ici dans les interminables méandres de ce débat dont l'élucidation demanderait à lui seul toute une monographie, on se limitera à présenter ici un ensemble de textes où Durkheim exprime quelques éléments essentiels de sa position.

Au niveau de la sociologie générale, il faudrait surtout examiner deux textes, « Représentations individuelles et représentations collectives » (1898 *b*) et « Le dualisme de la nature humaine et ses conditions sociales » (1914 *a*).

Au niveau de la sociologie religieuse, le vieux texte « De la définition des phénomènes religieux » s'avère particulièrement explicite. Dans un raisonnement complexe avançant en zigzag, Durkheim présente une multiplicité d'idées qu'il conviendrait d'examiner attentivement.

Commençons par noter une hypothèse hardie mais absolument capitale. « Cette dualité du temporel et du spirituel n'est donc pas une invention sans raison et sans fondement dans la réalité : elle exprime dans un langage symbolique la

---

12. « D'après Filloux, à la lutte des classes, Durkheim préfère une méritocratie inspirée de Saint-Simon qui *concilie** l'individualisme et l'égalité des classes ; *son projet essentiel est donc bien de lier l'individualisme et le socialisme, de fonder l'intégration nécessaire du corps social sur le respect de la personne** dont l'autonomie et la liberté sont désormais immenses puisque la division du travail a maintenant porté ses fruits » (Birnbaum, 1979 : 302).

13. Retenons, comme exemple notoire, la présentation du problème chez Seger (1957 : 36). « Objections idéologiques et religieuses [...]. Les objections, quand elles sont adressées à la théorie de la religion de Durkheim, suivent généralement les grandes lignes que voici : 1º La religion est avant tout une expérience personnelle et individuelle, ce que Durkheim dénie ; 2º Durkheim néglige l'expérience religieuse qui n'est pas institutionnalisée ; 3º Durkheim ne tient pas compte de l'apport des individus, vis-à-vis de la création ou de la transformation des réalités religieuses ; 4º Durkheim est un déterministe extrême ; il perçoit l'homme comme une sorte d'automate réagissant aux pressions extérieures. »

dualité de l'individuel et du social, de la psychologie proprement dite et de la sociologie » (*Définition* : 26). Il s'agit rien de moins que d'une hypothèse tendant à expliquer l'origine de la religion, l'origine de cette « division du monde en deux domaines [...] sacré [...] profane » (*Formes* : 50-51). L'origine de cette division « mentale » du monde se trouverait dans une division « réelle » : la double constitution, individuelle et collective de l'humanité. Cette hypothèse montre l'importance qu'accorde Durkheim à la double réalité constitutive de l'être humain[14].

C'est cette double réalité qui donne lieu à deux approches scientifiques complémentaires : « par psychologie, nous entendons la science de la mentalité individuelle, réservant le nom de sociologie pour ce qui regarde la mentalité collective » (*Définition* : 26). L'application de cette distinction à la sociologie religieuse porte à « se garder de confondre une religion libre, privée, facultative, que l'on se fait à soi-même comme on l'entend, avec une religion que l'on reçoit de la tradition, qui est faite pour tout un groupe et que l'on pratique obligatoirement » (*Définition* : 27).

Ce rapport entre religion individuelle et religion collective présente à son tour une double particularité : *a)* « Les croyances et pratiques individuelles ont toujours été peu de chose à côté des croyances et des pratiques collectives » ; *b)* « [...] s'il y a entre ces deux sortes de religions un rapport de filiation [...] c'est évidemment la foi privée qui est dérivée de la foi publique » (*Définition* : 27).

En tenant compte de cette importance relative et de cette filiation, Durkheim présente un élément nouveau : l'individualisation constitue une caractéristique essentielle de toute forme de vie religieuse (*Définition* : 27-28).

---

14. Il faut souligner que, quinze ans plus tard, Durkheim a cru nécessaire de revenir une fois de plus sur la question en écrivant son étude « Le dualisme de la nature humaine et ses conditions sociales ». Durkheim y rappelle, en commençant, comment il a été amené, dans les *Formes* « à entrevoir une façon d'expliquer scientifiquement une des particularités les plus caractéristiques de notre nature », à partir d'un « principe sur lequel repose cette explication »... « la dualité constitutionnelle de la nature humaine » (1914 *a* [*SSA* : 315]). Malheureusement, cette hypothèse semble être tombée dans le vide. « Comme, à notre grande surprise, le principe sur lequel repose cette explication ne paraît pas avoir été aperçu par les critiques... il nous a paru qu'il pourrait y avoir quelque intérêt à l'exposer sommairement... » (1914 *a* [*SSA* : 315]).

Ce phénomène d'individualisation constitue l'élément rationnel qui intègre la dualité de l'individuel et du collectif, et ce, à deux niveaux. Au niveau de l'affirmation simultanée de deux aspects de la réalité religieuse (*Définition* : 28) et au niveau de la dialectique de la perpétuelle interfécondation entre ces deux aspects de la réalité (*Définition* : 28).

Voilà donc un rapport circonstancié et complexe, un ensemble d'hypothèses établissant les liens qui intègrent cette fameuse dualité de la réalité religieuse reflet symbolique de la réalité humaine. Bien d'autres textes durkheimiens réaffirment et complètent ces mêmes vues (1903 *b* [*Ed. So.* : 92]; 1906 *b* [*S. Phi.* : 77]; 1909 *d* : 755; 1912 *a* : 87; 1913 *b* : 74; 1914 *a* [*SSA* : 315]; 1919 *b* : 143; 1925 *a* : 130-131; 1955 *a* : 196, etc.). Il faudrait les étudier, les apprécier critiquement, cerner leur opérationnalité théorique et empirique. « [...] nous savons qu'il n'y a pas de religion qui n'ait un aspect individuel » (*Formes* : 223).

Deux durkheimologues[15] distingués confirment cette analyse. Bellah (1959) déclare que Durkheim a utilisé le totémisme australien, pendant quinze ans, comme « un laboratoire dans lequel on étudie avec une minutieuse précision la relation entre *religion, structure sociale et personnalité** ». Parsons (1973 : 175) note, pour sa part, que les postulats durkheimiens sur la nature du système social ont offensé de plein fouet les traditions individualistes occidentales, surtout celles « du monde anglophone ». Cet outrage a été profondément ressenti, au point d'avoir été interprété « généralement » comme « le grand négateur de l'importance et de la réalité essentielle de l'individu ». Ceci, aux yeux de Parsons est « une interprétation profondément erronée ». En effet, comme il avait eu l'occasion de l'étudier en détail (Parsons, 1937), la conception centrale de Durkheim à ce sujet présente un « individualisme institutionnalisé, *une synthèse très spéciale** d'individualité et de solidarité sociale qui s'est développée dans le monde occidental moderne ».

Durkheim reconnaît donc la part de l'individuel de façon

---

15. Nous contestons, par conséquent, la valeur du « résumé » de Lukes à propos de la dichotomie « social-individuel » (Lukes, 1972 : 19-22). Il prétend, par ailleurs, qu'il s'agirait là d'un point où Weber et Durkheim « ont divergé de la façon la plus vive » (p. 19). Pour notre part, nous pensons que l'interprétation de Lukes, en ce qui concerne Durkheim autant que Weber, devrait être bien plus nuancée.

infiniment plus riche que celle que voudraient lui prêter certains de ses adversaires. Il faudrait approfondir cependant dans quel sens et pour quelles raisons a-t-il tendance à minimiser l'importance relative des facteurs individuels[16] par rapport aux facteurs sociaux. Cela peut s'expliquer différemment[17], sans devoir simplifier à outrance la pensée du Sociologue.

▶ RESPECTER LE CARACTÈRE SPÉCIFIQUE ET GÉNÉRIQUE DE LA RELIGION

La problématique de la « subjectivité » du croyant comprend un nouvel élément, celui du « respect pour la spécificité de l'expérience religieuse ».

« Expérience religieuse » est un terme technique devenu célèbre après l'œuvre de W. James (1902). On entend par-là le type d'expérience vécue devant ce qui est considéré comme sacré, saint, divin [...] L'idée de l'expérience du divin a été étudiée très attentivement par les traditions mystiquées de tous les temps, en Occident, par l'Ecole mystique du XVIe siècle espagnol, par les Pères de la Réforme et, plus près de nous, par des études importantes qui ont fait autorité : Schleiermacher (1799), Otto (1917), Wach (1951). Cette problématique reste très actuelle, comme témoignent, entre autres, les travaux de la psychologie humaniste (Maslow, 1976 a ; 1976 b).

Cette problématique a soulevé une imposante littérature (Sharpe, 1975 : 97-118 ; Smith, 1981 : 647-652). Il ne manque pas d'auteurs qui reprochent à Durkheim son incapacité à rendre compte de la spécificité de l'expérience religieuse (Webb, 1916 ; Berger, 1974). Qu'en est-il exactement ?

Durkheim utilise l'expression « expérience religieuse » de

---

16. Un exemple frappant. Le rapport qu'établit Durkheim entre pédagogie, psychologie et sociologie à l'occasion de sa leçon d'ouverture lorsqu'il prit possession de sa chaire, à la Sorbonne, en 1902. Durkheim admet l'importance de la psychologie (1903 b [Ed. So. : 84, 96, 97, 98]). Il soutient cependant que l'importance relative de la sociologie est, de loin, supérieure (1903 b [Ed. So. : 82, 97, 99]).
17. Comme l'a noté Lévi-Strauss, on ne peut pas reprocher à Durkheim le fait de ne pas avoir connu les développements de la psychologie, de la psychanalyse, de la linguistique... (Lévi-Strauss, 1947 : 544-545).

façon explicite (*Formes* : 596 et 597). Il y revient un an plus tard lors d'une présentation des *Formes*. « J'ai moi-même montré que, comme James, je croyais que la religion se fonde sur une *expérience spécifique** [...] » (1913 *b* : 82).

Durkheim utilise cependant l'expression « expérience religieuse » très rarement[18]. Malgré le fait qu'il connaissait en détail l'œuvre de W. James, « le véritable père du pragmatisme » (*Pragmatisme* : 36) dont la critique avait fait l'objet de son cours *Pragmatisme et sociologie*[19]. Malgré le fait que les *Formes* avaient été considérées par un de ses premiers critiques comme « une recherche théorique générale, portant sur les principes de l'expérience religieuse » (Goldenweiser, 1915 : 719).

Cette question de l'utilisation du terme technique concerne plus le mot que la chose (1898 *a* (ii) [*JS* : 72]). Durkheim parle tout au long de son livre de « la vie religieuse ». Ceci prouve clairement qu'il s'agit de considérer une forme particulière de ce que les phénoménologues appelleront une « expérience vécue » (Van der Leeuw, 1955 : 655). En fait, pour parler de cette expérience spécifique, Durkheim emploiera surtout les termes « croyances » et « foi ». « [...] les croyants, les hommes qui, *vivant** de la *vie religieuse**, ont la *sensation directe** de ce qui la constitue [...] à leur *expérience journalière** [...] sentent [...] que la vraie fonction de la religion n'est pas de nous faire penser [...] mais de nous faire agir, de nous aider à *vivre** [...] Le premier article de toute foi, c'est la croyance au salut par la foi » (*Formes* : 595)[20].

Les *Formes* sont donc, en quelque sorte, un traité sur la

---

18. Durkheim distingue « l'expérience religieuse » de « l'expérience vulgaire » (*Formes* : 303-304) et de « l'expérience scientifique » (*Formes* : 593). Notons également que Durkheim utilise le terme expérience, dans un sens non technique (*Formes* : 306).
19. Dans son cours sur le *Pragmatisme*, Durkheim analyse l'œuvre de William James avec un certain détail. Durkheim y observe notamment que « la seule question qui ait été traitée tout au long selon la méthode pragmatiste est celle de *la religion*. Nous avons notamment là-dessus le livre de W. James sur les *variétés de l'expérience religieuse* » (*Pragmatisme* : 130).
20. Voici comment se présente la terminologie durkheimienne à ce sujet. D'une part, Durkheim utilise le terme « foi » (toujours au singulier), comme concept abstrait, et le terme « croyances » (au pluriel), pour désigner des représentations mentales concrètes. En inversant en quelque sorte les termes, Durkheim utilisera le terme « croyant » pour désigner la personne qui adhère à une « foi », et le terme « fidèles » pour désigner ceux qui partagent un ensemble de « croyances » (*Formes* : 141-237, 238-342).

foi[21]. Une étude sur le caractère « spécifique » et sur le caractère « générique » de la foi.

Pour Durkheim, la foi a pour une part un caractère « spécifique ». Elle exprime une expérience unique qui a pour objet de vivre « la nature des choses sacrées, les vertus et les pouvoirs qui leur sont attribués, leur histoire, leurs rapports les unes avec les autres et avec les choses profanes » (*Formes* : 51). Il y a donc une *differentia specifica* qui caractérise la foi et qui la rend religieuse, puisque « la religion commence avec la foi » (1886 a [*SSA* : 195]). Ce qu'il y a de spécifique dans la foi, c'est donc sa capacité d'établir, de la façon la plus radicale qui soit, « la division du monde en deux domaines [...] sacré [...] profane » (*Formes* : 50-51). Nous traiterons en détail cet aspect de la question (*infra* : chap. VI). Passons donc à un autre aspect qui en est complémentaire.

La foi, selon Durkheim, a aussi un caractère « générique ». C'est dire que la foi est, parmi bien d'autres, « une force complexe de la vie psychique de l'individu » immergée, bien entendu, dans un ensemble de « conditions sociales » (1906 a (8) [*JS* : 534]). Quelle en est sa nature ?

La foi consiste dans « un état d'opinion, une représentation mentale » (*Formes* : 50). Une forme de représentation mentale « qui fait plier notre volonté », non pas « par une contrainte matérielle » mais « par une pression intérieure et toute spirituelle [éprouvée avec] émotion » (*Formes* : 296). Cette émotion est ressentie sous une forme caractéristique : « le respect ». Le respect par lequel on est saisi devant « une force qui, automatiquement [...], suscite ou inhibe des actes, abstraction faite de toute considération relative aux effets *utiles ou nuisibles** » (*Formes* : 296). La foi est donc un véritable « état altéré de conscience »[22] jouissant d' « une intensité à laquelle des états de conscience purement privés ne sauraient atteindre » (*Formes* : 297).

---

21. Certes, on ne trouvera pas chez Durkheim une analyse complète et systématique du concept de « foi » comme on le trouve chez des phénoménologues (Waardenburg, 1978 b), des théologiens (Aubert, 1958), des philosophes (Panikkar, 1969), des religiologues (Smith, 1977 ; 1979). Les *Formes* offrent cependant un matériel suffisamment riche pour montrer l'intérêt que porte l'auteur pour cette forme spécifique de l'expérience religieuse. Pour des remarques très intéressantes sur le concept de « foi » chez Durkheim, voir Sumpf (1965).

22. Durkheim a pris l'expression « états de conscience » de la psychologie de l'époque (*Règles* : 30 ; *Division* : 214).

La foi est une émotion rationnelle (1913 b : 82-83). La rationalité émotive de la foi se distingue cependant nettement de la rationalité de la philosophie (*Formes* : 607). « La foi est avant tout un élan à agir » (*Formes* : 615). « Le croyant n'est pas surtout un homme qui voit, qui sait des choses que l'incroyant ignore : c'est un homme *qui peut davantage* » (1913 b : 63).

La foi est une forme typique d'émotion rationnelle qui a une emprise globale sur l'être humain. Elle porte au prosélytisme et à la célébration (*Formes* : 607-608). De là le lien indestructible entre culte et foi (*Formes* : 596). « [...] le fidèle [...] à l'état religieux [...] sent [...] des forces qui [...] le dominent et [...] le soutiennent » (1913 b : 67). Dès lors, évidemment, « ce n'est pas avec la logique qu'on vient à bout de la foi » (1887 b : 310) ; « ce n'est pas avec des démonstrations dialectiques qu'on déracine la foi » (*Suicide* : 171).

La foi est donc un phénomène « générique », un phénomène « naturel ». Elle peut prendre mille formes. « La foi en Dieu n'est qu'une espèce de foi » (1886 a [*SSA* : 195]). Il y a ainsi une foi « politique » (1888 a [*SSA* : 85]) et bien d'autres (1890 a : 450 ; 1899 a (ii) : 22 ; 1912 a : 298 ; 1912 a : 304, etc.). La foi est, par conséquent, un phénomène humain impérissable. « Tant qu'il y aura des hommes qui vivront ensemble, il y aura entre eux quelque foi commune » (1886 a [*SSA* : 197]). La foi, comme tout autre phénomène humain, s'explique rationnellement : « [...] la foi résulte de causes pratiques » (1887 b : 310). Elle exerce, par ailleurs, une fonction humaine et sociale qui la rend même souhaitable. « C'est surtout la foi dans un commun idéal qu'il faut éveiller » (*Morale* : 87).

Bref, la foi et l'expérience du sujet des croyances et des pratiques religieuses constituent un objet de considération privilégié dans la démarche durkheimienne. Il semble dorénavant impossible d'affirmer que la vision de la religion chez Durkheim soit une pure vision « de l'extérieur ». La lecture de ses textes confirme sans laisser de doute que celui qui plaide ainsi possède une véritable vision empathique de la religion, qu'il ne saurait pas être « un aveugle qui parlerait de couleurs » (1919 b : 101) et que « la souche juive » et « la religion de l'humanité » ont laissé des marques durables dans la personnalité et dans l'œuvre théorique d'Emile Durkheim.

L' « OBJET » DES CROYANCES RELIGIEUSES

> « [...] la religion, tout en conservant [...] cette transcendance qui la caractérise, devient quelque chose de naturel et d'explicable pour l'intelligence humaine. »
>
> E. Durkheim, *De la définition des phénomènes religieux.*

On vient de voir comment Durkheim maintient face au sujet des croyances religieuses une position dialectique qui s'efforce de considérer ensemble des aspects qui semblent en quelque sorte opposés. Comment développe-t-il ce même type de dialectique face à l'objet de ces croyances ?

▶ RÉALITÉ DE L'OBJET DES CROYANCES RELIGIEUSES

A la différence des auteurs qui se limitent à manifester leurs préférences, pour (Berger, 1974 : 127) ou contre (Luckmann, 1967 : 42) la « substantivité » de l'objet des croyances religieuses, Durkheim présente une position complexe et nuancée. A ce propos, il maintient, tout au long de son œuvre, deux thèses complémentaires. Les croyances religieuses étant « substantives » ont « un fondement réel »[23]. Ce fondement réel est appréhendé sous forme symbolique.

Un fondement réel

Dès son article précurseur, « De la définition des phénomènes religieux », Durkheim soutient que l'objet des croyances

---

23. La conception durkheimienne de la religion a un caractère « substantif » dans un sens proche à celui que donne Berger à ce terme. Nous préférons utiliser cependant le terme « réel » plutôt que le terme « substantif » parce que c'est le terme qu'utilise Durkheim (*Définition* : 26 ; *Formes* : 97 ; 597, etc.) par opposition aux termes « illusoire » ou « imaginaire » qui reviennent très souvent (*Formes* : 596 ; 1913 *b* : 67, etc.). Le terme « substance » est très rarement employé par Durkheim. Nous l'avons trouvé deux fois : *a)* A propos du totem « cette *substance** immatérielle [...] qui est, seule, l'objet véritable du culte » (*Formes* : 270) ; *b)* A propos de la théorie de l'Etat, de A. Regnard, Durkheim écrit que « la société considérée comme un être personnel [...] n'est pas une *substance**, une entité métaphysique » (1886 a [*SSA* : 200]). Cette dernière citation montre que l'expression « fondement réel » évite les embûches métaphysiques du terme « substance ».

religieuses n'est pas nécessairement « ni un dieu ni des dieux, mais une vaste catégorie de choses sacrées » (*Définition* : 13). « De choses sacrées », donc pas une « illusion » (Freud, 1927) ni « la *réalisation fantastique* de l'être humain » (Marx, 1844 [1960 : 42]). Pour Durkheim, le croyant fait face à une réalité. « La science des religions » est ainsi concernée par « les *forces** devant lesquelles s'incline le croyant » (*Définition* : 24). Il s'agit dès lors de cerner de près comment « cette dualité du temporel et du spirituel n'est donc pas une invention sans raison et sans *fondement dans la réalité* » (*Définition* : 26).

Cette idée de fonder les sentiments religieux sur des forces réelles sera développée explicitement dans les *Formes* (327, 609, etc.) et ailleurs (1913 *b* : 67 ; 1914 *a* [*SSA* : 328], etc.) à des nombreuses reprises. Pour donner un exemple concret, rappelons le passage où Durkheim, en critiquant « la théorie animiste » (*Formes* : 96-99), refuse « d'admettre que les croyances religieuses sont autant de représentations hallucinatoires, sans aucun fondement objectif » (*Formes* : 97).

Durkheim s'insurge contre l'idée de ce que « les êtres sacrés ne seraient donc [...] que des conceptions imaginaires [...] une sorte de délire [...] une sorte d'aberration » (*Formes* : 97). Pour lui c'est « inadmissible [...] que des systèmes d'idées comme les religions qui ont tenu dans l'histoire une place si considérable où les peuples sont venus, de tout temps, puiser l'énergie qui leur était nécessaire pour *vivre** ne soient que des tissus d'illusions[24] [...] » (*Formes* : 98). La position est nette : si la religion n'avait pas de « fondement dans le réel » (*Formes* : 97), le mot même de « science des religions » ne pourrait « être employé sans impropriété », puisque, « qu'est-ce qu'une science dont la principale découverte consisterait à faire évanouir l'objet même dont elle traite ? » (*Formes* : 99). Bref, « toute notre étude repose sur ce postulat que ce sentiment unanime des croyants de tous les temps ne peut pas être purement illusoire »[25] (*Formes* : 596).

---

24. Les *Formes* utilisent le mot que Freud (1927) rendra célèbre quelques années plus tard.
25. *Ibid.*

Une réalité appréhendée symboliquement

Durkheim affirme dès le début que les croyances religieuses s'expriment « en un langage symbolique » (*Définition* : 26). Il s'en explique incidemment dans les *Formes*, en répondant notamment à la question de savoir « qu'est-ce qui a déterminé le clan à se choisir un emblème ? » (*Formes* : 329-334), et dans d'autres passages (*Formes* : 597-598 ; 609-611 ; 625, etc.).

Le développement de cette idée a suivi un ordre précis. Au départ, il y a une question théorique de caractère fondamentalement explicatif : sur quoi peut-on fonder le fait, apparemment universel, des croyances religieuses ? Durkheim réagit en apportant une réponse négative, sous forme de postulat, et une réponse positive, sous forme d'hypothèse.

L'hypothèse : « [...] cette réalité [...] qui est la cause objective, universelle et éternelle de ces sensations *sui generis* dont est faite l'expérience religieuse, c'est la société » (*Formes* : 597). Cette hypothèse qui constitue sans aucun doute le noyau central de sa pensée religiologique, Durkheim l'élabore constamment tout au long de son œuvre. Nous aurons l'occasion d'y revenir en détail (*infra* : chap. VI).

Le postulat« : [...] les impressions que ressentent les fidèles [...] ne constituent pas des intuitions privilégiées » (*Formes* : 597). En effet, « de ce qu'il existe [...] une "expérience religieuse" et de ce qu'elle est fondée [...] il ne suit aucunement que la réalité qui la fonde soit objectivement conforme à l'idée que s'en font les croyants » (*Formes* : 597). Rien de plus évident. Si les idées que s'en font les croyants de la réalité correspondaient à la réalité elle-même, les croyances ne pourraient jamais s'avérer fausses ni contradictoires. Or, en fait, le fidèle « se représente le plus souvent d'une manière illusoire le sens dans lequel s'exerce ce pouvoir exceptionnel » (1913 *b* : 67). Nous en connaissons tous de nombreux exemples[26].

Il est donc impossible que, partout et toujours, les croyances soient « objectivement conformes à l'idée que s'en font les

---

26. Durkheim n'entreprend, à proprement parler, ni une critique ni une apologie de la croyance. Il se limite à constater et à tenter d'expliquer ses manifestations. Il occupe une position différente de certains auteurs — Freud, par exemple — qui insistent sur la névrose obsessionnelle des croyants. Eliade (1954 : 71), quant à lui, ne s'occupe pas de l'objectivité ou de la subjectivité des croyants, mais des valeurs religieuses qui recouvrent l'expérience sensorielle chez les primitifs.

croyants » (*Formes* : 597). Mais nous savons également qu'il est tout autant impossible qu'elles soient parfaitement imaginaires et illusoires (*Formes* : 597). Comment sortir de ce dilemme ?

Durkheim ne songe pas à résoudre ce dilemme en répondant que, de fait, il n'y aurait qu'une seule religion qui viserait juste et que toutes les autres seraient dans l'erreur. Que l'illusion soit totale, ou qu'elle soit égale au total moins un, cela reviendrait finalement à poser la même aporie dont il postule l'invraisemblance. Non. Ce que Durkheim propose c'est le recours à la faculté symbolique[27] de l'être humain. Ainsi, les croyants ne se trompent pas. « Il n'y a donc pas, au fond, de religions qui soient fausses » (*Formes* : 3). Ils ressentent tous un « afflux de vie [...] [qui] est réel » (1913 *b* : 67). Mais les croyants ne sont pas des savants qui scrutent les facettes cachées du réel. Ils expriment l'objet réel de leurs croyances dans un langage symbolique « sous le *symbole**, il faut savoir atteindre *la réalité qu'il figure** et que lui donne sa signification véritable [...] Les raisons que le fidèle se donne à lui-même [...] peuvent être, et sont même le plus souvent, erronées ; les raisons vraies ne laissent pas d'exister ; c'est affaire à la science de les découvrir » (*Formes* : 3).

Nous pouvons maintenant revenir à notre problème initial. La « substantivité » de la définition durkheimienne de la religion est une substantivité réelle (au niveau objectif) qui ne s'exprime pas dans un langage réel, mais dans un langage symbolique (au niveau subjectif). Le développement critique de cette idée présente un intérêt certain pour l'analyse religiologique. La théorie du « réalisme symbolique » (Bellah, 1970 *b* ; 1974 *b*), avec la discussion qu'elle a suscitée (Robbins-Anthony-Curtis, 1973 ; Bellah : 1974 *a*), le confirme aisément.

▶ « TRANSCENDANCE » DE L'OBJET
DES CROYANCES RELIGIEUSES

Le respect de la « transcendance » de l'objet des croyances religieuses est, selon Berger (*supra* : chap. II), un élément

---

27. Pour une introduction à l'importance de la symbolique dans l'étude scientifique de la religion, voir, par exemple, Meslin (1973 : 197-221).

Une définition empathique et critique

essentiel d'une définition substantive de la religion. Berger a insisté sur ce que la référence à la « transcendance » doit être comprise « dans le sens conventionnel du terme » (Berger, 1974 : 128). Sans établir une définition rigoureuse, il donne quelques exemples. « Dieu, dieux, êtres et mondes surnaturels ou méta-empiriques [*metaempirical*], comme, par exemple, le *ma'at* de l'ancienne Egypte ou la loi hindoue du *karma* » (Berger, 1974 : 128). Que faut-il retenir exactement ?

Berger détermine le caractère d' « entité transcendante » non pas à partir de la qualité intrinsèque de l'objet des croyances religieuses. Le concept de « Dieu », en effet, est totalement autre que celui de « loi du karma ». Ce caractère, Berger le détermine à partir des « conventions »[28] établies en fin de compte par le sens commun (occidental) et/ou la *Religionswissenschaft*. Or, ce faisant, Berger finit par évacuer en quelque sorte sa propre notion de « transcendance substantive » car il la détermine non pas en qualifiant l'objet des croyances, mais la subjectivité d'un « sens commun » plus ou moins local.

Durkheim présente une tout autre vision du concept de « transcendance ». Il faut l'examiner et l'évaluer attentivement à la lumière de critères théoriques et méthodologiques[29].

Note lexicographique

Commençons par une observation élémentaire. Durkheim utilise les termes « transcendant », « transcendance » (ainsi que des termes équivalents, comme « surhumain », « surnaturel », « supra-expérimental », etc.) fréquemment et tout au long de son œuvre[30]. Avant sa fameuse « révélation » de 1895 (1886 *a* [*SSA* : 199] ; 1893 *b* : 374). Pendant (1895 *a* : 33). Juste après

---

28. « Les définitions substantives de la religion font référence généralement à des entités transcendantes, dans le sens courant [*conventional*] du terme » (Berger, 1974 : 128).

29. Ce qui compte pour nous, c'est l'élaboration d'un concept à l'intérieur d'un système théorique et méthodologique précis. Dans ce sens, la question n'est pas de décider si oui ou non la définition de la religion chez Durkheim est purement « fonctionnelle » (Robertson, 1970) ; « substantive et fonctionnelle » (Dobbelaere-Lauwers, 1974 : 537 ; La Capra, 1972 : 250) ; « initialement substantive et finalement fonctionnelle » (Berger, 1967 : 176).

30. Noter que Durkheim utilise le terme « transcendant » dans un sens religiologique et non pas, comme Otto, dans un sens théologique. Berger (1974 : 126) note cette distinction, mais ne la tient pas toujours. Ainsi, par exemple, sa définition de religion en termes de « cosmos sacré » (Berger, 1971 : 270) est ambiguë. De quel sacré s'agit-il ?

(1898 c [*SSA* : 264] ; 1899 a (ii) : 24 ; 1901 a (i) [*JS* : 266-267] ; 1925 a : 88 ; 1911 b [*So. Phi.* : 111-112 et 117]). Dans son ouvrage majeur (*Formes* : 53 ; 68 ; 415 ; 601 ; 607 ; 630). Après (1913 b : 67).

Durkheim utilise le terme « transcendant » et ses équivalents dans deux sens différents qu'il faut reconnaître dans le contexte. Il l'utilise en effet dans un sens « conventionnel » particulier, celui que lui donne la tradition judéo-chrétienne (1913 b : 67). Mais il l'utilise également, dans un sens plus large, dans un sens théorique (« religiologique ») qui fait référence non pas à une tradition particulière, mais à une « théorie systématique » basée sur l'analyse transhistorique et transculturelle des religions de l'humanité.

Concept religiologique de transcendance

Aussi tôt qu'en 1886, en faisant la recension « d'un livre récent sur l'Etat », Durkheim insinue timidement son concept religiologique de transcendance. « [...] l'auteur hypostasie ce concept [Etat], en fait un véritable absolu, un être transcendant, supérieur aux individus, supérieur aux lois mêmes, et qui plane invisible au-dessus de la société » (1886 a [*SSA* : 199]).

Quelques années plus tard, en 1893, au moment où il avoue ne pas posséder « de notion scientifique de ce que c'est que la religion » (*Division* : 142), Durkheim identifie caractère « religieux » et caractère « pour ainsi dire, surhumain » (*Division* : 156) et mentionne explicitement « le caractère transcendant » comme « une sphère supérieure aux intérêts humains » (*Division* : 374). A la lecture de ces textes, force est de constater que Durkheim possède, déjà à ce moment, des intuitions religiologiques fondamentales. En effet, la « sphère d'action » de la religion « s'étend [...] bien au-delà du commerce de l'homme avec le divin » (*Division* : 142). Le concept de divinité ne semble pas essentiel pour définir la religion (*Division* : 142-143). Or, comme « le croyant prête à la divinité [une] autorité extraordinaire [...] il reste à *expliquer** comment les hommes ont été conduits à attribuer une telle autorité à un être qui [...] est, dans bien des cas, sinon toujours, un produit de leur imagination » (*Division* : 143). En tenant compte de ces prémisses, Durkheim tire une sorte de conclusion sur « l'essence du phé-

Une définition empathique et critique 109

nomène ». « [...] quand une conviction un peu forte est pratiquée par une même communauté d'hommes, elle prend inévitablement un caractère religieux » (*Division* : 143).

Durkheim transforme le concept traditionnel[31] de trancendance. Pourquoi ? Tout simplement parce que l'objet de la recherche n'est pas d'ordre théologique, mais d'ordre anthropologique. Durkheim part ainsi de l'idée que l'homme connaît un type d'expérience particulière, l'expérience religieuse ou l'expérience de vivre quelque chose qui est au-delà du quotidien, donc du « transcendant ». Cette forme d'expérience, qui semble universelle, ne se fonde pas sur une illusion, mais a un fondement dans la réalité. Ce fondement réel n'est pas nécessairement une force extra-naturelle. Ce fondement, « conjecture vraisemblable » (*Division* : 142) serait une force réelle et naturelle bien précise : la société. « Ce sont des questions à étudier » (*Division* : 143). Bien entendu. Le concept traditionnel de transcendance commence à être transformé. Durkheim s'engage dans la ligne de l'analyse religiologique.

Cette vision de la pertinence théorique du concept de transcendance, dans le cadre d'une problématique anthropologique, se précisera progressivement. Dans son étude « L'individualisme et les intellectuels », étude anthropologique engagée où Durkheim prend position par rapport à l'affaire Dreyfus, un élément nouveau va entrer en considération. Il s'agit d'une sorte d'humanisme religieux fondé sur la dignité de la personne humaine[32]. « La personne humaine [...] considérée comme sacrée au sens rituel du mot [...] a quelque chose de cette majesté *transcendante** que les Eglises de tous les temps prêtent à leurs dieux » (1898 *c* [*SSA* : 264]). Dans cette lancée, Durkheim développe sa réflexion religiologique mettant en valeur le thème de l'idéal, à la fois phénomène transcendant et phénomène humain. « Cette religion de l'humanité [...] sur un ton non moins impératif que les religions qu'elle remplace [...] nous assigne un idéal qui dépasse infiniment la nature » (1898 *c* [*SSA* : 267]).

Ce concept religiologique de transcendance ne cesse de

---

31. Concept d'origine théologique, qui prévaut toujours (Ries, 1985 *a*).
32. Voir notre développement consacré à la religion de l'humanité chez Durkheim (*infra* : Appendice).

revenir et de s'affirmer. Dans sa première étude consacrée directement à l'étude systématique de la religion, Durkheim formulera avec netteté un principe méthodologique fondamental de son analyse religiologique. « La religion, tout en conservant cette *transcendance** qui la caractérise, devient quelque chose de naturel et d'explicable pour l'intelligence humaine » (*Définition* : 24).

Ainsi le concept de transcendance devient un concept explicatif dans plusieurs sciences sociales. Voyons deux exemples, en sociologie du droit et en sociologie de la morale.

En reprenant une idée laissée en suspens antérieurement (*Division* : 143), Durkheim introduit dans son étude « Deux lois de l'évolution pénale » les concepts de « criminalité religieuse » et de « criminalité humaine » (1901 *a* [*JS* : 264]). Avec cette distinction, Durkheim esquisse une théorie qui montre le caractère explicatif du concept de transcendance. Il faudrait lire la IVe partie de cette étude (1901 *a* [*JS* : 263-271]), particulièrement éclairante. Dans la même veine, Durkheim utilise le concept religiologique de transcendance dans le contexte de sa sociologie de la morale. Il y exploite une clé de sa démarche : « le parallélisme » entre « société » et « divinité » ; mieux : « l'hypothèse [...] que la divinité est l'expression symbolique de la collectivité » (*Morale* : 89). En effet, les religions « en rattachant la morale à une puissance *transcendante** enlèvent "au caractère impératif de la règle" son aspect abstrait "sans racine dans le réel" et lui donnent "un fondement objectif" (*Morale* : 88). « Or [...] nous avons réussi à exprimer en termes rationnels toutes ces réalités morales ; il nous a suffi de *substituer, à la conception d'un être supra-expérimental, la notion empirique de cet être directement observé qu'est la société* » (*Morale* : 76)[33].

Dans les *Formes*, le terme « transcendant » est utilisé quelquefois ; notamment, pour qualifier le sacré par opposition au profane (*Formes* : 53) et pour distinguer son sens « scientifique » du sens « théologique » que lui donne « un spiritualiste chrétien » (*Formes* : 68 et 415). Le terme n'y est pas employé systématiquement. Le concept de transcendance constitue

---

33. Cette théorie explicative prend forme, de façon évidente, juste avant les *Formes*, dans son article « Jugements de valeur et jugements de réalité ». Durkheim y analyse la structure, genèse et fonctions du concept d'idéal, concept profondément relié au concept religiologique de transcendance (1911 *b* [*So. Phi.* : 111-117]).

cependant un concept clé, théorique et explicatif, qui est présent tout au long des *Formes* ainsi que de l'ensemble de l'œuvre durkheimienne.

Une question de méthode

Le concept religiologique de transcendance ne devrait pas être, selon Durkheim, de l'ordre des « préjugés confessionnels des savants » (*Définition* : 3). Ce concept découle d'une exigence strictement méthodologique : il faut expliquer les phénomènes naturels par des phénomènes naturels, tout comme il faut expliquer les faits sociaux par des phénomènes sociaux (*Règles* : 109 et ss). Ce principe méthodologique fondamental de la religiologie va être fondé positivement[34] dans les *Formes*.

Dans le but de prouver positivement la capacité explicative de la société qui « ne peut ni se créer ni se recréer sans, du même coup, créer de l'idéal » (*Formes* : 603), Durkheim pose la question « de savoir d'où vient cette idéalisation » (*Formes* : 602). Et il répond : « [...] la vie collective [...] donne l'éveil à la pensée religieuse... l'homme [...] se sent transformé [...] au monde réel où s'écoule sa vie profane, il en superpose un autre [...] un monde idéal » (*Formes* : 602-603). « Ainsi la formation d'un idéal ne constitue pas un fait *irréductible** qui échappe à la science [...] c'est un produit *naturel** de la vie sociale » (*Formes* : 603). Durkheim développe ces idées à maintes reprises dans les *Formes* et ailleurs (1913 *b* : 63-69).

Nous espérons avoir montré combien il faut nuancer la thèse de Berger : « l'approche fonctionnelle de la religion » [l'approche durkheimienne] rend « incompréhensible [*meaningless*] [...] toute manifestation de la transcendance » (Berger, 1974 : 128-129). Il faut donc nuancer cette thèse en relisant Durkheim. Et retenir plutôt une idée que Berger lui-même a écrite, c'est vrai, à une autre occasion. « La notion du caractère autotranscendant de la religion a été développée par

---

34. Il a été déjà traité négativement. Rappelons, en effet, que Durkheim a contesté la capacité explicative du recours à « la raison divine » (*Formes* : 20), pour deux raisons principales. D'abord, parce que « cette hypothèse a [...] le grave inconvénient d'être soustraite à tout contrôle expérimental » (*Formes* : 21). Ensuite, parce que « la raison divine est [...] immuable » ; elle ne peut donc « rendre compte de [...] l'incessante variabilité de la pensée religieuse » (*Formes* : 21).

Durkheim, spécialement dans *Les formes élémentaires de la vie religieuse* »[35].

Bref, la notion de « substantivité » inclut un très grand nombre de facettes. La conception durkheimienne de la religion est riche, complexe et nuancée. A la fois substantive et fonctionnelle, à la fois respectueuse et critique de la subjectivité des croyants et de l'objectivité des croyances, elle est particulièrement stimulante pour développer la connaissance de l'être humain, ancien ou moderne, mais toujours aux prises avec la persistance et la métamorphose du sacré.

---

35. Berger apparaît à l'occasion, insistons une fois encore, comme un véritable durkheimien. Corr (1972 : 426) commente, par exemple, à propos de Berger (1969 a) : « l'auteur, sortant de son champ de recherche habituel (sociologie de la religion ; sociologie de la connaissance), réfléchit sur [...] les signaux de la *transcendance** et les gestes extatiques qui l'expriment : l'ordre, le jeu, l'espoir, la damnation, l'humour [...] ».

II

VERS UNE ANALYSE THÉORIQUE DES CONCEPTS DE SACRÉ ET DE RELIGION

> « [...] *on se représente vulgairement le sacré comme quelque chose d'irrationnel, de mystérieux qui échappe à la science. Mais c'est là un préjugé que rien ne justifie* ».
> E. Durkheim, Science et religion,
> Bulletin de la Société française de Philosophie, 1909.

Ce livre se propose de contribuer à l'élaboration d'une science de l'homme à partir d'une question spécifique : quelle est la part du sacré dans la constitution de l'être humain ?

Dans ce but, nous avons choisi Durkheim comme accompagnateur et comme guide. Ayant pris conscience de ses antécédents spirituels pour essayer de rester lucides avant d'entrer dans son propre jeu, nous nous sommes attelé à répondre à la question préliminaire : qu'est-ce que la religion ? Cette démarche a abouti à une définition de la religion, la pierre angulaire sur laquelle va s'asseoir l'ensemble de la construction morale et intellectuelle, théorique et pratique que nous envisageons d'actualiser et d'approfondir.

On sait donc maintenant que dire religion ce n'est pas dire, nécessairement et exclusivement : « institution spécialisée reconnue comme telle par le sens commun qui domine aujourd'hui dans le monde occidental » ; ce n'est pas dire, nécessairement et exclusivement : « croyance en un Etre divin ». Dire religion, c'est parler de quelque chose de beaucoup plus général qui inclut et qui dépasse notre époque, notre civilisation et notre culture ; c'est faire référence à « une variété infinie de manières de vivre le caractère sacré de certaines choses » ; c'est évoquer l'idée de « partager à plusieurs, en Eglise, le sentiment et la conviction de l'existence de forces supérieures, réelles et substantives qui exercent des influences mystérieuses et sans doute décisives » ; c'est discerner « un signe distinctif et spécifique à la nature humaine, omniprésent et universel, qu'il faut prendre au sérieux de manière à la fois empathique et critique ».

A partir de cette base, « notre tâche consistera à *formuler* aussi clairement que possible ce que nous n'apercevons encore que confusément devant l'inépuisable diversité des phénomènes historiques » (Weber, 1920 a, I : 29-30).

Cette tâche de clarification comprend une interminable série d'analyses. Les pages qui suivent seront consacrées à examiner les concepts fondamentaux de notre enquête, les concepts théoriques de sacré et de religion. Cet objectif comprend deux questions que les logiciens ont nommées compréhension et extension.

La compréhension du concept de religion

Déterminer la compréhension du concept de religion c'est poser la question du fondement de l'idée de religion. Durkheim, faisant preuve d'une rare originalité qui suscitera des réactions souvent virulentes, trouve ce fondement dans une réalité anthropologique qu'il nomme le sacré.

Il s'agit là d'une découverte d'une importance théorique capitale. Elle renverse entièrement le sens courant de l'idée de religion qui domine en Occident à cause de l'immense poids culturel de la théologie judéo-chrétienne. Elle met en question une conception de la religion d'origine exclusivement théologique — forcément donc régionale et datée — et ouvre la voie à une conception de la religion fondée sur une base anthropologique et religiologique et orientée dans un sens transhistorique et transculturel. Cette dernière forme de concevoir la religion, sans être réductrice, permet de poser en termes nouveaux non pas les problèmes de la science de Dieu mais ceux de la science de l'homme. Ce renversement d'une perspective multiséculaire aussi imposante ne peut que devenir une source de renouvellement de la recherche.

Or, la confrontation avec des forces sacrées façonne l'histoire de l'humanité. Les monuments qui en témoignent, depuis la préhistoire jusqu'à nos jours, sont innombrables. En parallèle, et c'est bien normal, la problématique du sacré traverse l'histoire de la philosophie et plus généralement celle de la pensée, dans l'ensemble des cultures et des civilisations humaines.

La modernité ne change rien à cet état des choses. En Occident, la Réforme et le siècle des Lumières s'affaireront à mettre en question une grande partie des évidences médiévales. Avec l'avènement des sciences humaines, la problématique du sacré continuera à évoluer en occupant une place de premier plan. A côté des théologiens, les ethnologues, les sociologues, les psychologues, les philosophes, les anthropologues, les phénoménologues et les historiens des religions vont accumuler une documentation immense. Les auteurs et les œuvres qui ont ouvert ces nouvelles routes sont bien connus[1].

Aujourd'hui, à l'aube de ce que certains ont commencé à appeler la postmodernité (Lyotard, 1982), la problématique du sacré revient avec une vigueur redoublée. Le psychodrame intellectuel déclenché en mai 1968 marque un nouveau départ ou en est du moins le symbole. Le désenchantement, le balayage de tant de certitudes, les désillusions politiques, l'infinie multiplication des centres de référence, l'éclatement des disciplines et le besoin de reprendre la construction d'une science de l'homme, remettent les questions du sens et des valeurs à l'ordre du jour. Les interrogations fondamentales — et la problématique du sacré — pénètrent dès lors le savoir, l'éthique, le politique, l'herméneutique, l'esthétique. Balandier (1985 : 205) l'a rappelé tout récemment : « c'est dans l'espace du sacré que l'exigence de sens trouve son lieu naturel » [...] « le sacré peut imprégner davantage le domaine séculier » [...] « le sacré valide symboliquement les expérimentations culturelles, sociales et politiques, qui se veulent justement créatrices de sens ».

---

1. Citons quelques classiques : Tylor, 1871 ; Frazer, 1890 ; Weber, 1920 b ; Durkheim, 1912 a ; Freud, 1912 ; Otto, 1917 ; Van der Leeuw, 1955 ; Jung, 1958 ; Caillois, 1950 ; Eliade, 1965 ; Dumézil, 1983 ; Girard, 1972 ; Bastide, 1975...

Ce qu'il y a de nouveau et de particulièrement significatif dans ce contexte, c'est que l'intérêt pour la problématique du sacré dépasse nettement le cercle traditionnel des spécialistes en sciences religieuses. Le directeur des *Archives des sciences sociales des religions*, la revue française spécialisée dans le domaine, soulignait naguère ce dépassement, en lien étroit avec « les métamorphoses dans l'appréhension du sacré » et le besoin de « connaître correctement les problèmes posés au centre de nos actuelles sociétés » (Séguy, 1985 : 215). Le problème du sacré fait donc partie tout naturellement des préoccupations primordiales de grand nombre de penseurs qui consacrent aujourd'hui leurs recherches à l'étude de la modernité[2]. Par voie de conséquence, la question du sacré rebondit de plus en plus visiblement en pleine place publique, investissant la puissance sans précédent des moyens de communication de masse.

Ces considérations sur l'ensemble des problèmes faisant partie du *Zeitgeist* de la modernité montrent l'intérêt de revenir sur la compréhension du concept de sacré de façon approfondie. Ce sera l'objet de notre prochaine analyse (chapitre IV) consacrée à relire et à actualiser les éléments essentiels des intuitions durkheimiennes susceptibles de nous éclairer.

L'extension du concept de religion

L'élaboration théorique du concept de religion exige l'étude de sa compréhension et celle de son extension. Après avoir déterminé le noyau, l'élément essentiel du concept de religion, il faut tenter d'établir ses limites, de montrer le plus exactement possible la frontière qui sépare le religieux du non-religieux.

La lecture de l'œuvre de Durkheim nous invite à poser et à résoudre ce problème dans une perspective scientifique fondamentale sur une base anthropologique, historique, religiologique et sociologique. La considération de la persistance et de la métamorphose du sacré porte à une conclusion parfaitement

---

2. Citons quelques exemples, en nous limitant à la France. Balandier, 1985 ; Baudrillard, 1985 ; Boudon, 1984 ; Bouveresse, 1984 ; Chesneaux, 1983 ; Corbin, 1983 ; Dumont, 1981 ; Dumont, 1983 ; Finkielkraut, 1984 ; Gauchet, 1985 ; Lardreau, 1985 ; Levinas, 1982 ; Lipovetsky, 1983 ; Lyotard, 1984 ; Maffesoli, 1982 ; Marion, 1982 ; Misrahi, 1983...

cohérente. Les croyances et les pratiques sacrées ne se retrouvent pas exclusivement dans les formes de la vie religieuse considérées comme telles par le sens commun dans la culture occidentale.

Durkheim introduit la notion de magie pour compléter sa définition de la religion. Pourquoi ? Voici notre interprétation. Dans la perspective d'une théorie systématique de la religion basée sur le concept de sacré, il fallait poser dans toute sa généralité le problème des différentes formes de sacré. Or Durkheim a vu d'entrée de jeu, qu'il n'y a pas une seule distinction à faire (celle qui existe entre phénomène « religieux » et phénomène « non religieux »), mais qu'il y a plusieurs sous-catégories à l'intérieur de celle de « phénomène religieux ». L'extension du concept de religion devait ainsi être élargie, car il existe plusieurs formes de sacré, « religieux » et « magique » (Duvignaud, 1965 : 40) en l'occurrence.

Le développement de cette idée de la pluralité des formes de sacré pose des questions importantes. Quelles en sont les formes fondamentales ? Comment les sélectionner et les caractériser ? Quel est le véritable apport de Durkheim à ce sujet ?

Durkheim propose des réponses précises à ces questions dans un cadre théorique général qui présente un grand intérêt religiologique. Pour notre part, nous traiterons cette « question piégée des formes non religieuses du sacré » (Isambert, 1976 c : 220), à partir d'une typologie abstraite qui distingue deux paires de formes de sacré :

Type 1 : sacré religieux   *Type 2* : sacré plus ou moins religieux
Type 3 : sacré magique   *Type 4* : sacré plus ou moins magique.

Cette typologie nous amène à faire une transcription terminologique qui nous permet d'éviter les périphrases et de travailler avec des expressions claires, simples et maniables. Voici les termes que nous emploierons dorénavant, et leur sens en première approximation.

NOMORELIGION (NR). — Un système solidaire de croyances et de pratiques relatives à une forme de sacré considérée généralement comme « sacré-religieux » à l'intérieur d'un milieu ou d'une culture (type 1).

Quasireligion (QR)[3]. — Un système solidaire de croyances et de pratiques relatives à une forme de sacré considérée proche du sacré « nomoreligieux » dans un milieu ou une culture (type 2).

Parareligion (PR). — Un système solidaire de croyances et de pratiques relatives à une forme de sacré considérée parallèle ou opposée au sacré « nomoreligieux » dans un milieu ou dans une culture (types 3 et 4).

Religion (R). — Tout système solidaire de croyances et de pratiques relatives à une forme quelconque de sacré, soit « nomoreligieux », « quasireligieux » ou « parareligieux » (Types 1, 2, 3, 4).

Dans le cadre de cette typologie, il appert nettement que le problème des rapports « magie-religion » renvoie au problème général des rapports entre « religion » et « formes fondamentales de sacré ». Forts de cette découverte, nous proposons d'étudier ici (chap. V) une double problématique, celle du concept de « quasireligion » (rapports entre R, NR et QR) et celle du concept de « parareligion » (rapports entre R, NR et PR).

---

3. Nous nous permettrons d'utiliser ici le terme « quasireligion » (sans le trait d'union qu'exigent normalement les règles de l'orthographe) pour deux raisons complémentaires. D'abord, pour souligner le fait qu'il s'agit pour nous d'une sorte de néologisme, d'un terme spécifique et autonome, que nous entendons utiliser dans un sens exclusivement technique. Ensuite, pour garder le parallélisme morphologique avec les deux autres termes corrélatifs, « nomoreligion » et « parareligion » (qui eux, s'écrivent normalement sans trait d'union).

CHAPITRE IV

Sacré et religion

Afin de jeter les bases d'une théorie générale du concept de religion, de « [...] rechercher ce que c'est que la religion d'une manière générale » (*Formes* : 6), on pourrait partir de l'analyse d'une religion historique concrète, en particulier le christianisme, la religion que nous connaissons de la façon la plus profonde (Prades, 1973 : 50). Ce ne sera pas la méthode utilisée par Durkheim. Cherchant « les éléments essentiels [...] communs [à] toutes les religions » (*Formes* : 6) afin de « découvrir le fond commun de la vie religieuse » (*Formes* : 7), Durkheim verra dans le concept de sacré le concept fondateur de la théorie générale de la religion. « La division du monde en deux domaines comprenant, l'un tout ce qui est sacré, l'autre tout ce qui est profane, tel est le trait distinctif de la pensée religieuse » (*Formes* : 50-51).

Ce chapitre examine la question capitale de la théorie durkheimienne du sacré, un apport majeur à la théorie de la religion et à la science de l'homme.

Nous suivrons d'abord sa genèse et son développement, en relisant attentivement les textes de jeunesse et les textes postérieurs à 1895, en particulier les *Formes*. Nous ferons état ensuite de quelques commentaires critiques, élogieux et négatifs en y ajoutant notre propre appréciation.

LES THÈSES

> « [...] *le sacré et le profane constituent deux modalités d'être dans le monde, deux situations existentielles assumées par l'homme au long de son histoire. Ces modes d'être dans le Monde n'intéressent pas uniquement l'histoire des religions ou la sociologie* [...] *ils intéressent aussi bien le philosophe que tout chercheur désireux de connaître les dimensions possibles de l'existence humaine.* »
> M. Eliade, *Le sacré et le profane.*

Comment le concept de sacré s'est-il développé chez Durkheim ? Quels éléments le composent ? Quelle place occupe-t-il dans l'ensemble de la théorie durkheimienne de la religion ?

▶ LES COMMENCEMENTS

On sait que ce fut en 1895 (*supra* : 88, n. 3 et *infra* : 128-129 ; 299) que Durkheim eut la « révélation » qui lui permit de trouver « le moyen d'aborder sociologiquement l'étude de la religion » (1907 *b* : 613). Dans le but de déterminer la place que réserve Durkheim au concept de « sacré », nous avons examiné d'abord les textes durkheimiens antérieurs à cette date. Deux résultats semblent acquis : l'inexistence, pratiquement totale, du terme sacré dans ces textes ; l'évidence de ce que l'idée de sacré, telle qu'elle sera développée par la suite, est présente, dès le début et tout au long de l'œuvre.

Le mot sacré ne se trouve pas dans les premiers écrits de Durkheim. Il n'apparaît pas dans son discours de 1883 (1967 *a*), ni dans le compte rendu des ouvrages de Schaeffle (1885 *a*), de Fouillé (1885 *b*), de Gumplowicz (1885 *c*), de Spencer (1886 *a*), de De Greef (1886 *b*). Il apparaît, au passage et dans un sens conventionnel, dans le compte rendu du livre de Guyau : « le texte le plus sacré a besoin d'être interprété » (1887 *b* : 302). La même année, dans une envolée typiquement durkheimienne, en conclusion de son article « La philosophie dans les universités allemandes », Durkheim emploie un autre terme à la place de sacré, à propos de ce qu'il appelle, déjà, « la foi patriotique » : « [...] la patrie ne paraisse pas chose beaucoup plus *sainte** » (1887 a : 439). Le mot sacré n'appartient apparemment pas au vocabulaire des premiers écrits de Durkheim.

Le mot n'y est donc pas explicitement. L'idée semble pourtant présente. Reprenons les textes. Deux premiers écrits et deux ouvrages majeurs de la période antérieure à 1895.

La première publication

En 1885 paraissent les premières publications de Durkheim. En premier lieu[1], un commentaire critique de l'ouvrage de A. Schaeffle, *Bau und Leben des sozialen Körpers*. Durkheim, avec des nuances, se montre élogieux. Pour lui, cet ouvrage mérite d'être lu, par sa contribution à la science sociale et par l'ampleur de ses vues, comprenant, entre autres, « une théorie de la religion » (1885 a : 92). A travers ses commentaires critiques, Durkheim articule un ensemble de concepts religiologiques, dans un sens qui ne sera jamais démenti, mais bien au contraire, répété et développé ultérieurement.

Durkheim utilise, à plusieurs reprises, le terme « foi » dans un sens qui nous est familier (1885 a : 93). Il en va de même du concept complémentaire de « transcendance » (1885 a : 92) qui revient ici sous la forme de « idéal » et de son « culte » (1885 a : 87).

A travers un langage allusif et inchoatif, Durkheim ébauche dès la première heure les articulations de base de l'analyse religiologique[2] : des croyances, des cultes, de caractère uni-

---

1. En réalité, la première étude de Durkheim est son Discours au Lycée de Sens, prononcé en 1883 et publié en 1967 (T. 3 : 489). Les premières publications de Durkheim paraissent en 1885. Il s'agit de trois recensions présentées dans la *Revue philosophique* (T. 3 : 489 ; Lukes, 1972 : 561). La recension de l'ouvrage de Schaeffle paraît en premier lieu. C'est dans ce sens qu'on peut parler de « la première publication » d'Emile Durkheim.
2. Les thèses d'Alexander (1982 b) sur la distinction chez Durkheim entre la teneur de ses « écrits de jeunesse » ses « écrits de maturité » et ses « derniers écrits », tout en étant éclairantes et fondées, demanderaient des nuances. En ce qui concerne la conception de base de la religion : sa nature et sa fonction sociales, à nos yeux, il n'y a pas de véritable rupture épistémologique chez Durkheim, mais la maturation et l'approfondissement d'une même idée. Nous essayons de montrer la justesse de cette lecture de l'œuvre durkheimienne à plusieurs moments de notre étude. On ne fait que poser ici une question susceptible d'infléchir la thèse centrale d'Alexander selon laquelle Durkheim propose une sorte de « théorie uni-dimensionnelle » sur la base d'un « modèle religieux » et d'une « théorie idéaliste de la société ». Pour notre part, nous lisons l'œuvre durkheimienne comme un essai d'articulation systématique entre la théorie de la religion et la théorie de la société.

versel, en face d'un idéal, en face d'une transcendance, comme fondement de la société humaine [...] On pourrait presque dire que ce n'est que le mot « sacré » qui manque dans ce tableau.

La première étude sur la religion

En 1886, Durkheim publie sa première étude concernant directement le concept théorique de religion : son compte rendu de l'ouvrage de H. Spencer, *Ecclesiastical Institutions*. Ce texte de Durkheim présente un intérêt central pour retracer les origines de sa problématique religiologique. Au départ, la question est posée en termes classiques. Pour Spencer, « la religion commence dès que l'homme s'élève à la conception d'un être surnaturel » (1886 *a* [*SSA* : 185]). Cette conception suscite une grande réticence chez Durkheim.

En s'engageant sur le terrain de la « plus grave objection que nous oserions faire à M. Spencer » (1886 *a* [*SSA* : 191]), Durkheim avance timidement les fondements de sa théorie de la religion, aux niveaux conceptuel et explicatif. Certes, Durkheim est conscient de « la prodigieuse complexité des phénomènes religieux » (1885 *a* [*SSA* : 190]). Il est, en plus, gêné par le fait d'avoir « quelque scrupule à agiter cette question où nous nous sentons incompétent » (1886 *a* [*SSA* : 191]) et prend bien soin de montrer qu'il s'appuie sur une base solide en faisant référence à son maître, Albert Réville, le premier titulaire de la chaire d'histoire des religions au Collège de France dès 1880 et le fondateur, la même année, de la prestigieuse *Revue d'Histoire des Religions*. Sur cette base, il ose se lancer dans un raisonnement qui préfigure, pour l'essentiel, celui des *Formes*.

« [...] si on réduit la religion à n'être qu'un ensemble de croyances et de pratiques relatives à un agent surnaturel, rêvé par l'imagination, il est malaisé d'y voir autre chose qu'un agrégat assez complexe de phénomènes psychologiques » (1886 *a* [*SSA* : 192]). Cette conception de la religion est erronée. Spencer ne rend pas compte du phénomène religieux dans sa complexité. Il s'en tient à une conception et à une explication exclusivement psychologiques. Or, « la religion a une place en sociologie », elle est un phénomène psychologique qui est venu se mêler à tout processus sociologique, bien autrement important » (1886 a [SSA : 192]).

En partant, non pas de l'idée de Dieu, mais d'une idée explicable sociologiquement, Durkheim esquisse une première ébauche de sa théorie de la religion articulée sur la base de quatre éléments essentiels : *a)* La religion est un phénomène naturel. « La religion n'est donc qu'une *forme** de la coutume ». *b)* La religion appartient au monde des représentations qui exercent une pression normative. « Ce que, peut-être, distingue le mieux cette forme [...] c'est qu'elle s'impose [...] à la conscience. Elle [...] dicte des actes [...] des idées [...] des sentiments. En définitive, la religion commence avec la foi ». *c)* Les représentations religieuses ont un objet qui n'est pas nécessairement de l'ordre du « surnaturel ». « La foi en Dieu n'est qu'une espèce de foi. Il en est bien d'autres. La plupart d'entre nous ne croient-ils pas au progrès avec la même naïveté que nos pères croyaient jadis au bon Dieu et aux saints ? » *d)* Tout en étant naturel et explicable, l'objet des représentations religieuses à un caractère « autre », « idéal » (implicitement : « sacré »). « [...] nous n'entendons pas soutenir qu'il n'y ait rien de plus dans la religion [...] elle est avant toute chose une carrière ouverte à ce besoin d'idéalisme, à ces aspirations infinies, à cette vague inquiétude qui travaille tous les cœurs généreux » (1886 a [SSA : 195]).

Le terme sacré n'est toujours pas nommé. On voit cependant que l'idée de sacré est le fondement implicite d'une théorie de la religion[3] qui se veut scientifique (psychologique et sociologique) et qui envisage le phénomène sur un plan universel, non sur celui d'une culture historiquement déterminée. « Une société sans préjugés ressemblerait à un organisme sans réflexes ; ce serait un monstre incapable de vivre [...] voilà ce qui nous autorise à présumer que la religion survivra aux attaques dont elle est l'objet. *Tant qu'il y aura des hommes** qui vivront ensemble, il y aura entre eux quelque foi commune [...] ce que l'avenir seul pourra décider, c'est la *forme** particulière sous laquelle cette foi se symbolisera » (1886 a [SSA : 197]).

---

3. Durkheim se situe d'emblée sur une notion religiologique de la religion et non pas sur la notion de sens commun qui traditionnellement identifie en Occident la notion de religion avec la notion de religions institutionnelles (judaïsme, christianisme, bouddhisme, etc.). Ce point a été souligné déjà à plusieurs reprises (*supra* : 36 et s.).

Il est frappant de constater, avec un témoin de la première heure, « que les idées directrices des *Formes élémentaires de la vie religieuse* étaient arrêtées de longue date dans l'esprit de leur auteur » (Richard, 1928 : 31).

De la division du travail social

Durkheim publie la *Division* en 1893. C'est son premier livre, sa thèse doctorale. Il y est question de religion, de façon accessoire, dans une dizaine de passages. Le mot « sacré » n'y est pas. Mais ce livre, comme il a été explicitement remarqué, « présente des idées importantes qu'avait Durkheim sur la religion ; des idées de longue date [*early ideas*] qu'il n'a jamais reniées » (Pickering, 1975 : 325). Quelles sont ces idées ?

Durkheim avoue ne pas posséder « de notion scientifique de ce que c'est que la religion » (*Division* : 142). Il exprime, avec prudence, une hypothèse qui postule implicitement la notion de sacré et l'ensemble de sa conception de la religion comme phénomène naturel et universel. « [...] la religion correspond à une région également très centrale de la conscience commune » (*Division* : 163). Elle ne se fonde pas sur l'idée de Dieu. En effet, « on assure [...] qu'il existe au moins une religion sans dieu — le bouddhisme [...] ; il suffirait que ce seul fait fût bien établi pour qu'on n'eût plus le droit de définir la religion en fonction de l'idée de Dieu » (*Division* : 143).

Bien sûr, nous rencontrons dans la *Division* un concept de religion incertain, hypothétique, exprimé sur un plan négatif : il semble en effet probable que la religion ne peut pas être définie en fonction de l'idée de Dieu. Durkheim devra expliciter le concept de sacré pour en arriver à une expression plus sûre et plus positive.

Les règles de la méthode sociologique

En 1894 paraît cette célèbre étude[4] consacrée à développer les principes méthodologiques « implicitement contenus » dans

---

4. « Les règles de la méthode sociologique » (1894 *a*), ce sont d'abord une collection d'articles parus en 1894 dans la *Revue philosophique* (Lukes, 1972 : 562). Ces articles, avec des modifications mineures et une préface sont parus en 1895 sous forme de livre, chez Alcan à Paris, sous le même titre : *Les règles de la méthode sociologique* (1895 *a*).

la *Division* (*Règles* : 2). Durkheim y parle de religion rarement et indirectement, au moment d'illustrer sa pensée au moyen d'exemples. Suivant Pickering (1975 : 325), nous avons retenu cinq passages que nous présentons et commentons brièvement.

1 / Les faits sociaux constituent « un ordre de faits qui présentent des caractères très spéciaux : ils consistent en des manières d'agir, de penser et de sentir, extérieures à l'individu, et qui sont douées d'un pouvoir de coercition en vertu duquel ils s'imposent à lui » (*Règles* : 5). Ainsi, par exemple, « les croyances et les pratiques de sa vie religieuse, le fidèle les a trouvées toutes faites en naissant ; si elles existaient avant lui, c'est qu'elles existent en dehors de lui » (*Règles* : 4). Les faits religieux sont donc des faits naturels qui appartiennent à la nature de l'humain et qui sont susceptibles, par conséquent, d'analyse et d'explication scientifique. Ils ont un caractère spécifique : leur caractère coercitif.

2 / Les croyances religieuses sont un cas particulier de représentations humaines. A propos de la méthode appropriée pour distinguer les phénomènes normaux des phénomènes pathologiques, Durkheim remarque en passant que c'est « d'après la même méthode que devront être résolues toutes les questions controversées de ce jour, comme celles de savoir si l'affaiblissement des croyances religieuses, si le développement des pouvoirs de l'Etat sont des phénomènes normaux ou non » (*Règles* : 62). Dans ce contexte, Durkheim ajoute une note en se référant à la *Division* (73-182) où il a « pu démontrer que l'affaiblissement actuel des croyances religieuses, plus généralement, des sentiments collectifs à des objets collectifs n'a rien que de normal » (*Règles* : 62). Cette note a pour nous un intérêt capital. En effet, d'une façon entièrement spontanée, insensiblement, Durkheim généralise la notion de « croyances religieuses ». Pour lui, parler de religion ce n'est pas parler du « sentiment du divin », mais parler de « sentiments collectifs » ayant pour objet des « objets collectifs ». Ceux-ci, lorsqu'ils seront nommés en langage théorique explicite, constitueront la catégorie de « sacré ».

3 / Les croyances religieuses impliquent une subjectivité agissante ; elles ne sauraient pas se substituer à l'objectivité de la connaissance scientifique. Pour œuvrer selon la méthode scientifique, « il faut écarter systématiquement toutes les prénotions » (*Règles* : 31). « Ce qui rend cet affranchissement particulièrement difficile en sociologie, c'est que le sentiment se met souvent de la partie. Nous nous passionnons, en effet par nos croyances politiques et religieuses [...]. Le sentiment est objet de science, non le critère de la vérité scientifique » (*Règles* : 32 et 34). Durkheim applique la même règle aux croyances politiques et aux croyances religieuses. Il leur reconnaît, de fait, un pouvoir mobilisateur. Il n'y voit rien de pathologique. Il affirme tout simplement que, face à l'activité scientifique, ils sont objet de considération et non pas critère de vérité.

4 / Durkheim s'apprête à définir « la méthode expérimentale qui permet d'obtenir mécaniquement un rapport de causalité sans que les faits qu'elle établit aient besoin d'être élaborés par l'esprit » (*Règles* : 130). A ce propos, Durkheim prend comme exemple le fait que « la tendance au suicide varie comme la tendance à l'instruction » et se pose la question de savoir comment expliquer ce fait, puisque, naturellement, « il est impossible de comprendre comment l'instruction peut conduire au suicide ; une telle explication est en contradiction avec les lois de la psychologie ». Il en arrive ainsi à proposer une explication plausible. « Cette cause commune, c'est l'affaiblissement du traditionalisme religieux qui renforce à la fois le besoin de savoir et le penchant au suicide » (*Règles* : 131)[5]. Remarquons que Durkheim ne parle pas ici d'affaiblissement du sentiment religieux, mais d'affaiblissement du traditionalisme religieux. Il s'agit donc de l'affaiblissement d'une forme historique de la religion, non pas du sentiment religieux en général. Cette nuance renforce notre hypothèse. Depuis le début, avant d'être en mesure de la formuler scientifiquement, le cadre de référence de Durkheim n'est pas le concept commun de religion, d'origine théologique, mais un concept théorique de caractère religiologique fondé sur une réalité naturelle, historique et sociale. « C'est un fait constant que, quand une conviction un peu forte

---

5. Il faut remarquer que Durkheim, déjà dans ses *Règles* propose des hypothèses sociologiques explicatives de caractère « normatif » (Alexander, 1982 *b* : 261). En effet, la variable explicative indépendante qu'invoque Durkheim, c'est « l'affaiblissement du traditionalisme religieux », non pas un quelconque « substrat » de caractère morphologique ou économique (changement de la structure de la production, etc.) (Lukes, 1972 : 7).

est partagée par une même communauté d'hommes, elle prend inévitablement un caractère religieux » (*Division* : 143). La règle qui « apprend au sociologue à échapper à l'empire des notions vulgaires » (*Règles* : 34) a été tout simplement appliquée. Il n'y a qu'à passer maintenant à exprimer, de façon positive, cette réalité naturelle et sociale qui fonde le sentiment religieux. Ce sera fait lorsqu'on introduira dans le tableau le concept de sacré.

5 / A la fin du chapitre V, Durkheim résume, avec quelque gravité, « une certaine conception de la société et de la vie collective » qui se dégage des règles « qui viennent d'être établies » (*Règles* : 120). Durkheim met dos à dos les théories qui expliquent la vie sociale sur la base d'un arrangement artificiel (Hobbes, Rousseau) et celles qui la fondent sur le laisser-faire des forces individuelles (les économistes classiques, Spencer). Et il esquisse sa propre théorie. « Sans doute, nous faisons de la contrainte la caractéristique de *tout** fait social [...]. Elle est simplement due à ce que l'individu se trouve en présence d'une *force** qui le domine et devant laquelle il s'incline ; mais cette force est *naturelle** [...]. Ainsi pour amener l'individu à s'y soumettre *de son plein gré** [...] il suffit de lui faire prendre conscience de son état de dépendance et d'infériorité naturelles — qu'il s'en fasse *par la religion** une représentation sensible et *symbolique** ou qu'il arrive à s'en former *par la science** une notion adéquate et définie » (*Règles* : 120 et 122).

On ne saurait exagérer l'importance théorique de ce résumé. Il enferme tout un système de rapports entre vie sociale et individuelle, entre le réel et le normatif, entre la religion et la science, entre la théorie de la société et la théorie de la connaissance. A l'intérieur de cette gigantesque problématique, Durkheim conçoit deux formes fondamentales de représentation : une forme « sensible et symbolique », la représentation religieuse ; une forme « adéquate et définie », la représentation scientifique. On est ici aux antipodes de la conception théologique de la religion et aux sources de la conception religiologique. Pour Durkheim, la religion n'est pas seulement l'apanage des institutions ecclésiastiques. Elle est une forme d'expression essentielle à la condition humaine.

Cette forme expressive qui révèle « un aspect essentiel et permanent de l'humanité » (*Formes* : 2) trouve son fondement dans une sorte de « force [...] réelle [...] naturelle » que l'on appréhende symboliquement. Ce rapport fondamental entre « réalité » et « expression symbolique » est aperçu ici de façon éclatante. Il sera développé plus tard mettant à profit le concept de sacré de façon explicite.

▶ LES DÉVELOPPEMENTS

En essayant de réduire au minimum des répétitions inévitables, voici trois textes majeurs où Durkheim explicite sa théorie du sacré et du profane, après avoir trouvé « le moyen d'aborder sociologiquement l'étude de la religion » (1907 b : 613).

1899. De la définition des phénomènes religieux

Il s'agit du premier article « indépendant » (Karady, 1975, T. 3 : 488) que consacre Durkheim à l'étude de la théorie de la religion. Publié en 1899, dans le deuxième volume de *L'Année sociologique*, ce texte a fait l'objet d'une longue méditation. En effet, durant l'année académique 1894-1895, Durkheim avait professé à Bordeaux son « Cours de sociologie : la religion ». Il ne reste pas de trace de ce Cours (Lukes, 1972 : 238). Nous savons cependant, par sa lettre à la *Revue néo-scolastique* (1907 b), quel fut le contenu de ce Cours. « Ce cours de 1895 marque une ligne de démarcation dans le développement de ma pensée, si bien que toutes mes recherches antérieures durent être reprises à nouveaux frais pour être mises en harmonie avec ces vues nouvelles [...] Ce changement d'orientation [...] était dû tout entier aux études d'histoire religieuse que je venais d'entreprendre et notamment à la lecture des travaux de Robertson Smith et de son école (1907 b : 613)[6]. Il est donc plus que probable que l'article de 1899 reprend les idées déve-

---

6. Lacroix (1981 : 132) semble minimiser l'influence de Smith. A la lecture des textes, l'on constate facilement un changement dans le vocabulaire de Durkheim, en particulier, l'apparition de la notion de « sacré ». Il n'y a aucune difficulté à admettre que Durkheim ait pu subir à peu près au même temps l'influence de la lecture de Smith et celle, psychologique, de la disparition de la figure de son père. Pour sa part, La Capra (1972 : 75-76) tente d'expliquer la coupure de 1895 par l'influence de l'affaire Dreyfus sur l'état d'esprit de Durkheim.

loppées dans le fameux Cours de 1894-1895[7] et que ce qu'elles ont de « nouveau » s'explique, en grande partie, par l'influence qu'a exercée sur Durkheim la lecture de l'œuvre de Smith[8].

Quel développement du concept de sacré trouve-t-on dans ce texte « De la définition des phénomènes religieux » ?

Note lexicographique. — Cette étude de Durkheim comprend 28 pages. Le mot « sacré » y apparaît 20 fois de façon explicite et une bonne dizaine de fois de façon indirecte, au moyen d'expressions équivalentes. Le mot « sacré » est utilisé une seule fois dans un sens conventionnel (« on jette des pierres dans le lac sacré » (*Définition* : 8). Pour le reste, le mot « sacré » est employé 16 fois comme adjectif (choses sacrées : 13 fois ; objets sacrés : 2 fois ; caractère sacré : 1 fois) et trois fois comme substantif (le sacré). Une analyse qualitative de l'emploi de ce terme s'avère particulièrement éclairante pour le propos qui nous occupe.

Première apparition du sacré. — Au départ, Durkheim critique la conception de la religion qui se base sur les idées de « divinité » ou de « surnaturel ». Il oppose à ces conceptions deux arguments majeurs. Un argument de fait : il existe des religions où ces notions sont absentes. Un argument théorique : si les religions se fondent sur ces concepts « mystiques », le fait universel du phénomène religieux serait inexplicable (*supra* : 44 et s., *infra* : 211, n. 3).

---

7. Un peu plus tard, l'année académique 1900-1901, toujours à Bordeaux, Durkheim professe un « cours de Sociologie » dont le thème est « Les formes élémentaires de la religion ». Il ne reste pas de trace de ce cours (de même que de celui de 1894-1895). Son titre prélude cependant la préparation des *Formes*. Durkheim professa par la suite un troisième cours de sociologie religieuse, à Paris, l'année 1906-1907. Ce dernier est le seul des trois Cours qui a laissé une trace repérable (1907 *f*).

8. William Robertson Smith [1846-1894] est une figure importante de l'étude scientifique de la religion au XIXe siècle. Philosophe, théologien, exégète, orientaliste, croyant et innovateur, il fut chassé de sa chaire d'hébreu du Collège de la « Free Church » à Aberdeen, fit plusieurs voyages au Moyen-Orient et revint à l'Université, nommé professeur à Cambridge en 1883. Ami et professeur de Frazer, son œuvre (Smith, 1880 ; 1882 ; 1885 ; 1886 ; 1889) a exercé une grande influence sur celle de Durkheim (1898 *a* (ii) : 37, 51, 52 ; 1907 *b* : 613 ; *Formes* : 63, 480, 584, 588 ; 1913 *a* (ii) (15) : 326-327). Mary Douglas (1978 : 10-28) fait un pénétrant résumé des idées de W. R. Smith, en particulier son influence sur Durkheim et sur Frazer. On trouvera également des nombreuses informations sur la « dette » de Durkheim envers W. R. Smith dans Greenwald (1973 : 160-165). Pour une vue d'ensemble, voir Black-Chrystal (1912), Beidelman (1974), Jones (1985).

Cette argumentation est négative ; elle exige un apport positif. En effet, si la religion ne se fonde pas sur la notion de « surnaturel », sur quoi se fonde-t-elle ? La première fois que Durkheim répond explicitement à cette question, il utilise le mot « sacré » de façon — semble-t-il — incidente. Voici comment.

Durkheim s'interroge sur le « sens du mot dieu » (*Définition* : 12). Il remarque qu'on ne peut pas nommer « dieu [...] tout ce qui inspire, d'une manière un peu marquée, ce sentiment spécial qu'on est convenu d'appeler le respect religieux » ; « un dieu n'est pas simplement un objet éminemment sacré » (*Définition* : 12) puisqu'il y en a beaucoup d'autres objets qui sont aussi sacrés (des temples, des personnes, etc.). Dès que le mot sacré est apparu, Durkheim semble arriver à une double conclusion.

D'abord, la distinction entre le concept de « dieu » et celui de « choses sacrées ». « Un dieu c'est donc une puissance de produire certaines manifestations [...] rapportées toujours à un sujet particulier et déterminé [...]. Quand, au contraire, cette même propriété [...] reste diffuse dans une classe indéterminée de choses, il y a simplement des objets sacrés, par opposition aux objets profanes, mais pas de dieu » (*Définition* : 13). Ensuite l'idée, surprenante mais logiquement déduite, du caractère original de la notion de sacré et du caractère dérivé de la notion de dieu. « La distinction des choses en sacrées et en profanes est très souvent indépendante de toute idée de dieu. Cette idée n'a donc pu être le point de repère original d'après lequel cette distinction s'est faite ; mais elle s'est formée ultérieurement, pour introduire dans la masse confuse des choses sacrées un commencement d'organisation [...] » (*Définition* : 15-16).

Vers le concept de sacré. — La question centrale est enfin posée nettement. Quel est donc « le contenu de la vie religieuse », quelle « catégorie » pourrait être particulièrement caractéristique de la religion » (*Définition* : 16) ? Durkheim propose une alternative et un choix. Cette catégorie doit-elle être recherchée dans le sillage de la notion de culte, des rites, des pratiques ou plutôt dans celui de la foi, des représentations mentales, des croyances ?

Durkheim rejette la première approche. Pourquoi ? Parce que « quand on essaie de définir le culte », on voit que « par lui-même [...] il n'a rien de spécifique ». Il consiste, certes, en pratiques, mais comment le distinguer des autres pratiques sociales ? On n'avance pas en disant que « le culte, c'est l'ensemble de pratiques qui concernent les *choses sacrées* », car « en quoi consistent ces choses sacrées et comment on les reconnaît » ? « C'est précisément le problème qui nous occupe. » Durkheim refuse donc de définir la religion à partir de l'idée de culte, parce que celle-ci renvoie à celle de sacré et l'idée de sacré, tant qu'elle n'est pas définie, renvoie à son tour à l'idée de religion. « On ne fait ainsi que remplacer un mot par un autre et cette substitution n'apporte, par elle-même, aucune clarté » (*Définition* : 16-17).

Ayant abandonné la piste offerte par la notion de culte[9], Durkheim propose d'explorer celle de la croyance. C'est dans cette exploration qu'il trouvera « un groupe de phénomènes qui est irréductible à tout autre ». Il s'agit de la « foi », des « croyances obligatoires » qui interdisent de « mettre en doute » des « mythes fondamentaux » ou des « dogmes essentiels ». Ce sera donc à partir de la notion de « croyances obligatoires [...] des états mentaux *sui generis* que nous reconnaissons aisément » que l'on arrivera à la notion de « représentations d'ordre religieux ». Ces représentations spécifiques et reconnaissables ont une caractéristique fondamentale : inspirer le « respect » qui fonde leur caractère obligatoire. Ce respect a un objet : les êtres sacrés. Le respect de ces êtres sacrés a une expression intellectuelle : les mythes et les dogmes religieux. Il a une expression pratique : les cérémonies rituelles, le culte (*Définition* : 17-18).

La boucle est enfin bouclée. « Nous sommes en présence d'un groupe de phénomènes suffisamment déterminé » (*Définition* : 19). Une théorie conceptuelle de la religion est ainsi

---

9. Nous n'avons pas trouvé une explication de ce fait dans la littérature pertinente. Pourquoi Durkheim mise-t-il davantage sur le concept de croyance que sur celui de culte ? S'agit-il d'une « préférence » de type théorique « reflétée » au niveau empirique ? (les *Formes* consacrent 285 p. à l'étude des croyances et 168 à celle des rites). S'agit-il plutôt d'un choix pratique qui s'expliquerait par l'esprit rationaliste de Durkheim, ainsi que par son expérience de jeunesse où les pratiques rituelles de la religion judaïque l'auraient impressionné défavorablement ? (*infra* : 301). Cette dernière interprétation nous semble plus sûre. Notons, pour compléter, ces mots à caractère autobiographique consignés à la fin de sa vie : « [...] rien de ce qui peut ressembler aux pratiques rituelles ne m'a servi ni me paraît efficace » (lettre de Durkheim à X. Léon, le 20 avril 1916 [T. 2 : 480-481]).

ébauchée sur la base de quatre éléments formant un système solidaire : *a)* Croyances obligatoires, sentiment de respect inconditionné ; *b)* Dogmes et mythes ; *c)* Choses sacrées ; *d)* Pratiques cultuelles. « Voilà d'où vient cette division des choses en sacrées et en profanes qui est à la base de toute organisation religieuse. »

Vers l'explication du concept de sacré. — On connaît donc la base de toute organisation religieuse. D'où vient cette idée de tracer une telle « ligne de démarcation qui sépare ces deux mondes » ? (*Définition* : 19) Qu'est-ce qui explique ce sentiment particulier qui constitue le phénomène religieux ?

Durkheim ne pense pas que la religion s'explique par une bizarrerie, par une sorte d'accident passager. Bien au contraire, il est persuadé de ce que « le caractère par lequel la religion vient d'être définie [...] tient étroitement au fond des choses ». Il envisage donc de le prendre au sérieux au point de donner naissance à « une science des religions [...] une science vraiment sociologique » (*Définition* : 23). Arrivé à cette conclusion, Durkheim esquisse une théorie générale de la religion et une hypothèse explicative centrale.

Une théorie générale de la religion. La religion « exprime les choses autrement qu'elles ne sont » ; elle n'est cependant pas « une sorte de vaste hallucination et de fantasmagorie dont l'humanité aurait été la dupe » ; « tout en conservant [...] cette transcendance qui la caractérise », la religion est une réalité naturelle et « explicable pour l'intelligence humaine » (*Définition* : 24). La religion n'est donc pas un accident historique passager. En tant que phénomène naturel, elle fait partie, de plein droit, de la réalité humaine. En tant que phénomène intelligible, elle est objet de connaissance empirique et théorique, objet de connaissance nécessaire pour la science de l'homme.

Une hypothèse explicative centrale. Il existe une réalité naturelle et intelligible qui est à l'origine du sentiment religieux. Cette réalité est la société. « Les forces devant lesquelles s'incline le croyant ne sont pas des simples énergies physiques, telles qu'elles sont données aux sens et à l'imagination ; ce sont des forces sociales. Elles sont le produit direct de sentiments collectifs qui ont été amenés à prendre un revêtement matériel. Quels sont ces sentiments, quelles causes sociales les ont éveillés et les ont déterminés à s'exprimer sous telle ou telle forme, à quelles fins sociales répond l'organisation qui prend ainsi naissance ? Telles sont les questions que doit traiter la science des religions [...]. Ainsi prend tout son sens cette distinction des choses en sacrées et en profanes que l'on trouve dans toutes les religions » (*Définition* : 25).

Fort de tout ce raisonnement, Durkheim arrive à sa conclusion : « il reste que la notion de sacré est d'origine sociale et ne peut s'expliquer que sociologiquement » (*Définition* : 26).

1906. Cours de Durkheim sur les origines de la vie religieuse

On sait que « Durkheim rédigeait ses leçons *in extenso* » (Fauconnet, 1925 : V). Malheureusement, il ne reste pas de trace des leçons rédigées de ses trois « Cours de sociologie religieuse », les « Cours » de 1894-1895 et de 1900-1901 à Bordeaux et celui de 1906-1907 à Paris (Lukes, 1972 : 618-619). Ce dernier cours connut cependant un meilleur sort que les autres. Un de ses élèves, P. Fontana, en publia un résumé, sous le titre de « Cours d'Emile Durkheim à la Sorbonne » dans la *Revue de Philosophie*. Ayant paru du vivant de Durkheim et n'ayant eu aucune réaction de la part de celui-ci, on peut penser que, pour l'essentiel, le résumé de P. Fontana correspondait à la pensée du Sociologue. C'est donc ce résumé (que nous appelons *Cours*) qui occupe notre attention présentement. Il faut noter que le plan du *Cours*, son vocabulaire, son argumentation, sont très proches des *Formes*. Nous n'en ferons pas ici un examen comparé. Il suffira d'attirer l'attention sur quelques éléments susceptibles d'éclairer le concept durkheimien de sacré.

La définition de la religion. — Au départ, Durkheim reprend sa problématique bien connue. Il y a suffisamment de faits pour « montrer que les idées de dieux ou d'êtres spirituels n'épuisent pas la vie religieuse ». Dès lors, « il faut chercher une nouvelle définition de la religion ». En procédant méthodiquement, on trouve que « la notion de faits religieux suppose à sa base une classification des choses en deux groupes : le sacré et le profane » (*Cours* : 531).

Le sacré ne se définit pas par « la dignité exceptionnelle des choses sacrées » ; « en fait le *sacré* ne se définit que par son opposition au *profane* ». Cette opposition absolue et unique, cette « hétérogénéité radicale se traduit par des signes spéciaux », en particulier, « toute la série d'*interdictions* de contact direct entre eux ». Ces interdictions (contact matériel, par le regard, par la parole, par la pensée...) s'étendent « plus ou moins loin selon l'intensité du caractère sacré des choses qu'on considère » (*Cours* : 532).

« Les choses sacrées » sont l'objet des « croyances religieuses ». Elles interviennent aussi dans le monde de la magie. Ce qui distingue magie et religion, c'est justement le concept d'Eglise, propre à la religion et absent de la magie. Le concept d'Eglise défini justement comme « une société dont les membres sont liés les uns aux autres *parce qu'ils** se représentent de la même manière les choses sacrées ». De là, « nous arrivons donc à la définition suivante de la religion : c'est un système de croyances et de pratiques relatives à des choses sacrées — croyances et pratiques communes à une collectivité déterminée » (*Cours* : 532-533).

Critique d'autres conceptions de la religion. — Durkheim critique les conceptions animiste (Spencer, Tylor) et naturiste (Max Müller) : « toutes deux veulent tirer la notion de sacré de choses données de l'expérience immédiate ». Cette façon de procéder porterait à conclure que « la religion n'est plus alors qu'un système d'idées hallucinatoires ». Or, « il est [...] inadmissible que les croyances religieuses n'aient aucune valeur objective et que les êtres sacrés ne soient que des conceptions imaginaires [...] » (*Cours* : 533 à 539).

L'origine de la religion. — Le *Cours* a pour objet « de voir comment la religion a commencé », afin de mettre en relief ce qui « peut servir à expliquer l'évolution religieuse de l'humanité et à connaître la nature de la religion en général ». « On y trouvera ainsi l'origine et l'explication de plusieurs idées importantes qui, nées au sein de la religion, se sont, dans la suite, laïcisées » (*Cours* : 92).

Dans cette perspective, Durkheim fait une description assez détaillée du totémisme : « le totem est le centre d'une religion véritable [il est] au principe même de la classification des choses en sacrées et profanes », à ce point « que le domaine du sacré [...] embrasse la totalité des choses ». Il faut considérer aussi le « caractère sacré » de beaucoup d'autres choses : des rites, des lieux, des animaux, de l'homme lui-même, de son sang, de ses cheveux [...] « Un système d'idées et de croyances embrassant tout ce qui existe, une représentation totale de l'univers » (*Cours* : 95 à 102).

Durkheim n'oubliera pas de poser la question terminale de toute recherche. « Comment naît le totémisme ? Quelles sont les causes qui l'engendrent ? » Il tente sa ligne de réponse. « Si le totémisme est constitué par l'idée d'une force [...] expliquer le totémisme, c'est expliquer comment s'est formée la notion de cette force ». « Si les êtres totémiques [...] n'ont rien dans leur nature intrinsèque qui explique les sentiments dont ils sont l'objet [...] leur caractère religieux leur vient de ce qu'ils sont le symbole [...] de quelque autre chose. Mais de quoi ? » Il propose enfin une solution à l'énigme. « La divinité totémique ne serait donc pas autre chose que le clan, c'est-à-dire la société elle-même, mais sublimée, hypotasiée [...] ». En effet, « la société a en elle tout ce qu'il faut pour éveiller dans les individus les sentiments religieux ; elle est pour les membres qui la constituent, ce que le dieu est pour les fidèles » (*Cours* : 102 à 107)[10].

Croyances et rites. — Dans ce cadre théorique, Durkheim développe les caractéristiques de deux types de « croyances religieuses des peuples » totémiques (les « croyances relatives à l'âme » et celles relatives « aux esprits, génies, démons ») ainsi que de deux types de rites (les rites négatifs qui interdisent la confusion entre le sacré et le profane et les rites positifs « qui ont pour but de mettre le fidèle en rapport avec la chose sacrée ») (*Cours* : 620 à 637).

Conclusion. — « Les hommes ne s'abusent donc pas quand ils pensent qu'à ces moments vit quelque chose de plus fort qu'eux dont ils dépendent, qui les hausse au-dessus d'eux-

---

10. Il faut revenir sur le fait que Durkheim confond souvent les termes « divinité » et « sacré », tout en maintenant constamment la distinction entre ces concepts (*supra* : 54). Les déboires terminologiques de Durkheim ont été fréquemment signalés par les critiques (Lukes, 1972, 12, 20-21 ; Isambert, 1976 *a* : 40).

mêmes, les ennoblit, les sanctifie. [...] « les services moraux et sociaux que rend le culte seront indispensables et permanents tant qu'il y aura des hommes, c'est-à-dire, des sociétés » (*Cours* : 637).

1912. *Les formes élémentaires de la vie religieuse*

Le concept de sacré apparaît tout au long des *Formes*. Il suffit de parcourir la table de matières pour constater comment il est partout présent. Pour nous en tenir à l'essentiel, deux passages importants seront présentés ici. Un passage tiré du chapitre premier du livre premier, où Durkheim montre « à titre d'exemples un certain nombre de choses sacrées » (*Formes* : 51) et où il s'attarde à « indiquer par quels caractères généraux [...] les choses sacrées [...] se distinguent des choses profanes » (*Formes* : 51-58). Un deuxième passage tiré du chapitre V du livre III, où il est question de « l'ambiguïté de la notion de sacré » et des « deux sortes de sacré, l'un faste, l'autre néfaste » (*Formes* : 584-592).

L'étendue infiniment variable du sacré. — Dans une sorte de première approximation, Durkheim donne de nombreux exemples : « Par choses sacrées, il ne faut pas entendre simplement ces êtres personnels que l'on appelle des dieux ou des esprits ; un rocher, un arbre [...] un caillou [...] une maison [...] un rite [...] des mots, des paroles, des formules [...] des gestes, des mouvements [...] une chose quelconque peut être sacrée ». A partir de ces exemples banals, Durkheim tire un principe d'interprétation général : « Le cercle des choses sacrées ne peut donc être déterminé une fois pour toutes ; l'étendue en est infiniment variable selon les religions » (*Formes* : 51).

Il peut donc y avoir autant de formes différentes de choses sacrées qu'il peut y avoir de formes différentes de religions. Le concept du sacré devient ainsi une catégorie ouverte et universelle. Elle se manifeste, bien sûr, dans les religions théistes et spiritualistes. Elle se manifeste également dans des religions non théistes comme le bouddhisme qui « à défaut de dieux, il admet l'existence de choses sacrées, à savoir, des quatre vérités saintes et des pratiques qui en dérivent » (*Formes* : 51). Elle peut se manifester également sous des formes nouvelles et entièrement insoupçonnées dans des phénomènes ou dans des systèmes religieux qui, traditionnellement, n'étaient pas considérés comme religieux. Durkheim n'en parle pas ici. Mais il a admis souvent la vraisemblance de l'avènement de nouvelles expressions du sacré (*infra* : chap. V).

Pour étudier ce qu'est « la religion en général » (*Formes* : 6), il faut donc avoir recours à une catégorie ouverte, susceptible d'une infinie variété de formes, comme c'est le cas de la catégorie de « sacré ». C'est pour cette raison que Durkheim n'avait pas voulu accepter de fonder la définition de la religion sur des catégories fermées, comme celle de « divinité » (il y a des choses sacrées qui sont impersonnelles) et comme celle de « surnaturel » (il y a des choses sacrées qui sont naturelles et intelligibles). Mais sortons maintenant des exemples et poursuivons la démarche de Durkheim en nous demandant avec lui quels sont « les caractères généraux » (*Formes* : 51) qui distinguent les choses sacrées des choses profanes.

Le sacré au-dessus du profane ? — Non, en tout cas pas nécessairement. « On serait tenté de [...] définir » les choses sacrées en les considérant « comme supérieures en dignité et en pouvoir aux choses profanes » (*Formes* : 51). Mais c'est une fausse piste. « Il ne suffit pas qu'une chose soit subordonnée à une autre pour que la seconde soit sacrée par rapport à la première » (*Formes* : 52). Durkheim apporte ici deux ordres de faits pour corroborer son assertion. Premièrement : il existe de très nombreux cas de dépendance et de subordination (esclaves-maîtres, sujets-roi, avare-or, etc.), où il n'y a rien de sacré et, par conséquent, rien de religieux. « Ce n'est pas dire que ces relations ne puissent pas prendre un caractère religieux. Mais elles ne l'ont pas nécessairement. » Deuxièmement : « Il y a des choses sacrées de tout degré et [...] il en est vis-à-vis desquelles l'homme se sent relativement à l'aise ». Exemples : « Une amulette [...] des fétiches [...] certains dieux [...] » (*Formes* : 52).

Nous avons étudié en détail dans quelle mesure la définition de religion chez Durkheim a un caractère « inclusif » ou « exclusif » (*infra* : chap. V). Notons pour l'instant que Durkheim signale ici très précisément le caractère « exclusif » du sacré. Le rapport de supériorité peut être sacré. Il ne l'est pas nécessairement.

Pour qu'il y ait sacré, il faut quelque chose de spécifique, quelque chose qui appartient en propre, exclusivement aux choses sacrées.

Durkheim ne voit donc pas la caractéristique générale qui distingue le sacré du profane « dans la hiérarchie des êtres » (*Formes* : 51) pour la pure et simple raison que les faits montrent que toute supériorité n'est pas nécessairement sacrée ; que toute sacralité n'implique pas nécessairement un rapport de supériorité. Par conséquent, « une distinction purement hiérarchique est un critère à la fois trop général et trop imprécis » (*Formes* : 53). Après avoir dû rejeter ce critère, Durkheim s'en tient à montrer qu' « il ne reste plus pour définir le sacré par rapport au profane que leur hétérogénéité (*Formes* : 53). Et qu'il s'agit d'une hétérogénéité absolue, unique et universelle.

Une hétérogénéité absolue, unique, universelle. — « Les choses sacrées sont celles que les interdits protègent et isolent ; les choses profanes, celles auxquelles ces interdits s'appliquent et qui doivent rester à distance des premières (*Formes* : 56). Cette classification des choses, commente Durkheim, « est très particulière » (*Formes* : 53).

Il s'agit d'abord de « deux mondes entre lesquels il n'y a rien de commun » [...] les énergies qui jouent dans l'un et dans l'autre « sont d'une autre nature » (*Formes* : 53). Durkheim insiste sur la « dualité essentielle des deux règnes » (*Formes* : 54) qui « diffèrent en nature » et qui « sont d'une autre essence » (*Formes* : 58). Il s'agit enfin de « deux genres qui comprennent tout ce qui existe, mais qui s'excluent radicalement (*Formes* : 56) ; il s'agit donc d'une hétérogénéité « absolue » (*Formes* : 53).

Cette hétérogénéité absolue, poursuit Durkheim, se distingue « de toute autre [...] Il n'existe pas dans l'histoire de la pensée humaine un autre exemple de deux catégories de choses aussi profondément différenciées, aussi radicalement opposées ». L'esprit humain a conçu cette hétérogénéité radicale entre le sacré et le profane « toujours et partout » (*Formes* : 53). Et encore une fois. « La notion de sacré est, dans la pensée des hommes, toujours et partout séparée de la notion de profane » (*Formes* : 55). Et tout à fait formellement : « le fait du contraste est universel » (*Formes* : 53).

Durkheim termine en apportant deux nuances. Cette division du monde, tout en étant absolue, unique et universelle, « a été conçue de manières différentes » (*Formes* : 53) par les différentes religions. Cette division ne rend pas « impossible toute communication entre les deux mondes ; car si le profane ne pouvait aucunement entrer en relation avec le sacré, celui-ci ne servirait à rien. Mais [...] cette mise en rapport est toujours [...] une opération délicate qui réclame des précautions et une initiation plus ou moins compliquée » (*Formes* : 55).

L'ambiguïté de la notion de sacré. — Durkheim rapporte quelques faits et demande à les expliquer. Il présente d'abord un triple fait : l'existence de « deux sortes » de « forces religieuses » (*Formes* : 584) ; leur opposition et, en même temps, « leur étroite parenté » (*Formes* : 586) ; la « possibilité » des « transmutations » des unes dans les autres (*Formes* : 588). Il suggère ensuite une hypothèse explicative[11] : « L'unité et la diversité des êtres et des choses sacrées » s'explique « en définitive » par « l'unité et la diversité de la vie sociale » (*Formes* : 591). Voici les grandes lignes de son raisonnement.

Le sacré pur. — Font partie de cette catégorie les « forces religieuses [...] bienfaisantes, gardiennes de l'ordre physique et moral, dispensatrices de la vie, de la santé, de toutes les qualités que les hommes estiment [...] » (*Formes* : 584). Ces forces peuvent être conçues « comme des personnalités distinctes ou comme des énergies diffuses » (*Formes* : 584). Les objets et les personnes qui établissent des rapports avec elles sont considérés comme saints et les émotions qu'elles suscitent sont teintées d'amour et de reconnaissance (*Formes* : 585).

Le sacré impur. — A l'encontre du sacré pur qui suscite amour et reconnaissance, le sacré impur éveille des sentiments de crainte et d'horreur. Les puissances qui entrent dans cette catégorie sont « mauvaises et impures, productrices de désordres,

---

11. Durkheim fait remarquer qu' « un des plus grands services que Robertson Smith ait rendus à la science des religions est d'avoir mis en lumière l'ambiguïté de la notion de sacré », tout en regrettant, quelques pages plus loin, qu' « il n'en a jamais donné d'explication expresse » (*Formes* : 584 et 588). Douglas (1978 : 10 s.) examine avec quelques détails cette question.

causes de mort, de maladies, instigatrices de sacrilèges [...].
Telles sont les forces sur lesquelles et par lesquelles agit le
sorcier [...] » (*Formes* : 585).

Antagonisme radical. — Ces deux catégories constituent
les deux pôles d'un « antagonisme le plus radical ». Ces deux
forces se repoussent. « Ainsi toute vie religieuse gravite
autour de deux pôles contraires. entre lesquels il y a la même
opposition qu'entre le pur et l'impur, le saint et le sacri-
lège, le divin et le diabolique » (*Formes* : 586). Entre ces
deux catégories de forces et d'êtres, le contraste est aussi
complet que possible et va même jusqu'à l'antagonisme radical.
Les puissances bonnes et salutaires repoussent loin d'elles les
autres qui les nient et les contredisent. Aussi les premières
sont-elles interdites aux secondes : tout contact entre elles est
considéré comme « la pire des profanations » (*Formes* : 585).

Etroite parenté. — Ceci étant, « les êtres profanes » entretiennent avec chacune de ces deux catégories du sacré le
même type de relation : absence « de tout rapport avec les
choses impures comme avec les choses très saintes. Les premières ne sont pas moins interdites que les secondes ; elles sont
également retirées de la circulation. C'est dire qu'elles aussi
sont sacrées » (*Formes* : 586). Donc, malgré leur antagonisme
radical, il existe entre ces deux catégories « une étroite parenté ».

L'ambiguïté du sacré. — Le sacré pur et le sacré impur ne
sont pas des genres séparés, « mais deux variétés d'un même
genre qui comprend toutes les choses sacrées ». Pourquoi ?
Parce qu'il arrive « très souvent qu'une chose impure ou une
puissance malfaisante devienne, sans changer de nature [...]
une chose sainte ou une puissance tutélaire, et inversement [...] »
(*Formes* : 586-587). Donc, même s'il n'y a pas de solution de
continuité entre ces deux genres de sacré, « un même objet peut
passer de l'une à l'autre sans changer de nature ». De là la
conclusion. Avec du pur, on fait de l'impur, et réciproquement.
C'est dans la possibilité de ces transmutations que consiste
l'ambiguïté du sacré » (*Formes* : 588).

Explication de cette dualité. — Il faut tenter une explication
de cette ambiguïté du sacré. C'est que les puissances mauvaises

sont un produit des rites piaculaires. Dès lors, quand « la société traverse des circonstances qui l'attristent, l'angoissent ou l'irritent, elle exerce sur ces membres une pression pour qu'ils témoignent [...] de leur tristesse [...] ». Ces témoignages collectifs, parce qu'ils « attestent [et] renforcent la communion morale » de la société, rendent à celle-ci l'énergie que la situation difficile risquait « de lui soustraire ». En outre, « [...] les puissances bienfaisantes [...] représentent la société [...] au moment où elle s'affirme avec confiance » (*Formes* : 589). Ces deux genres de forces ont donc une origine commune, la vie collective d'une société. Il n'est donc pas étonnant que « tout en étant dirigées dans des sens opposés, elles aient une même nature, qu'elles soient également intenses et contagieuses, par conséquent interdites et sacrées » (*Formes* : 590).

Explication des transformations. — Les transformations réciproques entre les différentes formes sacrées n'est pas difficile à saisir. Elles ont en effet une source commune, « l'état affectif dans lequel se trouve le groupe ». Il est donc logique qu'une transformation de cet état affectif entraîne une transformation du type de sacralité qui en est le symbole. « Il y a entre le sacré faste et le sacré néfaste le même contraste qu'entre les états d'euphorie et de dysphorie collective » (*Formes* : 591). La conclusion s'impose d'elle-même. « C'est donc, en définitive, l'unité et la diversité de la vie sociale qui font, à la fois, l'unité et la diversité des êtres et des choses sacrées » (*Formes* : 591).

En résumé. — « Si complexes que soient les manifestations extérieures de la vie religieuse, elle est, dans son fond, une et simple. Elle répond partout à un même besoin et dérive partout d'un même état d'esprit. Sous toutes ses formes, elle a pour objet d'élever l'homme au-dessus de lui-même et de lui faire vivre une vie supérieure à celle qu'il mènerait s'il obéissait uniquement à ses spontanéités individuelles : les croyances expriment cette vie en termes de représentations ; les rites l'organisent et en règlent le fonctionnement (*Formes* : 592).

Durkheim articule les concepts de sacré et de religion en poursuivant la même conception de base du début à la fin de son œuvre. Cette conception est fidèle à son intuition de jeunesse. Nous sommes persuadés que son « dualisme transcendant » (*infra* : 303 et s.) et sa « religion de l'humanité » (*infra* : 307

et s.) constituent les fondements de la structure de base de sa « spiritualité » et de sa conception du sacré et de la religion. Une conception fondée sur une seule unique préoccupation : fonder une science de l'homme.

C'est dans ce sens que l'on peut comprendre la continuité et la cohérence de la théorie durkheimienne de la religion, avant et après avoir vécu cet accident heureux, la « révélation » de 1895, à la lecture des travaux de R. Smith (*supra* : 129, n. 8). Cette lecture, on l'a vu, ne changera pas les intuitions de base. Elle contribuera seulement à fournir les éléments qui manquaient pour élever une conception cohérente des articulations entre le sacré et la religion au niveau d'une théorie systématique.

Nous aurons l'occasion d'étudier de façon critique les thèses durkheimiennes sur le sacré, dans le chapitre suivant. Pour le moment, nous sommes portés à nous en tenir à une double conclusion. En premier lieu, une sorte de présomption. Ces thèses semblent avoir un grand intérêt par leur caractère fondateur et par leur grande généralité (caractère anthropologique, sociologique, religiologique). En deuxième lieu, une sorte de constatation. Ces thèses sont loin de pouvoir être considérées comme définitives. Elles exigent une actualisation et un développement systématique et approfondi.

Cette double conclusion confirme notre intuition du départ. L'intérêt essentiel de la pensée durkheimienne consiste dans son pouvoir d'incitation. Elle nous invite en effet à concevoir des développements théoriques plus poussés et du même coup à multiplier la production de recherches empiriques susceptibles de confirmer de façon concrète comment la persistance et la métamorphose du sacré transforment réellement la science de l'homme.

LES CRITIQUES

> « [...] *intellectuellement Durkheim était trop en avance de son temps et* [...] *avec très peu d'exceptions, les sociologues — les seuls à avoir porté une attention sérieuse aux travaux de Durkheim — n'étaient tout simplement pas en mesure d'apprécier l'importance de la nature des idées qu'il a avancées dans les* Formes [...] »
> Talcott Parsons. *Durkheim on Religion Revisited.*

> « *La dichotomie en elle-même est inutilisable* [unusable] *si ce n'est au prix d'une interférence injustifiable avec les faits d'observation.* »
> W. E. H. Stanner,
> *Reflections on Durkheim and aboriginal religion.*

Les thèses durkheimiennes sur le sacré et la religion ont fait l'objet d'une littérature critique très considérable. Jones (1977 : 279-282) cite à ce propos de nombreux travaux et plusieurs sources bibliographiques.

Quels sont les éléments essentiels de ces critiques ? Que faut-il en penser ?

▶ TALCOTT PARSONS :
UNE RÉACTION THÉORIQUE ÉLOGIEUSE

Parsons (1973) propose un modèle exemplaire du contenu théorique des *Formes*.

Contexte

Cette étude constitue une mise à jour d'un long chapitre que le même auteur avait écrit sur le sujet une trentaine d'années plus tôt (Parsons, 1937 : 640-696). Entre ces deux écrits, il avoue avoir modifié quelques perspectives dans sa lecture de Durkheim, ce qui ne fait que rehausser définitivement son appréciation de la « grandeur de ce livre » (Parsons, 1973 : 157). Ces modifications portent sur deux points plus particulièrement. Les *Formes* constituent, non pas une théorie de l'évolution des sociétés humaines, mais une théorie « de la condition humaine prise dans son ensemble ». Les *Formes* ne se limitent pas à présenter une sociologie de la religion, mais bien plus largement une théorie de « la place de la religion dans l'ensemble de l'action humaine » (p. 157).

Avec cet élargissement de perspectives, Parsons entre décidément dans une interprétation hardie de « la célèbre distinction entre le sacré et le profane » (p. 158). Pour lui, cette distinction est intimement liée à un théorème de base et à un schéma analytique fondamental de la pensée durkheimienne.

Théorème et schéma analytique

Parsons exprime ce théorème de base dans son langage technique habituel : « [...] la société humaine et le cadre culturel de la condition humaine — y compris la connaissance — ont évolué de façon concomitante à partir d'une base commune ; société et culture sont parvenues à se différencier l'une de l'autre, dans les stades relativement avancés du développement socioculturel » (p. 158).

Du même coup, Parsons relie ce théorème à un schéma analytique fondamental qui distingue « d'une part, la dualité de l'universel et du particulier et, d'autre part, la dualité qui traverse les représentations cognitives et morales » (p. 158).

La connaissance humaine est ainsi située dans le tréfonds de la socialité. Elle est un élément constitutif de l'être social qu'est l'être humain. Elle en dépend tout en étant, en même temps, déterminante. Cette relation réciproque n'est à son tour qu'une partie de la réalité, puisque le cognitif est inévitablement doublé des représentations morales. Reposant sur cette imposante vision théorique, la lecture de Durkheim chez Parsons tire des conséquences qui concernent directement notre propos.

Conséquences

La distinction entre sacré et profane, dans le contexte religieux, équivaut à la distinction entre « l'autorité morale » et « la poursuite d'intérêts utilitaires ou instrumentaux », dans la sphère séculière. Dans cette perspective, la catégorie « sacré » est considérée comme « la synthèse ou la matrice des deux catégories primordiales de l'universalité [...] la connaissance [...] et la morale ». La catégorie « profane », à son tour, s'identifie avec « les intérêts instrumentaux et avec les données des sens ». En généralisant davantage, la distinction entre sacré et profane correspond à celle qui existe entre « le moral et le passionnel [*the appetitive*] », « le catégoriel et l'empirique », « les inquiétudes de longue portée et les soucis quotidiens ». Ainsi le « sacré », dans les contextes cognitif et moral, concerne, en fin de compte, « le cadre fondamental de l'ordre » qui rend intelligible « la vie humaine » (p. 159-160).

Les choses sacrées « sont des symboles », leur signification ne doit pas être faite « en termes de leurs propriétés intrinsèques ». Elles sont des symboles de la société, comprise dans sa « perspective évolutive ». Il s'agit de symboles concernant les « fondements de la nature humaine ». Ce caractère symbolique du sacré donnera lieu par ailleurs, selon Parsons, à la critique dévastatrice de Durkheim contre les théories animistes et naturistes (p. 159).

La distinction entre sacré et profane présente « une frappante similitude formelle » avec des distinctions que l'on fait aujourd'hui dans d'autres domaines de la science, notamment la biologie et la théorie linguistique. Parsons développe cette idée, en se référant notamment au code génétique : « les *croyances** concernant les choses sacrées sont fondamentalement organisées à la façon d'un *code culturel** qui est le foyer principal de la stabilité du complexe système de l'action sociale » (p. 160-161).

En signalant en détail les différents mérites de l'œuvre de Durkheim, Parsons fait remarquer, à la fois, « l'importance » de cette œuvre et l'accueil « très généralement défavorable » qu'elle a reçu, « tout particulièrement dans le monde de langue anglaise » (p. 162).

Absence de prolongements

Cette étude remarquable de Parsons a fait l'objet à notre connaissance, de peu ou pas de commentaires de la part des spécialistes des sciences de la religion. Pope (1975) l'ignore complètement[12]. Jones (1977 et 1978) cite par contre cette étude de Parsons, mais il ne lui donne pas la moindre importance, bien au contraire. D'une part, Jones (1978 : 178) dit en passant que l'idée de Durkheim de fonder la distinction du sacré et du profane sur leur hétérogénéité est une « idiotie [*vacuous observation*] », en se référant sagement à Lukes (1972 : 14-28) et, répétition oblige, en se référant également à Stanner (1967 : 232). D'autre part, Jones (1978 : 177) affirme sans autre commentaire que les vues qu'exprime l'article en question (Parsons, 1973) portent à soupçonner « la présence d'un anachronisme ». Bref, la cause est entendue. Le jugement ne mérite pas de nuances ni, semble-t-il, le moindre appel. Nous nous demandons enfin si l'important ouvrage que consacre Alexander (1984) à l'œuvre de Parsons : *The Modern Reconstruction of Classical Thought* tiendra compte — et dans quel sens — des thèses parsoniennes concernant l'articulation de la théorie de la religion et de la théorie de l'action chez Durkheim. Nous attendons cette œuvre, annoncée mais pas encore parue, avec beaucoup d'intérêt, surtout après avoir pris connaissance des premiers volumes de *Theoretical Logic in Sociology*[13].

Quoi qu'il en soit, nous considérons pour notre part, en accord avec notre propre lecture des classiques, que cette étude de Parsons mériterait d'être approfondie. Il ne s'agit point de la prendre comme une sorte de témoignage plus ou moins attachant et, à la limite, plus ou moins mythique. C'est évident. La problématique parsonienne du code génétique et du code culturel demanderait beaucoup de précisions et de recherches théoriques et empiriques. Pour notre part, ce qui nous intéresse particulièrement dans la lecture de Parsons c'est de vérifier en détail la pertinence de ses vues, afin d'améliorer nos connaissances sur la part du facteur religieux dans la constitution de l'être humain. Nous croyons, à l'encontre de certains critiques qu'il ne faudrait pas ignorer complètement

---

12. Pourtant Pope (1973), dans une étude célèbre sur Parsons et Durkheim avait écrit sans ambages : « Le commentaire de Parsons sur l'œuvre d'Emile Durkheim [...] est indubitablement l'interprétation la plus influente qui soit jamais parue en anglais » (p. 399). Notons par ailleurs, pour la petite histoire, que Parsons (1975), en commentant Pope (1973), cite lui-même son étude en question (Parsons, 1973). Dans la réplique qui suit, Pope (1975) l'ignore toujours.
13. Voir les références bibliographiques à la fin de ce livre. Pour notre part, nous avons attiré l'attention sur l'intérêt de cet important ouvrage de J. Alexander du point de vue religiologique (Prades, 1985 *a*).

(Mills, 1967 : 29-54), que cette étude de Parsons sur les thèses durkheimiennes du sacré et du profane, contient des éléments particulièrement féconds et profitables pour la théorie de la religion et pour la science de l'homme.

▶ W. E. H. STANNER : UNE RÉACTION EMPIRIQUE HOSTILE

On sait que les critiques de l'œuvre de Durkheim sont nombreuses (Jones, 1977 : 279-282). Par contre, ses thèses sur le sacré et le profane ont été plutôt ignorées[14]. Parmi ces rares critiques, nous examinerons ici celle de W. E. H. Stanner (1967) reprise et rendue populaire par Lukes (1972)[15].

Des réticences

En voici une liste complète, sans commentaires. « Durkheim, assurément, n'a jamais mis les pieds en Australie » (Stanner, 1967 : 277). « L'irrésistible qualité des *Formes* vient de la jonction entre un ensemble révolutionnaire de thèses et une apparente fondation factuelle » (p. 277). « Une analyse détaillée montrerait avec certitude beaucoup d'effort et d'artifice [*wrestling and contrivance*] pour emboîter les faits dans le carcan de la doctrine » (p. 277-278). « L'inclination de Durkheim au dichotomisme et au dualisme » (p. 290). « Le caractère a-temporel et statique de cette conception contraste avec le caractère dynamique de sa théorie de la valeur qui en est le fondement » (p. 291). « Il est douteux qu'il existe beaucoup d'anthropologues prêts à accepter littéralement la thèse durkheimienne » (p. 291). « La dichotomie en elle-même est inutilisable [*unusable*], si ce n'est au prix d'une interférence injustifiable avec les faits d'observation » (p. 291).

Au sommet, en quelque sorte, de ces reproches, Stanner évoque une situation d'ordre émotionnel qui l'a certainement

---

14. Un exemple caractéristique : Mircea Eliade ignore constamment l'œuvre de Durkheim. Il se limite à citer les *Formes* et à qualifier Durkheim, sans autre précaution, de « réductiviste ». Eliade, 1965 ; Allen, 1982 : 42-44 et 250. Pour un commentaire critique récent et de grand intérêt, voir Isambert (1982 : 213-297).
15. Lukes (1972 : 26-28) se limite à colliger et à résumer les objections soulevées par Stanner (1967).

marqué profondément. En mettant l'accent une deuxième fois sur la puissance [*established force*] des thèses durkheimiennes sur le sacré et le profane, il avoue, non sans un certain ressentiment, « qu'en étudiant les religions aborigènes, je m'accusais moi-même d'incompétence quand les faits ne correspondaient pas [au schéma préétabli] » (p. 291).

Des difficultés empiriques

Mettant en cause les affirmations de Parsons (1937 : 410), Stanner pose notamment la question de base dans les termes que voici : « Est-ce vrai [...] que les catégories de "sacré" et de "profane" n'impliquent pas, chez Durkheim, des erreurs de caractère empirique » ? (Stanner, 1967 : 278).

Stanner rapporte plusieurs difficultés concrètes qu'il a rencontrées dans ses « propres études sur le terrain ». Elles sont, fondamentalement, de deux ordres : la dichotomie durkheimienne ne correspond pas à la réalité ; elle ne correspond pas non plus à la mentalité aborigène.

La division du monde en sacré et profane ne correspond pas à la réalité. Stanner observe que les aborigènes australiens utilisent souvent dans leurs rites religieux des objets qui ne sont sacrés dans aucun degré et dans aucun sens. Il s'agit, en effet, d'objets naturels (eau, feu, boue) ou d'objets artificiels (cosmétiques, outils, armes) qui ont une certaine utilité et qui peuvent avoir une valeur symbolique. Ces objets se trouvent en contact physique avec des objets et des personnes sacrées « sans devenir sacrés eux-mêmes et sans avoir des effets nuisibles » (p. 291). Ces objets, cependant, ne peuvent être qualifiés de « profanes ». Il s'agirait donc de « choses ordinaires, communes ou mondaines » (p. 291), d'une troisième catégorie qui se trouverait entre le sacré et le profane. Stanner est par ailleurs persuadé de ce que Durkheim lui-même aurait admis cette troisième catégorie de façon implicite. Pourquoi Durkheim ne l'aurait-il pas avoué ? Stanner ne se pose pas la question.

La division du monde en sacré et profane ne correspond pas à l'univers mental des aborigènes australiens. En effet, pour eux « tout ce qui existe » (*Formes* : 56) n'est pas divisé « en deux genres... qui s'excluent radicalement » (*Formes* : 56). Les deux moitiés d'une tribu segmentée ou d'un groupe de tribus ne font pas preuve d'une quelconque « hétérogénéité absolue » (*Formes* : 53) et elles ne se perçoivent pas comme s'excluant « radicalement » (*Formes* : 56). Elles se perçoivent comme interdépendantes. « Le fait est qu'elles s'entrecoupent systématiquement tout en sauvegardant leur identité » (p. 292). Bref, dans la pensée aborigène, la dualité est conçue essentiellement comme une interminable opposition entre des « pôles contraires et complémentaires » (p. 292), à l'instar de la droite et de la gauche. Les thèses de Durkheim, conclut Stanner, « seront tout simplement inapplicables [*will not do*] » (p. 293).

Pour notre part, nous voulons bien que les faits rapportés par Stanner soient des faits sûrs et authentiques. Ils ne nous semblent pas aller nécessairement à l'encontre des thèses de Durkheim. Ils vont à l'encontre de la lecture que fait Stanner de Durkheim. Voici quelle est cette lecture et en quoi elle nous semble fondamentalement erronée.

Des critiques de caractère méthodologique

Essayons maintenant d'examiner critiquement les objections méthodologiques de Stanner à partir de sa position centrale, par ailleurs parfaitement nette. Pour lui, la thèse de Durkheim (« une division bipartite de l'univers connu et connaissable en deux genres qui comprennent tout ce qui existe, mais qui s'excluent radicalement », *Formes* : 56) est inutilisable scientifiquement. Pourquoi ? Parce qu'il est impossible de trouver « un terrain conceptuel » (p. 291) pour les phénomènes qui, étant exclus de la première catégorie (le sacré), auraient dû tomber dans la deuxième catégorie (le profane), mais « n'y sont pas » (p. 291). De là, poursuit Stanner, deux conclusions se sont imposées successivement. D'abord, la nécessité de concevoir une troisième catégorie, celle qu'il voudrait bien appeler « le mondain [*the mundane*] » (p. 291), afin d'y loger les phénomènes qui ne correspondent ni à l'une ni à l'autre des catégories originaires. Ensuite, la remise en question finale de tout le système, car même en y ajoutant une troisième catégorie, une masse importante de phénomènes resterait toujours « inexpliqués de façon adéquate » (p. 291).

Il ne nous paraît pas vain d'avouer tout de suite notre

compréhension pour les déboires de Stanner. Il est en effet extrêmement difficile, voire tout simplement impossible, de classer à tour de rôle tous les phénomènes qui entourent les cultes religieux à l'intérieur d'un schéma aussi rigide que celui de Stanner, qu'il soit divisé en deux ou en trois catégories, ou même qu'il soit conçu « en termes de deux séries continues [*two continua*] » (p. 295). Effectivement, tout effort pour camper les faits dans ce genre de schéma rigide s'avère parfaitement inutile.

Quelques lignes plus loin, Stanner nous donne très explicitement la clé pour saisir la base de sa lecture de Durkheim. Absorbé par le souci de justifier sa position, il en vient à l'exprimer à l'aide de l'image d'un « rectangle » qui représente « l'univers », divisé en deux champs « qui s'excluent radicalement » et qui comprennent « tout ce qui existe ». Le champ S contient tout ce qui est sacré ; le champ P, tout ce qui est profane. Sur cette base Stanner arrive à une conclusion sans appel. « Le schéma est manifestement inadéquat pour la recherche empirique [...] empêtré dans des difficultés conceptuelles et logiques » (p. 294).

Portée de ces objections méthodologiques

Une question préliminaire se pose ici. Les objections méthodologiques de Stanner concernent-elles seulement le travail de Durkheim sur les aborigènes australiens ? Ont-elles plutôt une portée générale qui s'appliquerait à la distinction entre sacré et profane elle-même, sans relation ni avec une théorie ni avec un champ d'application concrets ? Faut-il penser par exemple que, pour Stanner, la diade sacré-profane s'avère également inutile lorsqu'il est question d'étudier des religions monothéistes classiques (où justement l'hétérogénéité entre le Tout Autre et le reste du monde est radicalement unique et absolue) ?

Nous hésitons à nous prononcer. D'une part, l'ensemble des difficultés conceptuelles et empiriques qu'accumule Stanner semble déborder largement les thèses durkeimiennes et mettre irrémissiblement en question, soit toute[16] la théorie, soit pour

---

16. Stanner (1967 : 293) observe que les premiers commentateurs des *Formes* ont critiqué surtout le concept de « sacré », mais qu'il faut surtout mettre à l'épreuve

le moins le concept théorique de « profane ». D'autre part, la théorie du sacré et du profane compte avec une tradition et une prolifération de travaux philosophiques et scientifiques d'une telle ampleur[17], qu'il semble peu probable que la critique de Stanner, somme toute assez rudimentaire, puisse prétendre à miner définitivement les bases de cet imposant édifice intellectuel. Cette dernière considération nous porte plutôt à concéder à Stanner le bénéfice du doute. Nous ne donnerons donc pas une portée générale à ses objections méthodologiques. Nous nous limiterons à les évaluer sur la base de la lecture que fait Stanner des thèses théoriques de Durkheim sur le sacré et le profane.

Par ailleurs, rien ne nous autorise à donner une portée générale aux objections de Stanner. En effet, dans l'article dont il est question ici, Stanner ne s'exprime pas en tant qu'épistémologue de la recherche scientifique. Il se présente — explicitement — comme un ethnologue qui a fait beaucoup de travail sur le terrain. Pour faire ce genre de travail, il a eu besoin d'une théorie, d'un ensemble de bases logiques et conceptuelles. Il a essayé donc d'appliquer les thèses durkheimiennes du sacré et du profane dans son champ concret d'observation et d'analyse. Après plusieurs essais infructueux, Stanner se déclare incapable de suivre les pistes durkheimiennes. Et il se voit ainsi obligé à les critiquer et à les rejeter dans leur propre constitution logique.

Nous ne discuterons donc pas les objections méthodologiques de Stanner sur la base de leur portée générale. En le suivant plutôt dans la perspective concrète qui est la sienne, nous essayerons de montrer que sa prétendue impossibilité de travailler avec les catégories de « sacré » et de « profane » ne dépend ni de la théorie générale ni du terrain concret, mais du fait que sa lecture des thèses de Durkheim est erronée et que, par conséquent, ses objections ratent sa cible et son objet.

---

le concept de « profane ». Selon lui, Durkheim emploie ce concept dans des sens fort différents : « sens banal [commonness] », « sacralité mineure », « non-sacralité », « anti-sacralité ». Des choses aussi disparates, conclut Stanner, ne peuvent pas former une classe, à moins qu'une classe puisse être marquée à la fois par une propriété, son absence et son contraire.

17. Wunenberger (1981) apporte à ce propos un aperçu bibliographique comprenant un large éventail de références.

La faille de la critique méthodologique de Stanner

Stanner nous semble convaincant, répétons-le, lorsqu'il conclut à l'impossibilité de travailler intelligemment avec des « catégories statiques ». Son argumentation a néanmoins une faille capitale qui lui enlève toute sa valeur. Cette faille nous semble évidente. Stanner n'a pas considéré la possibilité d'interpréter le schéma théorique durkheimien autrement que comme un schéma statique, renfermé sans remède dans sa fameuse image du rectangle. Or, une autre lecture est parfaitement possible. Une lecture qui oublierait le rectangle et rendrait compte de l'hétérogénéité absolue entre le sacré et le profane dans une perspective souple, éclairante et parfaitement opérationnelle. Cette autre lecture n'est pas seulement possible. Elle est incomparablement plus proche des idées centrales de Durkheim.

En effet, Durkheim n'a pas envisagé l'utilisation empirique de ses thèmes sur le sacré et le profane dans le sens de la création d'un instrument de classification. Il n'a pas prétendu faire un instrument plus ou moins complexe qui aurait pour objet de permettre une classification sûre et finale d'un grand nombre d'objets, de croyances ou de pratiques à partir des catégories de sacré et de profane. Ce souci de classification pure et simple s'avère par ailleurs peu sensé. Imaginons, pour prendre un exemple près de nous, l'idée de classer les objets d'une cathédrale et les difficultés insurmontables qui se présenteraient au moment de décider de la place ou de l'ordre de sacralité ou de profanité des vêtements liturgiques ou des vêtements tout court des enfants de chœur![18].

Il n'est pas besoin d'avoir recours à des exemples bizarres pour comprendre que ce genre de souci classificatoire ne correspond pas à l'intention de Durkheim. Il suffit de revoir comment il procédait, en colligeant une à une des nombreuses études empiriques, pour retracer « la classification des choses » chez les aborigènes australiens (*Formes* : 200-211) et « la signification religieuse de ces classifications [...] » (*Formes* : 211-222).

---

18. Comparer ce naïf souci classificatoire avec des textes, nombreux, comme celui-ci : « L'âme et le corps, les sens et la raison, les appétits égoïstes et la volonté morale s'opposent et, en même temps, s'appellent, comme le profane et le sacré qui sont interdits l'un à l'autre et qui, pourtant, se mêlent sans cesse l'un à l'autre » (1913 *b* : 72-73).

Il suffit de revoir également comment il s'y prenait pour décrire minutieusement et pour tâcher de comprendre et d'expliquer « le caractère sacré de l'emblème totémique » (*Formes* : 181-189) ; « le caractère sacré de l'homme » (*Formes* : 189-199).

Par ailleurs, Durkheim apportera un instrument conceptuel précis susceptible de résoudre le problème qui apparemment a paralysé Stanner. Il s'agit de la notion de « principe totémique » (*infra* : 228 et s.). Certes, d'une part, l'opposition entre sacré et profane est radicale et absolue et, d'autre part, le sacré prend des formes variées et différentes. Celles-ci ne sont cependant pas vécues de façon aléatoire ou atomistique. « Les sentiments semblables que ces *différentes sortes de choses** éveillent dans la conscience du fidèle et qui font leur *nature sacrée**, ne peuvent évidemment venir que d'un *principe** qui leur est *commun** « (*Formes* : 269). Nous reviendrons en détail sur la question de la valeur heuristique du concept de « principe totémique » comme complément nécessaire de la théorie du sacré (*infra* : 292 et s.).

Il est évident qu'il ne s'agit point de procéder de façon mécanique, sans précautions et sans nuances. L'exposé de ses présupposés méthodologiques et la déclaration explicite de ses intentions permettent de saisir très clairement le sens et la portée de la démarche durkheimienne. « [...] notre intention n'est pas de retracer ici toutes les spéculations dans lesquelles s'est jouée la pensée religieuse même des seuls Australiens. Ce que nous voulons atteindre, ce sont les notions élémentaires qui sont à la base de la religion ; mais il ne saurait être question de les suivre à travers tous les développements, parfois si touffus, que leur a donnés, dès ces sociétés, l'imagination mythologique. [...] les processus mentaux dont elle résulte sont d'une trop grande complexité pour qu'ils puissent être étudiés indirectement et de biais. C'est un difficile problème qui demande à être traité en lui-même, pour lui-même et d'après une méthode qui lui soit spéciale » (*Formes* : 141-142).

Stanner, en ignorant étrangement tout le contexte, s'obstine à vouloir interpréter littéralement les mots de Durkheim : « une division bipartite de l'univers connu et connaissable en deux genres qui comprennent tout ce qui existe, mais qui s'excluent radicalement » (*Formes* : 56). Il essaie, en vain, de classer « tout ce qui existe » dans l'un ou l'autre des « deux genres ». Au lieu de réviser, par le contexte, sa lecture du texte théorique, il arrive à la conclusion que, dans « ses études sur le terrain », cette théorie est inutilisable. Or, est-il sûr d'avoir bien compris cette théorie ?[19].

▶ INTÉRÊT D'UNE PERSPECTIVE HEURISTIQUE

Nous proposons de lire les propos de Durkheim en les situant dans une perspective théorique et empirique très large. Sa recherche, il l'a dit dès le début, a pour objet de « comprendre la nature religieuse de l'homme » (*Formes* : 2), de l'homme de tous les temps et de toutes les civilisations, puisque cette nature religieuse constitue « un aspect essentiel et permanent de l'humanité » (*Formes* : 2). C'est dans ce but qu'il se met à étudier le système religieux le plus simple connu afin d'y déceler l'élément constitutif essentiel du religieux.

Pour ce faire, il a besoin d'une définition préliminaire de la religion. Et il arrive ainsi à une idée heuristique centrale : la religion ne peut pas se définir à partir des concepts de surnaturel ni de divinité, c'est, par contre, « la division du monde en [...] sacré [...] profane [...] [qui] est le trait distinctif de la pensée religieuse » (*Formes* : 50-51). Voilà la perspective qui nous intéresse chez Durkheim. Une perspective orientée par une problématique fondamentale qui est loin de s'épuiser dans le souci de construire un instrument de classification.

La fonction heuristique de la théorie durkeimienne n'a pas d'ailleurs un caractère unipolaire ni monolinéaire, mais multidimensionnel[20]. Fusant dans un grand nombre de directions, elle n'a pas fini d'ouvrir de nouveaux chantiers de recherche. On se penchera en d'autres occasions sur les études qui se sont

---

19. Il est fort compréhensible que Stanner, ethnologue, saisisse mal les thèses théoriques de Durkheim. Il est par contre étonnant que Lukes, l'historien de la sociologie et le biographe réputé de Durkheim, fonde exclusivement sur Stanner tout son commentaire critique sur les thèses durkheimiennes du sacré et du profane et se laisse aller à une ironie facile. « Comment distinguer une profanation sacrée d'une profanation profane ? » (Lukes, 1972 : 27). Lacroix (1974) attire l'attention également sur le contraste manifeste entre la superficialité théorique et la remarquable érudition dont fait preuve l'œuvre de Lukes.

20. Ce n'est pas sans à-propos le plaidoyer d'Alexander (1982 *a* : 122-126) concernant « le besoin d'une approche multidimensionnelle » ainsi que son importante contribution à l'étude « des plus grandes [*powerful*] théories sociologiques de notre temps [Marx, Durkheim, Weber, Parsons] [...] élaborées sur une ligne de pensée plus multidimensionnelle ».

inspirées[21] de ces thèses durkeimiennes ainsi que sur celles, plus ou moins inédites, que nous entrevoyons aujourd'hui comme particulièrement importantes pour le progrès de la science de la religion[22]. Pour l'instant[23], nous nous limitons à suggérer ici quelques pistes de recherche susceptibles de développer les thèses de Durkheim dans le contexte théorique dans lequel elles ont été élaborées.

Pistes de recherche théorique et empirique

L'intérêt que présente Durkheim dans ce domaine vient surtout du fait d'avoir réussi à réunir de façon systématique et générative, un ensemble d'idées-forces qui, avant lui, œuvraient en ordre dispersé.

L'idée de l'hétérogénéité absolue, radicale, universelle et unique qui sépare les êtres en deux catégories irréductibles, le Sacré-divin et tout le reste. Idée très ancienne des religions monothéistes, véhiculée notamment par nos traditions judaïque et chrétienne.

L'idée de rejeter le Sacré-divin comme substance autonome et de le concevoir comme création d'une humanité incapable de vivre sans l'appui d'une référence absolue. Idée romantico-humaniste développée notamment au siècle des Lumières.

L'idée de constater et de tenir compte de l'infinie multiplicité des formes que prend le sacré à travers l'histoire des civilisations, des sociétés les plus archaïques aux sociétés modernes les plus évoluées. Le comparatisme est une idée de base commune aux sciences humaines naissant au XIXe siècle (philologie, histoire des religions, etc.).

L'idée de chercher un principe commun et un fondement réel au sacré, phénomène universel (qui ne peut pas être fondé sur une méprise ni sur une illusion) et l'idée de pressentir que ce fondement, cette Réalité suprême qui s'impose partout, ne peut être autre que la Société, source et accomplissement des aspirations humaines. Idée théorique de base anthropologique,

---

21. Rappelons notamment Bellah et Swanson (*infra* : 291-292).
22. Nous avons présenté ailleurs une tentative d'application empirique des thèses durkheimiennes (Prades, 1983).
23. On y reviendra plus en détail (*infra* : Conclusion).

et socio-religiologique, qui constitue l'apport le plus original de Durkheim.

L'idée, enfin, de construire une science de la religion comme « une science humaine », une science dont l'objet est de comprendre, d'expliquer et d'orienter la spécificité totale de l'humain. Idée religiologique qui, en interaction dialectique avec l'idée antérieure, complète et maximise la valeur heuristique de la conception durkeimienne du sacré.

Les thèses durkheimiennes du sacré et du profane, riches de cet ensemble d'idées-forces que nous n'avons fait qu'évoquer, sont profondément originales. Elles contiennent une sorte de fécondité séminale pour articuler, du triple point de vue : anthropologique, sociologique et religiologique, une problématique centrale pour le développement de la connaissance de l'humain et, plus généralement, pour le progrès de la condition humaine dans sa complexité.

Un ensemble de questions importantes se posent dans cette perspective.

La division du monde en sacré et profane, l'expérience de l'hétérogénéité radicale entre ces deux mondes, est-ce un phénomène universel ? Se rencontre-t-il seulement dans les cultures imprégnées du dualisme monothéiste ? (*infra* : 303 et s.). Se rencontre-t-il vraiment dans les sociétés cynégétiques archaïques ? Se rencontre-t-il, aussi, dans les sociétés industrielles sécularisées comme la nôtre ?[24]. La division sacré-profane existe-t-elle dans chacun de ces types de civilisation ? Prend-elle des formes caractéristiques dans chacun d'entre eux ? Lesquelles ? Quelles en sont les similitudes et les différences les plus marquantes ? Comment expliquer l'universalité et/ou les particularités des différentes formes de vivre la dyade sacré-profane ? Que peuvent nous apprendre ces recherches comparatives pour mieux connaître les femmes et les hommes du monde postindustriel qui est le nôtre ? Que peuvent bien signifier ces connaissances du point de vue d'une théorie systématique de la religion ? Quelles conséquences comporteraient ces recherches du point de vue anthropologique fondamental,

---

24. Cette classification des civilisations humaines en trois types fondamentaux (cynégétique, agricole, industriel) est une classification assez courante et connue. Voir, entre bien d'autres exemples Bastide (1975), Bellah (1964), Dupré (1975), Eliade (1965 : 159 ; 170-171, etc.). Voir également (*infra* : 196-197).

du point de vue d'une théorie générale de l'ordre et de l'action humains ?

Voilà des questions graves, ouvertes à l'infini. Peut-on les rendre opérationnelles pour la recherche empirique ? Il faut essayer patiemment pour le savoir. On ne voit pas très bien pourquoi cette possibilité serait exclue au point de départ. La recherche systématique sur ces questions peut-elle mener à un véritable progrès de nos connaissances ? A ce niveau, chacun a ses doutes et ses certitudes. Pour nous, une recherche systématique mettant à l'épreuve les thèses durkheimiennes sur l'expérience du sacré et du profane nous semble parfaitement pertinente. Il est en effet difficile d'imaginer pour quelle raison cette recherche serait irrésistiblement condamnée à l'inutilité.

Il n'est pas question, évidemment, de prétendre que Durkheim serait le créateur du concept de sacré. On sait très bien que le concept moderne de sacré a été l'œuvre du siècle des Lumières où différents courants de pensée romantique décrivent les sentiments d'un homme confronté à l'absolu, intègrent les nouvelles connaissances sur les sociétés extra-européennes et adoptent l'idée d'une nature humaine dotée du sens du sacré (Wunenburger, 1981 : 67-70). Cette idée s'est développée largement avec l'essor des sciences humaines et des sciences religieuses depuis le milieu de XIXe siècle.

Durkheim n'a donc point « inventé » le concept de sacré. Il l'a repris notamment de Fustel de Coulanges[25] et, plus directement encore, de Robertson Smith[26]. L'intérêt de la contribution durkheimienne ne vient pas d'une quelconque originalité chronologique, même si sa première étude sur le sacré (*De la définition des phénomènes religieux*, publiée en 1898) précède le livre de Rudolf Otto (*Das Heilige*, publié en 1917) de près de vingt ans, ce qui est digne d'être noté au profit de ces historiens à la mémoire courte qui attribuent à Nathan Söderblom (1913) et à Rudolf Otto (1917) « l'émergence du concept de sacré dans l'étude de la religion » (Streng, 1981 : 122).

L'intérêt de la conception durkheimienne du sacré se

---

25. Voir en particulier *La Cité antique*, publiée en 1864. Nisbet (1974 b : 172-173 ; 1965 b : 76-77) fournit des indications à ce propos.
26. Notamment ses *Lectures on the Religion of the Semites*, publiées en 1889. Pour des commentaires à ce sujet, voir entre autres, Beidelman (1974) et Jones (1981).

mesure en la comparant à celle des autres auteurs. Nous pensons notamment à ceux qu'on peut considérer comme les créateurs du concept moderne de sacré dans le cadre des théologies naturelles et des déismes du XVIIIe siècle (D. Hume, J.-J. Rousseau, F. Schleiermacher) ; à ceux qui ont été les premiers utilisateurs du concept moderne de sacré, dans le cadre notamment de l'ethnologie et de l'histoire comparée des religions (E. B. Tylor, J. Frazer, M. Müller, C. P. Tiele, P. D. Chantepie de La Saussaye) ; à ceux enfin qui, ayant accompli un important effort de systématisation grâce aux acquis de la phénoménologie, sont devenus, très généralement, les grands « classiques » reconnus dans la matière (R. Otto, M. Eliade)[27].

L'avantage des vues de Durkheim tient à un double fait qu'il serait utile de développer en détail. Le fait d'intégrer les éléments constitutifs essentiels des autres théories (l'hétérogénéité radicale du sacré et du profane ; l'étude théorique et empirique approfondie du phénomène). Le fait de dépasser en complexité les autres théories (en particulier l'articulation des perspectives anthropologique, sociologique et religiologique).

La complexité de cette triple articulation que les philosophes, les historiens et les phénoménologues de la religion ignorent souvent, est le grand apport de Durkheim en la matière. Loin de nous d'opposer l'intérêt de la « complexité » de Durkheim à l'intérêt de la « profondeur » de certains développements des écoles phénoménologiques. Nous pensons justement le contraire.

Notre conclusion ici comme ailleurs c'est d'insister sur l'importance, non pas de répéter, mais d'actualiser la pensée durkheimienne. Pour savoir si ses grandes intuitions articulant le concept de sacré, la théorie de la religion et la science de l'homme ont un véritable intérêt, il faudra les soumettre à l'épreuve de la recherche et de la vérification théorique et empirique.

---

27. Caillois (1950 : 12) confirme ces vues dans un aparté, à notre sens, parfaitement juste : « M. Rudolf Otto est l'auteur d'un travail fort répandu sur la partie « subjective » du sujet, je veux dire traitant du sentiment du sacré. Le sacré y est analysé au point de vue psychologique, de façon presque introspective, et aussi exclusivement sous les formes qu'il a prises dans les grandes religions universalistes. J'ai cru pouvoir, dans ces conditions, négliger d'aborder de front cet aspect du problème, sans m'interdire néanmoins de m'y référer chaque fois qu'il me paraissait utile de le faire. »

CHAPITRE V

Quasireligion et parareligion

Le rapport entre religion et quasireligion est connu des spécialistes qui parlent des définitions « exclusives » (restreintes) et des définitions « inclusives » (larges). Les premières identifient les notions de « religion » et de « nomoreligion » ; les deuxièmes tendent surtout à inclure dans le concept de religion ce qu'on appelle les « religions séculières » sur la base de considérations théoriques de caractère théologique. Durkheim travaille tout au long de son œuvre avec une définition inclusive de la religion fondée sur une base socio-religiologique élaborée en fonction de la science de l'homme et de la problématique de la modernité.

Les psychologues, les historiens des religions, les sociologues, les ethnologues ont fixé leur attention sur le phénomène parareligieux en l'étudiant en lui-même. Durkheim propose une vision théorique nouvelle. Son hypothèse centrale est que la magie et la religion, pour l'essentiel, ne diffèrent pas en termes de contenu, mais en termes de morphologie sociologique. Cette vision des choses est profondément originale dans l'histoire des sciences humaines et des sciences religieuses. Elle présente un grand intérêt pour saisir la relation profonde qui lie l'homme et le sacré. Un sacré qui se présente dans des formes qui semblent plus ou moins corrompues et inavouables autant que dans des formes reconnues comme pures, imperfectibles et à la limite divines.

LE PROBLÈME DU QUASIRELIGIEUX

> « [...] ce caractère quasi religieux de la morale [...]. »
> E. Durkheim, *L'éducation morale*.

> « La question est de savoir, non pas si nous enseignons la religion, mais quelle forme de religion nous enseignons. »
> R. N. Bellah,
> *Religious Studies as « New Religion »*.

Dans le but de poursuivre notre réflexion sur la théorie de la religion, nous nous sommes proposé de distinguer un ensemble de différents types de rapport au sacré : le nomoreligieux, le quasireligieux et le parareligieux. Que faut-il comprendre par quasireligion ? Quels liens rattachent ce concept à celui de religion ?

▶ L'ÉTAT DE LA QUESTION

Quel est l'origine, le contenu, la raison d'être du terme quasireligion ? Quelle idée ce terme évoque-t-il ? Quels problèmes théoriques ou pratiques soulève le rapprochement entre les concepts de religion et de quasireligion ?

Le terme

Le terme quasireligion est formé par le préfixe latin « quasi », qui signifie « presque » ou « pour ainsi dire ». Suivant les règles de la grammaire française, lorsque ce préfixe s'emploie pour modifier un substantif, les deux mots sont liés par un trait d'union et forment une sorte de nom composé (quasi-pauvreté, quasi-contrat, etc.)[1]. C'est de cette façon que l'on trouvera

---

1. Pour plus de détails voir par exemple Grevisse (1980 : 152-153 et 1017) ou les grands dictionnaires de la langue française (*Robert, Littré*, etc.). Il a été dit (*supra* : 118 n. 3) pourquoi nous nous permettons d'écrire ici ce terme sans trait d'union, donc « quasireligion » à la place de « quasi-religion ».

généralement l'expression quasi-religion (Tillich, 1968 : 61 et ss).

Pour notre part, nous n'opposons pas le terme « quasireligion » à celui de « religion ». La terminologie que nous avons avancée oppose, par contre, le terme « quasireligion » à celui de « nomoreligion »[2]. Ce néologisme, inconnu dans notre discipline, nous semble nécessaire pour éviter la périphrase[3]. Celle-ci est autrement inévitable, car l'idée du « nomoreligieux », de ce qui est considéré « religieux » au sens communément accepté du terme, fait nécessairement partie du discours scientifique.

L'expression « quasi-religion » est connue et acceptée en sciences de la religion (Lukes, 1972 : 252 ; Glock-Bellah, 1976, chap. II). C'est sans doute Paul Tillich qui a popularisé et fixé en quelque sorte ce terme. Il l'emploie surtout pour désigner certains « mouvements séculiers » de notre temps, en insistant sur « ce qui peut sembler un paradoxe, à savoir que ce qui caractérise principalement la rencontre actuelle des grandes religions, c'est qu'elles ont à compter avec les quasi-religions de notre temps » (Tillich, 1968 : 68-69).

Dans la pratique courante des sciences religieuses ou théologiques, cette expression reste généralement[4] prisonnière du langage tillichien et ne semble pas connaître un usage largement répandu, en tant que terme théorique autonome. On pourra constater facilement son absence dans l'index des ouvrages de référence et des grands instruments bibliographiques[5].

---

2. Le préfixe « nomos » évoque l'idée de règle, de norme, de ce qui est considéré comme régulier, normal, approprié. Comme le souligne Berger (1971 : 47), on ne saurait ignorer l'utilisation qu'en a faite Durkheim, dans son célèbre concept d' « anomie ».
3. Quand la nuance est nécessaire, les auteurs sont obligés d'insister en parlant, par exemple, « de faits qui sont généralement considérés comme religieux » (Harrison, 1912 : 29). Durkheim utilisera au besoin la périphrase sans hésiter et parlera, par exemple, de « la religion régulière et publique » (1913 *a* (ii) (20) : 388).
4. En langue allemande, on utilise l'expression *Religionersatz*, expression qui équivaut littéralement à notre « quasireligion » (Weber, 1964 *b*, chap. VIII). Notons cependant que cette expression peut prendre une allure péjorative (Lang, 1963 : 1173-1174).
5. Voir par exemple : *Bulletin signalétique. Histoire et sciences des religions*; *Dictionnaire des religions*; *Encyclopaedia Universalis*; *Index to Religious Periodical Literature*; *Religion index one : periodicals*; *Encyclopaedia Britannica*, etc. Notons à ce propos que, dans cette dernière, la section de la huitième partie de la *Propaedia* (p. 498-559) intitulée « Other religions and religious movements in the modern world » n'utilise jamais le terme « quasireligion » (ni le terme « parareligion », d'ailleurs) ce qui aurait pu convenir parfaitement.

L'idée

Si le terme quasireligion reste d'usage relativement restreint, l'idée qu'il évoque revient constamment chez les spécialistes.

Parsons (1973 : 171-172) sera un des rares auteurs qui tenteront de généraliser l'idée de Tillich, en mettant l'accent sur le concept de « préoccupations ultimes » [*ultimate concerns*] comme élément déterminant de ce qui est « plus ou moins explicitement religieux ». Il jettera ainsi une nouvelle lumière sur la distinction entre NR (« ce qui est plus explicitement religieux ») et QR (« moins explicitement religieux »).

De façon courante, cependant, la plupart des travaux contemporains qui évoqueront l'idée du quasireligieux s'en tiendront au sens de « religion séculière » forgé par Tillich (Schmid, 1979 : 41-43 ; Robertson, 1970 : 41 ; Smart, 1978 : 16 ; Gablentz, 1953 : *passim*). Dans ce sens, le phénomène qui sera considéré comme quasireligieux de la façon la plus constante et systématique, ce sera sans doute le marxisme (Arvon, 1957 ; Wackenheim, 1963). Dans un sens proche, l'on connaîtra des variations sur ce thème avec des nuances subtiles : la « religion civile » (Bellah, 1967), la « religion invisible » (Luckmann, 1967), etc.

A côté de ces travaux explicites, l'on trouvera également toute une littérature — le plus souvent à l'extérieur des sciences religieuses — qui sans utiliser une terminologie précise et suivie, étudiera parfois avec grand détail des phénomènes humains que nous n'hésiterions pas à qualifier de quasireligieux[6].

Durkheim se situera pour sa part un peu à la limite de l'expression, en se référant par exemple au « caractère quasi-religieux de la morale » (*Morale* : 8)[7]. Il parlera cependant sans cesse de « choses religieuses » pour nommer indistinctement des phénomènes QR tout comme des phénomènes NR et PR[8].

---

6. Pour illustrer nos propos, on se permettrait de citer ici, pêle-mêle, quelques travaux exemplaires : Castelli (1974) ; Girard (1972) ; Delumeau (1978) ; Barthes (1957) ; Maertens (1978) ; Durand (1960) ; Baudrillard (1976) ; Castoriadis (1975) ; Debray (1981) ; Maffesoli (1982).
7. D'une façon parallèle, Durkheim utilisera également les expressions « entité quasi-divine » (*Formes* : 269) ou « principe quasi-divin » (*Formes* : 293).
8. On pourrait en faire une liste interminable. Pour les cultures archaïques : l'exogamie, les interdictions sexuelles, le sang menstruel, le foyer, le clan, la peine, l'humanité, la danse... Pour les cultures contemporaines : la foi en la science, en la patrie, en l'humanité...

Quasireligion et pararelgion 163

Il sera considéré enfin par certains (Stanner, 1967 : 287) comme une source d'inspiration du concept de quasireligion.

Le problème

La relation entre religion et quasireligion est une question controversée qui divise les auteurs. Ceux qui sont partisans de ne pas inclure le quasireligieux dans l'étude de la religion se déclarent en faveur d'une définition « exclusive » de la religion et accusent les autres, les « inclusivistes », d'élargir excessivement le concept de religion à un tel point qu'il risque de perdre sa propre spécificité. Les « exclusivistes » rendent souvent Durkheim l'ancêtre responsable de cette sorte d'abus méthodologique.

Dans une réflexion sur la définition de la religion, Robertson (1970 : 36-37) rappelle le problème « très général et brumeux » des conceptions de la religion, considère « l'approche de Durkheim à ce problème » et pose nettement la question. « Devrons-nous définir religieuses toutes les croyances et les valeurs qui sont fondamentales à une société [...] ? »

En essayant de répondre de façon un peu élaborée, Robertson propose de distinguer entre les définitions « inclusives », qui donnent un sens large au terme religion, et les définitions « exclusives », qui lui donnent un sens restreint. Robertson tente une intéressante explication de l'origine de ces deux types de définition de la religion, en examinant les préférences des spécialistes. Ainsi, les auteurs qui utilisent des définitions « inclusives » seraient, généralement, ceux qui perçoivent les systèmes sociaux comme des réalités qui se tiennent sur la base de la fidélité à un ensemble de croyances et de valeurs, bien plus que par l'effet du pouvoir et des forces sociales. Ce seraient, par contre, les auteurs qui désirent examiner le fonctionnement des systèmes sociaux en mettant l'accent sur les tensions existantes entre les conceptions religieuses et non religieuses de l'ordre social qui choisiraient des définitions « exclusives ».

L'opposition entre ces deux conceptions éclate particulièrement à propos des changements majeurs qu'ont subis les sociétés industrielles. Ainsi, par exemple, les « inclusivistes » diront que le Communisme est un système de croyances

« comme s'il appartenait à la même espèce sociologique que la religion », tandis que les « exclusivistes » ne le verront pas ainsi. Il en va de même pour toute une série de « thèmes [*issues*] », que les « inclusivistes » auront tendance à considérer comme des phénomènes religieux : des idéologies politiques (nationalisme, fascisme), des systèmes de croyances (sécularisme, humanisme, la psychanalyse, etc.) (Robertson, 1970 : 38).

Existe-t-il un critère objectif pour fonder un choix entre ces deux conceptions de la religion ? Robertson répond par le biais de la distinction entre « définitions fonctionnelles » et « définitions substantielles ». Les définitions fonctionnelles ne regardent pas les phénomènes dans leur réalité constitutive, mais dans la « fonction » qu'ils exercent dans un système. Ainsi, par exemple, le communisme serait une religion ou un « équivalent fonctionnel de la religion ». Ces définitions fonctionnelles ne sont pas satisfaisantes pour Robertson, sur la base de deux séries de raisons. D'abord, les limites des trois contributions majeures des définitions inclusives, à savoir celles de Tillich et Yinger[9], de Parsons et Bellah[10], de Luckmann[11]. Ensuite, sa propre série d'arguments en faveur de la définition exclusive : la conformité avec l'usage ; le besoin de commencer par étudier à fond des phénomènes très rigoureusement identifiés, etc.

L'exposé de Robertson, tout en ayant un caractère schématique, a le mérite de poser le problème des raisons qui permettent d'insérer ou non la catégorie du « quasi-religieux » dans l'étude scientifique de la religion. Il a également le mérite de faire entrevoir l'ampleur du problème et d'identifier les principales « déviations » qu'il a suscitées au cours de l'étude scientifique de la religion. Nous ne discuterons pas ici directement les vues de Robertson. Nous concentrerons notre attention, par contre, sur l'examen de la teneur et de la valeur de la position durkheimienne dans le cadre de cette problématique.

---

9. Robertson (1970 : 39-40) cite Tillich, 1948 ; Bellah, 1966 ; Yinger, 1967.
10. Robertson (1970 : 40-41) cite Bellah, 1965 ; Parsons, 1965 ; Geertz, 1965 ; Parsons, 1966 ; Parsons, 1951 (chap. VIII) ; Parsons, 1963.
11. Robertson (1970 : 41-42) se réfère à Luckmann, 1967. Voir, pour compléter, Machalek-Martin, 1976.

▶ LA POSITION DE DURKHEIM

Assurément, Durkheim ne connaît pas les termes « inclusive » et « exclusive » pour déterminer différents types de définitions de la religion[12] et il ignore également les distinctions terminologiques que nous avons proposées (R, NR, QR, PR). Sa position, aux niveaux pratique et théorique, est cependant remarquablement nette sur deux éléments essentiels : l'insertion du « quasi-religieux » dans le « religieux » ; l'explication rationnelle de cette insertion.

Cette position est constante tout au long de son œuvre. Il n'est pas besoin de refaire en entier son itinéraire intellectuel[13]. Il suffit de reprendre deux textes pour montrer comment ces deux éléments essentiels sont maintenus du début à la fin de sa carrière.

L'insertion

1886. Dans la première publication de Durkheim sur la religion, l'équation R = NR + QR se trouve de façon nette. « La religion [R] commence avec la foi, c'est-à-dire avec toute croyance [NR, QR] acceptée ou subie sans discussion. La foi en Dieu [NR] n'est qu'une espèce de foi [R]. Il en est bien d'autres [QR]. La plupart d'entre nous ne croient-ils pas au progrès [QR] avec la même naïveté que nos pères croyaient jadis au bon Dieu et aux saints [NR] ? » (1886 a [*SSA* : 195]).

1912. Dans l'œuvre de maturité, l'équation R = NR + QR apparaît également. Durkheim utilise une formulation un peu plus sereine, dirions-nous, que celle qu'il avait employée un

---

12. L'expression « définitions exclusives de la religion [*exclusive definitions of religion*] » est connue et acceptée généralement aujourd'hui. Voir, par exemple, Dobbelaere, 1981 *b* : 38 ; Chalfant *et alii*, 1981 : 22-24, etc.
13. Il y a certes des nuances, dans le sens, pensons-nous, que Durkheim semble perdre avec le temps le sociologisme radical de ses premiers écrits. « La religion n'est donc qu'une forme de coutume, comme le droit et les mœurs... Nous venons d'indiquer quel est l'aspect que présente *la religion quand on n'y voit qu'un phénomène social* » (1886 *a* [*SSA* : 195]). A notre sens, ce radicalisme durkheimien doit être interprété au niveau de sa conception fondamentale selon laquelle le social est sacré, donc aussi foncièrement respectable que puisse être la divinité pour ceux qui y croient. Cette relation non réductiviste entre « religion » et « société » ne changera pas chez Durkheim. Elle mûrira et ne cessera pas de s'approfondir de manière progressive.

quart de siècle plus tôt. « Il ne peut pas y avoir de société qui ne sente le besoin d'entretenir et de raffermir, à intervalles réguliers, les sentiments collectifs et les idées collectives qui font son unité et sa personnalité. Or, cette réfection morale ne peut être obtenue qu'au moyen de réunions, d'assemblées, de congrégations où les individus, étroitement rapprochés les uns des autres, réaffirment en commun leurs communs sentiments ; de là, des cérémonies [QR] qui, par leur *objet**, par les *résultats** qu'elles produisent, par les *procédés** qui y sont employés, ne diffèrent pas *en nature** des cérémonies proprement religieuses [NR] » (*Formes* : 610).

La raison de l'insertion

Pour quelle raison faut-il inclure le « quasireligieux » dans le concept de religieux ? Pour deux raisons. Parce que le « nomoreligieux » et le « quasireligieux » ont la même nature, parce qu'ils remplissent les mêmes fonctions sociales. Voici les propres mots de Durkheim.

1886. « Faire de la religion je ne sais quelle métaphysique idéaliste et populaire et la *réduire** à n'être qu'un ensemble de jugements personnels et réfléchis *sur la relativité de la connaissance humaine et sur le nécessité d'un au-delà** [NR], c'est lui enlever tout rôle social. Elle ne peut rester une discipline collective que si elle s'impose à tous les esprits avec l'irrésistible autorité de l'habitude [...] Une société sans préjugés ressemblerait à un organisme sans réflexes : ce serait un monstre incapable à vivre. Tôt ou tard, la coutume et l'habitude reprendront donc leurs droits et voilà ce qui nous autorise à présumer que la religion survivra aux attaques dont elle est l'objet. Tant qu'il y aura des hommes qui vivront ensemble, il y aura entre eux quelque *foi commune** [QR]. Ce qu'on ne peut prévoir et ce que l'avenir seul pourra décider, c'est *la forme particulière sous laquelle cette foi se symbolisera**. En résumé, le droit, la morale, la religion sont les trois grandes fonctions régulatrices de la société [...] » (1886 *a* [*SSA* : 196-197]).

1912. « Les grandes choses du passé, celles qui enthousiasmaient nos pères [NR], n'excitent plus chez nous la même ardeur, soit parce qu'elles sont entrées dans l'usage commun, au point de nous devenir inconscientes, soit parce qu'elles ne répondent plus à nos aspirations actuelles [...] En un mot, *les anciens dieux** [NR] vieillissent ou meurent, et d'autres ne sont pas nés [...] Il n'y a pas d'évangiles qui soient immortels et il n'y a pas *de raison de croire** que l'humanité soit désormais incapable d'en concevoir des nouveaux [QR]. Quant à savoir ce que seront *les symboles où viendra s'exprimer la foi nouvelle** [QR] [...], c'est là une question qui dépasse les facultés humaines de prévision et qui, d'ailleurs, ne tient pas au fond des choses » (*Formes* : 610-611).

Bref. Cette identité de nature entre NR et QR et l'explication rationnelle de cette identité sont exprimées à plusieurs reprises. Voir, par exemple, le compte rendu des *Formes*, signé conjointement par Durkheim et par Mauss. « M. Durkheim montre comment toute collectivité inspire à ses membres des sentiments [QR] qui sont identiques en nature aux sentiments religieux [NR] » (1913 *a* (ii) (7) [*JS* : 705]). Le fait que cette identité a un fondement théorique chez Durkheim est également confirmé par une remarque sur l'utilisation du terme « religion » dans un sens externe, purement métaphorique. « Si l'on dit parfois d'un homme qu'il a la religion [...] des choses auxquelles il reconnaît [....] une valeur éminente [...], il est clair que, dans tous ces cas, le mot est pris dans *un sens métaphorique** et qu'il n'y a rien dans ces relations qui soit proprement religieux. Ce n'est pas dire que ces relations ne puissent pas prendre un caractère religieux. Mais elles ne l'ont pas nécessairement » (*Formes* : 52). Le fait de reconnaître le sens « métaphorique » du terme « religion », ne met donc pas en cause l'identité de nature entre NR et QR.

Enfin, comme il avait été annoncé dans la *Définition*, la norme du concept de religion n'est pas l'usage, mais les besoins de la recherche (perspective « religiologique »). « [...] il sera possible que le concept ainsi formé ne coïncide pas de tout point avec la notion qu'on se fait couramment de la religion. Mais, il importe ; car notre but n'est pas simplement de préciser le sens habituel du mot [NR], mais *de nous donner un objet de recherche** [...] pour cela, il faut et il suffit qu'il puisse être reconnu et observé du dehors [...] » (*Définition* : 2).

▶ APPRÉCIATION CRITIQUE
DE LA POSITION DE DURKHEIM

En quoi et pourquoi le fait de distinguer et de mettre en relation R, NR et QR a une importance capitale du point de vue théorique ?

Pour répondre à cette question, reprenons le concept de QR élaboré par Tillich (1968). Il est profondément différent de celui de Durkheim. Mais la comparaison nous aidera à comprendre.

Quasireligion chez Tillich

Tillich est un théologien. Il réfléchit pendant des années sur la valeur du message chrétien pour la culture de XXe siècle. En considérant à la loupe l'évolution du christianisme dans le monde contemporain, Tillich rencontre une réalité particulière dans son champ de vision. Il voit des grands mouvements sociaux qui, tout en niant le surnaturel et se posant comme strictement séculiers, apparaissent comme des substituts *(Ersatz)* à la religion chrétienne.

Tillich intègre cette réalité dans son champ de vision théologique. Il la nomme QR et la conceptualise comme « des religions séculières ». En faisant une analyse comparative entre le christianisme (religion révélée) et certains mouvements sociaux (religions séculières), Tillich a découvert non seulement une nouvelle facette de la réalité, mais un outil conceptuel qui lui permet d'approfondir sa connaissance du christianisme, objet fondamental de sa recherche.

Bien sûr, Tillich parle de QR. Il ne parle pas de NR, puisque pour lui NR = R, évidemment. Il trouve, en tout cas, que le concept de QR (même sans le distinguer de NR) s'avère un concept théorique important pour le progrès de sa démarche, en l'occurrence une démarche théologique[14].

---

14. Il faut noter, cependant, la spécificité théologique de la démarche tillichienne dans le sens que, pour lui, la différence entre R et QR est non seulement évidente, mais radicalement totale. Il sait, en effet, par sa foi chrétienne, en quoi et pourquoi le christianisme est la religion révélée qui n'a, quant au fond, aucune commune mesure avec les « religions » séculières.

Quasireligion chez Durkheim

Durkheim, qui n'est pas théologien mais sociologue et religiologue, refait, en quelque sorte, le même chemin.

Perspective sociologique. — En tant que sociologue, Durkheim concentre sa réflexion autour d'une problématique qu'il définit comme l'étude de la « genèse » et le « fonctionnement » de « toutes les croyances et tous les modes de conduite institués par la collectivité » (*Règles* : XXII). Dans son champ de vision sociologique, Durkheim repère un certain nombre de « croyances et de modes de conduite institués » que l'on nomme habituellement des institutions religieuses. Comme sociologue, il n'est pas concerné par des conceptions « supra-expérimentales » (*Formes* : 68) mais par des réalités sociales possédant une genèse et des fonctions typiques à l'intérieur de la structure globale de la société qu'il s'agit de comprendre et d'expliquer. Dans cette perspective, Durkheim décèle facilement deux sortes d'institutions : les institutions NR et les institutions QR, lesquelles ont peut-être des origines différentes, mais des fonctions identiques.

Comme Tillich, Durkheim découvre que la distinction entre NR et QR non seulement permet de saisir différentes facettes de la réalité, mais que cette distinction génère un outil conceptuel très important. En effet, tant que $R = NR$, R reste une conception régionale car, par définition, NR est un concept régional, c'est-à-dire valable au sein d'une culture ou d'un ensemble de cultures déterminées. Ce concept régional a, évidemment, une valeur explicative propre et inaliénable, comme nous avons vu, par exemple, au sein d'une démarche particulière, théologique, chez Tillich.

Mais, lorsque le concept de R dépasse NR et intègre d'autres sous-catégories, R n'est plus définie par rapport à une culture, mais par rapport à un concept théorique, à un concept universel[15]. On comprend facilement combien le concept universel

---

15. Ce propos de dépasser le contexte régional et d'essayer de comprendre, non pas une culture, mais « un aspect essentiel et permanent de l'humanité » (*Formes* : 2) est souvent très critiqué chez Durkheim. Il ne s'agit pourtant pas d'une quelconque survivance de la philosophie du XIXe siècle. Les auteurs les plus classiques de la phénoménologie religieuse, Otto et Eliade, visaient également à « définir une structure [...] universelle inhérente à l'expérience religieuse » (Allen, 1982 : 49). Dans cette même veine, les témoignages sont nombreux : « Il ne s'agit

de R peut intéresser le sociologue. Au niveau théorique, lorsqu'il cherche des outils conceptuels pour comprendre la structure et le fonctionnement de la société et les rapports de base existant entre R et S. Au niveau empirique, lorsqu'il se demande quelles sont les institutions R (NR et/ou QR et/ou autres) dans les différents types de société (archaïque, agricole, industrielle, etc.), et comment elles se succèdent ou s'interpénètrent dans la constitution ou le fonctionnement d'une civilisation ou d'une culture concrètes.

Perspective religiologique. — La distinction entre NR et QR s'est donc avérée fort importante pour le théologien et pour le sociologue. En va-t-il de même pour le religiologue ? Assurément. Voici comment. Le centre d'intérêt du religiologue n'est pas directement ni NR, ni QR, ni S. Son centre d'intérêt est R : « Comprendre la nature religieuse de l'homme [...] un aspect essentiel et permanent de l'humanité » (*Formes* : 2). Tant et aussi longtemps qu'on confond R avec NR, on ne peut pas pénétrer l'essence — universelle — de R, puisqu'on prend seulement une partie de R (NR) à la place du tout. Il faut, dès lors, dépasser cette partialité et tâcher de comprendre et d'expliquer toutes les similitudes et toutes les différences qui existent entre le concept de NR et celui de QR afin de dégager un concept religiologique de R qui les intègre et qui les dépasse tous les deux. Ce concept religiologique de R est essentiel, naturellement, du point de vue théorique. Il est tout autant essentiel, du point de vue empirique. En effet, un concept universel, non régional, de R permet l'analyse comparative, dans le temps et dans l'espace, de toutes les institutions R (NR et/ou QR et/ou autres) propres à chaque système religieux particulier.

La distinction de différentes sous-catégories de R est un acquis théorique essentiel, au niveau religiologique comme au niveau sociologique et anthropologique. Cette distinction pourrait s'avérer également de grand intérêt pour la recherche théologique.

pas, dans cette étape [...] de déchiffrer chaque rite, mais de rechercher la signification globale de l'attitude rituelle dans une perspective de philosophie anthropologique [...] Le tabou ne devient un problème anthropologique et même philosophique majeur que dans la mesure où il est un phénomène quasi universel » (Cazeneuve, 1971 : 24 et 25).

Au niveau religiologique, la distinction entre NR et QR et leur insertion, toutes deux, dans le concept de R est absolument capitale. Cela ne signifie pas que, ce faisant, Durkheim rend le concept de R à ce point « inclusif » qu'il devient inutile, puisque tout peut être considéré comme religieux ? Non. Le concept de R chez Durkheim est aussi « exclusif ». En effet, c'est évident, pour Durkheim, tout n'est pas religieux. Ce qui est religieux, c'est seulement ce qui se rapporte au sacré. Durkheim maintient constamment la spécificité, donc l'exclusivité du concept de religion (*Définition* : 16).

Dans cette partie de notre travail, nous nous sommes limité à examiner l'importance de la distinction entre NR et QR. Nous avons vu dans quel sens et pour quelles raisons le concept durkheimien de religion a un caractère « inclusif » et « exclusif ».

De la même manière qu'on vient de procéder à l'examen de la distinction entre NR et QR, on pourrait procéder à celle qui sépare NR et PR, ce qui est pour nous évident puisqu'en réalité R = NR + QR + PR. Nous ne le ferons pas ici, car la démonstration de l'importance de distinguer plusieurs sous-catégories de R a été faite. Nous nous appliquerons plutôt à examiner, avec Durkheim, la nature de la deuxième équation : R = NR + PR, en insistant plus particulièrement sur l'analyse des relations entre magie et religion.

LE PROBLÈME DU PARARELIGIEUX

> « *L'homme peut régler et conduire ses actions extraordinaires ou par une grâce spéciale de Dieu [...] ou par l'assistance d'un ange, ou par celle d'un démon, ou finalement par sa propre industrie et suffisance; desquels quatre moyens divers et du tout différents on peut colliger quatre sortes de magies [...].* »
> Gabriel Naudé,
> *Apologie pour tous les grands hommes faussement accusés de magie.*

Quel critère permet d'élucider les similitudes et les différences entre ces deux séries de phénomènes analogues : superstition et religion, mythologie et religion, magie et religion...?

De façon plus générale, comment se fait-il que les rapports qu'entretiennent les humains avec les forces qu'ils considèrent sacrées sont perçus différemment, tantôt comme nomoreligieux, tantôt comme parareligieux ? Où en est-on sur cette question ? Quelle est la position de Durkheim ? Que vaut-elle ?

▶ UNE PERSPECTIVE GÉNÉRALE

Le terme « parareligion » est formé du préfixe grecque « para » qui signifie « à côté de ». Ce préfixe entre couramment dans la composition des mots dans les langues modernes : dans le langage courant (parafiscalité, paragouvernemental, paramilitaire...), dans le langage des sciences naturelles (paradichlorobenzène, paramagnétique, paratyphoïde, parahydrogène...) et dans celui des sciences humaines (parapsychologie, paramnésie, paralogisme...)[16].

C'est dans cette perspective qu'il faut concevoir le terme « parareligion » dans le sens de forme religieuse parallèle, dégradée, déplacée, suspecte. Que trouve-t-on sur la question — le mot et la chose — dans la science des religions ? Quelle est la position de Durkheim ?

La science des religions

Quel est l'usage du terme « parareligion », le contenu de l'idée qu'il représente, les problèmes théoriques qu'il pose ?

Le terme. — Le terme « parareligion » est connu dans la science des religions (Snelling-Whitley, 1974 ; Bianchi, 1975 : 16 ; Bird-Reimer, 1976, etc.). Suivant un flottement de langage typique dans cette discipline, l'on parle parfois de « pseudoreligion », terme qui est employé par certains auteurs (Berger-Luckmann, 1963 : 424) et rejeté par d'autres (Tillich, 1968 : 68-69)[17]. En tout état de cause, le terme « parareligion » est loin

---

16. Pour plus de détails, voir les grands dictionnaires (*Littré, Robert, Oxford Dictionnary*, etc.).

17. Tillich ignore le terme « parareligion ». Il préfère cependant « quasireligion » à « pseudoreligion ». « "Pseudo" désigne une ressemblance recherchée intentionnellement, mais trompeuse, tandis que "quasi" indique une ressemblance effective, non

Quasireligion et parareligion 173

de connaître un usage généralisé en sciences humaines ou en sciences religieuses. Il est absent dans la plupart des ouvrages de référence et des instruments bibliographiques (*supra* : 161, n. 5).

L'idée. — Si le terme est peu utilisé, l'idée est extrêmement répandue. Il existe en effet une incroyable prolifération de thèmes, voire de disciplines, qui entrent ou qui pourraient entrer dans le domaine de l'étude du phénomène parareligieux.

Dans le but de suggérer l'immensité du champ sémantique concerné par l'idée du parareligieux, qu'on nous permette de présenter une liste, pêle-mêle, de cette vaste famille de mots[18]. Alchimie. Angélologie. Astrologie. Cartomancie. Chamanisme. Croyances populaires. Culte des ancêtres. Démonologie. Dieux et déesses. Divination. Esotérisme. Extase. Fable. Fanatisme. Fétichisme. Folklore. Géomancie. Gnose. Hermétisme. Héros. Idoles. Incantation. Initiation. Kabbale. Légendes et contes. Lévitation. Maçonnerie. Magie. Métapsychique. Métempsycose. Mystique. Mythe. Mythologie. Occultisme. Parapsychologie. Rose-Croix. Sociétés secrètes. Sorcellerie. Spiritisme. Superstitions. Synchrétisme. Tabou. Tarot. Télépathie. Théosophie. Totémisme. Transmigration. Yoga.

Le problème. — Le problème du parareligieux a retenu l'attention de nombreux chercheurs[19] œuvrant dans les sciences religieuses ou dans les sciences humaines.

A l'intérieur de cette vaste littérature, on trouve d'abord des travaux de caractère théologique, apologétique ou polémique. Sans toucher le problème théorique des similitudes et des différences qui relient ou séparent le parareligieux et le religieux, leurs auteurs ont insisté surtout sur une considération de caractère normatif. Leur centre d'intérêt porte à

---

recherchée, et qui trouve son fondement dans des caractères communs [...] le cas du fascisme et [...] du communisme qui sont de nos jours les plus remarquables représentants des quasireligions » (Tillich, 1968 : 68-69).
18. Il existe une littérature immense sur ces sujets. Voir quelques encyclopédies spécialisées, par exemple : *Mythology of All Races*, *History of Magic and Experimental Science*, *Encyclopaedia of Superstitions*, *Folklore and the Occult Sciences of the World*, *L'univers de la parapsychologie et de l'ésotérisme*, etc.
19. Pour une vue d'ensemble de l'ampleur de cette problématique, voir, entre autres : Allier (1935) ; Bastide (1978 b) ; Cazeneuve (1971) ; Middleton (1981) ; Marwick (1970) ; Hubert-Mauss (1909) ; Mauss (1950) ; Zucker (1952).

insister sur la différence spécifique qui caractérise les intuitions fondamentales de leur propre tradition religieuse. Elles sont considérées de façon indiscutable comme authentiquement religieuses. Celles qui ne s'y conforment pas risquent de tomber dans le domaine de l'inauthentique, de l'expérience humaine infériorisée, à la limite du parareligieux. Avec des nuances, cette vision des choses reste vivante parmi grand nombre de scientifiques contemporains[20] qui se réclament de la tradition judéo-chrétienne.

Certes, il est parfaitement illusoire de penser que l'impact des idées préconçues sur cette question serait une caractéristique exclusive de l'apologétique théologique. Durkheim ne dédaigne pas de le rappeler : « Il faut commencer par libérer notre esprit de toute idée préconçue [...] Les nécessités de l'existence nous obligent tous, croyants et incrédules, à nous représenter de quelque manière ces choses [...] Ce n'est pas à nos préjugés, à nos passions, à nos habitudes que doivent être demandés les éléments de la définition qui nous est nécessaire » (*Formes* : 32).

Le problème du parareligieux n'a pas suscité seulement l'intérêt des apologètes. Il a fait l'objet d'étude de nombreux chercheurs.

Les psychologues, en particulier les psychanalystes freudiens[21], dans le cadre de leur théorie générale, étudient le phénomène parareligieux du point de vue de la théorie de la névrose. Cette perspective a pour nous un intérêt de façon très indirecte. En effet, nous ne sommes pas concernés par le problème psychologique (rapport entre psychisme et parareligion ou religion), mais par le problème religiologique (rapport entre parareligion et religion).

---

20. Noter, par exemple, la confession d'un psychologue catholique connu : « Aussi longtemps que Dieu n'est pas reconnu dans sa radicale altérité par rapport aux forces vitales, la foi religieuse demeure *toujours entachée** de croyance magique » (Vergotte, 1966 : 304-305). Vingt ans après, le même auteur exprime les mêmes idées. « [...] la religion n'est pas une théorie du monde. Elle est vie et ses pratiques rassemblent l'existence pluridimensionnelle dans l'échange actualisé avec Dieu [...] » (Vergotte, 1984 : 319).
21. Voir notamment, Freud (1912) ; Flugel (1948) ; Laforgue (1934) ; Roheim (1930 et 1950) ; Leuba (1919 et 1934), etc. Middletown (1981 : 301) rappelle également l'intérêt d'autres psychologues (W. James, Wundt...) pour cette problématique.

Les historiens des religions[22], les sociologues[23], les ethnologues[24] ont constamment fixé leur attention sur un grand nombre de phénomènes parareligieux. Ces phénomènes ont été étudiés surtout en eux-mêmes, dans le but de cerner leurs structures, leurs fonctions, leur signification. Quelques auteurs ont tenté cependant de cerner de façon directe et explicite la problématique proprement religiologique du rapport entre religion et parareligion[25].

Nous n'entrerons pas ici dans l'étude de cette littérature. Notre propos est de nous concentrer sur l'œuvre de Durkheim, dans le but d'examiner dans quel sens et dans quelle mesure elle peut apporter une contribution originale et éclairante à propos de la question des rapports entre religion, nomoreligion et parareligion.

La position de Durkheim

Etranger aux théories apologétiques et psychanalytiques, Durkheim a étudié la problématique du parareligieux à partir de deux champs disciplinaires : l'histoire des religions, en particulier l'œuvre de Max Müller avec la mythologie comparée qui s'en suit (*Formes* : 102) et l'ethnologie religieuse qu'il connaît très bien à cause de son intérêt pour les religions archaïques (*Formes* : 124-129).

Comment se situe Durkheim par rapport à cette problématique au niveau terminologique, au niveau descriptif et au niveau théorique, dans la perspective socio-religiologique qui est la sienne ?

---

22. Par la force des choses, les historiens des grandes religions se sont intéressés au domaine du parareligieux : Granet (1980 *b*) ; Dumézil (1968-1973) ; Eliade (1974), etc. Il ne faut pas croire que l'auteur du *Traité d'histoire des religions* néglige ou ignore le problème de l'aspect « dégradé » de certains symbolismes religieux (Eliade, 1974 : 369-372).
23. Citons l'intérêt tout particulier de Max Weber pour le concept de magie. Il fonde sur ce concept la différence fondamentale entre l'éthique confucéenne et l'éthique protestante. De cette façon, la distinction entre des formes religieuses et parareligieuses se trouve à l'origine du capitalisme (Weber, 1920 *a*, I : 512-536). Nous préparons actuellement une communication sur ce sujet pour le prochain Congrès mondial de l'Association internationale de Sociologie.
24. La littérature à ce sujet est immense. Pour une vue d'ensemble des études (classiques) sur la question se référer notamment à Hubert-Mauss (1904) et Mauss (1904).
25. On pourrait citer entre autres, Frazer (1911-1915) parmi les classiques et Cazeneuve (1971) parmi les auteurs contemporains.

Le niveau terminologique. — Durkheim n'utilise pas le terme parareligion. A sa place, il utilisera — lui et ses collaborateurs — une terminologie multiple et relativement stable. Un relevé de la « Table des matières » des douze premiers numéros de *L'Année sociologique*, ceux qui ont été publiés sous la direction de Durkheim, montre les termes et les expressions les plus utilisés.

Magie. — Le terme le plus constant et le plus régulier. Il est toujours seul à la tête d'un chapitre, à l'exception du volume II, où il est question de « Magie, sorcellerie et superstitions populaires ».

Mythes. — Terme qui se trouve en tête de chapitre dans tous les volumes. Il est seul en tête de chapitre à partir du volume VI. Il était question, au départ, de « mythes et légendes populaires » ; ensuite, de « mythes, légendes et contes ».

Légendes. — Terme constamment mentionné avec des expressions complémentaires : « légendes populaires » ; « légendes et contes » ; « légendes, contes, épopées ».

Superstitions populaires. — Expression employée seulement dans trois volumes, en début de la série.

Croyances et pratiques populaires. — Expression employée pour la première fois dans le volume VI, devenue « Croyances et pratiques dites populaires », dans les volumes X à XII.

Le niveau descriptif. — Une brève analyse du contenu de ces expressions, utilisées comme têtes de chapitre dans les « Tables des matières » de *L'Année*, et un retour sur la théorie générale de la religion développée dans les *Formes* nous invitent à formuler une double constatation de principe.

a) La magie, les superstitions, les légendes, les mythes, etc., sont étudiés par Durkheim et par ses collaborateurs à l'intérieur de la « sociologie religieuse ». Tous ces phénomènes constituent donc en principe des réalités religieuses ; *b)* Les réalités figurées par ces termes sont considérées en elles-mêmes. Certaines font l'objet d'étude à un niveau descriptif, d'autres suscitent un développement théorique.

Le concept de superstition reste toujours à un niveau descriptif. Ce terme a été employé quelques fois par Durkheim en début de carrière (1886 *a* [*SSA* : 189] ; *Division* : 147 ;

Définition : 3) de façon allusive et sans y attacher le moindre sens technique.

Le concept de légende (avec ses compléments : contes, épopées et certaines croyances populaires)[26] a fait l'objet de quelques remarques d'ordre théorique. Durkheim a signalé effectivement qu'en principe la légende peut s'apparenter au mythe (lorsqu'elle est objet de « foi ») ou à la fable (lorsqu'elle est en dehors du domaine du sacré et, par conséquent, du domaine de la science des religions). En pratique, cependant, la distinction est incertaine. « La ligne de démarcation entre contes et mythes est certainement flottante et malaisée à déterminer » (*Formes* : 117 n. 2).

Et le concept de mythologie ? Ne faudrait-il pas le considérer comme un concept théorique de la parareligiologie durkheimienne ? Il ne semble pas. Voici brièvement pourquoi.

Durkheim emploie le terme « mythologie » dans trois sens. D'abord dans un sens neutre, soit comme « ensemble de croyances communes à un groupe » (*Formes* : 536), soit comme étude comparée des mythes (*Formes* : 102). Ensuite dans un sens péjoratif, comme « tissu de croyances fabuleuses » (*Formes* : 114). Le terme est employé indistinctement[27].

Durkheim n'affiche cependant le moindre intérêt pour situer théoriquement le concept de mythologie en tant que tel[28]. Ce concept peut être considéré comme « nomoreligieux » ou comme « parareligieux », peu lui importe. Ce à quoi il tient, seulement, c'est à le comprendre comme un concept qui appartient au champ du « religieux ». « Max Müller [...] a cru échapper [...] en distinguant radicalement la mythologie de la religion [...]. Mais la distinction est arbitraire. [...] la mytho-

---

26. Citons pour donner un exemple ces « cultes [populaires] à l'état désintégré [...] qui se sont survécu à eux-mêmes dans le folklore » (*Formes* : 57).
27. Des fois, le sens est incertain (*Pragmatisme* : 185). Le sens neutre semble cependant le plus général, soit comme équivalent de religion ou de religion primitive (1887 c : 116 ; *Formes* : 10, 17, 100, 289, 337, 341, 377, 391, 568, 601, 606, 607, 609, etc.), soit comme équivalent de science des mythes (1903 a (iii) (34) : 359 ; 1903 a (iii) (52) : 539 ; 1903 c : 490 ; *Formes* : 102, etc.).
28. On pourrait ajouter une nuance. On sait que Durkheim distingue deux formes religieuses de base : les croyances et les rites (*infra* : 58 ; 131, n. 9). A partir de cette division, on peut inférer que la « mythologie » ne comprend pas toute la religion, mais une partie seulement, celle qui correspond à l'étude des croyances, des dogmes ou des mythes. Cette nuance se trouve dans la *Définition* (p. 18) et dans les *Formes* (p. 100, 289, 377, 532, etc.). Quoi qu'il en soit, la terminologie durkheimienne n'est point fixée en cette question de façon ferme et définitive (*Formes* : 102 n. 2).

logie intéresse [...] *la science des religions** [...] elle ne laisse pas d'être un des éléments essentiels de la vie *religieuse** » (*Formes* : 115-116)[29].

Dans cette lancée, le jugement est sans équivoque. « Gardons-nous donc de distinguer entre les croyances religieuses, de retenir les unes parce qu'elles nous paraissent justes et saines, de rejeter les autres comme indignes d'être appelées religieuses parce qu'elles nous froissent ou nous déconcertent » (*Formes* : 117).

Ce jugement est suivi d'une brève remarque justificative avec une nuance qui complète le tableau. « Tous les mythes, même ceux que nous trouvons les plus déraisonnables, ont été des objets de foi [...] Sans doute, en dehors des mythes proprement dits, il y a toujours eu des fables qui n'étaient pas crues ou, du moins, qui n'étaient pas crues de la même manière et au même degré, et qui, pour cette raison, n'avaient pas de *caractère religieux** » (*Formes* : 117).

Le niveau théorique. — Durkheim n'a pas fait une étude théorique sur le caractère pararéligieux des concepts de superstition, de légende, de mythe. Il en va tout autrement en ce qui concerne le concept de magie. Voici comment et dans quel sens.

▶ MAGIE ET RELIGION

La question des rapports entre magie et religion nous aidera à saisir le problème du pararéligieux dans une perspective socio-religiologique. Après avoir esquissé brièvement l'état de la question, notre attention portera sur la contribution spécifique apportée par l'œuvre de Durkheim.

---

29. Cette conviction de Durkheim est loin d'être nouvelle. Elle est exprimée explicitement dès 1899. « L'idée (de Lang) de mettre les mythes hors de la religion me paraît une énormité » (Lettre de Durkheim à Gaston Richard, T. 1 : 9). Notons en même temps que Durkheim a toujours insisté sur une certaine distinction de caractère sociologique. « Ces croyances varient en nature et en importance [...] Tantôt elles forment un credo savant et systématisé ; tantôt elles se réduisent à quelques articles très simples [...] Dans le premier cas, on les appelle plus spécialement des dogmes, dans le second, des mythes ou des légendes religieuses » (*Définition* : 17-18). En complétant le tableau, quelques lignes plus tard, dogmes et mythes sont mis sur pied d'égalité. Durkheim reviendra plus tard dans ce même sens (*Formes* : 10, 17, etc.).

Etat de la question

En ce qui concerne les rapports entre la magie et la religion, les auteurs ont proposé des solutions diverses. Rien qu'en se tenant aux études ethnologiques, l'on trouve déjà des nombreuses théories concernant les concepts de magie et de religion et leurs relations mutuelles. Dans ce contexte, on serait tenté d'affirmer que ces théories se divisent en deux champs, essentiellement : celles qui cherchent à caractériser la distinction entre magie et religion, à partir de leur contenu respectif ; celles qui cherchent à les distinguer, non pas par leur contenu, mais par la place qu'elles occupent, respectivement, au sein du système social et culturel.

En termes de contenu, les critères de distinction proposés ont été relativement nombreux. On pourrait dire, de façon schématique, que l'idée qui semble dominer dans ce domaine, surtout dans l'ethnologie anglo-américaine, est l'idée de E. B. Tylor (1871) retravaillée à plusieurs reprises par J. G. Frazer (1890). Ces auteurs identifient la magie avec des techniques mécaniques, avec des manipulations externes de forces impersonnelles. Pour eux, la religion est, par contre, le domaine de la célébration et de la grâce, et, surtout, le domaine de la relation personnelle avec des êtres spirituels. La théorie de ces auteurs a fait l'objet de nombreuses critiques de la part de Durkheim[30].

Plus tard, Hubert et Mauss (1904), disciples et collaborateurs de Durkheim, ont consacré des travaux importants à cette question. Ils prennent parti, certes, pour le critère sociologique pour fonder la distinction entre magie et religion. Ils insistent beaucoup, cependant, sur le fait que cette différence doit surtout être conçue en termes de « tendances », plutôt que dans une perspective de nette différenciation.

Des développements postérieurs ont suivi cette position en apportant de nouvelles nuances. Bastide (1947 : 35-36) résume très bien ces « tendances », celles de la religion (sacrifice, adoration, offrande et prière, Eglise, droits sociaux) et celles

---

30. Nous avons vu ailleurs d'autres critiques (*supra* : 45-46, 48 et s.). Notons, à ce propos, l'intéressante interprétation de Skorupski (1976) qui distingue notamment deux approches dominantes dans l'étude scientifique des religions : l'approche « intellectualiste » (Tylor, Frazer) et l'approche « symbolique » (Durkheim).

de la magie (maléfice, efficacité, mécanisme opératoire, individu, droits de la personne). Pour lui, il s'agit donc bien de « tendances » qu'il ne faut point absolutiser, car « magie et religion [...] ont toujours coexisté et elles coexistent partout [...] elles jouent toutes les deux dans le domaine du sacré » (Bastide, 1947 : 34). Il ne faut par conséquent pas trop vouloir les distinguer, car à ce moment on « laisse de côté l'existence de toute une magie, la magie licite et officielle, qui, loin d'être l'opposée du culte, en est au contraire l'auxiliaire indispensable. En Egypte [...] dans l'Inde védique [...] Chez les sauvages... » (Bastide, 1947 : 32-33).

Plus récemment, Cazeneuve (1971 : 145-213) revient sur la question. En faisant le point sur diverses théories de la magie de façon systématique et informée, il présente les nombreuses facettes du problème. Il propose quant au fond un ensemble de considérations tout en nuances plutôt qu'une position théorique nette et distincte. « La complication et la recherche de l'étrangeté font, en définitive, que le rite magique tire son efficacité de ce qui est anormal, insolite. Il doit être radicalement différent de toutes les actions accomplies ordinairement par les hommes » (Cazeneuve, 1971 : 203).

Pour notre part, nous ne sommes pas en mesure de rendre compte ici de ces théories. Essayons par contre de nous concentrer sur la contribution propre de Durkheim à ce sujet.

La position de Durkheim

Durkheim n'a pas étudié la question de la magie de façon approfondie (*Formes* : 405, 430). Il est certes au courant de la littérature de son temps sur ce sujet (*Formes* : 58-59). Sa position théorique l'amène à prendre une double direction. D'une part, il critique les idées de Tylor et de Frazer (*Formes* : 516-518 ; 1902 a (i) [*JS* : 319]), d'ailleurs avec beaucoup de respect[31]. D'autre part, il se réfère constamment aux travaux de ses collaborateurs Hubert et Mauss (*Formes* : 59, n. 4 ; 283, n. 1 ; 288 ; 320, n. 1, etc.) lesquels « viennent ainsi à rejoindre et confirmer [...] les résultats de notre analyse » (*Formes* : 517).

---

31. « Un savant, auquel la science comparée des religions doit pourtant beaucoup, M. Frazer » (*Formes* : 31).

Sur ces bases, à l'heure de procéder à la définition de la religion et d'établir les rapports entre religion et magie, Durkheim se limite à proposer une double piste : *a)* Il y a une parenté entre magie et religion. « Les frontières entre les deux domaines sont souvent indécises » (*Formes* : 63) ; *b)* Il y a, en même temps, une distinction fondamentale. « On peut tracer une ligne de démarcation entre ces deux domaines » (*Formes* : 60)[32].

La parenté entre la magie et la religion. — Le rapport au sacré constitue pour Durkheim la base de sa définition de la religion. C'est justement sur cette même base qu'il établit la parenté profonde[33] qui existe entre magie et religion. « Les êtres qu'invoque le magicien, les forces qu'il met en œuvre ne sont pas seulement de la même nature que les forces et que les êtres auxquels s'adresse la religion ; très souvent, ils sont identiquement les mêmes. Ainsi, dès les sociétés les plus inférieures, les âmes des morts sont choses essentiellement sacrées et elles sont l'objet de rites religieux. Mais, en même temps, elles ont joué dans la magie un rôle considérable » (*Formes* : 58).

Cette « étroite parenté du rite magique et du rite religieux » (*Formes* : 288) se retrouve et s'explicite dans d'autres textes. « [...] entre les forces magiques et les forces religieuses, il n'y a pas de différence de nature [...] » (*Formes* : 283). « [...] les forces magiques ne sont, croyons-nous, qu'une forme particulière des forces religieuses » (*Formes* : 320, n. 1).

On comprend dès lors que pour Durkheim la parenté entre magie et religion n'est pas externe et fortuite ; elle consiste dans une sorte d'identité générique qu'il faut considérer sur le plan de leur constitution interne et dans une perspective théorique.

---

32. Comparer avec la formule d'un réputé spécialiste contemporain. « Il semblerait donc approprié de ne pas tracer une ligne entre la religion et la magie, toutes les religions peuvent être considérées comme étant magiques [...] » (Smart, 1978 : 104).

33. Notons, par curiosité, que Weber utilise, comme Durkheim, le terme « parenté [*Verbandtschaft*] » pour désigner un type de relation qui souligne en même temps une certaine identité et une certaine distinction (Weber, 1920 *a*, I : 26). Le sens technique de l'expression a été commenté ailleurs (Prades, 1969 : 214-217). Aujourd'hui, on utilise souvent le terme « homologie » opposé à « analogie ». Malheureusement, cette terminologie est loin d'être communément admise et communément employée. Voir, par exemple, Lalande (1962) et Foulquié (1962) qui donnent des définitions contradictoires de ces termes. De Coster (1978) propose une étude assez complète de la question.

Un lien constitutif interne. Il ne s'agit pas d'une simple contiguïté externe qui rallierait la magie et la religion dans un même système culturel[34]. Il ne s'agit pas non plus de considérer leur similitude externe en misant, par exemple, sur le fait qu'elles exerceraient toutes deux les mêmes fonctions : répondre à des besoins limite, rendre le monde transparent, satisfaire certains besoins fondamentaux sur le plan symbolique, etc., comme il est souvent suggéré (Middleton, 1981 : 301). Il ne s'agit pas non plus d'en faire une sorte d'amalgame externe, en parlant de forces « magiques et religieuses » de façon indifférenciée[35].

Un lien qu'il faut comprendre et expliquer sur le plan théorique. Nous avons vu que Durkheim ne considère pas le concept de religion dans le sens commun qu'on donne généralement à ce terme. Il ne confond pas « religion » et « nomoreligion ». Pour Durkheim, la religion est un phénomène qu'il faut considérer dans toute sa complexité et qui exige par conséquent une élaboration conceptuelle approfondie (1910 a (iii) (26) : 463). Cette perspective implique, entre autres, une théorie de la nature du sacré et une théorie de l'ensemble des forces selon lesquelles le sacré s'institutionnalise à travers l'histoire de l'humanité.

Durkheim développe cette théorie en s'opposant à la vision de Frazer, pour qui la magie serait « un fait premier » et la religion « une forme dérivée » (*Formes* : 516). L'hypothèse durkheimienne prétend que, « tout au contraire, c'est sous l'influence d'idées religieuses que se sont constitués les préceptes sur lesquels repose l'art du magicien » (*Formes* : 516). Quelle est la portée de cette hypothèse ? Pourquoi en serait-il ainsi ?

Durkheim poursuit un raisonnement théorique. Dans le but de comprendre et d'expliquer les fameuses lois de « contagion » de la magie (énoncées et analysées par Frazer), il part d'un principe déterminant. « Parce que toutes les forces de l'univers ont été conçues sur le modèle des forces sacrées, la contagiosité inhérente aux secondes fut étendue aux premières

---

34. On pourrait interpréter dans ce sens l'idée généralement reçue que voici. « Il faut étudier la magie comme faisant partie du système global, religieux et cosmique, d'un peuple particulier ou d'un stade culturel » (*Encyclopaedia Britannica*, *Micropaedia*, VI : 483).

35. Il arrive souvent, cependant, que les auteurs parlent de forces « magico-religieuses », sans aucune distinction (Weber, 1920 a, I : 12 ; Eliade, 1974 : 25). Nous avons également trouvé cette expression chez Durkheim (1903 a (iii) (43) : 390).

et l'on crut que, dans des conditions déterminées, toutes les propriétés des corps pouvaient se transmettre contagieusement » (*Formes* : 516-517). Ce principe permet de fournir l'explication du phénomène de la contagion et, par conséquent, celui de la magie. « [...] pour comprendre ces axiomes fondamentaux de la magie, il est nécessaire de les replacer dans les milieux religieux où ils ont pris naissance et qui, seuls, permettent d'en rendre compte » (*Formes* : 517). Voici comment.

« Quand on y voit l'œuvre d'individus isolés, de magiciens solitaires, on se demande comment les esprits humains ont pu en avoir l'idée, puisque rien, dans l'expérience, ne pouvait ni les suggérer ni les vérifier [...]. Mais le problème disparaît si la foi qui inspire la magie n'est qu'un cas particulier de la foi religieuse en général [...] Derrière les mécanismes, purement laïques en apparence, qu'emploie le magicien, [nos recherches et celles de Hubert et Mauss] ont fait voir tout un arrière-fond de conceptions religieuses, tout un monde de forces dont la magie a emprunté l'idée à la religion » (*Formes* : 517-518).

Voilà les fondements du système théorique qui rend compte de l'identité générique de la magie et de la religion[36]. Un système théorique qui dépasse la problématique concrète des rapports entre magie et religion et qui, en montrant les liens qui unissent les phénomènes « nomoreligieux », « quasireligieux » et « parareligieux », propose une hypothèse explicative fondamentale du comportement humain.

La différence entre la magie et la religion. — La vision théorique durkheimienne en la matière qui nous occupe comprend un deuxième objectif central : montrer que la magie et la religion constituent « deux ordres de faits » qui, tout en étant « parents », demandent cependant « à être distingués » (*Formes* :

---

36. Avec des nuances et des accents différents, Mauss suit les grandes hypothèses de Durkheim sur la relation entre magie et religion. Signalons, par voie d'exemples, trois éléments concernant l'identité entre ces « deux ordres de choses » : *a)* Mauss identifie magie et religion *lato sensu* et les différencie *stricto sensu* (Mauss, 1939 : 206) ; *b)* Les croyances religieuses et magiques ont une souche commune : la notion de sacré (Cazeneuve, 1968 *a* : 70) ; *c)* Tout comme la religion, la magie doit être considérée « avant tout comme un phénomène social » (Cazeneuve, 1968 *a* : 71). Rappelons que, selon Cazeneuve (1971 : 160), ces idées de Mauss procèdent de Durkheim. Voir aussi Cazeneuve (1978 : 639) : « malgré son caractère individualiste, la magie est [...] d'origine sociale tout comme la religion ». Signalons enfin que Mauss est considéré comme « la première autorité de l'école durkheimienne, en sciences religieuses » (Pickering, 1975 : 5).

58). Pour atteindre cet objectif, Durkheim bâtit une argumentation, à nos yeux subtile et éclairante, en faisant intervenir le concept d'Eglise.

La mention du terme « Eglise », dans la définition de la religion, est une sorte d'innovation qui apparaît dans les *Formes*. En effet, dans son étude « De la définition des phénomènes religieux », publiée en 1899, Durkheim écrivait : « Nous proposerons donc finalement la définition suivante : *Les phénomènes dits religieux consistent en croyances obligatoires, connexes de pratiques définies qui se rapportent à des objets donnés dans ces croyances* » (*Définition* : 22). Dans cette étude, certes, le terme « Eglise » (*Définition* : 27) et le terme « sacré » sont présents et utilisés, en gros, dans le même sens que dans les *Formes*; ils n'apparaissent cependant pas dans l'énoncé de la définition de la religion. Le même sort est réservé au terme « Eglise » (mais non pas au terme « sacré ») dans la définition de la religion proposée par Durkheim dans son cours public à la Sorbonne professé en 1906-1907 sous le titre « La religion : les origines ». « Nous arrivons donc à la définition suivante de la religion : *c'est un système de croyances et de pratiques relatives à des choses sacrées — croyances et pratiques communes à une collectivité donnée* » (1907 *f* : 533).

Le fait d'introduire la notion d'Eglise dans l'énoncé de la définition constitue donc une innovation toute relative. Les *Formes* font entrer un terme nouveau dans l'énoncé de la définition de la religion, mais non pas l'idée de base du caractère public et collectif propre à la religion. D'ailleurs, c'est justement dans le *Cours* de 1906-1907 que Durkheim définit « Eglise » comme « une société dont les membres sont liés les uns aux autres parce qu'ils se représentent de la même manière les choses sacrées dans leurs rapports avec les choses profanes » (1907 *f* : 532). Et, la *Définition* apportait déjà la nuance, importante, que « par la force des choses, il y a dans toute Eglise presque autant d'hétérodoxes que de croyants [...] » (*Définition* : 27).

Au fond, l'idée de Durkheim repose sur une hypothèse[37]

---

37. Il y a des fois, chez Durkheim, une étrange imprécision terminologique. Citons par exemple le cas où il continue à parler d'hypothèse, après avoir parlé de preuve. « Ces variations [...] *prouvent** que [...]. Cette *hypothèse** une fois admise [...] » (*Formes* : 18). Une lecture attentive des textes permet cependant d'interpréter

centrale. La magie et la religion ne diffèrent pas en termes de contenu, mais en termes de morphologie sociologique : la religion, c'est une « communauté morale » (*Formes* : 63) et la magie « une clientèle » (*Formes* : 62). Notons, par ailleurs, que Durkheim est rejoint ici par Mauss, pour qui la définition la plus sûre de la magie va dans le sens — socio-morphologique — du « rite privé », en opposition au « rite public »[38]. Notons enfin que, curieusement, Durkheim rejoint à son tour une tradition plus ancienne qui se situe à l'aube de la pensée humaniste sécularisée des temps modernes[39].

Ce critère socio-morphologique est le critère central de la distinction entre magie et religion. Il n'est certainement pas un critère exclusif. Durkheim lui-même apporte des exemples où la distinction est faite en termes de contenu.

A propos du système des interdits dans le totémisme australien, Durkheim signale « de très graves différences [entre] ceux qui relèvent de la religion [et ceux] qui ressortissent à la magie » (*Formes* : 429). « [...] la violation des interdits religieux [...] met celui qui l'a commis en état de faute. Au contraire, l'interdiction magique n'est sanctionnée que par les conséquences matérielles [...] il n'y a pas de péché magique » (*Formes* : 429-430). A propos de la notion de « mana », la distinction prend également des accents particuliers. « Les forces proprement religieuses [...] sont, en principe, considérées comme salutaires et bienfaisantes. [Les forces magiques] ont, avant tout, pour fonction de causer la mort et la maladie » (*Formes* : 281).

Durkheim arrive ainsi à la conclusion de ces réflexions. « En même temps que *par la nature de leurs effets** [les forces magiques et religieuses] diffèrent aussi *par les rapports que les unes et les autres soutiennent avec l'organisation de la société** (*Formes* : 281).

---

comme des véritables « hypothèses » ce qui apparaît à première vue comme des « thèses » ou des affirmations plus ou moins péremptoires ou dogmatiques. Voir aussi les trois dernières lignes des *Formes* (p. 638) : « Ce qu'il faut, c'est essayer l'hypothèse, la soumettre aussi méthodiquement qu'on peut au contrôle des faits. C'est ce que nous avons essayé de réaliser. »

38. « La pratique magique est un "rite privé", secret, mystérieux, tendant comme limite vers le culte prohibé » (Mauss, 1950 : 16).

39. « La crainte des puissances invisibles, soit fictives, soit reçues historiquement, mais d'une manière publique, est la *religion*; si elles ne sont pas admises publiquement, c'est la *superstition* » (Hobbes, *Leviathan*, cité par Lalande, 1962 : 1071).

▶ APPRÉCIATION CRITIQUE

Les auteurs distinguent généralement la magie de la religion en termes de contenu. Durkheim fonda sa distinction en termes de morphologie sociologique, en s'appuyant sur le concept socio-morphologique d'Eglise. Ce concept sert en effet à élaborer théoriquement et empiriquement l'hypothèse que « les croyances proprement religieuses [...] sont la chose du groupe » (*Formes* : 60), que « partout où nous observons une vie religieuse, elle a pour substrat un groupe défini » (*Formes* : 61).

Que vaut cette ligne de réponse ? Nous allons examiner critiquement sa portée en distinguant deux niveaux. Au niveau empirique, le travail est à peine frôlé, parce que « le monde [...] de la magie [...] est en dehors de notre recherche » (*Formes* : 405). Au niveau théorique, il s'agit d'un ensemble d'hypothèses qui méritent une considération très attentive. Au bout de la ligne nous verrons l'intérêt de reprendre et d'approfondir cette démarche socio-religiologique durkheimienne et de poursuivre le développement théorique et la vérification empirique de ses hypothèses de base.

Le niveau empirique

Durkheim envisage la solution au problème de la distinction entre magie et religion à partir d'un concept fondamental : le concept d'Eglise[40]. Or, au niveau empirique, ce concept est pauvrement élaboré et faiblement appuyé[41]. D'abord sur le plan de la précision et de la capacité opérationnelle. S'agit-il de communauté, société, association volontaire, secte, substrat culturel d'un groupement humain stable, lieu de rencontre,

---

40. Il existe d'innombrables « sens » attachés au terme « Eglise », dans des perspectives proprement sociologiques. Mehl (1951) et Matthes (1969) offrent des vues d'ensemble intéressantes.
41. Nous nous demandions pourquoi. En effet, la notion d'Eglise est la clef de voûte du raisonnement. Elle renvoie à toute la problématique de la base sociale de la religion. Durkheim est certainement conscient de la gravité et de la magnitude du problème. Pourquoi le traiter superficiellement ici ? Nous avons trouvé, en cours de route, une réponse qui nous semble pertinente. Nous l'explicitons plus bas (*infra* : 190, n. 47) en montrant la nécessité de travailler la question au moyen d'une notion qui, parce que trop riche, doit pouvoir être appréhendée de façon simple et immédiate. Cette piste nous semble éclaircir le paradoxe : négliger l'approfondissement d'une variable essentielle.

assemblée de célébration collective, centre de ressourcement personnel ? Ensuite, la même faiblesse sur le plan des coordonnées spatio-temporelles et socioculturelles qu'il faut présupposer. S'agit-il d'Eglise dans un univers archaïque ou contemporain, monocorde ou pluraliste, en expansion ou en décadence ? Tout est vraiment très imprécis, profondément incertain.

Durkheim lui-même donne des exemples dispersés et accumule des objections qui semblent sans réponse, tant elle vient du bout des lèvres. Jugeons-en. Pour ce qui est d'Eglise et de religion : « Si l'on fait entrer la notion d'Eglise dans la définition de la religion, n'en exclut-on pas du même coup les religions individuelles que l'individu institue pour lui-même et célèbre pour lui seul ? Or, il n'en est guère de société où il ne s'en rencontre [...] Et non seulement ces religions individuelles sont très fréquentes dans l'histoire, mais certains se demandent aujourd'hui si elles ne sont pas appelées à devenir la forme éminente de la vie religieuse et si un jour ne viendra pas où il n'y aura plus d'autre culte que celui que chacun se fera librement dans son for intérieur » (*Formes* : 63). Pour ce qui est d'Eglise et de magie : « Il est vrai que, dans certains cas, les magiciens forment entre eux des sociétés [...] ces sociétés [...] comprennent les seuls magiciens [...] Toute communauté de ce genre (Eglise) fait normalement défaut à la magie » (*Formes* : 62-63). Fait donc *normalement* défaut. Par ailleurs, « en distinguant ainsi la magie de la religion, nous n'entendons pas établir entre elles une solution de continuité » (*Formes* : 63).

De toute évidence, nous ne sommes pas ici en présence d'un travail élaboré. L'avertissement de Durkheim : « le monde [...] de la magie [...] est en dehors de notre recherche » (*Formes* : 405), semble à la fois rassurant et inutile. Faudra-t-il rejeter cette argumentation et cette problématique de Durkheim purement et simplement ?

C'est ce qu'ont fait plusieurs commentateurs, ceux qui travaillent notamment dans le champ de l'ethnologie. Citons, par exemple, Goody (1961) qui, insatisfait devant les imprécisions de Durkheim en la matière, se livre à des analyses percutantes et consacre un certain effort à montrer que Durkheim commettrait, en l'occurrence, de nombreuses erreurs et confusions et qu'en fin de compte le problème de la définition de la religion (et sa distinction de la magie) ne peut se fonder sur une autre base que celle de Tylor, à savoir la croyance dans des êtres spirituels[42].

Nous avons lu très attentivement cette littérature. Elle ne nous a pas convaincu. Faute d'une ligne théorique fondamentale, elle se perd en fin de compte, et termine par proposer des solutions ponctuelles qui laissent intact le débat de fond. Telle ne saurait être notre méthode de lecture[43]. Nous nous proposons toute une autre façon de procéder.

Nous avons concédé, en effet, que, sur le plan empirique, la solution proposée ici par Durkheim s'avère fragile et insuffisante. Elle ne nous semble ni la seule ni la meilleure possible[44]. Pour nous, il s'agit d'une piste instructive et intéressante. Nous terminons dès lors ce paragraphe sans entrer dans une longue casuistique polémique en nous limitant à considérer de façon positive ce qui constitue le mérite principal de la position durkheimienne[45].

Nous suivons Durkheim, ici, en négligeant pour l'instant l'examen des multiples formes possibles de relation entre « religion » et « groupe » et en négligeant également l'examen de ce qui serait la forme spécifique de cette relation, s'il y

---

42. « En résumé, je dirai que la croyance en des êtres surhumains et en leur pouvoir d'aider l'homme ou de lui faire du mal est presque universelle, et que cette croyance — j'y insiste — est la variable centrale que devrait mentionner toute définition de la religion. Récemment, Horton (1960) et Goody (1961) en sont venus à la même conclusion » (Spiro, 1972 : 119). À noter, dans ce sens, la position de G. Gurvitch qui, plus proche de Tylor que de Durkheim, voit dans le « mana » (force impersonnelle) la base de la magie et, dans le « sacré » (force surnaturelle, personnelle et transcendante), la base de la religion (Gurvitch, 1950, II). Une position plus complexe distingue, d'une part, le « numineux » ou « sacré », d'autre part, le « tabou » et la « magie » (Cazeneuve, 1971 : 34, 205, 209).

43. Nous espérons avoir un jour l'occasion de reprendre en détail ces critiques et de porter un jugement circonstancié sur leur pertinence. Pour l'instant, nous nous limitons à constater qu'elles n'infirment pas nécessairement l'essentiel de l'hypothèse durkheimienne.

44. Il est hors de tout doute que l'approche de la distinction entre magie et religion à partir de leur contenu respectif peut également s'avérer instructif pour comprendre en profondeur la nature de PR et, par ricochet, celle de NR et, plus fondamentalement, celle de R. Cette approche nous semble particulièrement appropriée lorsqu'on se concentre sur les principales distinctions à faire à l'intérieur de PR. Prenons par exemple les distinctions proposées par Bastide (1947 : 16-23) entre magie démoniaque, naturelle, incantatoire, imitative, sympathique, etc., ou encore la distinction entre magie, tabou et religion élaborée par Cazeneuve (1971 : 204-213).

45. Seulement, après avoir considéré ainsi la question, nous serons en mesure d'envisager les compléments de la pensée durkheimienne qui semblent devoir s'imposer aux niveaux théorique et empirique.

en a une. Nous nous concentrons, par contre, sur la question qui nous semble essentielle dans le présent contexte. Que vaut ce concept d'Eglise pour distinguer les « deux ordres de faits » que sont la magie et la religion et, plus généralement, NR et PR ?

Le niveau théorique

Le choix de Durkheim pour fonder la distinction entre magie et religion présente deux avantages importants : mettre de l'ordre dans la série de questions et permettre un approfondissement théorique.

Une clarification. — Dans le contexte qui est ici en question — la définition du phénomène religieux — le problème de la magie ne peut pas être traité dans sa complexité (types de magie, formes historiques de magie, concepts équivalents, antithétiques, etc.). Dans ce contexte, le problème de la magie doit être traité dans sa spécificité, en essayant de déterminer ce qui distingue et/ou identifie magie et religion, de la manière la plus essentielle et la plus générale. Dans cette perspective le véritable problème est celui de la relation entre NR et PR, et une bonne solution est celle qui permet de saisir cette relation de façon globale.

Or, chercher cette solution à partir de l'étude du contenu respectif des concepts de magie et de religion est une opération nécessairement complexe. Elle exige un inventaire détaillé des différentes formes typiques et historiques des magies et des religions. C'est une voie sans doute nécessaire, mais, dans le contexte d'une définition du phénomène religieux, cette voie semble beaucoup trop onéreuse. Par contre, chercher cette solution à partir d'un critère socio-morphologique externe et facilement identifiable permet d'aboutir à une formulation de l'ordre que voici : la distinction entre NR et PR se trouve dans le « faire » et dans l' « être » des sociétés et des groupes qui y sont concernés. C'est dans ce sens que se situe l'idée de Durkheim lorsqu'il présente comme guide la forme : la religion, c'est une Eglise ; la magie, une clientèle. Bien sûr, il s'agit d'un point de départ. Simple. Susceptible d'être développé.

Un approfondissement. — Au moment d'orienter la distinction entre NR et PR à partir d'un critère socio-morphologique, Durkheim emploie un raccourci : le concept d'Eglise. Ce concept n'est pas analysé. Employé de façon synthétique, il comprend toute la complexité du concept de « fait social »[46] qui, comme on sait, constitue un concept clef de la pensée durkheimienne[47]. Durkheim donne cependant des indications pour voir dans le concept d'Eglise (*supra* : 184-185) l'un ou l'autre des éléments que voici.

Eglise-célébration, la religion se célèbre « au moyen de réunions, d'assemblées, de congrégations ». Eglise-communauté, la religion est vécue en partageant « les sentiments collectifs et les idées collectives ». Eglise-institution, la religion est reconnue publiquement et officiellement dans des activités qui sont considérées comme « proprement religieuses ». Un texte synthétise ces éléments. « Il ne peut pas y avoir de société qui ne sente le besoin d'entretenir et de raffermir, à intervalles réguliers, les sentiments collectifs et les idées collectives qui font son unité et sa personnalité. Or, cette réfection morale ne peut être obtenue qu'au moyen de réunions, d'assemblées, de congrégations où les individus, étroitement rapprochés les uns des autres, réaffirment en commun leurs communs sentiments ; de là, des cérémonies qui, par leur objet, par les résultats qu'elles produisent, par les procédés qui y sont employés, ne diffèrent pas en nature des cérémonies proprement religieuses » (*Formes* : 610).

Voilà comment des critères socio-morphologiques peuvent s'avérer éclairants pour travailler la question de la distinction entre la magie et la religion et, plus généralement, entre NR et PR. La piste proposée par Durkheim nous semble donc valable et éclairante sur le plan heuristique. Certes, non pas

---

46. Pour une introduction à la complexité du concept de « fait social » chez Durkheim, voir notamment Lukes (1972 : 8-15). Parsons insiste pour sa part sur la complexité du concept durkheimien de « communauté morale » et sur les conséquences théoriques de son introduction dans la définition de la religion (Parsons, 1973 : 162-165 et 169).

47. On comprend aisément que Durkheim ne peut pas introduire, au moment de définir la religion (et de la mettre en relation avec NR et PR), toute la complexité de sa conception des « faits sociaux », ce qui le mènerait certainement hors de son propos. C'est sans doute pour cette raison, nous insistons, que Durkheim se sent obligé de renoncer à une analyse et de se contenter d'une formule (*supra* : 186, n. 41).

de façon générale et universelle, au sein de n'importe quel contexte, mais dans le contexte qui est ici le nôtre, répétons-le, celui de l'élaboration théorique et empirique du concept de religion.

Dorénavant les réalités « religieuses » ne peuvent être considérées comme des réalités à sens unique, conformes aux visées et aux intérêts d'un seul groupe[48]. En distinguant « nomoreligion » et « parareligion » comme deux formes de rapport au sacré qui déterminent le comportement des êtres humains, Durkheim quitte le terrain particulier de la théologie et de la politique pour poser le problème au niveau général de la sociologie et de la religiologie. La question n'est plus de savoir quelles sont les formes « vraies », voire les formes « dominantes » du sacré. La question est de cerner la place du sacré dans la constitution profonde de la nature humaine à travers les cultures et les civilisations.

La théorie générale du sacré oriente et détermine celle de la religion, en identifiant et en distinguant ses composantes « nomo », « quasi » et « parareligieuses ». Cette vision des choses est destinée à se développer dans le sens d'une théorie religiologique de la religion au service d'une science de l'homme, d'une théorie générale de la connaissance de l'être humain. Voilà un projet qui mérite, sans doute, d'être minutieusement raffiné et précisé.

Certes, ce genre de préoccupation n'a cessé d'attirer l'attention de nombreux chercheurs contemporains qui se réclament, en bonne partie, de la tradition durkheimienne. Citons, par exemple, Jean Cazeneuve (1984), Roger Caillois (1950), Roger Bastide (1975), F. Wesley (1984), Guy Swanson (1960), Robert N. Bellah (1985), avec beaucoup d'autres. Dans la même perspective, à une échelle plus restreinte, nous avons proposé une vérification empirique des thèses durkheimiennes sur l'universalité du sacré (Prades, 1983). Nous espérons participer bientôt à une vaste recherche d'équipe portant sur les valeurs sacrées de l'individualisme et de son dépassement dans le monde contemporain. D'autres travaux suivront sans doute.

---

48. Notons la considération sociopolitique — et avec elle l'avertissement tout pertinent — que propose Bastide (1947 : 16) au départ de son étude de la magie : « [...] lorsqu'une religion triomphe d'une autre, comme c'est le cas, par exemple, pour le christianisme supplantant le paganisme, le culte victorieux a coutume d'appeler magiques les rites du culte vaincu ».

Parmi une variété interminable de domaines et de perspectives, c'est justement cette avenue de recherche qui nous stimule tout particulièrement : chercher à rendre opérationnelle la théorie durkheimienne du rapport au sacré en vue de clarifier pourquoi et comment, au sein d'une mutation technologique et culturelle sans précédent, nos contemporains persistent à vivre la symbolique de l'essentiel de façon magique et religieuse.

L'idée a déjà été clairement rapportée : « L'homme moderne, comme celui des sociétés archaïques, a besoin de sécurité, de limitation même, et sa vocation n'est cependant pas de s'y enfermer, car il lui faut se dépasser sans cesse. Sa vie sociale et sa vie intérieure sont une quête perpétuelle de la sublimation qui le ferait approcher de l'inaccessible synthèse » (Cazeneuve, 1971 : 321). Il s'agit maintenant de poursuivre et de développer cette idée, de « la soumettre aussi méthodiquement qu'on peut au contrôle des faits » (*Formes* : 638).

III

VERS UNE THÉORIE EXPLICATIVE DES ORIGINES DU SACRÉ ET DE LA RELIGION

> « [...] *une nouvelle manière d'expliquer l'homme devient possible* [...]. »
>
> Durkheim, *Les formes élémentaires de la vie religieuse.*

On vient de voir la compréhension et l'extension des concepts théoriques de sacré et de religion dans l'œuvre de Durkheim. Ces concepts permettent de saisir dans toute sa généralité des phénomènes *sui generis* qui semblent persister et se métamorphoser sans cesse tout au long de l'aventure humaine.

Nous entrons dans la dernière partie de notre ouvrage, en nous interrogeant sur un volet théorique fondamental. Comment rendre compte du fait que le sacré ne peut pas se cantonner dans des institutions spécialisées, propres à quelques cultures ou à quelques milieux particuliers ? Pourquoi notamment cette persistance du sacré dans le monde scientifique et technique, critique et désenchanté, qui est celui de la modernité ? Pourquoi en est-il ainsi ? Qu'est-ce qui explique ce phénomène ?

Ces questions essentielles, maintes fois posées, ont fait l'objet de nombreuses élaborations rigoureuses et systématiques, au point de donner naissance à de véritables traditions intellectuelles. Ces questions sont d'ailleurs à l'ordre du jour. Elles ont constitué le thème central de la dernière réunion de la Conférence internationale de Sociologie religieuse (Louvain, août 1985). Elles semblent particulièrement présentes dans la réflexion la plus actuelle des sociologues (Séguy, 1985 ; *supra* : 116).

Sans aucune prétention à faire le point, une modeste réflexion sur la problématique « religion-modernité » nous aidera à comprendre l'importance décisive de traiter en détail le problème théorique de l'explication des origines du sacré et de la religion.

Une vue d'ensemble

Parmi les auteurs qui ont posé le problème des rapports entre religion et modernité, Fürstenberg (1961) a distingué trois thèses fondamentales de la sociologie de la religion : sécularisation, intégration, compensation ; thèses qui, on s'en doute, font suite aux travaux de M. Weber, d'E. Durkheim et de K. Marx, respectivement.

La thèse qui a retenu le plus l'attention des spécialistes pendant les dernières décennies a été sans doute celle de la sécularisation (Dobbelaere, 1981 *a*). Ce fait a amené bon nombre de chercheurs vers une sorte de corollaire : la thèse du renouveau religieux. La pensée durkheimienne, suivie par quelques autres chercheurs, ouvre la voie à une orientation alternative : la thèse du déplacement du sacré. Rappelons brièvement quelques éléments essentiels de ces pistes de recherche.

La thèse de la sécularisation. — Cette thèse comprend deux éléments essentiels : génétiquement, la société moderne est fondamentalement déterminée par la religion (chrétienne) ; la dynamique du changement social porte la société moderne à diminuer continuellement l'importance du facteur religieux et à le cantonner dans une aire spécifique et délimitée.

Pour des raisons qu'il faudrait étayer, cette thèse constitue une sorte d'évidence dans notre milieu culturel. Le sens commun semble tenir pour acquis que le sacré et la religion, comme faits sociologiques de masse, appartiennent à la société traditionnelle ; que la modernité, en raison sans doute de son développement scientifique et technique, se « sécularise » de plus en plus profondément et inévitablement.

Mais comment expliquer la persistance et la métamorphose du sacré dans la modernité ? Suffit-il de le concevoir comme une sorte de « survivance » du passé ? Le développement de la thèse de la sécularisation pose bien des problèmes. Elle ne semble pas offrir une perspective globale susceptible de répondre à notre question de départ.

La thèse du renouveau religieux. — Cette thèse a connu une grande popularité (Needleman-Baker, 1978 ; Melton, 1978 ; Zaretsky-Leaon, 1974) depuis quelques années. En proposant une ligne de réponse complémentaire à la thèse antérieure, elle défend essentiellement l'idée que la religion (comprise dans le sens traditionnel du terme) évolue différemment dans les diverses couches de la structure sociale mais qu'elle ne disparaît point de la société contemporaine, ni aux Etats-Unis, ni en Europe, ni dans les pays socialistes.

Dans cette perspective, deux pistes de recherche semblent être privilégiées : celle qui concerne les « nouvelles expressions du christianisme » (Glock-Bellah, 1976) et celle qui considère principalement « les nouvelles expressions religieuses de type oriental » (Cox, 1977 ; Roszak, 1969).

Ces recherches interprètent le développement des nouveaux mouvements religieux comme un phénomène compensatoire de la tendance fondamentale, qui serait la sécularisation de la modernité. Malgré le grand intérêt qu'elles suscitent tout près de nous (Bergeron, 1982 ; Chagnon, 1979 ; 1985), elles présentent les mêmes difficultés théoriques que la thèse de la sécularisation pour expliquer la persistance et la métamorphose du sacré, apparemment condamné à rester un phénomène socialement marginal.

Quant au fond, nous ne mettons pas en question les acquis des thèses socio-religieuses qu'on vient d'évoquer. Elles concernent l'explication de la lutte entre le déclin et le renouveau des formes traditionnelles du sacré et de la religion. Nous nous situons non pas dans une perspective opposée mais dans une perspective différente. Considérant que chacune de ces thèses dévoile un aspect sans doute important de ce que Weber a appelé très justement « l'infinie diversité du réel », nous préférons poursuivre notre réflexion sur les rapports entre religion et modernité dans le cadre de la thèse du déplacement du sacré.

La thèse du déplacement du sacré. — Cette thèse propose une nouvelle interprétation des relations entre religion et modernité. Elle se distingue nettement des deux autres sur un point très précis. Celles-ci travaillent en effet sur le concept traditionnel de sacré religieux. La thèse du déplacement du sacré propose, par contre, de considérer le concept de sacré dans son expression la plus générale et la plus universelle, celle qu'on vient justement de développer dans les chapitres précédents.

Cette distinction de principe entre le concept de religion et celui de ses formes traditionnelles pose des questions factuelles et conceptuelles de grande importance. L'étude du sacré et de la religion sur une base anthropologique, valable pour tous les types de société, demande la considération d'au moins trois formes fondamentales de « vie religieuse » : les formes traditionnelles, qui ont leur origine dans les sociétés classiques (essentiellement agricoles) ; les formes élémentaires, qui ont précédé et qui correspondent spécifiquement aux sociétés cinégétiques archaïques ; les formes enfin de la modernité, qui ont suivi et qui correspondent spécifiquement aux structures mentales et matérielles de la société technologique, scientifique et urbaine.

Cette typologie tripartite est proposée dans un sens exploratoire, en nous basant sur un procédé extrêmement simple : prendre comme point de départ la forme traditionnelle de vie religieuse (celle qui appartient, de fait, aux structures fondamentales de la société agricole) ; nous interroger ensuite sur les formes qui l'ont précédée (au sein notamment des sociétés cinégétiques) et sur celles qui l'ont suivie (les sociétés scientifiques et industrielles).

Cette typologie s'inspire, certes, de l'œuvre de Durkheim, pour qui l'étude des « formes élémentaires de la vie religieuse » renvoie directement à celles « de l'avenir » (*Formes* : 609 s.). Elle explicite et complète celle d'Eliade qui, tout en distinguant fondamentalement « la pensée archaïque » de « celle des peuples dits "de l'histoire" » (Eliade, 1971 : 21, 141, 142, etc.), pointe vers une conception du sacré spécifiquement contemporaine (Eliade, 1965 : 170 et s.). La même conception a été explicitée par d'autres auteurs (Bellah, 1964 : 358-374). La question mériterait un examen critique de la littérature pertinente. Adams (1981 : 628-634) en a proposé une intéressante vue d'ensemble. Dupré (1975) reste une référence indispensable sur la problématique propre à la religion dans la « société primitive ».

Une question nécessaire

C'est dans cette perspective, à peine évoquée ici, que nous posons le problème de l'explication des origines du sacré et de la religion et, du même coup, celui de la persistance et de la métamorphose du sacré au sein de la modernité.

L'homme de la modernité sait que son destin est lié à des forces à la fois inconnues et puissantes (Van der Leeuw, 1955). Son expérience quotidienne est dès lors habitée par des mythes, des rituels et des symboles qui ont souvent un caractère sacré (Luckmann, 1963 ; Prades, 1983 et 1985 *c*).

Pour celui qui vit dans une société urbaine, scientifique et technique, cette expérience du sacré est cependant essentiellement différente de celle de l'homme de la société traditionnelle (immergé dans un univers symbolique dominé par les croyances dans des êtres surnaturels) et de celle de l'homme de la société archaïque (démuni, lui, des ressources rassurantes d'un discours théologique et/ou d'un discours scientifique censés fonder le monde sur des bases, pour l'essentiel, intouchables).

Notons également, pour essayer de tenir compte de la complexité des choses, que l'homme de la modernité ne vit pas exclusivement l'expérience de son temps ; il la cumule très généralement avec l'expérience historique de la société traditionnelle qui l'a précédée et qu'il est loin d'avoir « oubliée ». Lightstone (1986) propose une suggestive confirmation de ces vues, en ce qui concerne notamment la transformation de l'univers symbolique dans la modernité juive.

En consonance avec ces problématiques factuelles et conceptuelles, s'insère donc la problématique explicative. Nous avons dit dans quel sens le sacré fait partie de la modernité.

Il faut poser maintenant la question explicative. Pourquoi en serait-il ainsi ? Quelle explication rationnelle pourrait-on proposer pour rendre compte de cet état de fait ? Y a-t-il quelque chose qui lie, constitutivement, l'homme et le sacré ?

A la recherche de cette pierre angulaire sur laquelle s'appuie l'ensemble de sa construction intellectuelle, Durkheim propose une hypothèse fondatrice qui constitue une « nouvelle manière d'expliquer l'homme ». Le régulateur fonctionnel de la socialité, le mécanisme essentiel qui lie les individus, qui crée ou affermit leur solidarité et qui fonde ou renouvelle la vie sociale, est en fin de compte une force morale. Cette force morale, nous le verrons en détail, c'est « la société ».

Le problème de l'explication de la persistance et de la métamorphose du sacré consiste donc à comprendre en profondeur la nature, la portée, les caractéristiques essentielles de ce que Durkheim nomme « la société », cette réalité ultime qui fonde et qui oriente de façon décisive la vie humaine.

Durkheim a réfléchi pendant de longues années à cette problématique cruciale. Depuis *De la division du travail social* (1893) jusqu'à *Les formes élémentaires de la vie religieuse* (1912), toute son œuvre de maturité est une invitation à essayer cette piste de recherche, à vérifier l'hypothèse, à « la soumettre aussi méthodiquement que possible au contrôle des faits » (*Formes* : 638).

La thèse du déplacement du sacré et la théorie explicative mise en chantier dans l'œuvre durkheimienne sont bien connues des spécialistes. Elles ont fait l'objet récemment de commentaires élaborés concernant l'œuvre classique de Durkheim lui-même (Pickering, 1984) et celle de ses disciples et proches collaborateurs (Isambert, 1982). Il nous apparaît cependant que l'explication de la persistance et de la métamorphose du sacré pourrait faire l'objet de recherches monographiques plus approfondies.

En effet, le problème de l'explication, avec toute une cohorte de thèmes connexes — démonstration, causalité, déterminisme, déduction, réduction... — traverse l'histoire de la pensée occidentale depuis Aristote. Problème épistémologique dans ses fondements, il accompagne le développement de la logique préclassique (Bacon), classique (Descartes, Pascal, Leibniz) et moderne (J. Stuart Mill, Frege, Russel). Il constitue également un objet majeur de la méthodologie des sciences humaines (Marx, Spencer, Durkheim, Weber et leurs innombrables commentateurs et critiques).

Avec l'essor des sciences de l'homme, les épistémologues et les spécialistes de chaque discipline particulière ont produit une immense littérature concernant les conditions de validité de l'explication scientifique. La science des religions montrera, à ce propos, une note discordante. Pour des raisons qu'il faudrait élucider, l'on trouve dans cette discipline une critique constante de l'approche explicative, non seulement au niveau de sa validité mais au niveau même de sa légitimité.

Durkheim utilise largement la méthode explicative dans l'étude scientifique de la religion. Son œuvre socio-religiologique offrira dès lors une cible de choix. Accusé très souvent de réductivisme irrémissible, il sera condamné sans appel comme un intrus dans le champ authentique des études religieuses.

En essayant d'apporter une modeste contribution à cet effort de clarification, nous étudierons maintenant la conception durkheimienne de « l'explication des origines du sacré et de la religion » (chap. VI) et proposerons ensuite une appréciation des critiques favorables et défavorables, suscitées par l'hypothèse explicative durkheimienne (chap. VII).

CHAPITRE VI

L'explication des origines du sacré et de la religion

En appliquant les principes méthodologiques de la théorie explicative à sa recherche concrète sur le sacré et sur la religion, Durkheim a développé divers types de démarche explicative. L'explication par la religion : des phénomènes religieux peuvent être à l'origine d'activités profanes ; l'explication de la religion : des phénomènes profanes peuvent être à l'origine de croyances ou de pratiques religieuses. L'explication causale : l'origine ou la naissance des sentiments religieux ; l'explication fonctionnelle : rendre compte de la persistance et de l'universalité de ces sentiments. L'explication ponctuelle : déterminer les causes d'un phénomène religieux particulier ; l'explication globale : déterminer les causes de l'expérience religieuse d'une manière générale. L'explication hypothétique : celle qui est seulement énoncée et précisée sans être confirmée par l'observation de faits selon les règles de vérification établies par la méthode expérimentale ; l'explication théorique : celle qui comprend l'hypothèse et la vérification ainsi que leur insertion dans un cadre de référence théorique général.

Nous concentrerons ici notre attention sur l'étude d'une démarche particulière : l'explication théorique et globale des origines de la religion.

LES PRINCIPES MÉTHODOLOGIQUES

> « [...] *les explications scientifiques de la religion ne peuvent être faites qu'à partir d'une réduction ontologique des termes religieux.* »
>
> H. W. White, *Reductive Explanations of Religion with Special Reference to Durkheim.*

Peut-on légitimement tenter d'expliquer le phénomène religieux ? Quels principes méthodologiques et techniques faut-il appliquer ? Quelle différence substantielle existe-t-il entre l'explication de la religion et l'explication par la religion ?

▶ LE PROBLÈME

La démarche scientifique peut choisir la religion tout aussi bien comme *explanans* que comme *explanandum*. Cette distinction est connue et courante (Spiro, 1972 : 50).

En sciences religieuses, on ne met pratiquement jamais en doute la légitimité de l'explication par la religion d'un phénomène humain quel qu'il soit. Par contre, l'explication de la religion a donné lieu à des attaques virulentes (Puech-Vignaux, 1970 ; Eliade, 1968).

Pourquoi les spécialistes acceptent-ils l'explication par la religion et sont-ils généralement hostiles aux théories explicatives de la religion ? Comment la conviction du caractère spécifique et irréductible du phénomène religieux porte-t-elle à refuser la légitimité de cette explication ?

L'irréductibilité de l'objet religieux a ses racines dans la conviction de la qualité radicalement autre de l'être divin. Cette conviction a été développée de façon extrêmement puissante par la tradition théologique juive et chrétienne, en Occident, des origines à nos jours. Dans le domaine de la science des religions, cette conviction a été particulièrement développée par l'exceptionnelle influence de l'œuvre de R. Otto (1917).

L'irréductibilité de l'expérience du sujet religieux est une conviction inébranlable. Eliade (1965) a contribué à diffuser l'opinion que *l'homo religiosus* est censé faire une expérience unique, foncièrement différente de toute autre expérience humaine. L'explication, opération essentiellement réductrice, évacuerait, par conséquent, ce qu'il y a de spécifiquement religieux dans le phénomène religieux. Elle ne pourrait, dans le meilleur des cas, qu'apporter des informations complémentaires, mais non pas rendre compte du phénomène religieux en tant que tel.

Il y a là une intuition importante qu'il serait malvenu de sous-estimer. L'expérience religieuse en tant que religieuse a certainement un caractère spécifique indiscutable. Ceci ne permet cependant pas de confondre le caractère spécifique et le caractère unique de l'expérience religieuse. En effet, toute expérience typique a un caractère spécifique. L'expérience religieuse est une expérience typique, tout autant que l'expérience politique, esthétique, sexuelle... Cette spécificité ne la rend cependant pas exclusive ou unique, dans le sens de la traiter comme n'ayant rien de commun avec les autres expériences humaines.

Ces considérations jettent une nouvelle lumière sur le problème du réductionnisme au sein de la science des religions. Ce problème est lié à celui de la transcendance (*supra* : 106 et s.). En effet, l'objet de l'expérience religieuse a, par définition, un caractère transcendant et surhumain. Mais, toute la question est de qualifier la nature de cette transcendance. Si elle implique nécessairement l'existence d'une réalité autre qui dépasse totalement les réalités humaines naturelles, il serait en effet « réducteur » d'expliquer cette réalité tout autre par quelque chose de fondamentalement inférieur (l'humain). Si, par contre, comme le prétend Durkheim, cette transcendance est « naturelle » et « non supra-expérimentale » (*supra* : 108 et s.), le fait d'expliquer quelque chose de naturel par quelque chose de naturel n'aurait aucun caractère véritablement « réducteur ». L'expérience religieuse resterait donc « spécifique » (expérience de la transcendance) ; elle ne serait pourtant pas « unique » (la transcendance reste un phénomène naturel).

▶ LES PRINCIPES MÉTHODOLOGIQUES DE BASE

La « Préface » de la première édition des *Règles* dégage deux postulats essentiels : la nécessité d'expliquer les faits sociaux et celle de s'en tenir, pour ce faire, à des causes sociales.

Les *Règles* traiteront en détail le problème de l'explication scientifique. Elles y consacrent deux chapitres. Le chapitre V (p. 89-123) pose le problème de façon générale. Le chapitre VI (p. 124-138) détermine concrètement les moyens de démontrer la causalité des faits sociaux.

Arrivé « à la partie vraiment explicative de la science », Durkheim pose la question de « la méthode propre » (*Règles* : 89) qu'il faut pratiquer. De la réponse qui suit, nous retiendrons deux « règles » capitales.

« *Quand on entreprend d'expliquer un phénomène social, il faut rechercher séparément la cause efficiente et la fonction qu'il remplit* » (*Règles* : 95).

« *La cause déterminante d'un fait social doit être cherchée parmi les faits sociaux antécédents, et non parmi les états de conscience individuelle* [...]. *La fonction d'un fait social doit toujours être recherchée dans le rapport qu'il soutient avec quelque fin sociale* » (*Règles* : 109).

Tandis que les règles relatives à l'explication des faits sociaux ont un caractère fondamentalement théorique, général et macro-sociologique, celles qui ont pour objet « de démontrer qu'un phénomène est cause d'un autre » (*Règles* : 124) sont de nature opérationnelle, empirique et concrète. Elles se concentrent autour d'une seule et unique procédure méthodologique reconnue : « *l'expérimentation proprement dite* [...] *l'expérimentation indirecte ou méthode comparative* » (*Règles* : 124).

L'expérimentation proprement dite intervient quand les faits « peuvent être artificiellement produits au gré de l'observateur ». L'expérimentation indirecte, « quand, au contraire, la production des faits n'est pas à notre disposition ». Etant donné que « les phénomènes sociaux échappent, évidemment, à l'action de l'opérateur, la méthode comparative est *la seule** qui convient à la sociologie » (*Règles* : 124).

Durkheim en arrive ainsi à établir que « la méthode des variations concomitantes [est] l'instrument par excellence des recherches sociologiques » (*Règles* : 131). Cette méthode, qu'on suppose par ailleurs connue, est définie, justifiée et caractérisée en détail.

Les principes de l'explication de la religion

L'Introduction des *Formes* poursuit l'esquisse des principes méthodologiques qui orientent et conditionnent l'explication de la religion. Ces principes se présentent sous forme générale et dans des objectifs concrets.

Dans un bref résumé des « idées principales [qui] dominent les *Formes*, Durkheim établit ce principe méthodologique avec une éclatante limpidité. « Avant tout, la vie religieuse suppose la mise en œuvre de forces *sui generis*, qui élèvent l'individu au-dessus de lui-même [...]. Le problème religieux consiste donc à rechercher *d'où viennent ces forces** et de quoi elles sont faites. [...] elles ne peuvent émaner que d'une source d'énergie supérieure à celles dont dispose l'individu comme tel. Si l'on pose comme une règle de méthode que tous les phénomènes qui se produisent dans la nature sont *naturels** et *dépendent de causes naturelles**, comme les religions sont du nombre, c'est dans *la nature qu'on devra chercher la source ou les sources de la vie religieuse** » (1913 b : 63-64).

En appliquant ici ses principes méthodologiques généraux, Durkheim rappelle la complémentarité des explications causale et fonctionnelle. Ainsi, par exemple, dans le but de montrer que « les religions primitives » correspondent parfaitement à la notion de « la religion d'une manière générale », la preuve est fondée sur la théorie explicative causale et fonctionnelle : « ces religions-là [....] répondent aux mêmes nécessités, [...] jouent le même rôle, [...] dépendent des mêmes causes » (*Formes* : 4).

Cette démarche, « a, avant tout, pour objet d'*expliquer** [...] l'homme d'aujourd'hui » (*Formes* : 2). Elle cherche aussi à « savoir [...] ce que c'est que la religion d'une manière générale [...] ces éléments permanents qui constituent ce qu'il y a d'éternel et d'humain dans la religion » (*Formes* : 6).

Durkheim exprime le besoin de retrouver la chaîne des explications historiques successives. « Nous ne pouvons arriver à comprendre les religions les plus récentes qu'en suivant dans l'histoire la manière dont elles se sont progressivement composées. L'histoire est, en effet, la seule méthode d'analyse explicative qu'il soit possible de leur appliquer. [...] Or, on conçoit sans peine de quelle importance est, pour cette *série d'explications progressives**, la détermination du point de départ auquel elles sont suspendues » (*Formes* : 4-5).

Pour éviter tout malentendu, Durkheim insiste dans une note : « Nous donnons à ce mot d'origines, comme au mot de primitif, un sens tout relatif. Nous entendons par là non un commencement absolu, mais l'état social le plus simple qui soit actuellement connu, celui au-delà duquel il ne nous est pas présentement possible de remonter » (*Formes* : 11).

Le lien entre l'explication des origines de la religion et l'explication de chaque fait religieux est par ailleurs inévitable. « Le détail des faits religieux est expliqué différemment, suivant qu'on met à l'origine de l'évolution le naturisme, l'animisme ou telle autre forme religieuse. Même les savants les plus spécialisés, s'ils n'entendent pas se borner à une tâche de pure érudition, s'ils veulent essayer de se rendre compte des faits qu'ils analysent, sont obligés de choisir telle ou telle de ces hypothèses et de s'en inspirer [...] les questions qu'ils se posent prennent nécessairement la forme suivante : comment le naturisme ou l'animisme ont-ils été déterminés à prendre, ici ou là, tel aspect particulier [...] ? » (*Formes* : 5).

Les principes méthodologiques de l'explication par la religion

L'Introduction aux *Formes* propose donc une double tâche, une explication de la religion et une explication par la religion. Quels principes orientent ce deuxième volet de l'analyse religiologique durkheimienne (*Formes* : 12-28) ?

Au départ, Durkheim dégage une perspective générale : « L'étude des phénomènes religieux fournit un moyen de renouveler des problèmes qui, jusqu'à présent, n'ont été débattus qu'entre philosophes » (*Formes* : 12). Des problèmes donc qui n'ont pas été étudiés selon la méthode de la science positive. Mais quels sont ces problèmes ? Durkheim en mentionne deux : l'origine de « la philosophie et les sciences » et l'origine de ces « notions essentielles qui dominent toute notre vie intellectuelle [...] celles que les philosophes depuis Aristote appellent les catégories de l'entendement : notions de temps, d'espace, de genre, de nombre, de cause, de substance, de personnalité, etc. » (*Formes* : 12-13).

La philosophie et les sciences. « Les premiers systèmes de représentations que l'homme s'est fait du monde et de lui-même sont d'*origine religieuse** [...]. La philosophie et les sciences sont *nées de la religion** [...] elle ne s'est pas bornée à enrichir d'un certain nombre d'idées un esprit humain préalablement formé ; elle a *contribué** à le former lui-même. Les hommes ne lui ont pas *dû** seulement [...] la matière de leurs connaissances, mais aussi la forme suivant laquelle ces connaissances sont élaborées » (*Formes* : 12).

Les catégories de l'entendement. « Quand on analyse méthodiquement les croyances religieuses primitives, on rencontre naturellement sur son chemin les principales d'entre ces catégories. Elles sont *nées dans la religion et de la religion** ; elles sont un *produit de la pensée religieuse**. C'est une constatation que nous aurons plusieurs fois à faire dans le cours de cet ouvrage » (*Formes* : 13).

Des portions extrêmement importantes de la connaissance humaine s'expliquent donc par la religion. Durkheim note que « cette remarque a déjà quelque intérêt par elle-même » (*Formes* : 13). Elle ne constitue cependant pas le point focal de son argumentation qui reste foncièrement sociologique.

Puisque « la religion est une chose éminemment sociale [...] si les catégories sont d'origine religieuse [...] elles doivent être, elles aussi, des choses sociales, des produits de la pensée collective » (*Formes* : 13-14). Par conséquent, c'est clair, l'explication de la connaissance par la religion reste une explication qui tout en étant éclairante n'en est pas moins transitoire. Elle renvoie, en effet, à une théorie générale qui déborde le cadre de la problématique religieuse, « Le problème de la connaissance se pose dans des termes nouveaux » (*Formes* : 18), il débouche en fin d'analyse sur une « théorie sociologique de la connaissance » (*Formes* : 25).

EXPLICATIONS
REJETÉES PAR DURKHEIM

> « [...] *ce doit être pour la* science des religions* *un principe que la religion n'exprime rien qui ne soit dans la nature ; car il n'y a science que de phénomènes naturels.* Toute la question* *est de savoir à quel règne de la nature ressortissent ces réalités et* ce qui a pu déterminer les hommes* *à se les représenter sous cette forme singulière qui est propre à la pensée religieuse.* »
>
> E. Durkheim, *Les formes élémentaires de la vie religieuse.*

L'explication des origines de la religion constitue un enjeu majeur des *Formes*. Durkheim dira même qu'elle y occupe la première place : « la question que nous traitons dans le présent ouvrage a pour *principal objet** de trouver sous quelle forme cette espèce particulière d'autorité morale qui est inhérente à *tout ce qui est religieux a pris naissance** et de quoi elle est formée » (*Formes* : 298, n. 2).

Les spécialistes ont proposé diverses réponses à ces questions. Durkheim commence par en rejeter quelques-unes. Lesquelles ? Pourquoi ? Que valent ses arguments ?

▶ LES OBJECTIONS DE DURKHEIM

Durkheim se propose de traiter le problème de l'explication des origines de la religion dans une perspective socio-religiologique, une perspective théorique fondamentale. C'est dans cette perspective qu'il entame son raisonnement explicatif, en commençant, comme c'est son habitude, par un exposé critique des positions de ses adversaires.

Exclusion des explications supra-expérimentales

Parmi les diverses théories qui ont essayé d'expliquer les origines de la religion, il y a « les théories qui, en totalité ou

en partie, font intervenir les données supra-expérimentales »
(*Formes* : 68, n. 1). Ces théories, « nous [les] laisserons de côté,
ici » (*Formes* : 68).

Les raisons de ce refus sont renvoyées à plus tard. « [...] si
nous ne croyons pas devoir exposer et discuter cette conception
dans le présent chapitre, nous n'entendons pas la passer sous
silence ; nous la retrouverons plus loin quand nous aurons
nous-même à expliquer les faits sur lesquels elle s'appuie »
(*Formes* : 68, n. 1). Qu'en est-il exactement ?

Durkheim traite effectivement la question, au moment où
il présente et critique une thèse proposée par A. Lang, reprise
par le P. Schmidt, à propos de « La notion d'esprits et de
dieux » (*Formes* : 409 s.). Cette thèse, en bref, vient à dire que
« par une sorte d'intuition sur la nature de laquelle on refuse
de s'expliquer [...], l'intelligence humaine serait parvenue
d'emblée à concevoir un dieu unique, créateur du monde,
législateur de l'ordre moral » (*Formes* : 414). Cette thèse suscite
une critique, rapide et tranchante. « Nous n'entrerons pas dans
cette discussion qui nous paraît sans intérêt et sans portée. Si
l'on donne à ces différents adjectifs un sens relatif, en harmonie
avec la mentalité australienne, nous sommes tout prêt à les
prendre à notre compte et nous les avons nous-même-employés.
De ce point de vue, tout-puissant veut dire qui a plus de
pouvoir que les autres êtres sacrés ; omniscient, qui voit des
choses qui échappent au vulgaire [...]. Mais si l'on veut donner
à ces mots une signification que, seul, un spiritualiste chrétien
peut y attacher, il nous paraît inutile de discuter une opinion
si contraire aux principes de la méthode historique » (*Formes* :
415, n. 4).

D'autres passages des *Formes* reviennent, toujours brièvement, sur les raisons du refus de fonder l'explication des origines de la religion sur la notion de « réalité supra-expérimentale [...] dont aucune observation ne peut établir l'existence »
(*Formes* : 637). Durkheim s'en tient à des raisons d'ordre très
général. Il s'agirait d'une sorte de postulat de base. « Ce doit
être pour la science des religions un principe que la religion
n'exprime rien qui ne soit dans la nature ; car il n'y a de science
que des phénomènes naturels » (*Formes* : 98). Ou encore, ce
qui n'est pas très différent, d'une exigence notoire de la méthodologie des sciences. « [...] cette hypothèse [...] soustraite à

tout contrôle expérimental [...] ne satisfait donc pas aux conditions exigibles d'une hypothèse scientifique » (*Formes* : 20-21).

Ce type d'argumentation sera repris, toujours sommairement, dans d'autres occasions. Lors d'un débat « Science et religion » organisé par la Société française de Philosophie, Durkheim l'exprimait ainsi : « La science ne saurait [...] *expliquer** le caractère sacré de la Bible et des Evangiles comme le fidèle *se l'explique lui-même**. Mais elle en donnera une *explication** ; elle fera voir que ce caractère sacré n'est pas imaginaire, qu'il est *fondé** en quelque manière dans la réalité [...] » (1909 *a* (1) : 59).

Rejet de l'explication animiste

Durkheim s'est intéressé à l'étude de l'animisme à plusieurs reprises[1]. Il a scruté minutieusement ici (*Formes* : 69-99)[2] la « théorie animiste », élaborée par Tylor (1876) et reprise avec quelques modifications par Spencer (1878-1879), en poursuivant un but précis : savoir si on peut « être en droit de voir dans les croyances et les pratiques animistes la *forme primitive de la vie religieuse** (*Formes* : 69). Dans cette perspective, trois thèses fondamentales de l'animisme sont exposées et critiquées en détail. En voici un rappel schématique.

Première thèse. — « [...] l'idée d'âme [...] notion cardinale de la religion, [...] s'est formée sans emprunter aucun de ses éléments à une religion antérieure » (*Formes* : 69-70) ; « l'idée d'âme [...] aurait été suggérée à l'homme par l'expérience du rêve » (*Formes* : 79). Critique : « [...] ces rêves n'étaient pas possibles que là où l'on avait déjà l'idée d'esprits, d'âmes, de pays des morts, c'est-à-dire, là où l'évolution religieuse était relativement avancée. Bien loin qu'ils aient pu fournir à la religion la notion fondamentale sur laquelle elle repose, ils supposaient un système religieux déjà constitué et dont ils dépendaient » (*Formes* : 84).

---

1. Voir, par exemple, 1907 *f* [T. 1 : 71-77 et 101 et s.]. Pour une liste détaillée, on pourrait se référer à l' « Index des matières » qui se trouve à la fin des six premiers volumes de l'*Année sociologique*.
2. Ne pouvant pas entrer ici dans le détail de cette analyse durkheimienne qui occupe tout de même 30 pages des *Formes* nous nous limitons à en retracer les grandes lignes.

Deuxième thèse. — « [...] les âmes devinrent l'objet d'un culte et se transformèrent en esprits » (*Formes* : 70) ; « le culte des ancêtres [est] le type initial de toutes les religions » (*Formes* : 85). Critique : La mort n'explique pas la transformation de l'âme en esprit. « Pourquoi donc les vivants auraient-ils vu dans ce double déraciné et vagabond de leur compagnon d'hier, autre chose qu'un semblable ? » (*Formes* : 85). Le culte des âmes des morts n'est pas primitif. « [...] le culte qui, d'après l'hypothèse, devrait être prépondérant dans les sociétés inférieures y est, en réalité, inexistant » (*Formes* : 91).

Troisième thèse. — « Le culte de la nature est dérivé du [culte des esprits] » (*Formes* : 70) ; « nous tendons instinctivement à nous représenter toutes choses à notre image, c'est-à-dire comme des êtres vivants et pensants » (*Formes* : 92). Critique : L'anthropomorphisme religieux n'est pas primitif. « [...] loin de ne voir partout que des êtres semblables à lui, l'homme a commencé par se penser lui-même à l'image d'êtres dont il différait spécifiquement » (*Formes* : 96).

Ayant repoussé ces trois thèses fondamentales de l'animisme, Durkheim arrive à une conclusion générale. « Les théoriciens de l'animisme, quand ils cherchent *les origines de la pensée religieuse**, se contentent [...] à peu de frais » (*Formes* : 98). En voici la raison : « La théorie animiste implique [...] une conséquence qui en est peut-être la meilleure réfutation. Si elle était vraie, il faudrait admettre que les croyances religieuses sont autant de représentations hallucinatoires, sans aucun fondement objectif » (*Formes* : 96-97). Or, « qu'est-ce qu'une science dont la principale découverte consisterait à faire évanouir l'objet même dont elle traite ? » (*Formes* : 99).

Rejet de l'explication naturiste

Ayant analysé et critiqué l'explication des origines de la religion proposée par les théoriciens de l'animisme, Durkheim reprend la critique de « l'école naturiste » (*Formes* : 100-122)[3].

Celle-ci présente une caractéristique nouvelle qui rehausse son intérêt. Etant l'œuvre de spécialistes « des grandes civili-

---

3. Nous avons eu l'occasion de commenter la critique durkheimienne de la notion de « surnaturel » (*supra* : 44-46 ; 48-49 ; 111, n. 34 ; 122-123 ; 129-130 ; 208-209).

sations de l'Europe et de l'Asie », le naturisme opère dans tout un autre contexte que l'animisme qui, lui, est l'œuvre « pour la plupart, des ethnographes [ou] des folkloristes » principalement intéressés par « les religions inférieures » ou « les religions populaires » (*Formes* : 100). C'est ainsi que Durkheim a l'occasion de commenter critiquement deux types de théories qui essaient d'expliquer scientifiquement les origines de la religion, celles qui ont comme toile de fond des systèmes simples et rudimentaires et celles qui se fondent sur des systèmes complexes et sophistiqués.

A propos de « l'école naturiste », Durkheim rappelle que Max Müller[4] compte comme le premier et le plus influent théoricien (*Formes* : 101-102). « Tous les mythologues prenaient comme point de départ de leurs *explications** les principes de Max Müller. » Un choix s'impose dès lors de lui-même. « Il importe donc d'examiner en quoi ils consistent et ce qu'ils valent » (*Formes* : 102). Cet examen, bien entendu, se fait dans le cadre précis de l'explication scientifique des origines de la religion que proposent les « mythologues »[5] : « quelles sont les sensations *génératrices** de la pensée religieuse ? *Telle est la question** que l'étude des Vedas devait aider à résoudre » (*Formes* : 103). Voici, pour l'essentiel, le raisonnement de Durkheim.

La démarche de Max Müller se fonde sur une méthodologie linguistique. L'analyse comparative des « noms » des dieux dans les documents les plus anciens montre qu'ils « désignent les principaux phénomènes de la nature » (*Formes* : 103). Cette analyse porte à une conclusion de fait. « [...] chez ces peuples, les corps et les forces *de la nature** furent les premiers objets auxquels se prit le sentiment religieux ». Cette conclusion prend enfin un caractère universel. « [...] l'évolution religieuse de l'*humanité en général** avait eu le même point de départ » (*Formes* : 104).

Müller justifie cette conclusion « par des considérations d'ordre psychologique » (*Formes* : 104). Son argumentation

---

4. Durkheim présente à cette occasion un bref aperçu des travaux de Max Müller, de leurs traductions françaises et de certaines réactions, élogieuses, de plusieurs spécialistes. Notons à ce propos que Max Müller continue à jouir de nos jours de l'aura nostalgique dont sont couronnés nos « pères fondateurs » (Sharpe, 1975 : 35).
5. Les termes « mythologue » - « mythologie » ont déjà fait l'objet de nos commentaires (*supra* : 176-178).

est nette. « Il n'y a pas d'aspect de la nature qui ne soit apte à éveiller en nous cette sensation accablante d'un *infini** qui nous enveloppe et nous domine. Or, c'est de cette *sensation** que seraient *dérivées** les religions » (*Formes* : 105-106).

Une étude approfondie des lois de la linguistique viendrait à l'appui de cette théorie. En effet, les langues indo-européennes ont des racines communes, « comme autant d'échos de la langue que parlaient les peuples [...] au moment où se constitua cette religion qu'il s'agit précisément d'*expliquer** (*Formes* : 107). Ces vocables ont d'abord nommé des « forces de la nature ». Plus tard, par une sorte de « maladie du langage (*Formes* : 114), ils en sont venus à désigner des « agents personnels » (*Formes* : 109). Des *nomina* sont devenus des *numina*. « Voilà comment *se serait constituée** la notion du divin (*Formes* : 110).

En laissant de côté les questions proprement linguistiques, Durkheim s'en prend « aux principes généraux du système » (*Formes* : 112). Pour lui, ces principes n'ont pas de véritable portée explicative. Deux raisons principales en sont invoquées.

Première raison. — Le naturisme de Max Müller « réduit [la religion] à n'être qu'une immense métaphore sans valeur objective » (*Formes* : 114). Il pourrait peut-être « expliquer » les origines d'un type particulier de sentiment religieux, où le croyant vit « comme délirant, dans un milieu peuplé d'êtres et de choses qui n'ont qu'une existence verbale » (*Formes* : 114). Mais il ne peut point « expliquer » le sentiment religieux dans toute sa généralité. « Si la religion a pour principal objet d'exprimer les forces de la nature, il n'est pas possible d'y voir autre chose qu'un système de *fictions décevantes** dont la *survie est incompréhensible** » (*Formes* : 115).

Deuxième raison. — Le naturisme de Max Müller s'avère également incapable d'expliquer pourquoi les « phénomènes cosmiques » seraient « de nature à suggérer » leur expression « en symboles religieux » (*Formes* : 118). Penser que « le jeu naturel des forces physiques » pourrait « éveiller en nous l'idée de sacré » se révèle à l'examen « un préjugé » (*Formes* : 119). « [...] un monde de choses profanes a beau être illimité ; il reste un monde profane » (*Formes* : 121). Or, « rappelons-nous ce qui est en question [...] savoir comment *l'homme a pu arriver** à penser qu'il y avait, dans la réalité, deux catégories de choses radicalement hétérogènes » (*Formes* : 120). « Si donc la religion était réellement *née** du besoin d'assigner des causes aux phénomènes physiques, les formes qui auraient été ainsi imaginées ne seraient pas [...] sacrées [...]. C'est dire qu'il n'y aurait pas eu d'êtres sacrés ni, par conséquent, de religion » (*Formes* : 121).

◄ APPRÉCIATION DES OBJECTIONS DE DURKHEIM

On vient de voir les grandes lignes des arguments de Durkheim contre les explications « supra-expérimentales » des origines de la religion ainsi que contre les explications « rationnelles » proposées par l'animisme et le naturisme. Que faut-il en retenir ? Qu'y a-t-il ici pour nous de satisfaisant ou d'inacceptable ?

L'exclusion des explications « supra-expérimentales »

Nous avons parlé de cette question à plusieurs reprises (*supra* : 211, n. 3). Ajoutons donc tout simplement que l'idée, en principe, nous paraît recevable. Le fait d'accepter ou d'exclure les explications « supra-expérimentales » de son champ d'argumentation nous paraît un choix que doit faire le chercheur en cohérence avec ses postulats, ses objectifs, sa problématique, ses principes méthodologiques et théoriques. La légitimité de ce choix nous paraît chose certaine.

Il n'en va pas de même en ce qui concerne les arguments que suggère Durkheim pour justifier son choix. Ces arguments sont en effet beaucoup trop rapides. Ils ne rendent pas assez compte de la complexité de la question. Ils ne pourraient dès lors imposer une ligne de conduite universellement valable pour toute forme d'analyse religiologique.

Une remarque s'impose donc ici. C'est un fait que Durkheim n'approfondit jamais la justification de cette sorte d'argument. Mais ce n'est pas cela qui est important. Le vrai problème est de considérer que Durkheim n'est pas en mesure de l'approfondir vraiment. En effet, les connaissances qu'il possède dans les domaines de la philosophie de la religion et de la théologie ne lui permettent pas d'aborder le problème avec les nuances et les subtilités que peut apporter un savant spécialisé dans ces domaines[6]. En tenant compte de ce désavantage que par ailleurs il ignore entièrement, Durkheim a tort ; non pas de s'imposer un interdit, mais de vouloir l'imposer à tous, sans autre base que celle, hasardeuse, de ses propres convictions.

Le rejet des explications animiste et naturiste

La critique de l'animisme et du naturisme nous paraît par contre particulièrement éclairante. Elle montre le caractère éminemment théorique de la conception durkheimienne de la religion. Une conception qui considère l'explication causale et fonctionnelle de la religion dans un cadre anthropologique enrichi d'une perspective socio-religiologique.

Cette vision théorique est pour nous une question absolument fondamentale. Elle est très largement ignorée par grand nombre de critiques. Plus particulièrement par ceux qui rejettent en principe toute élaboration théorique qui aurait peu de chances d'être dûment démontrée (Spiro, 1972 : 124, 150). C'est assez rare, en effet, de rencontrer des spécialistes qui affirment qu'à la limite « une théorie peut avoir une valeur heuristique sans être juste pour autant » (Evans-Pritchard, 1974 : 17). C'est beaucoup plus rare encore de rencontrer des spécialistes qui mettent cette maxime en pratique. A ce propos, nous aimerions revenir sur l'œuvre de Lukes qui, sans entrevoir le moindre intérêt théorique à la critique durkheimienne de l'animisme, la liquide d'un seul trait en la qualifiant, tout simplement, d'un exemple de *petitio principii* (Lukes, 1972 : 480-481).

Or, l'intérêt de cette argumentation durkheimienne pour expliquer théoriquement les origines de la religion est fort considérable. Il ne s'agit point d'expliquer les origines d'un système religieux particulier, plus ou moins éphémère. Ce dont il s'agit c'est de rendre compte, sur la base d'un appareil empirique et critique élaboré, de « ces systèmes stables et

---

6. Les philosophies et les théologies théistes ont produit des études approfondies et subtiles, en Orient et en Occident, dans le passé, pendant des siècles et au cœur de la culture moderne. Ainsi par exemple, Rudolf Bultmann (Boutin, 1974), contemporain de Durkheim, a produit une œuvre herméneutique d'un intérêt exceptionnel pour la théorie religiologique. Nous savons que Durkheim ignore pour l'essentiel cette littérature, ce qui constitue à nos yeux une des limites les plus importantes de sa religiologie. Notons, en passant, que Max Weber partage en quelque sorte cette lacune, ce qui n'était pas le cas pour contre de Marx et d'Engels, bien plus au courant des développements de la théologie chrétienne du temps (Marx-Engels, 1845 ; voir également : Cottier, 1959 ; Wackenheim, 1963, etc.).

permanents d'idées et de pratiques qui constituent les religions » (*Formes* : 119)[7]. Dans cette perspective, Durkheim critique avec raison les théories explicatives des origines de la religion qui restent à un niveau primaire d'adaptation immédiate « aux choses sensibles » (*Formes* : 118). Des commentateurs aussi peu complaisants que Van Gennep (1913 : 390) le lui accordent nettement. D'autres diront même que cette critique de Durkheim n'est pas assez « radicale » (Dupré, 1975 : 23).

En complétant en quelque sorte sa propre réflexion, Durkheim soulève une objection. « [...] de quelque manière qu'on *explique** les religions, il est certain qu'elles se sont méprises sur la nature véritable des choses : les sciences en ont fait la preuve » (*Formes* : 117). Que peut-on y répondre ? La critique des explications animiste et naturiste s'applique-t-elle à toute tentative d'explication rationnelle des origines de la religion ?

Non. Durkheim essaie une voie nouvelle. « Supposons que la religion *réponde** à tout autre besoin que celui de nous adapter aux choses sensibles : elle ne risquera pas d'être affaiblie par cela seul qu'elle ne satisfait pas ou satisfait mal ce besoin » (*Formes* : 118). Autrement dit, « si la foi religieuse [...] s'alimente à une autre source » elle est « assez forte, non seulement pour supporter ces contradictions, mais pour les nier et pour empêcher le croyant d'en apercevoir la portée » (*Formes* : 118). Bref, il faut lier explication causale et explication fonctionnelle, rendre compte à la fois de la naissance des idées religieuses et de « leur force de résistance » (*Formes* : 118).

C'est au fond cette capacité de mettre en relation la réalité religieuse avec l'ensemble des éléments déterminants de l'homme et de la culture humaine qui fait la force de la socio-religiologie durkheimienne. Son étude des origines de la religion ne cherche point à reculer naïvement les échéances pour décider quand seraient apparus les premiers signes de religiosité : « les spéculations de ce genre sont-elles justement discréditées » (*Formes* : 11). Son centre d'intérêt n'est jamais circonscrit à une « forme » particulière « de la vie religieuse », « les formes élémentaires », pas plus que les autres. Le fait religieux n'est

---

7. On remarquera ici la conjonction entre l'explication causale et l'explication fonctionnelle (*supra* : 205-206).

jamais réduit à ce qui semble être ses apparences immédiates, telles que vues par nos traditions intellectuelles.

Chez Durkheim, l'explication des origines de la religion fait partie d'une entreprise gigantesque[8]. « Ce que nous voudrions, c'est trouver *un moyen de discerner les causes, toujours présentes**, dont dépendent les formes *les plus essentielles** de la pensée et de la pratique religieuse » (*Formes* : 11).

Notre lecture de ces textes ne signifie pas, évidemment, que les questions que Durkheim pose et que les lignes de solution qu'il explore soient en mesure de clore le débat. C'est bien le contraire. Nous ferions plutôt nôtre la conclusion d'un durkheimologue averti. « Ce qu'on appelle les "erreurs" de Durkheim, est toujours lié à sa volonté d'expliquer. Si la sociologie a pour vocation d'expliquer et non simplement de décrire, on voit qu'il s'agit toujours d' "erreurs" fécondes » (Duvignaud, 1969 : 133).

L'EXPLICATION PROPOSÉE PAR DURKHEIM

> « *La cause objective, universelle et éternelle de ces sensations* sui generis *dont est faite l'expérience religieuse, c'est la société* [...] *cette réalité, que les mythologies se sont représentées sous tant de formes différentes.* »
>
> E. Durkheim, *Les formes élémentaires de la vie religieuse.*

> « [...] *une explication qui se veut globale et exhaustive. On sait que c'est là sans doute l'apport essentiel de Durkheim.* »
>
> J. Duvignaud, *Journal sociologique.*

Poursuivant la recherche d'une explication satisfaisante des origines de la religion, Durkheim résume l'essentiel de sa critique des théories animiste et naturiste. Selon ces théories, en effet,

---

8. Gigantesque est sans doute un mot approprié, étant donné les dimensions de l'entreprise durkheimienne. Ce mot revient souvent chez les commentateurs. Signalons par exemple, le témoignage récent d'un auteur qui après avoir démoli sans ménagement les fondements des thèses durkheimiennes sur la religion, se sent curieusement obligé de conclure en revenant sur ce mot. « [...] La contribution de Durkheim [...] a été permanente et irréversible : ses successeurs [...] voient beaucoup plus loin que lui [...] justement parce qu'ils se trouvent sur les épaules d'un géant » (Hamnett, 1984 : 218).

« c'est dans la nature soit de l'homme soit de l'univers, qu'il faudrait aller chercher le *germe** de la grande opposition qui sépare le profane du sacré » (*Formes* : 123). Or, « une telle entreprise est impossible [...]. Un fait de l'expérience commune ne peut nous donner l'idée d'une chose qui a pour caractéristique d'être *en dehors** du monde de l'expérience commune » (*Formes* : 123). Par conséquent, « dans un cas comme dans l'autre, il fallait en venir à voir dans la religion le produit d'une interprétation délirante » (*Formes* : 124).

Et Durkheim de clore le raisonnement. « Une conclusion positive se dégage donc de cet examen critique. Puisque ni l'homme ni la nature n'ont, par eux-mêmes de caractère sacré, c'est qu'il le tiennent d'une autre source [...] il doit donc y avoir quelque autre réalité par rapport à laquelle cette espèce de délire qu'est bien, en un sens, toute religion, prend une signification et une valeur objective » (*Formes* : 124).

Cette autre réalité, on le sait, c'est la société[9]. Le refus de l'animisme et du naturisme, porte Durkheim à présenter sa propre théorie que par parallélisme morphologique on serait tenté d'appeler sociétisme[10]. Pour notre part, nous proposons d'adopter ce terme pour nommer « la démarche théorique qui, par opposition à l'animisme et au naturisme, cherche à montrer comment et dans quel sens peut-on considérer la société comme la réalité objective qui explique l'origine et la persistance de la religion ».

Comment va s'y prendre Durkheim pour exposer sa propre théorie sociétiste ? Son programme comprend une introduction

---

9. Société est sans doute le concept le plus complexe de la terminologie durkheimienne. Nous y reviendrons (*infra* : 238-245).

10. En insistant tout simplement sur le parallélisme morphologique entre anim-isme, natur-isme et sociét-isme, nous avons introduit ce néologisme ailleurs (Prades, 1981 : 34 et s.). Il s'agit bel et bien d'un néologisme : le terme est en effet ignoré des auteurs. Notons, pour compléter, l'utilisation des termes *societal* (et ses dérivés : *societal-ism, societal-istic, societal-ity*), qui sont employés, en anglais, par parallélisme morphologique avec les termes *individual* (et ses dérivés : *individual-ism, individual-istic, individual-ity*) (Robertson, 1977). Ces termes « sociétialisme » « sociétaliste », pourraient donc être employés, en complémentarité avec les termes « individualisme », « individualiste », afin de distinguer, par exemple, des motivations ou des finalités qui concernent, soit la « société », soit l' « individu ». Cette utilisation complémentaire : « individualisme » - « sociétalisme », n'est assurément pas d'usage généralisé. Un récent ouvrage (Bellah, 1985), qui traite justement du problème, préfère s'en tenir au parallélisme, plus classique, qui oppose *individualism* et *commitment*. Quoi qu'il en soit, le terme « sociétalisme » (tout comme les termes « socialisme », sociologisme », etc.) ne saurait être utilisé à la place du néologisme que nous proposons.

préliminaire, un temps fort et un corollaire. L'introduction précise l'objet et la méthode de la recherche. Le temps fort[11] comprend à son tour trois développements essentiels : *a)* Une étude descriptive des croyances et des rites du totémisme, dans le but de montrer qu'il s'agit effectivement d'un véritable système religieux tout en étant par ailleurs le plus simple et le plus primitif de tous les systèmes religieux connus. *b)* L'élaboration conceptuelle du principe totémique, « ce qui fait l'unité » dans la multiplicité des croyances et des rites. *c)* L'analyse explicative du totémisme, en montrant comment c'est la société qui « *suscite** la sensation du sacré ». Le corollaire[12] enfin, généralise les résultats de la recherche : si le sociétisme explique le système religieux le plus simple, il explique donc ce qui est essentiellement un système religieux ; il explique donc tout système religieux, l'origine et la persistance de la religion.

Voilà dans ses grandes lignes, comment essaie Durkheim de fonder sur une base rationnelle et empirique un programme intellectuel démesurément ambitieux. Ambitieux par son ampleur (« nous ne pouvons arriver à comprendre les religions plus récentes qu'en suivant dans l'histoire la manière dont elles se sont progressivement composées », *Formes* : 4). Ambitieux par sa visée (« une nouvelle forme d'expliquer l'homme », *Formes* : 638). Pour notre part, nous allons essayer de suivre les grandes étapes de ce même programme, en essayant de faire ressortir ses éléments constitutifs les plus déterminants.

---

11. Ce double propos, descriptif et explicatif, extrêmement minutieux, comprend l'entièreté des Livres II et III des *Formes*. Le Livre II, « Les croyances élémentaires » (*Formes* : 142-424) comprend deux sections plus une sorte d'appendice. La première section traite de « Les croyances proprement totémiques » (*Formes* : 142-237). La deuxième section étudie les « Origines de ces croyances » (*Formes* : 239-342). L'appendice traite de deux croyances qui, à proprement parler, n'appartiennent pas aux « principes fondamentaux de la religion totémique » et qui constituent donc une sorte de « formation secondaire [...] dérivée des conceptions plus essentielles » (*Formes* : 343). Ces deux croyances « dérivées » concernent « la notion d'âme » (*Formes* : 343-390) et « la notion d'esprits et de dieux » (*Formes* : 391-424). Le Livre III, « Les principales attitudes rituelles » (*Formes* : 425-592) présente une disposition différente. Il se divise en trois parties : 1) « Le culte négatif » (*Formes* : 427-464) ; 2) « Le culte positif » (*Formes* : 465-555) ; 3) « Les rites piaculaires » (*Formes* : 556-592). Chacune de ces trois parties comprend à son tour deux démarches fondamentales : une démarche de type descriptif et une démarche de type explicatif.
12. Ce corollaire concerne la question de savoir enfin, « dans quelle mesure les résultats obtenus peuvent être généralisés » (*Formes* : 646). Il fera l'objet de quelques considérations, malheureusement beaucoup trop rapides, dans la « Conclusion » de l'ouvrage (*Formes* : 593-638).

▶ REMARQUES PRÉLIMINAIRES

Avant d'amorcer la partie positive de sa recherche, Durkheim propose un aperçu de son objet (*Formes* : 123-131) et donne quelques indications sur « la méthode pour le traiter » (*Formes* : 132-138).

L'objet de la recherche

Nous savons qu'au terme de sa critique des théories explicatives de l'origine de la religion, Durkheim arrive à « une conclusion positive » : si donc « le naturisme et l'animisme » n'offrent point un fondement valable de l'éclosion du sacré, « il doit y avoir un autre culte, plus fondamental et plus primitif » (*Formes* : 124).
Ce culte quel est-il ?
A la recherche de ce système cultuel, Durkheim passe en revue la littérature scientifique de l'époque, en particulier celle des ethnographes, les spécialistes des « civilisations primitives » (*Formes* : 8). Son enquête porte dès lors sur « la littérature ethnographique » depuis « la fin du XVIIIe siècle » (*Formes* : 124). Il examine près de cent études produites par une trentaine d'auteurs différents.
Dans cette enquête historique, Durkheim rappelle d'abord les travaux de quelques pionniers et insiste, ensuite, sur un ensemble d'œuvres qu'on pourrait appeler majeures. Parmi les pionniers, Durkheim cite entre autres l'œuvre de J. Long (qui date de 1791) ; celle de Grey (de 1841) ; celle de Mac Lennan, « le premier qui ait entrepris de rattacher le totémisme à l'histoire générale de l'humanité » ; celle de Tylor (de 1871) et, enfin, une première étude de Frazer « purement descriptive » (*Formes* : 125-126). Durkheim fait référence ensuite à quelques œuvres majeures. Celle de Robertson Smith, « le premier qui ait entrepris ce travail d'élaboration [...] pour approfondir les notions fondamentales [du] totémisme » (*Formes* : 126) ; celle, surtout, de Spencer et Gillen qui ont étudié « un système religieux complet dont les croyances totémiques forment la base et font l'unité » (*Formes* : 129) ; celle de Carl Strehlow,

de von Leonhardi, de A. W. Howitt ; celle, enfin, qui constitue le dernier *compendium* de Frazer.

Cette enquête aboutit à deux conclusions. La première, essentielle, c'est que le culte « plus fondamental et plus primitif » qu'il cherchait, « existe, en effet ; c'est celui auquel les ethnographes ont donné le nom de totémisme » (*Formes* : 124). La deuxième, complémentaire, c'est que « l'Australie est le terrain le plus favorable à l'étude du totémisme » (*Formes* : 132). A partir de ces prémisses, Durkheim détermine l'objet de sa recherche. Le totémisme australien[13] constituera « l'aire principale de notre observation » (*Formes* : 132).

Quelques règles de méthode

En se rapportant à sa revue de la littérature, Durkheim ébauche des parallélismes frappants entre divers types d'approche dans l'étude scientifique de la religion : « l'école anthropologique », « la science des religions », « la méthode comparative », « notre propre méthode », celle du « sociologue », celle de « l'historien »...

Dans cette ébauche, Durkheim situe avec un certain détail « la manière de procéder [de] l'école anthropologique » par rapport à ce qu'il appelle « notre méthode »[14]. Il y tient compte de trois éléments notamment : les présupposés, les finalités, la démarche.

Les présupposés. — Ils sont, sur un point essentiel, entièrement différents. « L'école anthropologique [...] suppose que l'homme possède de lui-même, en vertu de sa constitution propre et indépendamment de toutes conditions sociales, une nature religieuse [...] ». « [...] nous y voyons [...] un produit de causes sociales » (*Formes* : 133, n.).

Les finalités. — Elles sont identiques en dernière analyse. « L'école anthropologique [...] son but est d'atteindre [...]

---

13. Il sera question dans les *Formes* du totémisme américain, dans des conditions restrictives et précises (*Formes* : 136-138). La raison qui guide ce choix est le souci de Durkheim de bâtir son argumentation sur « une expérience bien faite » (*Formes* : 593).

14. Durkheim se réfère à la méthode de ce qu'il appelle la « sociologie religieuse », c'est-à-dire, à la méthode propre à la « science des religions », considérée comme « véritable discipline sociologique » (*Définition* : 23). Pour notre part, nous croyons approprié d'appeler socio-religiologie cette jonction de la sociologie et de la religiologie, de la science des sociétés et de la science des religions.

les bases universelles et vraiment humaines de la vie religieuse. »
« Sans doute, nous aussi nous considérons que l'objet principal
de la *science des religions** est d'arriver à saisir ce qui constitue
la nature religieuse de l'homme » (*Formes* : 132-133, n. 5).
Cette finalité commune ne cache pas la divergence de principe.
« [...] nous considérons que [...] il ne saurait être question de
[...] déterminer [cette nature religieuse de l'homme] abstraction
faite de tout milieu social » (*Formes* : 133, n.).

La démarche. — Elle est profondément différente. « Pour
une recherche [du genre de l'école anthropologique] tous les
peuples peuvent être mis à contribution [...]. D'autre part,
comme, de ce point de vue, les faits n'ont d'intérêt que proportionnellement à leur degré de généralité, on se considère comme
obligé de les accumuler en aussi grand nombre que possible ;
on ne croit pas pouvoir trop étendre le cercle des comparaisons » (*Formes* : 133). « Telle ne saurait être notre méthode
[...] pour le sociologue, comme pour l'historien, les faits sociaux
sont *fonction du système social** dont ils font partie ; on ne peut
donc les comprendre quand on les en détache [...] donc [...] il
nous faudra, au lieu de disperser notre recherche sur toutes
les sociétés possibles, la concentrer sur un type nettement
déterminé » (*Formes* : 133-134)[15].

▶ L'EXPLICATION SOCIÉTISTE
DU TOTÉMISME AUSTRALIEN

Nous avions signalé (*supra* : 219) que le temps fort du
programme de recherche des *Formes* comprenait l'étude descriptive, conceptuelle et explicative des croyances et des rites
du totémisme australien. Ce temps fort est étudié de façon
extrêmement détaillée et minutieuse au cours des longues
pages qui occupent les trois quarts du volume (*Formes* : 139-593). Dans le but d'examiner l'essentiel de ce raisonnement
durkheimien, nous verrons d'abord son plan d'ensemble, et
nous nous concentrerons ensuite sur la ligne fondamentale de
son argumentation. Cette ligne comprend trois volets éche-

---

15. Il faut rappeler les conditions qu'exige Durkheim pour l'utilisation de la
méthode comparative (*supra* : 204-205) et les relations qu'il établit entre les méthodes
historique et sociologique (*supra* : 205-206).

lonnés logiquement : le caractère religieux du totémisme (volet descriptif), la notion centrale du principe totémique (volet conceptuel), la genèse du principe totémique (volet explicatif).

Le plan d'ensemble

Pour donner une première idée du plan d'ensemble de ce temps fort du programme de recherche durkheimien, voici l'armature des Livres II et III des *Formes*, consacrés respectivement à étudier « Les croyances élémentaires » et « Les principales attitudes rituelles ».

Les croyances élémentaires. — Cette étude comprend neuf chapitres divisés en trois blocs. Le premier bloc comprend les quatre premiers chapitres entièrement concernés par une minutieuse analyse descriptive. Le chapitre I (*Formes* : 142-180) définit d'abord « le totem comme nom du clan » et « le totem comme emblème » et analyse ensuite le « caractère sacré de l'emblème totémique ». Le chapitre II (*Formes* : 181-199) étudie le « caractère sacré des animaux totémiques » (en insistant sur ce que le totémisme « n'est pas une zoolâtrie ni une phytolâtrie ») et le « caractère sacré de l'homme ». Le chapitre III (*Formes* : 200-222) examine d'abord « les classifications des choses par clans, phratries, classes » et « l'origine sociale [...] de la notion de genre » et s'attelle à montrer ensuite « la signification religieuse de ces classifications » en considérant « le totémisme comme religion tribale ». Le chapitre IV (*Formes* : 223-237) termine enfin cette partie descriptive, en faisant observer d'une part « le caractère sacré [du] totem individuel » et ses « rapports avec le totem collectif » et, d'autre part, le « caractère tribal [des] totems des groupes sexuels ».

Le deuxième bloc comprend trois chapitres. Le chapitre V (*Formes* : 238-267) propose un « examen critique des théories » (Tylor, Frazer, Lang...) qui « expliquent le totémisme » de façon insatisfaisante. Le chapitre VI (*Formes* : 268-292) aborde l'élaboration conceptuelle de « la notion de principe ou mana totémique », pièce centrale de la composition durkheimienne. Le chapitre VII (*Formes* : 293-342) complète enfin la démarche explicative, en étudiant la « genèse de la notion de principe ou mana totémique ». A nos yeux, ces deux derniers chapitres présentent en bonne partie le cœur de la théorie durkheimienne (*supra* : 219, n. 11). Nous les considérerons un peu en détail ci-dessous (*infra* : 228 ; 232 et s.).

Le troisième bloc, enfin, constitue une sorte d'appendice où l'on étudie « la notion d'âme » (chap. VIII, *Formes* : 343-390) et « la notion d'esprits et de dieux » (chap. IX, *Formes* : 391-424).

Les principales attitudes rituelles. — Le livre consacré à l'étude des rites présente, curieusement, une structure différente. Il comprend cinq chapitres qui traitent trois thèmes fondamentaux : les rites négatifs, les rites positifs et les rites piaculaires. La démarche descriptive, conceptuelle et explicative est intégrée à l'intérieur de chacune de ces divisions. En voici les grandes lignes.

Le chapitre I (*Formes* : 426-464) étudie « le culte négatif et [...] les rites ascétiques ». Il décrit la situation de fait dans le totémisme australien et élabore le système des concepts correspondant aux « interdits magiques et religieux », en examinant plus en détail ses « principaux types ». Il s'intéresse ensuite aux « fonctions sociales de l'ascétisme » et à tenter une « explication du système des interdits ».

L'étude du culte positif fait l'objet des trois chapitres suivants. Le chapitre II (*Formes* : 465-500) analyse « les éléments du sacrifice », en s'arrêtant longuement sur « la cérémonie de l'Intichiuma dans les tribus de l'Australie centrale ». Il décrit d'abord assez minutieusement les « formes diverses qu'elle présente », examine ensuite au niveau conceptuel « les deux éléments [de] la théorie du sacrifice » et présente enfin une « explication du cercle dans lequel paraît se mouvoir le sacrifice ». Les chapitres III (*Formes* : 501-528) et IV (*Formes* : 529-555), consacrés respectivement à l'étude des « rites mimétiques » et des « rites commémoratifs », suivent un schéma directeur analogue.

Le chapitre V (*Formes* : 556-592) ferme le cycle en traitant des rites piaculaires. Il suit une ligne de raisonnement typiquement durkheimienne. D'abord, une « définition du rite piaculaire » et la distinction cnoceptuelle entre « les rites positifs du deuil » et « autres rites piaculaires ». Ensuite, une « description » de chacun de ces types de rite. Enfin le développement de la question : « comment ils s'expliquent ». A la fin de ce chapitre, Durkheim introduit la thématique des « deux formes du sacré : le pur et l'impur » dont nous avons déjà parlé (*supra* : 139-141).

Voilà dans ses grands traits le plan d'ensemble de l'explication sociétiste du totémisme australien dont il est question dans les Livres II et III des *Formes*. Il est évident que ce plan, par définition extrêmement limité, ne tient pas compte d'une somme colossale d'idées qui mériteraient des commentaires et des appréciations critiques circonstanciés, en vue de faire avancer nos connaissances sur de très nombreuses questions importantes dans le cadre de l'analyse socio-religiologique. Pour notre part, n'ayant pas la possibilité de nous atteler à une tâche aussi gigantesque, nous avons opté pour nous laisser guider par une question précise : peut-on retracer, à l'intérieur de cet ensemble, un fil conducteur susceptible de dévoiler la ligne de fond de cette argumentation durkheimienne ? A la réflexion, nous croyons pouvoir répondre affirmativement. Cette ligne de fond se concentre autour de trois propositions fondamentales. Une proposition principalement descriptive : les croyances et les rites du totémisme australien ont un caractère religieux. Une proposition plus directement conceptuelle : cette religion se construit autour d'une notion centrale, le principe totémique. Une proposition enfin proprement explicative : le sociétisme rend compte de la genèse du principe totémique et constitue, de ce fait, l'explication rationnelle de l'origine du totémisme australien. Nous allons essayer d'examiner successivement chacune de ces trois propositions.

Le caractère religieux des croyances et des rites totémiques

Montrer le caractère strictement religieux du totémisme constitue un souci majeur des *Formes*. Il s'agit en effet « d'étudier dans ce livre la religion la plus primitive [...], d'en faire l'analyse et d'en tenter l'explication » (*Formes* : 1). La démonstration de ce caractère religieux du totémisme occupe de nombreuses pages où l'on examine le « caractère sacré de l'emblème totémique » (« c'est par rapport à lui que les choses sont classées en sacrées et profanes », *Formes* : 167) ; le « caractère sacré des animaux totémiques » (*Formes* : 181 ss), etc.

Cette démonstration donne lieu également à la réfutation

d'une « théorie récente de Frazer [où] le caractère religieux du totem est nié » (*Formes* : 257-262). Cette démonstration se poursuit également le long du Livre III lors de l'étude des « attitudes rituelles ».

Pour notre part, il ne nous paraît pas nécessaire de revenir sur ce long effort pour aboutir à une démonstration qui, en fin de compte, semble assez évidente. D'autant plus que la discussion avec Frazer ne porte point sur le caractère « profane » du totémisme. En effet, « Frazer se refuse à voir dans le totémisme une religion, sous prétexte qu'il n'y trouve ni êtres spirituels, ni prières, ni invocations, ni offrandes, etc. Selon lui, ce ne serait qu'un système magique ; il entend par-là une sorte de science grossière et erronée, un premier effort pour découvrir les lois des choses [...]. Mais nous savons ce qu'a d'inexact cette conception et de la religion et de la magie. Il y a religion dès que le sacré est distingué du profane et nous avons vu que le totémisme est un vaste système de choses sacrées » (*Formes* : 260). Par ailleurs, il faut encore ajouter une nuance certaine. « Tout en ne voyant dans le totémisme qu'un système magique, Frazer reconnaît qu'on y trouve parfois les premiers germes d'une religion proprement dite [...] » (*Formes* : 261)[16].

Nous renonçons donc à revenir sur cet effort d'argumentation et nous nous limitons à évoquer tout simplement un cas concret. Prenons, par exemple, parmi bien d'autres, la thématique des rites positifs. Durkheim les a étudiés longuement (*Formes* : 465-555). Il arrive à la conclusion qu'il faut leur attribuer « une signification avant tout morale et sociale » (*Formes* : 529). Pour lui, en effet, « l'efficacité physique que leur prête le fidèle serait le produit d'une interprétation qui dissimulerait leur *raison d'être essentielle** : c'est parce qu'ils servent à *refaire moralement les individus et les groupes** qu'ils passent pour avoir une action sur les choses » (*Formes* : 529).

Voilà. Il s'agit tout simplement d'une « hypothèse » qui « nous a permis de rendre compte des faits », bien qu' « on ne puisse pas dire qu'elle a été directement démontrée » (*Formes* : 529).

---

16. On remarque ici l'importance de la définition de la religion. Frazer et Durkheim se servent chacun de leur définition (*supra* : 47-49) pour nier ou pour affirmer le caractère « religieux » du totémisme.

Pourrait-on essayer de le faire ? Durkheim utilise à ce propos deux types d'arguments.

Un premier argument se base sur le témoignage des indigènes eux-mêmes tel que rapporté par Strehlow. Celui-ci leur avait demandé, en effet, « quelle est la raison déterminante de ces cérémonies » et avait recueilli une réponse unanime : « c'est que les ancêtres ont institué les choses ainsi » (*Formes* : 530). Sur la base de ce fait, Durkheim enchaîne : « Dire que le rite est observé parce qu'il vient des ancêtres, c'est reconnaître que son autorité se confond avec l'autorité de la tradition, chose sociale au premier chef. On le célèbre pour rester fidèle au passé, pour garder à la collectivité sa physionomie morale, et non à cause des effets physiques qu'il peut produire. Ainsi, la manière même dont les fidèles l'expliquent laisse déjà transpirer les raisons profondes *dont il procède** » (*Formes* : 530). Voilà donc l'esquisse d'un premier élément de « preuve ».

Un deuxième argument se base sur l'analyse de certaines cérémonies « où cet aspect [religieux] est immédiatement apparent » (*Formes* : 531). Il s'agit concrètement d'une cérémonie « où ce caractère représentatif et idéaliste est encore plus accentué [...] le cas notamment des fêtes que les Warramunga célèbrent en honneur du serpent Wollunqua » (*Formes* : 537).

Ces cérémonies « ne diffèrent pas en nature de celles que nous avons précédemment étudiées : ce sont des représentations où sont figurés les principaux événements de sa vie fabuleuse » (*Formes* : 539). Elles présentent cependant une caractéristique toute particulière. « Le Wollunqua n'est pas une divinité préposée à un ordre déterminé de phénomènes naturels et, par suite, on n'attend de lui, en échange du culte, aucun service défini [...] On la célèbre parce que les ancêtres l'ont célébrée, parce qu'on y est attaché comme à une tradition très respectée et parce qu'on en sort avec une impression de bien-être moral » (*Formes* : 539-541).

A la suite d'une analyse minutieuse, Durkheim formule ainsi sa conclusion. « Voilà donc tout un ensemble de cérémonies qui se proposent uniquement de réveiller certaines idées et certains sentiments, de rattacher le présent au passé, l'individu à la collectivité. Non seulement, en fait, elles ne peuvent servir à d'autres fins, mais les fidèles eux-mêmes ne leur demandent rien de plus. [...] Quant aux croyances qui attribuent aux rites telle ou telle efficacité physique, elles sont choses accessoires et contingentes, puisqu'elles peuvent manquer sans que le rite soit altéré dans ce qu'il a d'essentiel. Ainsi, les cérémonies du Wollunqua, mieux encore que les précédentes, *mettent à nu**, pour ainsi dire, la fonction fondamentale du culte positif » (*Formes* : 541).

Le concept fondamental de principe totémique

Durkheim introduit le concept fondamental de principe totémique dans le bloc explicatif, consacré à l'étude des « origines de ces croyances ». Il ne dit pas explicitement qu'il a besoin de ce concept pour développer justement son raisonnement explicatif dans le chapitre suivant. Il se limite à apporter une seule justification qui semble, pour lui, aller de soi. « [...] comme l'analyse que nous en avons faite [du totémisme] l'a résolu en une multiplicité de croyances qui peuvent paraître hétérogènes, il est nécessaire, avant d'aller plus loin, que nous cherchions à apercevoir ce qui en fait l'unité » (*Formes* : 268).

A la recherche de cette unité qui se trouverait à la base, donc « à l'origine », du totémisme (et de la religion) Durkheim passe en revue d'abord les « choses que [le totémisme] reconnaît comme sacrées » : « les représentations figurées du totem », « les animaux ou les végétaux dont le clan porte le nom », « les membres de ce clan ». Qu'est-ce qui donne à ces choses leur caractère religieux ? « Il ne peut tenir à aucun des attributs particuliers qui les distinguent les unes des autres. [...] si telle espèce animale ou végétale est l'objet d'une crainte révérentielle, ce n'est pas en raison de ses propriétés spécifiques » (*Formes* : 268). Le caractère religieux ne vient donc pas des choses sacrées elles-mêmes. D'où vient-il ?

La réponse n'est pas dépourvue d'une certaine solennité. « Les sentiments semblables que ces différentes sortes de choses éveillent dans la conscience du fidèle et qui font leur nature sacrée ne peuvent évidemment venir que d'un principe qui leur est commun [...]. C'est à ce principe commun que s'adresse, en réalité, le culte. En d'autres termes, le totémisme est la religion non de tels animaux, ou de tels hommes, ou de telles images, mais d'une sorte de force anonyme et imper-

sonnelle, qui se retrouve dans chacun de ces êtres, sans pourtant se confondre avec aucun d'eux. Nul ne la possède tout entière et tous y participent » (*Formes* : 269).
Voilà l'énoncé de l'idée centrale, le principe totémique. Les pages qui suivent vont procéder à élaborer son concept et à le situer dans l'histoire religieuse.

Caractéristiques essentielles. — Le « principe » totémique (*Formes* : 269-272) comprend quelques caractéristiques essentielles. Il s'agit d'une substance ou d'une force immatérielle, anonyme et impersonnelle, immanente et transcendante.

L'unicité et la substantivité du « principe totémique » sont les caractéristiques qui frappent en premier lieu. Durkheim parle en effet, au singulier, « d'une sorte de force », d'une « entité quasi divine », d'une « substance », d'une « énergie »... « qui est, seule, l'objet véritable du culte [...] l'essence et le principe de vie ». Ce principe unique n'est pas une pure illusion. Il est une véritable « substance immatérielle »[17].

Cette « substance » est en même temps « une sorte de force », « une énergie diffuse ». Durkheim parle ici « des forces véritables » puisque « nous ne prenons pas le mot dans une acception métaphorique ». Ces forces « sont, en un sens, des forces matérielles qui engendrent mécaniquement des effets physiques. [...] elles [...] produisent la vie et la mort [...] elles jouent le rôle de principe vital ». Elles ont par ailleurs « en même temps [...] un caractère moral » ; « l'indigène [...] se sent moralement obligé de se comporter ainsi ; il a le sentiment qu'il obéit à une sorte d'impératif, qu'il remplit un devoir. Il n'a pas seulement pour les êtres sacrés de la crainte mais du respect ». Bref. « Le principe totémique est donc, en même temps qu'une force matérielle, une puissance morale : aussi verrons-nous qu'elle se transforme facilement en divinité proprement dite » (*Formes* : 272)[18].

Cette « force », cette « substance » est « anonyme et impersonnelle ». « A prendre le mot dans un sens très large, on pourrait dire qu'elle est le dieu qu'adore chaque culte totémique.

---

17. Le mot « substance » a retenu notre attention (*supra* : 103, n. 23).
18. On reviendra (*infra* : 273 et s.) sur la parenté entre Durkheim et Van der Leeuw, à propos de ce thème de la force ou de la puissance, qui traverse tout ce chapitre (*Formes* : 345 et s.).

Seulement, c'est un dieu impersonnel, sans nom, sans histoire. »
Elle est enfin transcendante. « Elle anime les générations
d'aujourd'hui, comme elle animait celles d'hier, comme elle
animera celles de demain. » Elle n'en est pas moins un principe
« immanent au monde, diffus dans une multitude innombrable
de choses » (*Formes* : 269)[19].

Wakan, orenda, mana. — Durkheim se demande si cette
façon d'interpréter le totémisme ne prête pas « au primitif
des idées qui dépassent la portée de son esprit ». Tout en
avouant que « nous ne sommes pas en mesure d'affirmer qu'il
se représente ces forces avec la netteté relative [de] notre
analyse », il pense pouvoir apporter un fait « qui confirme »
son interprétation : « c'est que [...] dans des sociétés parentes [...]
nous trouvons, et sous forme explicite, des conceptions qui
ne diffèrent de la précédente qu'en nuances » (*Formes* : 272-273).

En essayant une approche comparative, Durkheim cite
d'abord le cas des « religions indigènes de Samoa » (*Formes* : 273)
et s'arrête plus en détail sur trois cas particuliers. D'abord
« sur la grande famille des Sioux [où] il existe une puissance
éminente dont toutes les autres sont comme des formes dérivées et qu'ils appellent *wakan* » (*Formes* : 274). Ensuite « chez
les Iroquois, dont l'organisation sociale a encore un caractère
totémique plus prononcé, on retrouve la même notion : le
mot d'*orenda* qui sert à l'exprimer est l'équivalent exact du
wakan des Sioux » (*Formes* : 276). Il arrive enfin à citer la
Mélanésie, où elle « a été étudiée pour la première fois [...] sous
le nom de *mana*, une notion qui est l'équivalent exact du
wakan des Sioux et de l'orenda iroquois [dont] voici la définition qu'en donne Codrington : "Les Mélanésiens croient à
l'existence d'une force absolument distincte de toute force
matérielle, qui agit de toutes sortes de façons, soit pour le
bien, soit pour le mal, et que l'homme a le plus grand avantage
à mettre sous sa main et à dominer. C'est le *mana*. [...] C'est
une force, une influence d'ordre immatériel et, en un certain
sens, surnaturel ; mais c'est par la force physique qu'elle se

---

19. On voit qu'il s'agit ici de thèmes chers à Durkheim : le caractère « impersonnel » de certaines divinités (*Définition* : 13) ; la question de la « transcendance »
(*Formes* : 317), etc.

révèle, ou bien par toute espèce de pouvoir et de supériorité que l'homme possède [...]" » (*Formes* : 277).

La pensée religieuse en général. — Conséquent avec sa problématique de base[20], Durkheim ne perd pas de vue ici l'intérêt heuristique capital qu'ont ses recherches sur le totémisme pour l'étude « de la pensée religieuse en général » (*Formes* : 283)[21]. Au début de ce chapitre, il l'avait déjà fait remarquer nettement. « Il n'y a rien là, d'ailleurs, qui soit spécial au totémisme. Même dans les religions les plus avancées, il n'y a peut-être de dieu qui n'ait gardé quelque chose de cette ambiguïté et qui ne remplisse des fonctions à la fois cosmiques et morales » (*Formes* : 272). A la fin de ce même chapitre, l'écho se fait plus insistant.

« Dans les religions plus élevées qui sont sorties du totémisme [...] cette idée [une sorte de vague puissance, dispersée à travers les choses] domine tout le système religieux. » Et plus fort encore. « Telle est la matière première avec laquelle ont été construits *les êtres de toute sorte** que les religions *de tous les temps** ont consacrés et adorés » (*Formes* : 284).

Dans cette lancée, Durkheim revient aux considérations théoriques fondamentales du début des *Formes*. « On peut mieux comprendre maintenant pourquoi il nous a été impossible de définir la religion par l'idée de personnalités mythiques, dieux ou esprits [...]. Ce que nous trouvons à l'origine et à la base de la pensée religieuse, ce ne sont pas des objets ou des êtres déterminés et distincts qui possèdent par eux-mêmes un caractère sacré ; mais ce sont des pouvoirs indéfinis, des forces anonymes, plus ou moins nombreuses, parfois même ramenées à l'unité, et dont l'impersonnalité est strictement comparable à celle des forces physiques dont les sciences de la nature étudient les manifestations. Quant aux choses sacrées particulières, elles ne sont que des formes individualisées de ce principe essentiel » (*Formes* : 285-286).

Durkheim semble enfin exulter. « Ainsi, de tous côtés, la

---

20. Il faut revoir les principes généraux de la problématique socio-religiologique durkheimienne, tels qu'exprimés par exemple, dans la *Définition* : 2 et 20, dans les *Formes* : 1 et 593, etc.
21. Pour les détails de cette entreprise de généralisation, il faut revenir à la « Conclusion » des *Formes* (*infra* : 236 et s.).

même idée tend à se faire jour. De plus en plus, on a l'impression que *les constructions mythologiques, même les plus élémentaires, sont des produits secondaires et recouvrent un fond de croyances, à la fois plus simples et plus obscures, plus vagues et plus essentielles, qui constituent les bases solides sur lesquelles les systèmes religieux se sont édifiés**. C'est ce fond primitif qui nous a permis d'atteindre l'analyse du totémisme [...] en même temps, nous avons des chances d'avoir trouvé la notion initiale dont les idées de wakan et de mana sont dérivées : c'est la notion du principe totémique » (*Formes* : 289-290).

Voilà pour la problématique concernant le concept fondamental de principe totémique. Voyons maintenant, sur cette base, l'accomplissement de l'ensemble de l'argumentation durkheimienne, c'est-à-dire la problématique de l'explication des formes élémentaires de la vie religieuse.

La genèse du principe totémique

C'est en exergue du dernier chapitre consacré à l'étude des « origines de ces croyances » que Durkheim établit explicitement la valeur explicative du concept du « principe totémique ». « La proposition établie dans le chapitre précédent détermine les termes dans lesquels doit se poser le problème des origines du totémisme. Puisque le totémisme est dominé tout entier par la notion d'un *principe** quasi divin, immanent à certaines catégories d'hommes et de choses et pensé sous une forme animale ou végétale, *expliquer** cette religion, c'est essentiellement *expliquer** cette croyance ; c'est *chercher comment les hommes ont pu être déterminés à construire** cette idée et avec quels matériaux ils l'ont construite » (*Formes* : 293).

Cette recherche « explicative » est élaborée en deux temps. Un premier temps pour formuler l'hypothèse et un deuxième temps pour essayer de l'étayer et de la rendre convaincante.

L'hypothèse. — Suivant sa façon habituelle de procéder, Durkheim commence par formuler son hypothèse de façon négative. Cette formulation est double : 1) « Manifestement [...] le lézard, la chenille, le rat [...] ne sont pas de nature à produire sur l'homme de ces grandes et fortes impressions qui peuvent

[...] ressembler aux émotions religieuses » ; 2) « Sans doute, il n'en est pas ainsi des astres, des grands phénomènes atmosphériques qui ont [...] tout ce qu'il faut pour frapper vivement les imaginations ; mais il se trouve justement qu'ils ne servent que très exceptionnellement de totems. » Cette double formulation comporte une première conclusion. « Ce n'est donc pas la nature intrinsèque de la chose dont le clan portait le nom qui la désignait pour devenir l'objet d'un culte » (*Formes* : 293-294).

Cette conclusion négative amène Durkheim à poser deux questions et à formuler, en y répondant, sa propre hypothèse.

Première question : « Ainsi, le totem est avant tout un symbole, une expression matérielle de quelque autre chose. Mais de quoi ? » Première réponse : « De l'analyse même à laquelle nous avons procédé, il ressort qu'il exprime et symbolise deux sortes de choses différentes. D'une part, [...] le principe [...] totémique. [...] d'un autre côté, il est aussi le symbole de cette société déterminée qu'on appelle le clan » (*Formes* : 294).

Deuxième question : « Si donc il est, à la fois, le symbole du dieu et de la société [...] comment l'emblème du groupe aurait-il pu devenir la figure de cette quasi-divinité, si le groupe et la divinité étaient deux réalités distinctes ? » Deuxième réponse et formulation de l'hypothèse : « Le dieu du clan, le principe totémique, ne peut donc être autre chose que le clan lui-même, mais hypostasié et représenté aux imaginations sous les espèces sensibles du végétal ou de l'animal qui sert de totem » (*Formes* : 294-295).

La défense de l'hypothèse. — Sans doute, il n'est pas question pour Durkheim de procéder à une démonstration rigoureuse de cette hypothèse fondamentale. Il s'agit plus simplement de montrer, « d'une manière générale », « comment cette apothéose a-t-elle été possible » (*Formes* : 295) et de chercher « à préciser quelle forme particulière cette action collective prend dans le clan, et comment elle y suscite la sensation du sacré » (*Formes* : 307).

Rappelons d'abord une présentation générale, qui « s'applique indifféremment à toute espèce de société et, par suite, de religion » (*Formes* : 307). Durkheim reprend le raisonnement qu'il a maintes fois répété. « Une société a tout ce qu'il faut pour éveiller dans les esprits, par la seule action qu'elle exerce sur eux, la sensation du divin ; car elle est à ses membres ce qu'un dieu est à ses fidèles [...]. Qu'il s'agisse d'une personnalité consciente, comme Zeus ou Jahvé, ou bien de forces abstraites comme celles qui sont en jeu dans le totémisme, le fidèle [...] se croit tenu à de certaines manières d'agir qui lui sont imposées par la nature du *principe sacré** avec lequel il se sent en commerce. Or la société, elle aussi, entretient en nous la sensation d'une perpétuelle dépendance [...] elle est l'objet d'un véritable respect [...] elle pénètre et s'organise en nous ; elle devient ainsi partie intégrante de notre être et, par cela même, elle l'élève et le grandit [...] elle nous domine et elle nous assiste » (*Formes* : 295-303).

Voilà l'idée centrale. Durkheim multiplie les considérations et les exemples pour montrer comment « tant dans le présent que dans l'histoire, nous voyons sans cesse la société créer de toutes pièces des choses sacrées » (*Formes* : 304-305).

Le même raisonnement est appliqué, de façon particulière, dans le contexte précis du totémisme australien, au sein donc des sociétés qui justement « constituent [...] des cas privilégiés, parce que ce sont des cas simples » (*Formes* : 8)[22]. Nous sachant ici au cœur de l'argumentation durkheimienne, nous allons la suivre avec un certain détail.

En s'appuyant sur le témoignage de Spencer et Gillen, Durkheim commence par rapporter le fait que « la vie des sociétés australiennes passe alternativement par deux phases différentes ». Des phases où « la population est dispersée par petits groupes qui vaquent [...] à leurs occupations » et des phases où, au contraire, « la population se concentre et [...] on tient ce qu'on appelle, dans le langage usuel de l'ethnographie, un corrobori ». Ces deux phases qui contrastent « de la manière la plus tranchée » comportent, l'une, un mode de vie terne empreinte de la routine du quotidien et, l'autre, un état exceptionnel d'exaltation où « l'effervescence devient souvent telle qu'elle entraîne à des actes inouïs » (*Formes* : 309).

---

22. Rappelons la vieille idée du Sociologue : « A mesure que le milieu social devient plus complexe et plus mobile, les traditions, les croyances toutes faites s'ébranlent, prennent quelque chose de plus indéterminé et de plus souple [...] » (*Règles* : 96).

Intéressé par ces phases d'exaltation, Durkheim décrit en détail quelques scènes particulièrement impressionnantes (*Formes* : 310-312) et arrive à une première conclusion théorique fondamentale. « On conçoit sans peine que, parvenu à cet état d'exaltation, l'homme ne se connaisse plus. Se sentant dominé, entraîné par une sorte de pouvoir extérieur qui le fait penser et agir autrement qu'en temps normal, il a naturellement l'impression de n'être plus lui-même. [...]. Et comme au même moment, tous ses compagnons se sentent transfigurés de la même manière [...] tout se passe comme s'il était réellement transformé dans un monde spécial [...]. Comment des expériences comme celles-là, surtout quand elles se répètent chaque jour pendant des semaines, ne lui laisseraient-elles pas la conviction qu'il existe effectivement deux mondes hétérogènes et incompatibles entre eux ? [...] Le premier est le monde profane, le second, celui des choses sacrées. C'est donc dans ces milieux sociaux effervescents et de cette effervescence même que paraît être née l'idée religieuse. [...] le clan, par la manière dont il agit sur ses membres, éveille chez eux l'idée de forces extérieures qui le dominent et l'exaltent » (*Formes* : 312-314).

Cette première conclusion suscite des nouvelles interrogations. Si c'est le clan qui, en dernière analyse, éveille cette idée des forces sacrées, « comment il se fait que ces forces ont été pensées sous les espèces du totem ? » (*Formes* : 314). La question ouvre la voie à une intéressante réflexion sociologique.

D'abord, à un niveau concret, Durkheim propose une théorie des rapports entre clan et totem. « Le primitif ne voit [...] pas que ces impressions lui viennent de la collectivité. Il ne sait pas que le rapprochement d'un certain nombre d'hommes associés dans une même vie a pour effet de dégager des énergies nouvelles qui transforment chacun d'eux. Tout ce qu'il sent, c'est qu'il est soulevé au-dessus de lui-même et qu'il vit une vie différente [...]. Cependant, il faut bien que ces sensations soient rapportées par lui à quelque objet extérieur comme à leur cause. Or, que voit-il autour de lui ? De toutes parts, ce qui s'offre à ses sens [...] ce sont les multiples images du totem [...]. C'est donc de lui que paraissent émaner les forces mystérieuses avec lesquelles les hommes se sentent en rapports, et on s'explique ainsi qu'ils aient été amenés à se représenter ces forces sous les traits de l'être, animé ou inanimé, dont le clan porte le nom » (*Formes* : 315-316).

Cette considération permet donc « de comprendre tout ce qu'il y a d'essentiel dans les croyances totémiques » en amenant à la conclusion que voici. « Puisque la force religieuse n'est autre chose que la force collective et anonyme du clan, et puisque celle-ci n'est représentable aux esprits que sous la forme du totem, l'emblème totémique est comme le corps visible du dieu. C'est donc de lui que paraissent émaner les actions, ou bienfaisantes ou redoutées, que le culte a pour objet de provoquer ou de prévenir ; par suite, c'est tout spécialement à lui que s'adressent les rites. Ainsi s'explique que, dans la série des choses sacrées, il occupe le premier rang » (*Formes* : 316-317).

Ces considérations seront renforcées plus bas en développant une véritable théorie de la nécessité sociologique du symbolisme (*Formes* : 329-333) et en insistant enfin sur l'explication du fait que « le clan est [...] une société qui peut, moins que toute autre, se passer d'emblèmes et de symbole » (*Formes* : 333-335).

▶ COROLLAIRE : L'EXPLICATION SOCIÉTISTE
DE LA RELIGION

Arrivé à la conclusion de son ouvrage (*Formes* : 593-638), Durkheim résume le résultat de son travail. « Si simple que soit le système que nous avons étudié, nous y avons retrouvé toutes les grandes idées et toutes les principales attitudes rituelles qui sont à la base des religions même les plus avancées [...] rien n'y manque d'essentiel » (*Formes* : 593). Il établit ensuite la conviction générale qu'il croit pouvoir en dégager et annonce enfin la teneur du raisonnement qu'il compte poursuivre de manière spécifique.

Sur le plan général, il exprime sa conviction d'être « donc fondé à espérer que les résultats auxquels nous sommes parvenu ne sont pas particuliers au seul totémisme, mais peuvent nous *aider à comprendre ce qu'est la religion en général** ». Cette conviction se base sur son fameux principe : « quand une loi a été prouvée par une expérience bien faite, cette preuve est valable universellement » (*Formes* : 593)[23].

Ce principe ne reste pas ici dans sa pure généralité. Il reçoit une application spécifique. En d'autres mots, il ne s'agit pas de généraliser l'ensemble des résultats obtenus, mais un résultat bien particulier. Lequel ? Celui qui a trait à l'explication du phénomène considéré. « Il n'est pas concevable, en effet, que, suivant les circonstances, un même effet puisse être dû tantôt à une *cause**, tantôt à une autre. » De là, la légitimité de proposer « une induction [...] moins téméraire que tant de généralisations sommaires » (*Formes* : 593).

Cette induction est exprimée dans les termes que voici. « Si, chez certains peuples, l'idée de sacré, d'âme, de dieux *s'expliquent sociologiquement**, on doit scientifiquement *présumer** que [...] la même *explication** vaut pour tous les peuples où les mêmes idées se retrouvent avec les mêmes caractères essentiels. A supposer donc que nous ne nous soyons pas trompé, certaines [...] de nos conclusions peuvent légitimement être généralisées. Le moment est venu de les dégager » (*Formes* : 594).

Il est pratiquement impossible de rapporter en détail l'ensemble des points importants qui ont été ainsi dégagés dans la « Conclusion » des *Formes*. Nous en retiendrons deux, sachant qu'il s'agit de l'exploration de chantiers en partie nouveaux et assurément inépuisables.

D'abord, la question capitale du concept de société. La nature de la définition durkheimienne de la religion a été examinée longuement (*supra* : chap. II et III). Il en va tout autrement en ce qui concerne celle de la société. Or que faut-il entendre lorsqu'on parle du lien de cause à effet qui lie religion et société ? Ensuite, le problème de la relation explicative elle-même : l'explication de la religion et l'explication par la religion ou, plus largement, l'incidence de la société sur la religion et l'incidence de la religion sur la société.

---

23. Cette fameuse règle a été profusément critiquée (Evans-Pritchard, 1981 : 154-155). Nous sommes d'avis (*infra* : 254 et s.) qu'il ne faut postuler ni sa validité, ni sa fausseté. Pour nous, il s'agit d'une question qui mérite discussion dans le cadre de la méthodologie et de l'épistémologie de la science.

Le concept de société

Le concept de société reste une question fondamentale qui, à notre sens, n'a pas été suffisamment élaborée dans les *Formes*. En effet, tout l'ouvrage a pour objet de définir la religion et de chercher la cause susceptible de l'expliquer rationnellement à partir de l'analyse minutieuse des « formes élémentaires de la vie religieuse ». Cette cause, pour Durkheim, on le sait, c'est la société. Or, tout se passe comme si l'ouvrage portait essentiellement sur l'étude du concept de religion (considéré comme la variable dépendante) et comme s'il devait négliger l'approfondissement du concept de société (considéré comme la variable indépendante).

Etant donné la nature du projet fondamental sous-jacent aux *Formes*, qui est à la fois, et de façon interdépendante, sociologique et religiologique, nous sommes persuadé, sans l'ombre d'un doute, de la nécessité d'élaborer le concept de société avec le même soin et le même degré de précision que le concept de religion. Les deux concepts présentent, assurément, le même niveau de difficulté du point de vue de leur construction scientifique. Ils ont la même importance du fait de leur essentielle corrélation.

L'étude des *Formes* — et de ses critiques — nous a porté souvent à noter les effets dévastateurs de ce que nous sommes obligé de considérer comme la principale et la plus regrettable lacune de l'entreprise durkheimienne. A nos yeux, en effet, une bonne partie des malentendus et de l'inefficacité des controverses (sociologisme, relations individu-société, etc.) découle directement du fait de l'indétermination du concept de société chez Durkheim.

La chose est, certes, bien connue. Lukes (1972 : 19-30) résume avec un certain détail de nombreuses et importantes ambiguïtés du vocabulaire et de la pensée des durkheimiens, concernant justement son concept de société. Ceci dit, nous voudrions cependant apporter une remarque qui est pour nous capitale.

Notre lecture des *Formes* est fondamentalement différente de celle de Lukes. Celui-ci est concerné par le souci de s'en tenir à faire l'inventaire le plus complet possible des idées de Durkheim et des réactions de ses critiques. C'est l'aspect de l'œuvre de Lukes qui nous paraît parfaitement correct et largement réussi. Ce que nous reprochons à Lukes (*infra* : 288-289), c'est justement de ne pas s'en tenir à son inventaire et de décréter que « Durkheim était dans l'erreur » (Lukes, 1972 : 20), sans s'appuyer sur une analyse suffisamment approfondie[24].

Sans entrer donc ici de façon approfondie sur la définition de la « société » comme il a été question de la définition de la « religion », Durkheim s'interroge : « quelle est au juste la société dont on fait ainsi le substrat de la vie religieuse ? » (*Formes* : 600). Une réponse sommaire est élaborée ici[25] à partir de l'examen de trois paires de relations. Le rapport société réelle - société idéale (*Formes* : 600-606), le rapport individu-société (*Formes* : 606-608), le rapport société-humanité (*Formes* : 608-609).

Réalité-idéal. — Pour Durkheim il ne s'agit pas ni de la « société réelle, telle qu'elle existe [...] pleine de tares et d'imperfections », ni de « la société parfaite [...] une chimère [...] un rêve dont les hommes ont bercé leurs misères » (*Formes* : 600). Il s'agit plutôt d'une conjonction des deux. « Loin donc que la religion ignore la société réelle et en fasse abstraction, elle en est l'image [...]. Mais si, à travers les mythologies et les théologies, on voit clairement transparaître la réalité, il est bien vrai qu'elle ne s'y retrouve qu'agrandie, transformée, idéalisée » (*Formes* : 601).

Pour expliciter sa pensée, Durkheim relance la question « de savoir d'où vient cette idéalisation » (*Formes* : 602) et reprend son idée explicative de base. « [...] la formation d'un idéal [...] c'est un produit naturel de la vie sociale. [...] Une société ne peut ni se créer ni se recréer sans, du même coup,

---

24. Dans cette perspective, le jugement que porte Lukes, très précisément en cette occasion, est à notre sens injuste et injustifié. « En effet, comme Morris Ginsberg l'a justement observé, en général la "société" avait un effet intoxiquant [*intoxicating*] sur sa pensée ; qui l'empêchait de faire une analyse plus approfondie » (Lukes, 1972 : 21). Nous pensons que cette façon de juger court surtout le risque d'aboutir à une critique purement négative, à une sorte de fin de non-recevoir qui porte justement à ce détestable empêchement « de faire une analyse plus approfondie ». Pour notre part, nous sommes concerné par un autre type d'interprétation, moins marquée par le souci de l'inventaire et plus directement intéressée par l'aspect qualitatif et théorique de ces idées et de ces critiques. Pour cette raison, notre lecture, tout en constatant les insuffisances et les lacunes, ne pourrait se borner à les repérer sans chercher à les reprendre pour relancer le débat...
25. La question a été traitée ailleurs (1913 *b* : 68-69).

créer de l'idéal » (*Formes* : 603). Cette démarche l'amène ainsi à une conclusion fondamentale. « La société idéale n'est pas en dehors de la société réelle ; elle en fait partie. [...] on ne peut pas tenir à l'une sans tenir à l'autre. Car une société [...] est [...] constituée [...], avant tout, par l'idée qu'elle se fait d'elle-même »[26].

Individu-société. — Durkheim ne revient pas ici sur sa pensée concernant l'ensemble de ce problème. Il se limite à rappeler qu'il a déjà signalé le processus de « particularisation », ou d'appropriation de la conscience collective par les consciences particulières. Il a montré en effet comment, dans les sociétés primitives, « la force religieuse qui anime le clan, en s'incarnant dans les consciences particulières, se particularise elle-même » (*Formes* : 606). Il ajoute, en se référant aux sociétés modernes, que ce processus ne cesse de se développer. « A mesure que les individus se sont différenciés davantage et que la valeur de la personne s'est accrue, le culte correspondant a pris lui-même plus de place dans l'ensemble de la vie religieuse, en même temps qu'il s'est clos plus hermétiquement au dehors » (*Formes* : 606-607).

Ces remarques conduisent à une proposition générale qui définit la place respective du culte individuel et de la vie sociale[27]. « L'existence de cultes individuels n'implique donc rien qui contredise ou qui embarrasse *une explication sociologique de la religion**; car les forces religieuses auxquelles ils s'adressent ne sont que des *formes individualisées** de *forces collectives**. Ainsi, alors même que la religion semble tenir tout

---

26. A ce propos, Durkheim sent le besoin d'une mise en garde. « Il faut donc se garder de voir dans cette théorie de la religion un simple rajeunissement du matérialisme historique [...]. En montrant dans la religion une chose essentiellement sociale, nous n'entendons nullement dire qu'elle se borne à traduire [...] les formes matérielles de la société [...] » (*Formes* : 605). Durkheim ne développe pas ici sa pensée en détail. Sa mise en garde est à peine justifiée. « La conscience collective est autre chose qu'un simple épiphénomène de sa base morphologique, tout comme la conscience individuelle est autre chose qu'une simple efflorescence du système nerveux » (*Formes* : 605). Cette remarque avait déjà été faite bien des années plus tôt (1898 b [*So. Phi.* : 49]).

27. Il faut remarquer, pour s'en tenir à une certaine rigueur terminologique, que le terme « société » chez Durkheim inclut souvent de façon indistincte, l'idée de « société » et celle de « groupe ». Le terme « sociologique » se rapportera par conséquent indistinctement à l'une ou l'autre de ces deux catégories. Ainsi, par exemple, une explication « sociologique » pourra donc être une explication par la « société » ou une explication par le « groupe ».

entière dans le for intérieur de l'*individu**, c'est encore dans la *société** que se trouve la source vive à laquelle elle s'alimente » (*Formes* : 607).

Société-humanité. — La société, pour Durkheim, est une réalité qui n'évacue pas l'individu. Il en va de même pour l'humanité. « Il en est de l'universalisme religieux comme de l'individualisme » (*Formes* : 608). Il est frappant de constater le double rapport qu'établit Durkheim entre société et individu et entre société et humanité. La société constitue toujours l'élément central ; l'individu et l'humanité ne sont pas niés, ils occupent cependant une place secondaire. Dans les sociétés primitives, ces éléments secondaires sont déjà présents, à un degré relativement mineur ; ils prennent cependant de l'ampleur, l'un et l'autre, dans les sociétés modernes.

Ainsi l'universalisme, la vision donc d'une sorte de méga-société, qui inclut et dépasse l'idée de société, « loin que ce soit un attribut exclusif de quelques très grandes religions, nous l'avons trouvé non pas sans doute à la base, mais au sommet du système australien » (*Formes* : 608). Par ailleurs, « il n'y a rien dans cette situation qui soit spécial aux sociétés australiennes ». Le phénomène est parfaitement général. « Il n'est pas de peuple [...] qui ne soit engagé dans une autre société, plus ou moins illimitée [...] il n'y a pas de vie nationale qui ne soit pas dominée par une vie collective de nature internationale. » Le phénomène tend en plus à se développer progressivement. « A mesure qu'on avance dans l'histoire, ces groupements internationaux prennent plus d'importance et d'étendue » (*Formes* : 609).

Par cette sorte de dédoublement, l'universalisme (comme ce fut le cas du particularisme) prendra une place de plus en plus importante dans la vie humaine. « On entrevoit ainsi comment, dans certains cas, la tendance universaliste a pu se développer au point d'affecter non plus seulement les idées les plus hautes du système religieux, mais les principes mêmes sur lesquels il repose » (*Formes* : 609).

C'est donc en établissant des rapports corrélatifs entre individu et société et entre société et humanité, que Durkheim a essayé de clarifier ici son concept de société, concept de base de sa théorie explicative de la religion. La société constitue l'aspect collectif de la nature humaine, qui comme on sait présente un caractère fondamentalement dualiste (1914 a), car elle est à la fois et nécessairement individuelle et collective. Cet aspect collectif comprend à son tour trois catégories de base : groupe, société, humanité.

L'incidence de la société sur la religion

C'est le premier volet fondamental des conclusions de Durkheim. Une proposition quelque peu lapidaire l'exprime solennellement. « *La cause objective, universelle et éternelle de ces sensations* sui generis *dont est faite l'expérience religieuse, c'est la société** [...] cette réalité, que les mythologies se sont représentées sous tant de formes différentes » (*Formes* : 597).

Essayons de voir de plus près l'articulation de cette relation causale. Que faut-il comprendre quand on dit que la société est la cause de l'expérience religieuse ?

Le raisonnement durkheimien est limpide. Pour lui, expliquer la religion c'est d'abord essayer « d'exprimer la religion en termes rationnels » (*Formes* : 594). Dans cette perspective, il appert que la religion est constituée par un système de croyances et de rites qui « répondent à un objet déterminé » (*Formes* : 594). Autrement dit, « l'expérience religieuse [...] est fondée [sur une] réalité » (*Formes* : 597) et non pas sur une illusion[28]. Expliquer la religion, c'est dès lors tenter d'identifier cette réalité qui est à l'origine de la religion, qui est donc le fondement, la cause de l'expérience religieuse.

On l'a vu aussi (*supra* : 44 et ss), cette réalité fondatrice a été conçue par les auteurs « de manières différentes : nature, infini, inconnaissable, idéal, etc. » (*Formes* : 594). L'explication de la religion est devenue par conséquent surnaturaliste, naturiste, animiste... Pour Durkheim, cette explication est sociétiste. « La cause objective [...] de l'expérience religieuse, c'est la société » (*Formes* : 597).

Pourquoi la société ? « Nous avons montré quelles forces morales elle développe et comment elle éveille ce sentiment d'appui, de sauvegarde, de dépendance tutélaire qui attache

---

28. « Toute notre étude repose sur ce postulat, que ce sentiment unanime des croyants de tous les temps ne peut pas être purement illusoire » (*Formes* : 596). Nous en avons déjà parlé (*supra* : 103-106 ; 213).

le fidèle à son culte. C'est elle qui l'élève au-dessus de lui-même : c'est même elle qui le fait. Car ce qui fait l'homme, c'est cet ensemble de biens intellectuels qui constitue la civilisation, et la civilisation est l'œuvre de la société » (*Formes* : 597). Dans le même sens, plus bref. « Une société c'est le plus puissant faisceau de forces physiques et morales dont la nature nous offre le spectacle [...] Il n'est donc pas surprenant qu'*une vie plus haute** s'en dégage, qui [...] élève à *une forme supérieure d'existence** » (*Formes* : 637).

L'incidence de la religion sur la société

En passant de l'explication de la religion à l'explication par la religion, Durkheim semble rejoindre ici la position de Max Weber. On sait en effet que celui-ci, à la fin de son essai sur l'éthique protestante, se défendait de prôner une interprétation « unilatérale ». Pour lui et l'explication « spiritualiste » (par la religion) et l'explication « matérialiste » (de la religion) « *toutes deux* appartiennent au domaine du possible » (Weber, 1920 *b* : 205-206).

La vision de Durkheim est proche mais essentiellement distincte. Il insiste, bien sûr, sur l'importance extrême de l'explication par la religion. « [...] les catégories fondamentales de la pensée [...] la magie [...] les règles de la morale et du droit [...] presque toutes les grandes institutions sociales sont nées de la religion » (*Formes* : 598). Mais cette explication par la religion n'est point une forme d'explication de plus, appartenant tout simplement « au domaine du possible ».

Pour Durkheim le lien entre religion et société est, par la nature des choses, un lien constitutif et profondément réciproque. « [...] pour que les principaux aspects de la vie collective aient commencé par n'être que des aspects variés de la vie religieuse, il faut évidemment que la vie religieuse soit la *forme éminente et comme une expression raccourcie de la vie collective tout entière**. Si la religion a engendré tout ce qu'il y a *d'essentiel** dans la société, c'est que l'idée de la société est l'âme de la religion » (*Formes* : 598-599). Cette réciprocité et cette interfécondation ne sont donc pas une curiosité. L'analyse théorique explicative dévoile la constitution profonde de la nature des choses.

Il y a une autre raison qu'il faut noter ici. On sait que pour Durkheim l'explication de la religion se doit d'être causale et fonctionnelle (*supra* : 205 et s.). L'explication causale, c'est l'explication de son origine et, par conséquent, de sa naissance au sein des sociétés humaines. L'explication fonctionnelle c'est l'explication de sa place, de sa raison d'être et, par conséquent, de sa persistance au sein des sociétés humaines. Rappelons un texte bien antérieur aux *Formes* qui annonce cette distinction de façon bien explicite : « [...] faire la science [de la morale], c'est l'observer telle qu'elle est et tenter de l'expliquer. C'est se demander quelles sont les causes qui ont donné *naissance** aux différentes maximes dont elle est faite et quelles en sont *les raisons d'être**, etc. ; puisqu'il s'agit de quelque chose *qui est** et *qui a duré** [...] » (1897 *f* : 290-291)[29].

Nous avons vu (*supra* : 76 ; 111) comment certains critiques se plaisent à affubler Durkheim de l'étiquette de « fonctionnaliste ». La conception durkheimienne de la religion serait pour eux « fonctionnelle » par opposition à la leur qui serait « substantive ». Nous avons déjà fait état de notre position à cet égard. Mais il faut insister maintenant en remarquant combien il serait impropre de s'en tenir à l'image de Durkheim « fonctionnaliste » et d'ignorer qu'en fait il défend et pratique un double type d'explication, causale et fonctionnelle, tout au long de son œuvre.

Pour notre part, nous avons parlé bien plus ici de la question de la naissance de la religion que de celle de sa persistance. La raison en est bien simple, si on s'en tient à la démarche spécifique des *Formes*. « Nous nous proposons d'étudier dans ce livre la religion la plus [...] simple qui soit actuellement connue, d'en faire l'analyse et d'en tenter l'explication » (*Formes* : 1). « L'objet de ce livre est d'étudier les croyances et les pratiques élémentaires ; nous devons donc nous arrêter au moment où elles donnent naissance à des formes plus complexes » (*Formes* : 550-551 n.).

En tenant compte donc de tous ces éléments, le sociétisme, **la thèse fondamentale de la socio-religiologie durkheimienne, a une portée vraiment exceptionnelle.** Elle se veut une thèse

---

29. Rappelons également : « [...] expliquer, c'est rattacher les choses les unes aux autres, c'est établir entre elles des relations qui nous les fassent apparaître comme fonction les unes des autres [...] » (*Formes* : 339).

théorique et une thèse fondée empiriquement sur les données de l'enquête factuelle élaborée dans les *Formes*.

Point d'arrivée, elle n'en est pas moins — comme toute thèse scientifique — un point de départ. Elle ne finit pas de susciter en effet des interrogations qui exigent de nouvelles précisions, de nouvelles hypothèses et de nouvelles stratégies de vérification, dans un processus cumulatif de complexité de la connaissance qui ne connaît pas de limites.

CHAPITRE VII

Appréciation critique du sociétisme durkheimien

Une appréciation critique de l'ensemble de la démarche durkheimienne se heurte d'abord au problème du totémisme. C'est un problème immense qui a connu comme on sait une longue histoire intellectuelle. De grands esprits pensent qu'il serait devenu aujourd'hui un problème « irréel » (Lévi-Strauss, 1980 : 25). Nous avons estimé nécessaire de dire quelques mots à ce sujet.

Nous nous proposons cependant de réexaminer l'apport essentiel de Durkheim en essayant d'éclairer et de réorienter le débat de fond. Notre position peut paraître énorme : les *Formes* présentent une intuition centrale d'une exceptionnelle portée théorique ; elle a été pourtant très généralement ignorée, autant de la part des sociologues que de celle des spécialistes de la science des religions.

Les difficultés de l'entreprise sont immenses. Il s'agit en effet de prendre en charge une argumentation extrêmement complexe ayant fait l'objet de commentaires innombrables. Nous tenterons néanmoins de relever le défi.

LE PROBLÈME TOTÉMIQUE

> « *Si, pendant tant d'années, de grands esprits ont été comme fascinés par un problème qui nous semble aujourd'hui irréel, c'est sans doute que, sous une fausse apparence, ils percevaient confusément que des phénomènes, arbitrairement groupés et mal analysés, étaient cependant dignes d'intérêt.* »
>
> C. Lévi-Strauss, *Le totémisme aujourd'hui.*

On sait que le problème du totémisme est immense, qu'il a figuré longtemps au premier plan des sciences humaines et qu'il a donné lieu à des controverses approfondies et interminables dont Van Gennep (1920) et Lévi-Strauss (1980) offrent des bilans remarquables.

Quelle place occupe Durkheim dans l'histoire des études totémiques ? Quelle place lui accordent les critiques ?

▶ LA PLACE DE DURKHEIM

En concentrant notre attention sur la contribution durkheimienne à l'étude du totémisme[1], nous considérons maintenant une brève analyse des sources principales qui l'ont inspiré ; un examen rapide du corpus de sa propre production ; un tour d'horizon portant sur l'influence intellectuelle qu'elle a exercée.

Les sources

Ce fut un juriste intéressé par l'histoire de la famille et du mariage, John Ferguson McLennan[2], qui lança sur la scène publique le problème du totémisme, en publiant en 1869

---

1. Jones (1985) a proposé récemment un bref historique de la pensée durkheimienne sur le totémisme. Pour une présentation du contenu de la célèbre étude de Durkheim « Sur le totémisme », voir l'introduction de Duvignaud (1969 : 311-313).
2. Les orthographes varient. Durkheim écrit Mac Lennan (*Formes* : 125). Sharpe (1975 : 75-77 *et passim*) écrit M'Lennan. L'*Encyclopaedia Britannica* (*Micropaedia*, VI : 457-458) écrit McLennan.

et 1870 une série d'articles, The Worship of Animals and Plants : Totems and Totemism (*Formes* : 125, Sharpe, 1975 : 75-76 ; Lévi-Strauss, 1980 : 22). Deux savants éminents prirent la question au sérieux très directement : Robertson Smith (1880, 1885, 1889) et J. G. Frazer (1887, 1888, 1890, 1899, 1910, 1911-1915, 1937)[3]. Des chercheurs spécialisés dans diverses disciplines suivirent cet exemple : Tylor (1898), Jevons (1899), Hartland (1900), Lang (1903, 1905), Van Gennep (1904), Goldenweiser (1910), Wundt (1912), Freud (1912).

Durkheim connaît bien cette littérature. Il propose même un Historique de la question (*Formes* : 122-131), où il cite une quarantaine d'ouvrages et sélectionne critiquement ses principales sources d'inspiration (*supra* : 220). On ne saurait reprocher à Durkheim d'ignorer la littérature scientifique courante de son temps[4].

La production

Durkheim s'est intéressé au problème du totémisme à plusieurs reprises et à deux titres principaux : ses études sur la famille et ses études sur la religion.

On sait que Durkheim a consacré une partie importante de son enseignement à la sociologie de la famille. Mauss rappelle que cette matière, avec la Morale, constituait le travail préféré de Durkheim (Lukes, 1972 : 179). Il y consacre, en effet, plusieurs cours[5], quelques études[6] et de très nombreux comptes rendus dans *L'Année sociologique*[7]. Dès 1895, justement à partir de la lecture de *La religion des sémites* de R. Smith

---

3. Frazer avait publié, en 1887, son opuscule *Totemism*. Robertson Smith lui demanda d'écrire l'article Totem pour l'*Encyclopaedia Britannica* qui parut en 1888. En 1910 il publia en quatre volumes son *Totemism and Exogamy*, qui rassemblait l'ensemble de faits ethnographiques connus à cette époque.

4. Il faut noter également que Durkheim a publié dans *L'Année sociologique* des recensions critiques de la plupart de ces œuvres. Voir par exemple 1913 *a* (ii) (11 et 31) pour *Totemism and Exogamy*, de Frazer, 1913 *a* (ii) (13) pour *Totemism and Analytical Study*, de Goldenweiser, etc.

5. A Bordeaux, dès 1888 et à Paris, dès 1910. Pour un relevé circonstancié voir Lukes (1972 : 617-620).

6. 1888 *c*, 1895 *d*, 1921 *a*.

7. 1898 *a* (iv) (1), 1898 *a* (iv) (8), 1898 *a* (iv) (9), 1898 *a* (iv) (10), 1899 *a* (iv) (13), 1901 *a* (iii) (28), 1901 *a* (iii) (29), 1902 *a* (iii) (28), 1903 *a* (iii) (31), 1903 *a* (iii) (32), 1903 *a* (iii) (34), 1903 *a* (iii) (35), 1903 *a* (iii) (37), 1903 *a* (iii) (38), 1903 *a* (iii) (39), 1903 *a* (iii) (47 et 48), 1904 *a* (18), 1904 *a* (19), 1904 *a* (20), 1904 *a* (21), 1905 *a* (ii) (9), 1905 *a* (ii) (12), 1905 *a* (ii) (14), 1905 *a* (ii) (15), 1905 *a* (ii) (17), 1906 *a* (31), 1907 *a* (20), 1907 *a* (23), 1907 *a* (26), 1910 *a* (iii) (9), 1910 *a* (iii) (12), 1910 *a* (iii) (17 et 18), 1910 *a* (iii) (20), 1913 *a* (ii) (30), 1913 *a* (ii) (32), 1913 *a* (ii) (33), 1913 *a* (ii) (34).

(*supra* : 31, 120, 121, n. 2, 128-129), Durkheim ne cessera de s'intéresser à l'étude des religions « primitives » et du totémisme, tout particulièrement.

Cette conjonction d'intérêts et de circonstances a mené Durkheim à étudier en profondeur le problème du totémisme, avant, pendant et après la rédaction des *Formes*. Bon nombre de publications en témoignent abondamment. Pickering (1975 : 311-313) en a dressé une liste comprenant 37 écrits « où l'on se réfère au totémisme ». Cette liste comprend un livre, les *Formes*, 4 articles[8], 4 notes de recherche[9] et 27 comptes rendus d'ouvrages[10]. Nous pouvons y ajouter immédiatement une liste supplémentaire : 2 notes de cours prises par ses étudiants[11], 2 transcriptions d'interventions orales de Durkheim[12] et 12 autres comptes rendus de livres[13] !

Une seule conclusion s'impose d'elle-même. Durkheim a étudié le totémisme avec une rare application. Nous dirons volontiers avec Duvignaud (1969 : 312), dans son introduction à l'étude de Durkheim « Sur le totémisme » : « les formulations sont peut-être [...] imprécises [...] voire illusoires. Mais on ne peut pas ne pas en tenir compte ».

L'influence

Les études de Durkheim sur le totémisme semblent avoir exercé une influence très considérable sur les ethnologues, les sociologues, les historiens et les phénoménologues des religions. Les témoignages sont abondants et considérables. Lukes (1972 : 482-484) cite bon nombre d'auteurs et d'œuvres qui s'inspirent des *Formes*. Dupré (1975 : 51) dans sa remarquable monographie sur la religion dans les cultures primitives parle de « la nouvelle direction des études religieuses » initiée par la

---

8. 1898 *a* (ii), 1902 *a* (i), 1903 *a* (i), 1905 *a* (i).
9. 1904 *d*, 1910 *a* (ii) (2), 1913 *a* (i) (2), 1905 *a* (i).
10. 1898 *a* (iv) (1), 1900 *a* (8), 1903 *d*, 1906 *a* (13), 1906 *a* (19), 1906 *a* (21), 1907 *a* (16), 1910 *a* (iii) (3), 1910 *a* (iii) (4), 1910 *a* (iii) (5), 1910 *a* (iii) (6), 1910 *a* (iii) (9), 1910 *a* (iii) (14), 1910 *a* (iii) (15), 1910 *a* (iii) (16), 1910 *a* (iii) (17 et 18), 1913 *a* (ii) (6 et 7), 1913 *a* (ii) (10), 1913 *a* (ii) (11 et 12), 1913 *a* (ii) (13), 1913 *a* (ii) (16), 1913 *a* (ii) (17), 1913 *a* (ii) (30), 1913 *a* (ii) (31).
11. 1907 *f*, 1968 *c*.
12. 1905 *f* (1), 1913 *b*.
13. 1895 *d*, 1902 *a* (iii) (32), 1903 *a* (iii) (19), 1904 *a* (18 et 19), 1910 *a* (iii) (20), 1913 *a* (ii) (8), 1913 *a* (ii) (20), 1913 *a* (ii) (23, 24 et 25), 1913 *a* (ii) (28).

problématique durkheimienne et signale son influence sur de nombreux anthropologues, parmi lesquels, Hubert et Mauss, bien sûr, mais également « Lloyd Warner, Malinowski et Radcliffe-Brown ».

Nous aimerions cependant insister ici sur un témoignage particulièrement intéressant, étant donné l'hostilité manifeste de son auteur vis-à-vis de la pensée durkheimienne. Dans ses *Religions australiennes*, Eliade (1972) cite Durkheim, en passant, deux fois. Toutes deux il insiste sur « le succès » et sur « l'influence » des travaux de Durkheim sur le totémisme.

Dans le paragraphe « Les grands dieux australiens et le *Zeitgeist* occidental », Eliade rappelle la contribution d'Andrew Lang et du R. P. Smith qui, malgré leurs « limites [...] ont eu au moins le mérite d'étudier un aspect important des religions primitives » (p. 32). Malheureusement, enchaîne Eliade, « très peu après la publication [de leurs travaux] le *Zeitgeist* occidental changea et l'on cessa de se passionner pour les grands dieux. Trois livres [les *Formes*, *Totem et tabou*, et *Les fonctions mentales des sociétés inférieures*] *réorientèrent l'attention** des sociologues, des psychologues, des historiens des religions et du grand public cultivé *vers le totémisme** [...] » (p. 33). Eliade se défend d'avoir « à examiner ici en détail leurs thèses et hypothèses respectives »[14]. Il se contente d'ajouter une note et de signaler l'importance du « fait que, même si les ethnologues n'ont cessé de critiquer et de rejeter ces hypothèses, le *Zeitgeist* de l'entre-deux-guerres a vu dans *le totémisme australien un problème central** [...] à propos de l'origine de la religion [...] des origines de la civilisation et de la société elle-même »[15].

14. Il renvoie notamment à une étude antérieure (Eliade, 1971 : 36-89).
15. Dans cette note, Eliade prononce un verdict sur l'œuvre de Durkheim qui nous semble profondément révélateur : « Il faut faire la distinction entre les analyses pertinentes que Durkheim donne de certains aspects des religions australiennes et d'autres religions archaïques, qui sont parfaitement valables, et *sa théorie générale de l'origine sociale de la religion**. Cette théorie a été critiquée et repoussée par la majorité des savants. Quant au *succès de popularité** connu par le chef-d'œuvre de Durkheim, il s'explique avant tout par le fait qu'il ait assimilé l'expérience religieuse à un enthousiasme collectif. C'est dire, en fin de compte, que *Les formes élémentaires nous aident mieux à comprendre la mentalité occidentale qu'à nous faire une idée de la religion primitive**. [...] En fait, Les formes élémentaires préparaient le lecteur occidental à comprendre les événements de la première guerre mondiale, la montée du nationalisme et l'apparition du fascisme et du communisme. [...] *Il préparait ainsi ses lecteurs à comprendre comment l'Etat, la Classe ou la Nation peuvent devenir au plus haut point hiérophaniques** » (p. 33, n. 1).

A la fin de son livre, en commentant la monographie de Stanner (1966) qu'il considère « riche, profonde et stimulante » (p. 195). Eliade insiste sur l'importance « de signaler le changement radical qu'elle marque dans l'attitude de l'ethnologie à l'égard de la religion australienne [par opposition] aux conséquences assez malencontreuses de la vogue du totémisme, lancée par les *Formes élémentaires* [...] à la fois *antihistoriques** et *très partielles** (puisqu'elles tombaient dans le "sociologisme" [...]) » (p. 195-196).

Voilà pour l'état de la question. Par la suite, nous essaierons de juger par nous-mêmes la teneur, la portée et la valeur des objections soulevées par l'interprétation durkheimienne du totémisme.

▶ LE DÉCODAGE DES CRITIQUES

Après la publication des *Formes*, la plupart des auteurs concernés par l'étude des religions primitives ou par le problème du totémisme ont commenté les vues de Durkheim sur ces sujets. Ces commentaires critiques, louangeux ou acerbes, n'ont cessé de paraître, du temps de Durkheim jusqu'à nos jours (Runciman, 1969 : 190).

Pour rendre compte de la teneur et de la portée de ces commentaires, nous ferons d'abord un tour d'horizon de caractère général et concentrerons ensuite notre attention sur les objections plus précises et plus circonstanciées formulées par Evans-Pritchard, un ethnologue reconnu dans le champ d'étude des religions primitives.

Une vue générale

Un premier coup d'œil nous permet de distinguer deux sortes de critiques. D'une part, des critiques directes et exclusives comme, par exemple, Goldenweiser (1915, 1916), Hartland (1913), Malinowski (1913), Van Gennep (1913), Lévi-Strauss (1960), Stanner (1966, 1967), Evans-Pritchard (1981). D'autre part, des critiques circonstancielles, faites à l'occasion d'une appréciation plus générale. Citons par exemple, parmi beaucoup d'autres, Boas (1916), Van Gennep (1920), Elkin (1933-

1934), Goldenweiser (1934), Evans-Pritchard (1960, 1965), Lévi-Strauss (1980), Cazeneuve (1971), Lukes (1972), Eliade (1972), Hawkins (1979), Mol (1979 ; 1982), etc.

Ces critiques s'expriment pour la plupart de forme négative sur deux plans précis, celui des questions de fait et celui de la théorie de la religion[16]. Lorsqu'elles se situent sur un plan global, elles s'expriment par contre de façon positive, voire élogieuse.

Les faits. — Sur ce plan les témoignages sont souvent accablants. « Je ne saurais nier l'ingéniosité de toute cette construction [...] entièrement fondée sur des analyses et des interprétations que les ethnographes ne peuvent pas accepter » (Van Gennep, 1920 : 49). « Aucun ethnographe n'aurait osé aller aussi loin dans la théorie de la nature religieuse du totem et du totémisme que M. Durkheim » (Van Gennep, 1920 : 40). « La thèse centrale du livre [...] doit être considérée comme non prouvée [*unproved*] » (Goldenweiser, 1915 : 735)[17].

L'idée de la religion. — La critique de l'interprétation durkheimienne du totémisme australien se fonde souvent sur une idée implicite de la religion, voire sur une sorte de conception personnelle, théologique, de ce qu'est ou de ce que devrait être la religion.

Goldenweiser (1915 : 725) affirme que la théorie durkheimienne des origines de la religion constitue « le point culminant d'une série d'erreurs [*misconceptions*] dont le premier [*first*] est *l'idée* [*vieuw*] *et la définition de la religion** que Durkheim a adoptées au point de départ ». Lévi-Strauss (1980 : 152), un demi-siècle plus tard, considère que « c'est l'obsession des choses religieuses qui a fait mettre le totémisme dans la religion » et que ce faisant « comme dans l'expérience de Durkheim, la combinaison [totémisme-religion] résulte en un nouveau corps,

---

16. Les critiques sur ce point précis sont rarement favorables. Cazeneuve (1971 : 218), exceptionnellement, s'exprimera sans ambages. « Durkheim a raison de définir le phénomène religieux [...] comme une hypothèse de la cohésion sociale. »
17. Notons, pour compléter l'information, une réaction de Durkheim — en privé, certes — aux critiques des ethnologues. Dans une lettre du 9 novembre 1913, Durkheim écrit à Radcliffe-Brown : « [...] ce que vous dites sur les règles matrimoniales en Australie est certainement de nature à me faire réfléchir et hésiter [...] Je reconnais clairement que l'objection est très forte [...] Le sujet devrait être repris en entier [...] » (Lukes, 1972 : 528).

dépourvu des propriétés initiales, aussi bien du totémisme que de la religion ».

Ces passages nous semblent parfaitement révélateurs. On pourrait s'attendre à ce que les ethnologues rejettent certains aspects de l'interprétation durkheimienne du totémisme ; il peut paraître très étonnant qu'ils rejettent surtout la conception durkheimienne de la religion.

Ce glissement de problématique montre le caractère inévitablement « théologique » de l'idée qu'on se fait de la religion dans la tradition intellectuelle occidentale. Ce caractère explique en partie l'incapacité de plusieurs spécialistes à saisir et même à discuter le fond de l'argumentation durkheimienne. La chose ne saurait nous étonner. Au contraire, elle est particulièrement instructive du point de vue religiologique. Nous sommes revenus souvent sur la question (*supra* : 43, 109, n. 31, 174, n. 20).

Le jugement global. — Les objections critiques portent généralement sur les deux points précis qu'on vient d'évoquer. On trouvera par contre, de façon tout aussi générale sinon unanime, des témoignages qui louent à un niveau global la contribution exceptionnelle des études durkheimiennes sur le totémisme.

Ces témoignages concèdent les plus grands honneurs à l'œuvre durkheimienne. Elle est inlassablement considérée comme « pénétrante [*penetrating*] » (Stanner, 1967 : 240), comme « une inspiration » (Elkin, 1937 : 119), comme un modèle suprême : « [...] aucun travail sur le terrain [*field study*] sur le totémisme n'a dépassé les analyses de Durkheim » (Evans-Pritchard, 1960 : 24).

Les objections d'Evans-Pritchard

Nous tenons à nous attarder ici sur une étude critique relativement récente d'un ethnologue éminent : Evans-Pritchard (1981). Il s'agit de son dernier essai[18], avant sa mort, en septembre 1973. Un essai, « concerné par la théorie durkheimienne de l'origine de la religion présentée dans les *Formes élémentaires* » (p. 151).

L'analyse de cet essai nous paraît particulièrement inté-

---

18. Voir la note explicative de l'éditeur (Singer, 1981 : 150).

ressante. Il présente à nos yeux de manière frappante une grande faiblesse théorique tout en constituant une sorte de *compendium* de la panoplie d'objections que formulent les ethnologues à l'égard de l'œuvre socio-religiologique durkheimienne.

Le discours d'Evans-Pritchard prend la forme d'un véritable testament intellectuel. Il s'exprime avec grande sincérité et une rare franchise qu'on qualifierait volontiers de militante[19]. « Durkheim fut un évolutionniste *fanatique** [*evolutionary fanatic*] qui voulait expliquer les phénomènes sociaux par leurs origines *pseudo-historiques** [...]. De là provient une de ses erreurs [*blunders*] les plus sérieuses [...] un chapelet de suppositions *insupportables et même stupides** [*unsupportable, even stupid assumptions*] » (p. 157). Voilà pour le ton.

Quant au fond, toute cette étude consiste dans une énumération plus ou moins détaillée des erreurs de Durkheim, en s'appuyant sur les critiques de Goldenweiser (1915), Van Gennep (1920) et Stanner (1967), mais sans faire aucune concession. A la fin, la conclusion ne permet pas le moindre doute. « Il faut, je le crains, s'attaquer [*to come down against*] à Durkheim de façon définitive [*decisively*] et *conclure** qu'il ne peut être considéré en aucun sens comme un *homme de science** [*scientist*][20] — au mieux, il serait un philosophe ou, je dirais plutôt, un métaphysicien [...]. Ma plus grande objection contre la thèse durkheimienne [:] elle est *extrêmement non scientifique** [*highly unscientific*] » (p. 162-163).

C'est donc dans ce contexte et dans cet esprit liquidateur qu'Evans-Pritchard consacre un paragraphe à la question du

---

19. Il retourne en quelque sorte la monnaie. « Durkheim fut un *athée militant**, non seulement un incroyant mais un propagandiste de l'incroyance » (p. 154).
20. Il n'est pas inutile de remarquer qu'Evans-Pritchard utilise ici les termes « science » et « scientifique » dans un sens excessivement restreint. « Dans la démarche scientifique, une hypothèse n'a de valeur heuristique que si elle est vérifiable empiriquement [...] » (p. 163). On en prend note, tout en sachant combien cette vision du concept de science, comprise à la lettre, est caricaturale et discutable. En effet, le caractère de « vérifiable » est essentiel pour la démarche scientifique. La restriction qui nous semble excessive c'est d'exiger que l'hypothèse scientifique soit susceptible d'être vérifiée à tout moment, même au moment de commencer un long processus de recherche. Sans insister sur la contradiction, plus ou moins apparente, nous préférons la maxime exprimée quelques années plus tôt par Evans Pritchard (1974 : 17) : « une théorie peut avoir une valeur heuristique sans être juste pour autant » (*supra* : 215).

« principe totémique » et quelques considérations à celle de son explication.

Le principe totémique. — Le paragraphe consacré à cette question (p. 158-159) contient essentiellement trois types d'argumentation critique. Les voici, avec nos commentaires.

Une interprétation pseudo-métaphysique. — Le premier type d'argumentation tourne en dérision. « Cette idée d'imaginer une sorte de force impersonnelle » aurait tout simplement un caractère analogique et déformé. Il s'agit en effet d'une idée « analogue à l'éther ou à l'électricité » ; d'une « interprétation plus ou moins pseudo-métaphysique [...] profondément trompeuse [*misleading*] ».

On peut se poser de sérieuses questions quant au caractère scientifique de cette première série d'objections. Cette façon de réduire et de liquider la notion de « principe totémique » tient bien plus de la polémique que de l'analyse. Elle se résume en effet à faire des allusions ironisantes en taxant d'éthérée et de métaphysique cette notion durkheimienne de « force anonyme et impersonnelle [...] principe commun [...] qui en fait l'unité » de la religion propre au totémisme australien (*Formes* : 268-269).

Evans-Pritchard ne fait pas la moindre analyse critique approfondie susceptible de montrer comment et pourquoi cette notion ne pourrait pas avoir le statut d'un véritable concept religiologique[21], un concept donc scientifique, spécifiquement approprié à la discipline scientifique qui est ici en question.

Pour notre part, nous aurions été intéressé à discuter les objections contre la valeur objective ou méthodologique de ce concept religiologique. En absence de ces objections, nous restons sur notre faim et devons nous limiter à constater que notre connaissance de la littérature (*infra* : 268 et s.) nous empêche de considérer ce concept, nécessairement et sans appel, comme un concept éthéré, plus ou moins métaphysique et profondément trompeur.

Une référence abstraite inutile. — Le deuxième type d'argumentation critique se fonde sur « une simple déduction

---

21. Nous verrons (*infra* : 273-275) comment ce concept religiologique est parfaitement pris au sérieux dans l'œuvre phénoménologique de G. Van der Leeuw.

logique ». L'erreur consiste à penser « que toute "vertu" ou "qualité" [*virtue or quality*] qu'on trouve chez plusieurs personnes ou choses, doit avoir nécessairement [*must*] un terme de référence abstrait ».

Pourquoi, nous demandons-nous, la recherche d'une telle notion abstraite serait-elle une erreur ? La réponse à cette question n'est peut-être pas très difficile. Nous sommes en présence ici de deux méthodes différentes. La méthode descriptive pratiquée généralement par les ethnologues, qui travaillent à accumuler et à comparer des données, des faits. La méthode explicative, constamment prônée par Durkheim, qui a besoin[22] de traduire ces données en types, en concepts généraux (*Règles* : 76-88).

Ces deux méthodes sont-elles contradictoires ? Evans-Pritchard semblerait le prétendre, puisque la recherche du concept, terme abstrait par définition, lui paraît une source d'erreur. Pour notre part, cette opposition nous paraît gratuite. Qu'est-ce qui prouve que le recours au concept nuit nécessairement à l'observation des faits ? Elle nous paraît en outre stérile et paralysante. La réalité des choses étant ce qu'elle est, une et complexe, individualisée et typique, ne faut-il pas accepter, avec Durkheim et avec bien d'autres, la complémentarité de principe entre deux démarches, la nomothétique et l'idiographique[23] ?

La question mérite pour le moins réflexion. On ne peut pas se limiter à rejeter du revers de la main, tout simplement, comme une erreur ou comme une source d'erreurs, la méthode pratiquée par d'autres disciplines différentes de la sienne propre.

Une argumentation d'autorité. — Le troisième type d'argumentation critique est une argumentation d'autorité. Elle s'exprime d'abord d'une manière générale : « Tous ceux qui se sont occupés de cette matière récemment et à la lumière

---

22. Voir, par exemple, le passage que consacre Durkheim à l'articulation entre description et explication. « N'est-ce pas une règle de ne s'élever au général qu'après avoir observé le particulier et tout le particulier ? » (*Règles* : 78). Il faut ajouter, dans une perspective plus large, que la position de Durkheim en ce qui concerne les rapports complémentaires entre la démarche sociologique et celle des sciences historiques et ethnologiques se développe constamment tout au long de son œuvre. Il est impossible d'en faire un résumé ici.

23. Il s'agit, bien sûr, d'un problème méthodologique immense qui a suscité beaucoup de débats entre méthodologues (Pinto-Grawitz, 1964 : 327).

de nos connaissances actuelles, accorderont [*would agree*] »
que l'idée durkheimienne du « principe totémique » est « une
interprétation plus ou moins pseudo-métaphysique [...] profondément erronée ». Elle s'exprime ensuite de façon particulière en se référant à Goldenweiser (1915 : 727) : « On attend
en vain des faits pour appuyer les prétentions de Durkheim.
Rien ne prouve que les croyances de la religion totémique
sont les mêmes génériquement [*generically*] que celles qui sont
désignées par les termes *mana* ou *orenda* [...] ».

Pour notre part, cette généralisation nous paraît tout
simplement abusive et péremptoire. « Tous », pensons-nous,
c'est peut-être beaucoup. Il faudrait d'abord voir qui. Mais il
faudrait voir, surtout, comment et pourquoi. Un examen
circonstancié de ces questions apporterait sans doute des
nuances importantes. Durkheim ne parvient sans doute pas à
donner des preuves empiriques entièrement conclusives. Son
raisonnement invite cependant à approfondir la signification
profonde des faits qu'il analyse et de l'interprétation qu'il
propose. Il y a bien des choses donc à reconsidérer.

« Tout cela et bien plus encore est *aus der Luft gegriffen* »,
conclut Evans-Pritchard. Cette conclusion est à nos yeux
gratuite. Elle ne nous semble ni appropriée ni justifiée. Offre-
t-elle un véritable intérêt ?

L'explication de l'origine de la religion. — Contrairement à
la question du « principe totémique », celle de son explication
n'a pas fait l'objet d'un traitement explicite et direct dans le
commentaire critique d'Evans-Pritchard que nous considérons
maintenant. La question de l'explication est traitée seulement
de façon indirecte, en partant de deux types d'argumentation.

Un premier type d'argumentation accuse Durkheim de
psychologisme. « Dans sa théorie, un phénomène social aussi
majestueux et aussi durable que la religion a son origine
[*arises*] dans l'effervescence émotionnelle de la foule » (p. 161).
Evans-Pritchard surenchère et cite Goldenweiser (1921 : 371)
servant à Durkheim la première leçon d'un manuel de sociologie : « La société en tant que complexe culturel et historique,
la société comme porteuse de tradition, comme législateur et
juge, comme modèle d'action, comme opinion publique ; la
société dans toutes ces manifestations diverses et significatives,

qui sont certainement de toute première importance pour l'individu, ne se trouve pas dans la théorie de Durkheim. »

Nous avons traité de la question (*supra* : 86 et s.). Les termes incroyablement raidis dans lesquels elle est posée ici ne nous encouragent point à considérer l'objection et à revenir sur le débat avec toute la panoplie de distinguos et de nuances qu'il demande.

Un autre type d'argumentation critique l'idée durkheimienne selon laquelle « là où il y a des clans, il y a du totémisme et là où il y a du totémisme, il y a des clans » (p. 159) et pose une question censée être décisive : « Si le totémisme est à l'origine de la religion, que fait-on des peuples qui [...] n'ont jamais été totémiques et qui ont cependant des croyances et des pratiques religieuses ? » (p. 160).

Pour notre part, la réaction à ces questions sera fort brève ici. S'il existe, comme il semble être le cas effectivement, une multiplicité de formes élémentaires de vie religieuse et non pas une seule, le système totémique dont parle Durkheim, il est évident que les thèses durkheimiennes sont à reconsidérer très attentivement.

Ce retour est cependant une opération délicate. Il ne peut se contenter d'une fin de non-recevoir et d'une liquidation totale. Bien au contraire, il doit commencer par prendre au sérieux l'hypothèse durkheimienne dans son ensemble et y distinguer de façon fondamentale les différents aspects qui la constituent. Cette distinction permettra de déterminer exactement les éléments précis de l'hypothèse durkheimienne qui se sont avérés faux[24]. Elle permettra également de poursuivre la recherche afin de libérer l'hypothèse de ces éléments, et de pouvoir la soumettre à nouveau, modifiée et épurée, à l'épreuve de la vérification empirique.

Nous ne parlons pas ici un autre langage que celui du bon sens, nous semble-t-il, et celui de l'expérience quotidienne dans les laboratoires de recherche scientifique. Durkheim le sait parfaitement, aussi bien que quiconque. « La science n'arrive que très lentement à des résultats qui sont toujours partiels »

---

24. Mentionnons, par exemple, une distinction qui nous semble essentielle : la distinction entre le totémisme historique et le fameux « principe totémique ». Au fond l'hypothèse durkheimienne ne présente-t-elle pas le « principe totémique » — et non pas le totémisme historique — comme la forme élémentaire et, par conséquent, universelle, de la vie religieuse ?

(1904 a (5) : 384). « Des nombreux points de détail [...] me font réfléchir et hésiter [...] le sujet devrait être *repris en entier** » (cf. Lukes, 1972 : 528).

C'est entendu. Mais il y a plus. Au nom de cette même prudence qui est la marque de l'esprit scientifique, il serait absolument déraisonnable — et certainement étranger à la pratique courante — de faire table rase et de rejeter avec quelques éléments infirmés tout l'ensemble d'une construction théorique exceptionnellement complexe. Dans cette perspective, nous nous limiterons à indiquer quelques raisons de poursuivre cette reprise nécessaire.

L'EXPLICATION SOCIÉTISTE DES ORIGINES DE LA RELIGION

> « [...] *le rapport des hommes avec cette puissance se caractérise par l'étonnement, la crainte, dans les cas extrêmes la frayeur* [...] *Cela résulte du fait qu'on tient la puissance non pas pour surnaturelle** *mais pour extraordinaire,* « *autre* ». *Les objets et les personnes qu'elle remplit ont une nature spécifique, celle que nous appelons* sainte *ou* sacrée [...] »
>
> G. Van der Leeuw, *La religion dans son essence et ses manifestations.*

Sur la base de la littérature qu'il a étudiée et de ses choix concernant l'objet et la méthodologie de sa recherche, Durkheim s'est proposé de poursuivre des objectifs théoriques extrêmement ambitieux. Une pierre angulaire de cette gigantesque construction intellectuelle est ce que nous appelons l'explication sociétiste (*supra* : 217 et s.) des origines de la religion. En quoi consiste-t-elle ?

▶ LA LIGNE DE FOND

Pour considérer de façon objective, informée et rigoureuse quelle est la véritable valeur de l'interprétation durkheimienne du totémisme australien, il faut commencer par essayer de la saisir dans son propos initial et dans son intentionnalité profonde et entrer ensuite dans les détails sans jamais perdre de vue les grandes lignes de sa genèse et de son développement.

La problématique durkheimienne

Nous avons tâché de suivre cette ligne de fond tout au long de notre étude de l'œuvre de Durkheim. Il semble dès lors évident que l'analyse du totémisme n'est qu'une pièce d'une construction d'ensemble extrêmement ambitieuse. Il faut tenir compte de ce fait capital : on ne peut considérer les *Formes* ni comme un traité du totémisme, ni comme un traité de religion totémique, mais comme une recherche dont le but essentiel est de construire, à partir d'une analyse interprétative du totémisme, « une nouvelle manière d'expliquer l'homme » (*Formes* : 638).

C'est ce but essentiel qui déclenche la nécessité de comprendre et d'expliquer « la nature religieuse de l'homme » (*Formes* : 2) et, par voie de conséquence, les concepts fondamentaux du sacré et de la religion. C'est à la recherche de ces concepts que Durkheim se met à étudier, « uniquement pour des raisons de méthode » (*Formes* : 4), « un système religieux [...] le plus primitif qu'il nous soit donné d'observer » (*Formes* : 1). C'est ainsi qu'il arrive à l'analyse du totémisme australien (*Formes* : 124).

Durkheim n'étudie donc pas le totémisme pour lui-même. Il étudie le totémisme pour saisir les règles élémentaires — anthropologiques et universelles — du fonctionnement du sacré. Cette visée transhistorique oblige à se situer en dehors et au-dessous de la conception judéo-chrétienne du sacré, la conception dominante en Occident grâce au poids exceptionnel de l'institution ecclésiale et de la théologie.

Durkheim se propose de fonder ces règles élémentaires du fonctionnement du sacré sur la base d'un concept fondamental et d'une théorie explicative qui ont un sens et une portée de caractère transhistorique et universel. La conception judéo-chrétienne du sacré et de la religion n'est pas l'objet de l'enjeu. Ce dont il s'agit ici c'est de « faire comprendre la nature religieuse de l'homme » (*Formes* : 2).

Durkheim n'étudie donc pas le totémisme pour lui-même, ni la religion pour elle-même[25]. Il étudie le totémisme et la religion pour ajouter une nouvelle dimension à la science de l'homme. Voilà la ligne de fond, l'articulation centrale, la clé de voûte de toute l'œuvre durkheimienne.

Les réactions critiques

Cette clé de voûte, cette ligne de fond, a été généralement méconnue[26], à la fois, par les deux camps auxquels elle était en principe destinée, celui des « croyants » et celui des « libres penseurs » (1919 b : 98 et 102).

L'orthodoxie belligérante. — Prenons d'abord le premier camp. Un survol des commentateurs de l'œuvre durkheimienne parmi différents types de spécialistes des sciences religieuses montrerait facilement combien cette ligne de fond est profusément ignorée. Voici seulement quelques exemples.

Il y a d'abord des théologiens, leurs partenaires et leurs associés[27], qui ont tendance à confondre les *Formes* avec un traité *De vera religione*. Ils soulignent facilement le scandale. « Positiviste, Durkheim exclut du phénomène religieux trois éléments : le surnaturel, le mystère, la divinité » (Ries, 1985 a : 470). Avec cette sorte d'entreprise de démolition, aurait-il pu poser une quelconque question pertinente concernant « la vie religieuse » ?

---

25. Il n'est pas inutile de rappeler une position qui semble diamétralement opposée mais qui, de fait, est fondamentalement complémentaire. « [...] nous ne pensons *pas à contester** que le phénomène religieux puisse être *utilement** abordé sous différents angles ; mais il importe, *avant tout**, de le considérer *en lui-même**, en ce qu'il a d'irréductible et d'original » (Eliade, 1974 : 11). A notre sens, les positions d'Eliade et de Durkheim ne sont point irréconciliables. Elles sont deux positions différentes. Elles exigent et elles méritent, l'une et l'autre, un immense effort de recherche pour actualiser et pour consolider leurs intuitions de base.

26. On serait tenté de dire que Durkheim lui-même n'est pas parvenu à articuler de façon suffisamment claire la ligne de fond de sa pensée, peut-être à cause même de son extrême originalité.

27. Il faut rappeler qu'à ses origines la science des religions a été l'œuvre de spécialistes procédant en bonne partie des facultés de théologie (Otto, Tiele, Chantepie de la Saussaye) ou du moins nourris de culture théologique (Tylor, Frazer). Durkheim occupe une position toute particulière, si l'on tient compte d'une part de ses origines rabbiniques et, en même temps, de son parti pris laïque (type d'engagement personnel plutôt rare parmi les spécialistes de la religion). Notons que les choses n'ont pas beaucoup changé par la suite. Les sciences religieuses sont cultivées encore aujourd'hui, très généralement, en Europe et en Amérique, dans le sillage de facultés ou d'écoles théologiques.

Des historiens de la science des religions se sont chargés de la réponse. « Durkheim s'est trompé par sa fixation sur le totémisme [son entreprise] montre une mauvaise compréhension de toute forme [any] sérieuse de conscience [awareness] religieuse » (De Vries : 1977 : 161)[28]. La même approche sera suivie par des auteurs apparentés au courant de l'histoire et de la phénoménologie de la religion : ils fermeront sans regret les *Formes*, n'y voyant que l'expression d'un « sociologisme » (Eliade, 1972 : 196) égaré. Bon nombre d'ethnologues et de sociologues de la religion feront pour la plupart de même (*supra* : 252 et s.).

Dans le camp des « croyants », spécialisés en sciences religieuses, rares sont les auteurs qui ont considéré ou même entrevu la ligne de fond, le propos essentiel, profondément original, de la théorie que propose Durkheim. Leur critique porte par conséquent sur un tout autre plan. Elle peut être valable au niveau de leur propre problématique. Elle nous semble par contre profondément non pertinente par rapport à la problématique durkheimienne.

Le refus de comparaître. — La même méconnaissance de la ligne de fond de la pensée durkheimienne semble dominer dans l'autre camp, celui des sociologues, des historiens, des économistes, des politologues qui œuvrent à l'extérieur de toute problématique « religieuse ». De manière tout aussi générale que leurs collègues, ils ignorent l'articulation durkheimienne entre la « science du sacré » et la « science de l'homme ». Cette ignorance présente cependant une particularité singulière : le fait de se manifester, non pas par des critiques plus ou moins engagées, mais par un désintéressement total[29], par une sorte d'oubli partagé dans un superbe silence historique.

On a l'embarras du choix pour citer les auteurs qui *affichent* ce silence, parmi les spécialistes les plus connus. Il serait intéressant de s'interroger très sérieusement sur ce silence. Il pose une importante question de « sociologie de la science » qui, à notre connaissance, n'a jamais été éclairée. Pour notre part,

---

28. Revoir également (Prades, 1981 : 39) l'inimaginable fin de non-recevoir décrétée par Sharpe (1975 : 86).
29. Bellah (1959 ; 1973 a) (*infra* : 292) et Parsons (1973) (*supra* : 143 et s.) constituent deux exceptions remarquables.

nous aimerions insister sur ce fait. On se trouve confronté ici une fois de plus au problème gigantesque des racines historiques et culturelles de la tradition scientifique occidentale et de ses rapports profonds avec la tradition théologique manifestée, en particulier dans sa version protestante (Weber, 1920 a, I : 1).

Ce sont justement ces racines qui ont contribué puissamment à développer la « science des religions » comme discipline spécifique (sur la base d'une conception et une visée théologiques de la religion) plutôt que comme une discipline générique (sur la base d'une conception religiologique et une visée anthropologique). De façon corrélative, la « science de l'homme » a cru devoir se développer en faisant abstraction de toute interrogation « religieuse ». Evidemment. Si le sacré et la religion sont censés être naturellement (en fait, culturellement) « de l'ordre du divin », il est par conséquent hors de propos d'en tenir compte quand il est question d'étudier ce qui est « de l'ordre de l'humain ».

Voilà, très brièvement, quelques considérations sur l'importance décisive de tenir compte ou de ne pas tenir compte de la ligne de fond de l'analyse durkheimienne du totémisme.

Notre perspective

Essayons de nous exprimer ici d'une façon précise et nuancée sur notre appréciation des deux types de réaction critique qu'on vient d'évoquer et sur l'orientation de notre propre démarche.

La critique « religieuse ». — Toute œuvre intellectuelle comprend essentiellement une problématique de base, des observations de faits, des concepts, des hypothèses explicatives, des tentatives de vérification. L'ensemble de tous ces éléments la rend excessivement complexe. Il n'est dès lors pas possible de la saisir en une fois dans toute son intégralité. L'étude et la critique d'une œuvre ne peuvent donc se faire qu'à partir d'une perspective ou, à la limite, d'une série de perspectives plus ou moins bien déterminées.

Nous acceptons parfaitement que chaque chercheur puisse faire une lecture critique de l'œuvre durkheimienne, à partir des présupposés et des perspectives qui sont propres à ce chercheur. Chacun a le droit d'évaluer à sa juste mesure, dans quel sens et jusqu'à quel point, l'œuvre de Durkheim s'avère utile ou inutile pour éclairer ses propres interrogations. Ce type de lecture critique peut être fort instructif. Il peut aider le chercheur à mieux discerner comment il faut ou comment il ne faut pas s'y prendre pour traiter les questions qui l'intéressent. Cette façon de procéder est donc valable, pour autant qu'on soit conscient de sa portée et de ses limites.

Dans ce sens, on comprend facilement par exemple qu'un chercheur chrétien, qui s'intéresse à étudier le phénomène religieux en tant qu'irruption de la puissance divine dans la conscience du croyant, n'ait pas à tirer de l'œuvre durkheimienne un profit immédiat et direct. C'est juste. Ce chercheur dépasse cependant les limites lorsqu'il refuse tout intérêt à l'interprétation durkheimienne du totémisme, du sacré et de la religion. Il y a en effet une nuance essentielle qu'il faut apporter. Sans doute, l'interprétation durkheimienne n'a pas d'intérêt pour approfondir tel aspect de la problématique chrétienne. Par contre, elle peut avoir un certain intérêt pour approfondir d'autres problématiques, dans d'autres contextes.

La critique « irréligieuse ». — Il faut porter le même type de jugement à propos de l'autre côté de la médaille : le camp de celles et de ceux qui rejettent, *de facto*, la pertinence des intuitions durkheimiennes par le simple refus d'en tenir compte dans le développement de leur recherche.

On comprend aussi facilement que les chercheurs qui s'intéressent par exemple à l'étude de la configuration actuelle du mouvement des femmes ou de la prolétarisation croissante du Tiers Monde, puissent parfaitement poursuivre leur travail sans tenir le moindrement compte de l'interprétation durkheimienne du totémisme australien. Rien de plus évident.

Cela ne signifie cependant pas que l'étude des représentations du sacré fondée sur l'interprétation durkheimienne du totémisme australien — et de ses suites — soit, *de jure*, totalement hors de propos pour l'étude du féminisme ou pour celle du changement des structures sociales et économiques. Cela est tout aussi évident, nous semble-t-il. Nous aurons l'occasion d'y revenir.

Une nouvelle orientation. — Nous ne disons pas que les uns et les autres, les « religieux » et les « irréligieux », ont nécessairement tort. On ne saurait contester leur droit de poursuivre leur recherche dans les perspectives qui leur sont propres. On ne saurait contester non plus leur droit à critiquer — par négation ou par abstention — l'intérêt de l'interprétation durkheimienne du totémisme pour le développement de leurs propres perspectives.

Ce que nous ne pouvons pas accepter, c'est de refuser cet intérêt par principe. Avant de déclarer l'illégitimité d'une hypothèse, en sciences religieuses et en sciences humaines, il faut faire une analyse circonstanciée et une critique rigoureuse de la ligne de fond qui la motive, l'organise et lui donne plein sens. Ignorer, sans plus, l'interprétation durkheimienne du sacré ou la rejeter d'entrée de jeu, par son manque de « preuves », par sa « non-pertinence » ou par sa prétendue « hétérodoxie », ce n'est pas seulement injuste et injustifié ; c'est surtout, il faut le dire, causer un préjudice incalculable à la cause de l'intelligence.

Voilà pourquoi, sans vouloir empêcher personne de poursuivre sa propre recherche, nous avons décidé de suivre une autre perspective : examiner de façon circonstanciée et critique l'intérêt de l'œuvre durkheimienne sans perdre jamais de vue la considération de sa ligne de fond. Une ligne qui part de l'interprétation du totémisme australien pour esquisser une théorie générale du sacré et de la religion — une religiologie — comme pièce constitutive essentielle et indispensable de la « science de l'homme » et, tout particulièrement, de celle de l'homme de la modernité.

Notre propos n'a pas pour objet principal, évidemment, de prouver la supériorité du système durkheimien pour l'élaboration de cette « science de l'homme ». De fait ce système présente une évidente fragilité faute de recherches différenciées et approfondies. Il n'est donc pas question de commencer par une quelconque tentative de démonstration. Ce qu'il faut c'est poursuivre patiemment l'analyse du système, le préciser, le compléter et ne pas hésiter, s'il le faut, à tenter de le reconstruire.

Ce travail comprend, comme on le sait, une multiplicité de tâches intellectuelles extrêmement complexes. Etant donné l'impossibilité de les affronter toutes ensemble, notre analyse critique de l'explication sociétiste des origines de la religion, tout en essayant de garder toujours en vue la ligne de fond, se penchera sur les trois questions majeures qui ont été déjà annoncées, à savoir, la valeur empirique, la valeur théorique et la valeur heuristique de l'œuvre durkheimienne.

▶ LA VALEUR EMPIRIQUE

Sur le plan empirique, la question qui se pose, formulée de façon rapide et un peu brutale, est la suivante : la description du totémisme australien, le concept de « principe totémique » et la tentative d'explication « sociétiste », bref, la théorie durkheimienne de l'explication des origines de la religion est-elle fondée sur une base factuelle, ou est-elle le produit de l'imagination de Durkheim ?

La réponse à cette question renvoie à des problèmes multiples et complexes. Il semble normal sans doute que toutes les idées de Durkheim sur le totémisme ne correspondent pas nécessairement à toute la réalité du totémisme, de manière exacte et précise. Mais que vaut son approche ? Apporte-t-elle quelque chose de valable ? Comment s'y prendre pour faire la part des choses ?

La position analytique

Une première position, analytique, consisterait à passer en revue toutes les données de fait rapportées par Durkheim. Elle se proposerait différents buts précis.

Déterminer, au niveau des faits, qu'est-ce qui serait vrai, approximatif, déroutant, faux... de façon certaine et/ou probable... sur un point qu'il faut considérer comme décisif ou comme accessoire... pour une partie ou pour la majorité de la société aborigène australienne... Déterminer, au niveau de la méthode, quel serait le degré de consistance entre la réalité aborigène et le concept fondamental de « principe totémique », entre la réalité aborigène et l'hypothèse « sociétiste ». Déterminer enfin, au niveau global, le jugement que mérite la construction durkheimienne dans son ensemble, l'intérêt de l'abandonner, de la corriger, de la poursuivre...

Cette façon de poser le problème nous paraît parfaitement justifiée. Elle a été largement répandue entre les spécialistes, surtout les ethnologues, qui ont souvent critiqué la justesse du matériel empirique avec lequel a travaillé Durkheim. Cette critique a été menée avec grand nombre de détails, avec passion et même avec un rare acharnement. Les exemples les plus notoires sont connus : Goldenweiser (1915), Van Gennep (1920), Lowie (1936), Stanner (1967) et, tout récemment et sans la moindre retenue, Evans-Pritchard (1981) (*supra* : 254 et s.).

Pour notre part, répétons-le, nous ne pouvons entrer dans ce type de discussion. Il faut laisser aux spécialistes une entière latitude pour débattre entre eux tout ce qui concerne l'état des faits du point de vue strictement ethnologique.

Certes, nous ne croyons point que cette position ignore l'importance de l'analyse scientifique des faits sur lesquels on a la prétention de construire une théorie. La nécessité de vérifier de façon rigoureuse la valeur empirique du raisonnement durkheimien nous semble évidente. Cette vérification indispensable exige cependant des conditions : une compétence ethnologique de base ; un souci constant de situer l'analyse des faits dans leur contexte, dans ce que nous avons appelé la ligne de fond ; une juste conception de la philosophie de la science et de la méthodologie de la recherche, pour faire la part des choses.

Ces précautions, et la dernière tout particulièrement, ne sont pas inutiles. On sait en effet que depuis que la science existe, tous ceux qui ont réfléchi aux questions méthodologiques savent que la recherche ne se termine pas avec l'analyse empirique. De là le besoin de chercher un ajustement adéquat entre les données de fait et le système théorétique qui leur donne sens. Ce besoin semble avoir donné lieu à deux solutions antithétiques. Les voici brièvement, avec notre propre appréciation critique.

La position néo-positiviste

« La thèse centrale du livre : le social est la réalité fondamentale qui est à la base de la religion, doit être considérée comme non prouvée » (Goldenweiser, 1915 : 735).

Nous n'allons pas entrer dans une querelle de mots ni tenter de déterminer si, dans la pensée de Durkheim, il s'agissait exactement d'une « thèse » ou d'une « hypothèse ». Cette querelle ne nous intéresse pas pour l'instant. Les termes qui ont été utilisés dans les trois dernières lignes des *Formes* (638) sont connus : « Ce qu'il faut, c'est essayer *l'hypothèse**, la soumettre aussi méthodiquement qu'on peut au contrôle des faits. »

Il est donc permis d'en rester là et de s'interroger tout simplement sur la valeur empirique de la théorie sociétiste que propose Durkheim. Cette interrogation porte à examiner l'idée, néo-positiviste, que la valeur d'une hypothèse dépend de la consistance de sa « démonstration ».

Cette idée a toute une tradition intellectuelle. Les philosophes du Cercle de Vienne (Jacob, 1980) devraient être cités à ce propos. Dans les années 1920, peu après la mort de Durkheim, Carnap, Gödel, Kempel, Reichenbach... ont développé une nouvelle philosophie de la science, le positivisme logique, ou néo-positivisme. Ce courant d'idées est devenu par la suite très influent dans l'ensemble des sciences, y compris les sciences humaines et les sciences religieuses. Il reste bien proche de nous par les traces évidentes qu'il nous a laissées.

En abolissant toute « métaphysique », les néo-positivistes proclamaient radicalement que la seule tâche de la philosophie est l'élucidation des propositions scientifiques et que la science n'a d'autre source que la connaissance expérimentale des faits, une connaissance qui se base exclusivement sur la formulation et la vérification rigoureuse d'hypothèses factuelles.

Popper (1935) fut un des premiers à s'opposer à cet empirisme radical. Pour lui, les hypothèses scientifiques sont des conjectures réfutables mais non vérifiables par l'expérience. Elles ne peuvent être des généralisations inductives des données observables.

Après la seconde guerre mondiale, une nouvelle génération de philosophes de la science (Quine, Goodman, Putmann, etc.) soumettent le néo-positivisme à une critique dévastatrice. Aujourd'hui, avec les Devaux, de Feyerabend, Hanson, Kulin, Lakatos, Toulmin et beaucoup d'autres, la critique du néo-positivisme n'a cessé d'alimenter un débat substantiel (Jacob, 1980).

Ce débat a permis de développer des prises de position

intéressantes à propos de la critique empiriste en sciences de la religion.

Brown (1981) rappelle l'état de la question. Une alternative est posée au point de départ : faut-il restreindre la science des religions à une collection de données empiriques ou existe-t-il d'autres façons d'étudier la nature de la religion ?

Une révision des critiques suscitées par l'œuvre de Mircea Eliade provoque deux types de réponse. D'une part, celle des auteurs qui, défendant un point de vue empiriste, critiquent vertement l'œuvre éliadienne (Baird, 1971 ; Penner-Yonan, 1972). D'autre part, la réponse de ceux qui s'opposent à cette critique empiriste, notamment Dudley (1977), lequel s'appuie à son tour sur les travaux de Manson, Feyerabend, Toulmin, Kuhn et, plus directement, sur ceux de Lakatos (1970).

Cette nouvelle conception méthodologique montre que, contrairement à la croyance populaire, la science ne procède généralement pas de façon linéaire, en commençant par l'observation des faits et en terminant par l'établissement des théories explicatives. La théorie se construit tout autrement, d'une manière plus créatrice et imaginative.

La relation entre l'explication théorique et l'ordre des faits ne se termine pas avec l'établissement ou le non-établissement de la preuve. Elle est bien plus complexe. Complexe, parce que la vision théorique précède et oriente la collecte de données et, surtout, parce que, à vrai dire, il n'existe pas de faits qui, ayant une certaine complexité, puissent être parfaitement indépendants de leur interprétation théorique. Chaque fait complexe a une signification, dans la mesure où il rentre dans le cadre théorique où l'observateur le situe, l'identifie, l'interprète et l'évalue.

Pour notre part, nous faisons entièrement nôtre cette conception de la méthodologie scientifique. Elle approfondit et développe les considérations des *Règles* sur l'administration de la preuve (*supra* : 204 et s.). Elle nous aide à prendre position sur la question qui nous occupe ici. Pour nous, il est erroné de refuser une hypothèse théorique parce qu'elle serait une conjecture « non prouvée ». Il suffit qu'elle soit une « conjecture plausible » pour qu'elle mérite d'être examinée avec attention.

Une conjecture plausible

Goldenweiser a raison quand il prétend que l'hypothèse sociétiste ne peut pas être considérée comme prouvée. Mais, faut-il en conclure, sur une base logique de caractère néo-positiviste, que cette constatation clôt tout simplement le débat ?

Avec les critiques du néo-positivisme, nous préférons nous situer dans une perspective « plus complexe, plus créatrice et plus imaginative ». Pour nous, la valeur de l'hypothèse est loin de s'épuiser dans l'obtention d'une preuve rigoureuse.

Le critère qui nous semble décisif ce n'est donc pas la « démonstration ». Il suffit de vérifier sa « plausibilité ». En effet, une hypothèse non prouvée qui s'avère cependant plausible peut rendre des grands services pour le développement de la connaissance. Toute l'histoire de la recherche scientifique en témoigne constamment. Il semble dès lors absolument disproportionné d'écarter totalement une hypothèse tant et aussi longtemps qu'elle n'a pas réussi à être prouvée.

C'est ainsi qu'il faut considérer le cas de l'hypothèse sociétiste proposée par Durkheim. Elle n'est pas prouvée. Elle est cependant plausible, nous croyons l'avoir montré suffisamment (*supra* : 217 et s.).

Ceci étant, ce qui commande la suite des opérations critiques est une tâche proprement heuristique. Ce dont il s'agit en effet, c'est de cerner dans quel sens et jusqu'à quel point elle permet d'accomplir ses fonctions essentielles : précéder et orienter la collecte des données ; favoriser l'interfécondation constante et réciproque entre les faits (aussi nombreux, précis et différenciés que possible) et les desseins de la recherche théorique.

Ces considérations portent à nuancer la question initiale. Il ne s'agit pas de s'interroger exclusivement sur la valeur de la preuve de l'hypothèse sociétiste en tant que « généralisation inductive des données observables ». Etant assurés de sa plausibilité, il s'agit de porter ces interrogations sur d'autres plans : sa capacité à tisser des liens éclairants entre des faits d'observation et des lois générales de compréhension ; sa capacité, en fin de compte, à renouveler notre vision du monde.

Nous espérons qu'une appréciation attentive de l'ensemble de l'interprétation durkheimienne du totémisme pourra contribuer à actualiser et à développer une ligne de pensée qui, avec une rare unanimité, n'a cessé d'être considérée comme profondément originale, riche et stimulante.

▶ LA VALEUR THÉORIQUE

Dans le but de développer ce que nous venons d'appeler la ligne de fond de sa recherche, l'interprétation durkheimienne du totémisme a porté à étudier l'idée du sacré. L'étude de la nature et du fonctionnement du sacré débouche à son tour sur des catégories théoriques fondamentales : le concept de « principe totémique » ou de principe unificateur du sacré (*supra* : 228 et s.) et l'hypothèse « sociétiste », pierre angulaire de l'explication des origines de la religion (*supra* : 232 et s.). Voici une brève analyse critique de ce concept et de cette hypothèse explicative.

Le concept de principe totémique

Le concept de « principe totémique » est un concept religiologique de base jouant un rôle essentiel dans la recherche de la persistance et de la métamorphose du sacré. Notre appréciation de sa valeur théorique s'arrête notamment sur quelques caractéristiques importantes. Il s'agit en effet d'un concept classique, reconnu en histoire des religions ; d'un concept théorique fondamental ; d'un concept doué d'une richesse de contenu remarquable ; d'un concept enfin opérationnel dans une perspective transhistorique.

Un concept classique. — Lorsque Durkheim introduit l'idée, il parle de « principe ou *mana* totémique » (*Formes* : 268). Dans les pages qui suivent, il identifie ces notions à celles de *wakan*, *orenda* et, plus généralement, à celle de « force religieuse impersonnelle » (*Formes* : 273, 274 et s.).

Parmi ces notions, celle de *mana* surtout a « une longue histoire dans l'étude comparée des religions » (Schreiter, 1985 : 1018). Le mot *mana* avait été apporté de Polynésie par W. William en 1814. Il devint connu grâce à Max Müller. L'idée de *mana*, reprise par grand nombre de savants, a été approfondie et, certes, très controversée.

Durkheim a jeté les bases du concept théorique de « principe ou *mana* totémique ». Nous pensons pour notre part qu'il en est resté au stade d'une première esquisse, d'une première élaboration. Il n'a pas eu l'occasion de développer et d'exploiter les virtualités de ce concept théorique fondamental. Ses disciples et collaborateurs immédiats ne l'ont pas fait davantage[30].

La lecture des textes durkheimiens sur le « principe totémique » ne peut cependant pas ne pas rappeler celle d'une monographie célèbre dans la tradition phénoménologique, *La religion dans son essence et ses manifestations* (Van der Leeuw, 1955). Il nous semble utile d'établir quelques comparaisons.

Dès le début de son ouvrage, en traitant de « L'objet de la religion », Van der Leeuw développe sa thèse fondamentale : avant toute autre chose, la religion est de « la puissance ». L'idée est nettement exprimée. « Il faut donc s'habituer à remplacer le surnaturel [...] par la simple notion de l' « autre », du différent [...] ; à l'idée courante d'une dépendance absolue, il faut substituer un sentiment général de distance » (p. 10).

Cette thèse comprend deux parties. Une première proposition négative. « La phénoménologie [...] la science [...] ne saurait parler de l'action de Dieu [...]. « Dieu » est souvent une notion imprécise [...] on ne saurait parler de Dieu que par impropriété » (p. 9). Une deuxième proposition affirmative. « L'expérience religieuse se rapporte à quelque chose : dans beaucoup de cas il est impossible d'en dire davantage [...] quelque chose d'autre qui [...] résulte de la puissance » (p. 9-10). « Cela résulte du fait qu'on tient la puissance non pas pour surnaturelle, mais pour extraordinaire, "autre". Les objets et les personnes qu'elle

---

30. Citons par exemple Hubert et Mauss (1904) qui ont utilisé ce concept dans le cadre de « la théorie générale de la magie ». Notons cependant que Durkheim semble dépasser nettement cette vision restreinte. Au moment de parler du développement théorique de ce concept, il ne se limite pas à rappeler que « MM. Hubert et Mauss, entreprenant de faire une théorie générale de la magie, établissaient que la magie tout entière repose sur la notion de *mana* » (*Formes* : 288). Il ajoute immédiatement : « Etant donné l'étroite parenté du rite magique et du rite religieux, on pouvait prévoir que la même théorie devait être applicable à la religion. C'est ce que soutint Preuss [et] de tous côtés, la même idée tend à se faire jour [...] On la retrouve même dans les récentes théories de Frazer [...] » (*Formes* : 288-289). En prenant un angle de vision plus large, Durkheim attire l'attention sur le fait qu'il s'agit aussi d'une notion qui « n'est pas seulement d'une importance primordiale, à cause du rôle qu'elle a joué dans *le développement des idées religieuses** ; elle a aussi un aspect laïque par où elle intéresse l'histoire de la pensée scientifique. C'est la première forme de la notion de force » (*Formes* : 290).

remplit ont une nature spécifique, celle que nous appelons *sainte* ou *sacrée* » (p. 15).

Le parallélisme entre la thèse de Van der Leeuw et celle de Durkheim (*Formes* : 33-58) est saisissant[31]. Toutes les deux déterminent l'objet de la religion à partir du concept de « force », de « puissance ». Elles prennent toutes les deux le même exemple de base, la notion de *mana* (et celles d'*orenda* et de *wakanda*, qui en sont proches). Elles y voient toutes les deux les mêmes caractéristiques essentielles.

Van der Leeuw présente en détail ces caractéristiques essentielles. « [...] *mana* désigne toujours une puissance » (p. 10) ; « une puissance impersonnelle » (p. 12) ; « une substance » (p. 12) ; « non pas [...] surnaturelle mais [...] "autre" » (p. 15) ; se trouvant « partout où se montre quelque chose d'inaccoutumé, de grand, d'agissant, de fructueux » (p. 11) ; qui « ne tient pas à un objet déterminé ; parce que n'importe quel objet déterminé est susceptible de le véhiculer » (p. 10). Il faudrait reprendre (*supra* : 228 et s.) les caractéristiques essentielles qu'assignait Durkheim à sa notion de « principe totémique », pour constater la parenté profonde qui lie, jusque dans les mots, les textes de nos deux auteurs.

Pour nous, cette parenté est très importante, même s'il ne s'agit pas d'une coïncidence sur tous les détails, mais d'une coïncidence sur des points majeurs. Van der Leeuw est un des plus célèbres chefs de file de la phénoménologie de la religion[32]. Le fait de la coïncidence entre lui et Durkheim, en ce qui concerne le concept de base qui détermine l'objet de la religion, est extrêmement important du point de vue critique.

Certes, ce concept de *mana* ou de « principe totémique » n'a cessé d'être controversé. Le fait de l'avoir présenté comme une hypothèse globale à grandes prétentions explicatives plutôt que l'avoir élaboré patiemment dans des recherches concrètes a contribué sans doute à le dévaloriser au point de le rendre

---

31. Une différence substantielle sépare cependant le Phénoménologue et le Sociologue. Tous deux se rencontrent dans l'élaboration du concept fondamental de base qui constitue l'objet de la religion. Le Sociologue se fera l'obligation de faire, non pas mieux, mais un pas de plus : chercher à fournir l'explication rationnelle des origines de ce phénomène.

32. Voir, entre autres, Waardenburg (1972 et, surtout, 1978 *a*) pour une appréciation globale de la phénoménologie de la religion et de la place qu'y occupe G. Van der Leeuw.

désuet et inutilisable. Dumézil (1974 : 6) l'a exprimé avec éclat. « Il y a une cinquantaine d'années, et moins encore, on se croyait bien près de tout expliquer en réduisant les phénomènes religieux à un élément commun [...] pêché dans les mers du Sud : des plus sauvages aux plus raisonnées, les religions ne sont que les mises en œuvre variées de ce *mana* [...] Une génération de chercheurs [...] n'avaient pas gagné grand-chose [...] c'est sous le signe du *logos* et non sous celui du *mana* que se place aujourd'hui la recherche. »

Les textes qu'on vient d'évoquer prouvent donc que le concept de « principe totémique » a connu une longue histoire. Il n'a sans doute pas été développé dans toutes ses dimensions. Il est resté parfois au stade d'une sorte de « bonne idée » qui demanderait à être exploitée mais qui n'a pas connu preneur[33].

Pour notre part, nous sommes persuadé qu'il aurait connu un bien meilleur sort s'il avait été testé empiriquement au sein de diverses cultures et, plus particulièrement, s'il avait été testé dans le cadre de la modernité sécularisée. Nous y reviendrons. En tout état de cause, rien n'empêche de penser qu'il s'agit d'un concept classique qui mérite une discussion approfondie avant d'être rejeté du revers de la main[34].

Un concept fondamental. — Le concept de « principe totémique » génère une catégorie religiologique qui s'avère fondamentale pour affronter le problème de la multiplicité du sacré.

Durkheim avait noté la difficulté. « [...] il n'est pas de religion si unitaire qu'elle puisse être qui ne reconnaisse *une pluralité de choses sacrées**. Même le christianisme, au moins sous sa forme catholique [...] » (*Formes* : 57). Cette difficulté avait été considérée insurmontable par Stanner (*supra* : 147-154) et par Lukes (*supra* : 154, n. 19). Comment peut-on diviser le monde en deux catégories, sacré et profane, s'il existe une pluralité de choses plus ou moins sacrées déterminant par conséquent une pluralité de choses plus ou moins profanes ?

---

33. Dans son « Introduction » à *Sociologie et Anthropologie* de Marcel Mauss, Lévi-Strauss (1950 : XLIII) insistait justement sur l'intérêt de poursuivre la recherche en comparant la notion anthropologique de *mana* à la notion linguistique de *signifiant*.
34. L'ensemble de ces considérations devrait aussi rendre plus prudents ceux qui rejettent la valeur de la contribution durkheimienne à l'étude de la religion, par le fait qu'il s'agit d'un « sociologue », d'un « intrus » parfaitement étranger à la « véritable » science de la religion (*supra* : 77, n. 16 ; 78, n. 18).

Ce problème est résolu de façon logiquement acceptable par l'entremise de la notion de divinité, surtout par la notion monothéiste de divinité[35]. Dans cette perspective, il y a d'une part Dieu et d'autre part le reste. L'existence de diverses catégories de choses sacrées n'offre pas une véritable difficulté, car la sacralité des personnes ou des choses procède de leur proximité avec Dieu. Dieu est le seul et unique être sacré. Le reste est plus ou moins sacré et plus ou moins profane, dans la mesure où l'on se rapproche ou l'on s'éloigne de lui.

La difficulté deviendrait-elle insurmontable, au moment où la figure monothéiste divine ne constitue pas une pièce nécessaire du système de la sacralité ? Pas vraiment. On peut introduire dans le système, comme fait Durkheim, un principe unificateur qui n'est pas nécessairement un principe divin[36].

Voilà comment et pourquoi le concept de « principe totémique » débouche sur une catégorie religiologique fondamentale. Une catégorie qui dépasse le cadre historique du totémisme australien et qui devient une catégorie théorique susceptible d'exercer une fonction de caractère générique et universel : celle de principe unificateur qui donne sens à la multiplicité des formes de la symbolique sacrée ou de l'expérience du sacré.

Un concept riche de contenu. — Le concept de « principe totémique » est un concept riche de contenu par l'ensemble d'éléments qui entrent dans sa constitution.

Il renvoie d'abord à un être réel, objectif, substantif et non pas à une fiction imaginaire et illusoire (*Formes* : 597). Il s'agit donc d'un concept concerné par la complexe problématique d'une conception « substantive » du sacré et de la religion (*supra* : 74 et s.).

---

35. La conception monothéiste de l'idée de divinité est, dans notre culture, celle qui apparaît spontanément comme la plus évidente. C'est peut-être pour cela qu'elle semble résoudre de la façon la plus logique le problème de la distinction du sacré et du profane et le problème de la multiplicité de formes du sacré. Il faudrait examiner attentivement les différentes formes (Gestalt) sous lesquelles se présente l'idée de divinité comme, par exemple, l'idée polythéiste, pour changer de perspective et pour passer d'une conception spontanée à un concept théorique.
36. Durkheim prévoit peut-être le problème et n'hésitera pas à qualifier le « principe totémique » de « entité quasi divine » (*Formes* : 269). L'idée n'est par ailleurs pas nouvelle. Elle se trouve déjà dans la *Définition* (p. 15-16). « La notion de la divinité [...] c'est un principe [...] d'unification. » En exprimant formellement les nuances qui la distinguent, le terme « dieu » reviendra à plusieurs reprises dans ce contexte (*Formes* : 269, 270, 275, 276, 278, 286).

Il constitue une réalité dynamogénique (1919 b : 102), une force non pas « dans une acception métaphorique [mais dans le sens] des forces véritables » (*Formes* : 270). Il relance donc la problématique de l'efficacité subjective des convictions religieuses (*supra* : 93 et s.).

« Cette substance immatérielle, cette énergie diffuse » (*Formes* : 270) consiste en « une sorte de force anonyme et impersonnelle » (*Formes* : 269), « un dieu impersonnel [...] immanent au monde » (*Formes* : 269), et « en un certain sens, surnaturel » (*Formes* : 277).

Le fait enfin de cette double mise en parallèle entre le concept de « principe totémique » et celui de Dieu qui est un être personnel, nommé et déterminé et un être surnaturel et transcendant, montre à lui seul l'importance, la complexité et la richesse de contenu du concept de « principe totémique ». Voilà comment et pourquoi le « principe totémique » est un concept religiologique fondamental dont le contenu est traversé par la problématique riche et complexe qui constitue et qui caractérise le système conceptuel de la science des religions.

Un concept transhistorique. — Durkheim le signale à plusieurs reprises. D'abord d'une manière générale. En signalant au passage que « le principe totémique est, donc en même temps qu'une force matérielle, une puissance morale » il ajoute immédiatement. « Il n'y a rien là, d'ailleurs, qui soit spécial au totémisme. Même dans les religions les plus avancées, il n'y a peut-être pas de dieu qui n'ait gardé quelque chose de cette ambiguïté [...]. En *même temps** qu'une discipline spirituelle, *toute religion** est une sorte de technique qui permet à l'homme d'*affronter le monde** avec plus de confiance » (*Formes* : 272).

La même idée est exprimée, quelques pages plus loin, de manière explicite, non sans une certaine solennité. « Le résultat auquel nous a conduit l'analyse précédente n'intéresse pas seulement l'histoire du totémisme, mais *la genèse de la pensée religieuse en général** (*Formes* : 283). Et encore. « Telle est la matière première avec laquelle ont été construits les êtres *de toute sorte** que les religions *de tous les temps** ont consacrés et adorés » (*Formes* : 284).

Le principe totémique, de par sa nature propre, ne se limite pas à un type de religion et à un type de culture déterminés, en l'occurrence ceux des aborigènes australiens ou ceux des peuples archaïques. Il dépasse son caractère historique pour devenir une catégorie théorique, susceptible d'être appliquée à l'étude de toute forme de rapport au sacré, dans toute culture et dans toute religion.

L'hypothèse sociétiste

Nous poursuivons notre appréciation critique de la valeur de l'hypothèse sociétiste, en laissant pour d'autres occasions la dialectique de la « thèse » et de la « preuve ». On sait que l'hypothèse n'est pas prouvée. On suppose qu'elle est une conjecture plausible. Il s'agit d'élucider maintenant la valeur de ce qu'elle apporte à un niveau théorique et général. A ce niveau, deux mérites essentiels retiendront notre attention : son caractère fondamental et son caractère concret, pertinent et pleinement actuel.

Une hypothèse fondamentale. — On sait que pour Durkheim (*supra* : 217 et s.), l'hypothèse sociétiste a un caractère excessivement englobant. Elle constitue l'assise et l'arrière-fond de toute sa pensée. Pour lui, la société (*supra* : 238 et s.) est la catégorie suprême[37] qui explique en dernière instance la nature spécifique de l'humanité.

Formuler l'hypothèse sociétiste dans ce sens global — la société est la catégorie fondatrice de l'humanité — est loin d'être une tautologie ou une proposition oiseuse et allant de soi. Bien au contraire, elle doit être considérée parmi les plus grandes hypothèses qui ont façonné l'histoire de la culture[38].

Le propos de Durkheim, on le sait, c'est de fonder une nouvelle « science de l'homme ». Ce propos inclut la détermination de son objet dans une perspective explicative. L'objet c'est rien de moins que la nature de l'humanité. Durkheim

---

37. Rappelons le mot révélateur : « Au fond, concept de totalité, concept de société, concept de divinité ne sont vraisemblablement que des aspects différents d'une seule et même notion » (*Formes* : 630, n. 2).
38. On sait que, faisant preuve d'une gigantesque vision transhistorique, Durkheim (*supra* : 44 et s., 208 et s.) propose une alternative aux trois hypothèses fondatrices qui ont dominé pratiquement toute l'histoire de la culture humaine. L'hypothèse théiste, qui voit le fondement ultime de l'humanité dans l'Etre divin. L'hypothèse animiste, qui voit ce fondement dans les replis de l'individu humain. L'hypothèse naturiste, qui le voit enfin dans le système cosmique.

envisage de la considérer comme une réalité *sui generis* comprenant quatre caractéristiques fondamentales. L'hypothèse sociétiste permet de fournir une approche explicative pour chacune d'entre elles. Voici comment, en nous excusant de nous en tenir à une formulation aussi rapide et schématique.

L'humanité est une réalité naturelle. L'homme doit donc être étudié comme une entité autonome et autodéterminée. Le principe qui le fonde et qui donne sens à son existence, le principe explicatif de la « science de l'homme », ne doit être cherché dans une réalité externe, divine, surnaturelle, purement transcendante. Il doit être cherché dans une réalité interne, humaine et naturelle qui lui est à la fois immanente et transcendante. Cette réalité — hypothèse sociétiste — serait la société.

L'humanité est une réalité morale. L'homme doit donc être étudié comme une entité capable de discernement et de jugement. Le principe qui le fonde et qui donne sens à son existence, le principe explicatif de la « science de l'homme », ne doit pas être cherché dans la réalité aveugle propre aux forces brutes de la nature, mais dans une réalité consciente, humaine, intelligente et moralement responsable. Cette réalité — hypothèse sociétiste — serait la société.

L'humanité est une réalité globale. L'homme doit donc être étudié comme une entité extrêmement complexe, constituée à la fois par sa singularité et par la dépendance de son environnement. Le principe qui le fonde et qui donne sens à son existence, le principe explicatif de la « science de l'homme », ne doit être cherché dans une réalité purement intérieure, dans une perspective intimiste, atomiste et segmentée, mais dans une réalité totale, humaine, simultanément et inéluctablement individuelle et collective, personnelle et culturelle. Cette réalité — hypothèse sociétiste — serait la société.

L'humanité est une réalité finale. L'homme doit donc être étudié comme une entité toute particulière qui est à la fois objet et finalité. Le principe qui le fonde et qui donne sens à son existence, le principe explicatif de la « science de l'homme », ne doit être cherché dans une réalité purement profane, physique, matérielle, instrumentale, quotidienne, mais dans une réalité sacrée, humaine, spirituelle, expressive et transcendante. Cette réalité — hypothèse sociétiste — serait la société.

L'hypothèse sociétiste, dans sa formulation la plus générale, pose donc qu'il ne semble exister d'autre souce pour expliquer l'homme que sa socialité (Durand, 1985 : 38) ; que c'est effectivement la société appréhendée symboliquement comme un être quasi divin qui constitue le principe unificateur de la connaissance, de l'action, de la moralité et du sens ; que c'est dès lors la société, le seul phénomène réel, qui peut rendre compte en dernière instance de toutes les composantes essentielles de l'humanité.

L'hypothèse sociétiste propose donc « une nouvelle manière d'expliquer l'homme » (*Formes* : 638), cet être, unique, qui vivrait en s'auto-identifiant collectivement comme chose sacrée.

Une hypothèse concrète. — Lorsque Durkheim propose de travailler l'hypothèse sociétiste, il ne cherche pas à formuler un principe général vaguement métaphysique. Bien au contraire, il propose d'examiner de façon concrète comment chaque individu, chaque groupe, chaque culture est conditionné par des formes particulières de la socialité.

Cette visée concrète et opérationnelle de l'hypothèse sociétiste n'est surtout pas un pur fruit de l'imagination théorique abstraite. Bien au contraire, le sociétisme est une contre-hypothèse concrète. Une hypothèse concrète qui s'adresse à des adversaires concrets.

Contre les positions matérialistes qui ignorent le poids du sacré, l'hypothèse sociétiste introduit la persistance et la métamorphose inéluctables du sacré, car celui-ci est un élément essentiel de la constitution de l'être humain et, par conséquent, de l'élaboration de la science de l'homme.

Contre certaines positions spiritualistes qui, tout en reconnaissant le poids décisif du sacré sur l'être humain, le situent cependant en dehors de lui (théismes, cosmismes...) ; contre certaines positions humanistes qui considèrent l'individu comme la source de la connaissance, de l'action et du sens (individualismes), l'hypothèse sociétiste introduit le concept explicatif fondamental de la société humaine comme la réalité à la fois individuelle et collective, immanente et transcendante, qui fonde la symbolique du sacré et qui organise en conséquence les sentiments, les pensées, et les comportements des êtres humains.

Une hypothèse actuelle et pertinente. — Il serait absolument illusoire de penser que la science de l'homme peut se passer d'hypothèses globales et fondamentales. Il serait tout aussi vain de croire que les hypothèses globales concrètes, à l'encontre desquelles se situe la position originale de Durkheim, ont cessé d'exister et d'exercer une influence importante sur la science de l'homme.

Ces hypothèses sont toujours bien vivantes et opérantes. L'inventaire ne serait point difficile à dresser.

AU-DELÀ DU SILENCE ET DU REFUS. — Par refus de comparaître, les sciences humaines ont statué une sorte de silence historique sur l'articulation durkheimienne entre « la science du sacré » et « la science de l'homme ». Ce grand silence est toujours actuel et effectif. Il faudrait cependant ajouter une précision.

Ce silence n'est pas total. Ce qui passe sous silence, sauf rares exceptions, c'est tout ce qui concerne l'étude circonstanciée et fondamentale de ces articulations. L'allusion, l'évocation, la *nota bene*, le clin d'œil... sont par contre constamment présents dans une bonne partie de la littérature sociologique. On pourrait s'en tenir[39] à un exemple suggestif.

La revue *Sociétés* vient de consacrer un numéro à la sociologie de la cuisine, ce « microcosme dans lequel se répercutent les phases du développement des sociétés ». Le rappel fugace de la « table sacrée, ronde, cosmique », l'évocation rapide des thèmes mythiques seront monnaie courante. Une auteur ira jusqu'à y consacrer un ensemble de réflexions qui aboutissent à une conclusion qui ne saurait nous étonner. « Mettre l'homme en harmonie avec le reste de l'univers, telle serait la visée *des codes rituels**. La cuisine — pas plus que la sexualité — ne peut être réduite au plan du physiologique et du médical (ou du psychologique), *elle s'inscrit tout entière dans un système symbolique qui articule l'expérience humaine** » (Pachter, 1985 : 31).

Grand silence et silence relatif convergent, nous semble-t-il, sur un fait capital : l'articulation proposée par l'hypothèse sociétiste, loin de demeurer un vestige du passé, reste une

---

39. R. Tessier rédige actuellement une thèse de deuxième cycle qui porte justement sur une pratique courante des média de communication : évoquer, à peine mais continuellement, les rapports entre l'homme et le sacré.

question actuelle, une question pendante qu'il faudra bien se décider à affronter.

Au-delà de l'hypothèse surnaturaliste. — Nous l'avons rappelé à plusieurs reprises. L'hypothèse surnaturaliste — dénominateur commun des critiques à l'égard de l'œuvre de Durkheim — situe la transcendance du sacré ailleurs et au-delà du monde humain. Elle domine largement la science des religions. En identifiant le sacré avec le surnaturel, elle provoque une conséquence directe et immédiate d'une importance incalculable. Elle laisse la problématique du sacré aux mains de la « science des religions » et l'exclut de fait du cercle d'intérêt de la « science de l'homme ».

Personne ne pourrait penser un instant qu'il s'agit là de la situation qui a prévalu au temps de Durkheim. Cet état des choses est totalement actuel. Le discours attentif, suivi et approfondi sur la persistance et la métamorphose du sacré dans la modernité nous manque toujours, de façon sensible et générale. Tout un pan de notre culture demeure ainsi inexploré, à tort, indûment, de façon fâcheuse et dommageable. On peut le regretter. Il est temps d'actualiser Durkheim. Et de se mettre à l'ouvrage.

Au-delà du repli individualiste. — Durkheim, avec Freud et Jung, les grands classiques de la psychologie, ne s'est jamais lassé de considérer l'être humain comme un lieu de rencontre entre l'individuel et le collectif, la personnalité et la culture. Les esprits les plus ouverts et les plus universels n'ont jamais mis en doute cette sorte de dualité fondamentale de la nature humaine. En pratique, par contre, la façon concrète de considérer ce lieu de rencontre ne cesse de présenter des difficultés.

Une difficulté toute particulière surgit à l'intérieur de la « science des religions ». La grande tradition intellectuelle issue de l'œuvre d'Otto (1917) a donné lieu à une vision individualiste de l'*homo religiosus*. Cette vision se poursuit nettement aujourd'hui (Ries, 1985 *b*).

Dans la mesure où l'on insiste sur l'aspect personnel de l'expérience religieuse, cette vision est parfaitement valable. Du moment, cependant, où cette insistance devient exclusive au point de sous-estimer la part du social et du culturel, omniprésent dans toute forme d'expérience humaine, cette vision des choses risque d'être réductrice et de tomber dans un travers individualiste qui ignore fondamentalement la réalité du comportement humain.

On en aurait long à dire sur cette difficulté. L'intérêt de l'hypothèse sociétiste — pour autant qu'elle ne tombe à son tour dans le réductionnisme sociologique — semble évident sur un point. Elle permet de rendre compte de tout un pan d'expérience du sacré qui échappe à la conscience du croyant, « cet homme éveillé et découvreur de valeurs sacrales » (Ries, 1985 b : 724, renvoyant à Otto, 1917). En effet, le sacré est aussi un fait de culture et, comme tel, il opère très efficacement au-delà des mécanismes de la conscience éveillée.

Ces remarques ont des retombées insoupçonnées au niveau de la « science des religions » autant qu'à celui de la « science de l'homme ».

Sans la perspective sociétiste, le sacré et la religion deviennent une sorte d'avatar personnel, propre à des esprits virtuoses, l'*homo religiosus*. Celui-ci s'oppose du même coup à « un autre type humain : l'homme areligieux [...] porteur d'une mythologie camouflée et de ritualismes dégradés » (Ries, 1985 b : 727, faisant référence à Eliade, 1965 : 172).

Cette vision des choses peut être opérationnelle pour une certaine théologie. Dans la perspective socio-religiologique qui est la nôtre, elle pose autant de problèmes qu'elle ne résout. D'abord, la dichotomie qu'elle suggère entre « vrais » et « dégradés » ne semble avoir d'autre assise que l'idéologie du commentateur. Ensuite et surtout, elle semble incapable de rendre compte de l'origine, du développement et de l'influence culturelle, cachée et insoupçonnée, des mille et une manifestations du sacré.

CONCLUSION

LA VALEUR HEURISTIQUE DE LA SOCIO-RELIGIOLOGIE DURKHEIMIENNE

> « *Il faut une science politique nouvelle à un monde tout nouveau. Mais c'est à quoi nous ne songeons guère : placés au milieu d'un fleuve rapide, nous fixons obstinément les yeux vers quelques débris qu'on aperçoit encore sur le rivage, tandis que le courant nous entraîne et nous pousse à reculons vers des abîmes.* »
>
> A. de Tocqueville, *De la démocratie en Amérique*.

Nous arrivons au terme de notre ouvrage. On serait tenté d'abandonner tout de suite les considérations théoriques et méthodologiques générales et de commencer un autre livre qui entrerait décidément dans des analyses empiriques concrètes. Sans ces dernières, comment pourrait-on mettre à jour de façon réaliste, critique et nuancée la pertinence de l'œuvre amorcée par Durkheim ? Mais avant de changer de cap, il faut d'abord poursuivre notre propos initial et terminer la présente étape en proposant comme conclusion la remarquable valeur heuristique de l'œuvre durkheimienne.

Après avoir indiqué la notion de valeur heuristique et rappelé rapidement l'état de la question parmi les commentateurs et les critiques de Durkheim, nous proposerons nos conclusions et nos perspectives.

La notion de valeur heuristique

Les historiens des idées, qui plus ou moins consciemment subissent l'influence néo-positiviste, critiquent les auteurs classiques en exigeant des « preuves » factuelles fondées et rigoureuses. Dans cette optique, la valeur d'une théorie est jugée selon la valeur des « conclusions », fermes et précises, auxquelles elle arrive.

Nous n'avons pas travaillé dans cette perspective « conclusive », en essayant de déterminer jusqu'à quel point et dans quelle mesure Durkheim a réussi à « prouver » la validité de sa théorie. Nous adoptons par contre une perspective « heuristique ». Au lieu de mesurer la justesse des conclusions durkheimiennes, nous nous tenons à leur plausibilité et à leur capacité à contribuer et à stimuler le développement de la théorie socio-religiologique et le progrès de la « science de l'homme ». Ce qui nous intéresse surtout, c'est d'apprécier l'œuvre de Durkheim comme « programme de recherche ».

Dudley (1977), dans ses commentaires à l'œuvre de Mircea Eliade, a poursuivi cette ligne de raisonnement de façon suggestive. Se référant explicitement à une philosophie de la science (Lakatos, 1970) qui est à l'opposé du positivisme empiriste, Dudley propose en effet de considérer l'œuvre d'Eliade non pas comme un système fermé qui prétend épuiser la signification de la réalité mais comme un *research program*.

Dans cette perspective heuristique, il convient de s'arrêter sur un raffinement intéressant proposé par Lakatos (1970) lorsqu'il distingue entre « le noyau dur [*hard core*] » de la théorie et sa « ceinture de protection [*protective belt*[». Le noyau est constitué par l'ensemble des principes fondamentaux de nature théorique qui ne sont pas vérifiables de façon directe (ni même indirecte, probablement). La ceinture de protection, ce sont un ensemble d'hypothèses auxiliaires, plus ou moins périphériques et sujettes à révision, dont la fonction est de protéger le noyau central tout en permettant un jugement critique des relations entre les faits et la théorie. Ces hypothèses périphériques peuvent être modifiées et améliorées sans pour autant avoir à abandonner les principes du système nodal, à moins que l'avalanche d'objections soit d'une telle importance que ce système devienne manifestement intenable.

Ce double jeu (principes nodaux - hypothèses périphériques ; hypothèses - faits d'observation) a un avantage très considérable. Il permet, dès qu'on rencontre des objections ou des difficultés sérieuses, de revoir différents éléments du système et de tenter de le perfectionner, sans être obligé de l'abandonner du premier coup et de renoncer, par conséquent, à des intuitions qui pourraient s'avérer parfaitement fécondes[1].

Pour nous, cette façon de concevoir l'appréciation critique d'une œuvre scientifique en est une parmi bien d'autres. Elle n'invalide point la nécessité d'apprécier sa valeur empirique (la justesse des faits rapportés) et sa valeur théorique (la largeur de son angle de vision). Elle se borne à apprécier sa valeur heuristique, son aptitude à se transformer dans un programme de recherche où la relation entre base empirique et construction théorique est en processus d'approfondissement et de développement.

Cette forme d'évaluation heuristique, concernée par le développement du « noyau dur » et de la « ceinture de protection » d'une grande œuvre, malgré son intérêt certain, présente des difficultés redoutables. Elle suppose en effet un double travail, immense : la révision fondamentale de toute cette œuvre et son actualisation à la recherche de nouvelles découvertes. C'est sans doute à cause de l'immensité de la tâche que le développement de cette forme d'évaluation semble relativement peu suivi par les spécialistes. Voici dans ses grandes lignes les réactions à l'œuvre de Durkheim.

L'état de la question

Nous savons que l'évaluation heuristique de l'œuvre durkheimienne, bien qu'ignorée par la plupart de ses commentateurs et de ses critiques, a suscité cependant des développements de grand intérêt. Dans le but de mieux situer le terrain de notre propre appréciation heuristique, voici un premier tableau de la situation avec quelques tendances qui nous semblent particulièrement caractéristiques.

---

1. Le lecteur intéressé n'aura pas de difficulté à approfondir la question. Boutin (1979 : 385-388) propose d'abondantes et d'instructives indications bibliographiques. Voir en complément la critique de la « persuasion positiviste » et de la « réduction de la théorie au fait » développée par Alexander (1982 *a* : 5-15).

Les commentaires occasionnels. — Nous avons eu l'occasion de citer un certain nombre d'entre eux. On y trouve toutes sortes de réactions et de nuances. Spiro estime que l'intérêt heuristique de l'œuvre de Durkheim est pratiquement nul (*supra* : 69). Il en va généralement de même pour Eliade, qui refuse le « sociologisme » durkheimien dans son ensemble[2]. Berger occupe une position plus ambiguë (*supra* : 79 et s.) qui tantôt nie tantôt affirme, en principe, la valeur heuristique de l'œuvre du Sociologue.

Bastide (1978 *a*) et Duvignaud (1965) prennent par contre une position généralement positive, avec des nuances. Plusieurs autres travaux (Hawkins, 1979) pourraient être cités dans ce sens.

Parsons (1973) occupe une position particulièrement explicite ; il a plaidé la valeur heuristique de la théorie durkheimienne de la religion, avec une profondeur de champ réellement exceptionnelle (*supra* : 143 et s.).

Malheureusement, devons-nous ajouter, ces plaidoyers et ces perspectives, restés plutôt au stade de la déclaration d'intentions, n'ont pas connu des développements véritablement approfondis.

Les monographies. — Parmi les travaux qui ont commenté l'œuvre de Durkheim de façon approfondie, il faut noter également la présence de tendances diverses.

SPIRO, STANNER, VAN GENNEP, EVANS-PRITCHARD. — De façon générale, les ethnologues qui ont étudié sur le terrain la culture des aborigènes australiens (*supra* : 252 et s.), retranchés derrière une méthodologie de type néo-positiviste, accordent à l'auteur des *Formes* un vague intérêt heuristique au niveau général et pratiquement aucun intérêt au niveau de la recherche concrète. La position de Lévi-Strauss (1980 : 142) semble plus nuancée à ce double propos.

S. LUKES, W. S. F. PICKERING. — Il faudrait mentionner ensuite la conception critique de Lukes (1972), l'auteur de la

---

[2]. A noter cependant que c'est justement lui qui a souligné l'intérêt heuristique des institutions durkheimiennes pour déceler le caractère « hiérophanique de la classe, de l'Etat... dans le monde moderne » (Eliade, 1972 : 33, n. 1). Cette remarque constitue pour nous une nuance extrêmement significative.

biographie intellectuelle de Durkheim la plus détaillée et la plus complète qu'on possède à ce jour, ainsi que celle de Pickering (1984), « une somme de tout ce que l'on peut savoir — ou presque — de la sociologie de la religion chez Durkheim » (Isambert, 1985 : 299).

Lukes ne semble pas s'intéresser à la valeur heuristique de l'œuvre durkheimienne. Son travail d'historien ne le porte pas à construire une argumentation serrée qui confirme ou qui invalide tel ou tel aspect théorique concret (*supra* : 147, n. 15 ; 154, n. 19 ; 239). Lukes ne cite pas non plus les éléments centraux de cette argumentation chez les critiques auxquels il fait appel. Il s'en tient plutôt à « rapporter [*survey*] » « les erreurs [*shortcomings*] » dont Durkheim est inculpé. Sur cette lancée, sans d'autres précautions, il affirme que ces critiques sont « généralement valables [*often probing*] » et termine enfin par une inévitable formule louangeuse. Après l'œuvre de démolition, il semble se sentir obligé de vanter « les mérites [*considerable value*] » d'une œuvre qui malgré tout est cependant « capable de survivre [*survives*] à tant de critiques valables [*many valid criticisms*] » (Lukes, 1972 : 477).

Cette conception de l'évaluation critique peut être considérée comme un modèle typique qui a fait école. Tout récemment, l'important ouvrage de W. S. F. Pickering (1984) a suivi pour une bonne part cette conception, en regrettant sans cesse l'absence de « preuves [*proofs*] » dans l'argumentation durkheimienne (Prades, 1985 *b*).

Pour notre part, cette façon de juger les mérites, de façon vague et les erreurs, de façon concluante et définitive, nous paraît suspecte et injustifiée. Elle nous paraît en plus profondément inutile. Quel intérêt y aurait-il de savoir qu'il s'agit d'une œuvre « considérable », si on n'examine pas ses fondements et si, en plus, elle est infirmée dans la plupart de ses détails ? Elle nous paraît, enfin et surtout, stérile et paralysante. L'affirmation générale des mérites ne stimule pas à faire un effort pour les actualiser et à les mettre à profit. La constatation finale de ses erreurs n'invite pas plus à essayer de les corriger, comme l'exige normalement l'œuvre de progrès de la connaissance.

MARCEL MAUSS. — Il convient de rappeler le type de suite critique qu'a donnée à l'œuvre du Maître celui qu'on peut considérer sans aucun doute comme le plus grand[3] de ses collaborateurs et de ses disciples et, en plus, comme un des auteurs les plus influents « dans le domaine des sciences sociales et humaines » (Lévi-Strauss, 1950 : ix).

Mauss, d'une manière parfaitement consciente, lucide et rigoureuse, est un durkheimien convaincu (Karady, 1968 : v). On peut dire sans crainte qu'il a développé plus que tout autre[4] la valeur heuristique de la pensée durkheimienne. L'accord des critiques à ce sujet semble unanime.

Sa forte personnalité l'a amené cependant à poursuivre et à compléter l'œuvre de Durkheim dans le style et dans la problématique qui lui sont propres. Mauss n'a pas, comme « son oncle [...] le goût ou la puissance des grandes synthèses » (Cazeneuve, 1968 a : 13) et n'est surtout pas concerné, comme lui, par la problématique de la persistance et de la métamorphose du sacré au sein de la modernité.

Nous tenions à soulever cette double différence pour montrer que, malgré son indéniable intérêt, l'approche heuristique de Mauss n'a apporté pratiquement aucune contribution directe au développement de la problématique durkheimienne qui constitue le centre de nos intérêts.

J.-C. FILLOUX, B. LACROIX. — Filloux (1977) est un important ouvrage spécialisé ouvert à une perspective heuristique. Sa « tentative originale pour rendre compte de la quasi-totalité de l'œuvre de Durkheim [...] révèle la présence [...] d'une conception de l'Etat qui n'est pas sans rapport avec celles développées aujourd'hui » (Birnbaum, 1979 : 301-302).

On peut dire de même de l'important ouvrage de Lacroix (1981) qui se termine, *expressis verbis*, par un témoignage on ne peut plus heuristique. « [...] fallait le dire : E. Durkheim n'est pas ce personnage vieillot, voûté et affadi que l'on croit ; bien au contraire ; il nous ouvre la voie » (p. 312).

---

3. Il faudrait associer constamment le nom de Hubert à celui de Mauss, tant la collaboration de ces hommes a été intense et suivie, surtout pendant toute la période de grande créativité correspondant à la première série de *L'Année sociologique*. Par des raisons sans doute d'ordre pratique, les commentateurs ont pris cependant l'habitude de citer généralement le nom de Mauss seul (Karady, 1968 ; Gurvitch, 1950). Sur cette lancée, le nom de Hubert est seulement ajouté, à l'occasion, en note.

4. Honigsheim (1960) propose un inventaire complet de l'œuvre socio-religiologique des disciples et des collaborateurs immédiats de Durkheim. Parmi les plus connus et les plus célèbres, il faut citer Marcel Granet à côté d'Hubert et de Mauss.

Conclusion

Ces travaux de Filloux et de Lacroix méritaient une mention spéciale, pour le double fait de signaler et de développer l'intérêt heuristique de l'œuvre durkheimienne, bien qu'ils ne concernent pas directement le terrain spécifique de recherche que nous nous sommes donné.

R. Caillois, J. Cazeneuve. — Caillois (1950) et Cazeneuve (1957, 1971) doivent être cités parmi les plus importantes monographies qui développent la valeur heuristique de la théorie durkheimienne de la religion.

Le premier de ces auteurs s'inspire d'une manière tout explicite des travaux de Mauss : « Nul plus que M. Marcel Mauss n'était désigné pour écrire un livre sur le sacré. Chacun est persuadé qu'alors ce livre aurait été pour longtemps *le* livre sur le sacré. On ne peut sans péril et sans gêne se substituer à lui dans cette tâche » (Caillois, 1950 : 13). Le deuxième suit plus directement le Maître. « Comme l'étude de Durkheim reste une des tentatives les plus importantes pour expliquer les rites religieux, nous prenons comme référence principale le système totémique australien qui lui a suggéré sa théorie » (Cazeneuve, 1971 : 26).

Ces travaux monographiques ont pour nous un intérêt exceptionnel, dans la mesure où ils prennent au sérieux, de façon nuancée et critique (Cazeneuve, 1971 : 222) la valeur heuristique de la théorie durkheimienne de la religion. Ils présentent cependant des limites considérables pour le propos qui nous anime. Fondamentalement concernés par une problématique d'ordre théorique, ils ne développent pratiquement pas de recherches empiriques poussées. Principalement orientés vers la problématique propre aux civilisations primitives[5], ils ne développent pratiquement pas le thème de la persistance et de la métamorphose du sacré dans la modernité.

R. N. Bellah et G. Swanson. — L'œuvre de G. Swanson constitue sans aucun doute la tentative la plus soutenue et la plus complète pour transformer les intuitions de Durkheim dans des hypothèses concrètes susceptibles de vérification empirique et pour tester ainsi la valeur heuristique de l'œuvre durkheimienne.

---

5. On trouve chez Caillois (1950), à propos du « jeu » (p. 208 et s.) et de la « guerre » (p. 228 et s.), deux études peut-être un peu rapides mais fort suggestives portant sur la problématique du sacré dans la société moderne.

Simpson (1983) et Wuthnow (1983), entre autres, ont présenté et commenté les principaux travaux de Swanson dans cette perspective. Il faut mentionner, parmi les plus importants, ses études sur les religions primitives (Swanson, 1960, 1973, 1976) ; sur le rapport entre les convictions religieuses et le pouvoir politique pendant la Réforme (Swanson, 1967, 1971 a) ; sur diverses manifestations de l'esprit religieux dans « la société post-industrielle » (Swanson, 1968, 1980).

Bellah que, par déférence, nous citons en dernier, a apporté une contribution d'une largeur et d'une profondeur exceptionnelles, au niveau du commentaire occasionnel (Bellah, 1959, 1973 a) et au niveau des études monographiques. Ses développements à propos de la « religion civile et ses travaux récents sur l'individualisme » (*infra* : 293-294), même s'ils ne constituent pas un développement direct de la socio-religiologie durkheimienne, doivent être mentionnés parmi ceux qui, de la manière la plus sûre et la plus fondamentale, ont contribué à faire apprécier la valeur heuristique de l'œuvre de Durkheim.

Nos propres perspectives

Nous terminons ce travail en insistant, par voie d'exemple, sur la valeur heuristique d'un élément précis de l'œuvre durkheimienne, son « principe totémique ». Voici comment cette hypothèse peut avoir un intérêt majeur pour repenser la modernité.

Le concept de « principe totémique », tel que développé dans la perspective durkheimienne, constitue un modèle opérationnel concerné directement par un problème de très grande portée : poser et résoudre la question du principe unificateur qui organise le sacré et l'oppose au profane dans n'importe quel milieu, dans n'importe quelle culture.

Nous savons que dans la culture occidentale traditionnelle, ce principe revient au concept de Dieu. C'est Dieu qui sépare le sacré du profane.

Or, cette idée de relier le concept de Dieu et le concept de sacré pose une difficulté immense. En effet, Dieu existe seulement pour une catégorie précise de personnes, les croyants, et dans un contexte culturel précis, disons l'aire culturelle monothéiste judéo-chrétienne. Qu'arrive-t-il donc à tous les autres ? Ceux qui ignorent le concept judéo-chrétien de Dieu, ceux qui l'excluent du cercle des réalités ? Faut-il que l'exclusion de ce Dieu signifie également l'exclusion de toute forme de sacré et de toute forme d'expérience du sacré ?

La question ne demande pas une réponse de principe. Elle exige une réponse basée sur des données de fait. Il faut voir comment les différents groupes humains vivent réellement la distinction entre les choses sacrées et les choses profanes et constater ainsi la présence et/ou l'absence d'un principe unificateur du sacré, identifié ou non, équivalent ou non à la figure de Dieu.

L'hypothèse durkheimienne présente donc un intérêt éminemment heuristique. Elle invite à explorer l'idée de sacré et l'idée de son principe unificateur comme une expérience humaine de base, comme une expérience transhistorique, qui est antérieure, contemporaine et postérieure au développement de l'idée de Dieu. Elle invite à examiner la métamorphose et la persistance des choses sacrées dans toutes les cultures, polythéistes, monistes, panthéistes, matérialistes et autres, en Orient et en Occident, chez les peuples archaïques, dans les civilisations traditionnelles et *last but not least* au sein de la modernité.

Dans cette perspective, nous sommes tout particulièrement invités à voir de façon comparative et approfondie comment fonctionne le schéma heuristique proposé par Durkheim dans le monde réel d'aujourd'hui. Voir aussi exactement que possible qu'est-ce qui est vécu comme sacré et comme profane dans ce monde investi par les relents des religions traditionnelles et par les impulsions des idéologies de la modernité. Voir dans quel sens et dans quelle mesure le sacré est fondé et orienté par un principe unificateur. Voir en quoi consiste exactement ce principe unificateur.

Au stade actuel de nos réflexions, nous découvrons ici une piste de recherche décisive pour l'étude de l'homme de la modernité. A-t-il un dieu ? Lequel ? Des dieux ? Lesquels ?

On aimerait revenir ici sur un ouvrage récent (Bellah *et al.*, 1985) résolument consacré à l'étude de l'origine et de l'évolution du système de valeurs quasireligieuses de la société moderne, poursuivant la grande tradition sociologique initiée par Tocqueville, Weber et Durkheim.

A partir de l'analyse de « l'individualisme et son dépassement » dans la société américaine, laboratoire indéniable de la modernité, cet ouvrage touche à des questions qui nous concernent profondément.

L'individualisme ne constitue-t-il pas une part essentielle de l'héritage culturel américain ? Ses plus grandes traditions ont insisté chacune à sa manière sur l'importance décisive des valeurs individualistes : le protestantisme biblique, le républicanisme démocratique, l'instrumentalisme pragmatique, l'expressivisme narcissique du rêve américain.

L'individualisme, le sens de la liberté, de l'autonomie, de la démocratie sans limites, ne constituent-ils pas une sorte de principe unificateur du système de valeurs qui intègre la personnalité des Américains, tout comme la culture et la civilisation américaines ?

Cet individualisme, ce pivot central, peut-il suffire pour assurer la survie de la société ? L'Amérique est-elle capable d'accéder à un langage cohérent qui intègre et qui dépasse l'individualisme instrumental (le langage coût-bénéfices) et l'individualisme expressif (je fais ceci parce que ça me plaît) ? Ne manifeste-t-elle pas par contre et de façon aussi profonde et générale la volonté d'affirmer la solidarité entre la quête de soi et le souci de la vie collective, même si cela se manifeste de façon pauvre, honteuse et malhabile ?

L'engagement dans la sphère privée et dans la sphère publique n'est-il pas un prérequis inéluctable pour le développement et la survie des individus ainsi que du système des valeurs américaines ? Comme l'avait déjà remarqué Tocqueville (1835) avec éclat, ne faut-il pas réaliser que le génie de cette civilisation tient dans l'équilibre entre la réalisation personnelle et celui de l'ensemble de la nation ?

Voilà où nous arrivons. A tâcher de saisir et d'expliquer le principe unificateur des structures fondamentales du comportement de l'homme d'hier et d'aujourd'hui, dans une perspective scientifique, sur une base d'analyse transhistorique et non pas sur une base régionale ou confessionnelle.

Le concept de principe totémique, dans la problématique d'ensemble de l'œuvre socio-religiologique durkheimienne, a donc une portée heuristique exceptionnelle. Il permet de poser les questions théoriques et pratiques les plus englobantes et les plus centrales. Nous ne faisons qu'évoquer ici ces questions. Il faudra y revenir en détail.

« La thèse centrale du livre : le social est la réalité fondamentale qui est à la base de la religion, doit être considérée comme non prouvée » (Goldenweiser, 1915 : 735). Nous le voulons bien. Mais a-t-on prouvé pour autant que cette même thèse ne contient rien de valable et qu'elle doit par conséquent être entièrement oubliée ?

Une conclusion très brève pourrait s'imposer ici. Nous oserions dire en guise de boutade que la grande erreur de Durkheim, c'est de ne pas avoir continué son œuvre. Les *Formes*, sa découverte du « principe totémique » et de l'explication « sociétiste » des origines du sacré et de la religion n'ont pas suffi à démontrer la portée fondamentale de son propos. Il aurait dû écrire plusieurs volumes sur « les formes non chrétiennes », sur « les formes postchrétiennes » et, en fin de compte, sur « les formes modernes de la vie religieuse », pour réussir à faire prendre au sérieux son intuition centrale de la métamorphose et de la persistance du sacré et pour réussir à introduire cette problématique au cœur de l'étude de la modernité et au cœur de la science de l'homme.

L'œuvre socio-religiologique de Durkheim constitue donc avant tout et surtout une œuvre éminemment heuristique qui nous invite à poursuivre un travail immense et, espérons-le, gratifiant et rémunérateur.

APPENDICE

ÉMILE DAVID DURKHEIM
LES RACINES RELIGIEUSES

Les études monographiques portant sur l'œuvre d'un auteur classique comprennent généralement une analyse biographique. Nous n'avons pas retracé ici les grandes lignes de la vie et de l'œuvre de Durkheim. D'autres l'ont fait avec compétence (Lukes, 1972). Concentrons par contre notre attention sur un aspect particulier : la position personnelle de Durkheim à propos de ce secteur de la réalité qu'il a appelé « les formes de la vie religieuse ».

Quelles ont été les convictions fondamentales d'Emile Durkheim ? On connaît ses origines juives. Ont-elles influencé sa pensée concernant les rapports entre l'homme et le sacré ? Dans quel sens ? Dans quelle mesure ? On sait également le poids de ses convictions laïques et humanistes. Ont-elles exercé une influence sur son œuvre intellectuelle ? Comment ?

LA SOUCHE JUIVE

> « *Sa vie durant* [...] *Durkheim restera soumis à la tyrannie d'un Œdipe mal résolu parce qu'insoluble. Il lui faut être ce qu'il ne peut être : ce rabbin qu'il a refusé de devenir, que pourtant il est devenu, mais qu'il ne cesse de se reprocher de ne pas être.* »
>
> B. Lacroix, *Durkheim et le politique.*

La souche juive constitue-t-elle un élément déterminant de la personnalité de Durkheim ? A-t-elle joué un rôle important dans la formation de sa sensibilité et de sa pensée ?

▶ LE MILIEU SOCIAL ET CULTUREL

Le milieu familial

Emile David Durkheim est né en 1858 à Epinal, dans les Vosges, en Lorraine. Il est le dernier né d'une famille d'origine alsacienne juive, implantée dans l'est de la France depuis le Moyen Age.

Le père, Moïse Durkheim, né en 1805, est Rabbin d'Epinal, des Vosges et de la Haute-Marne. La mère, Mélanie Isidor (née en 1820) provient d'une famille de marchands de bestiaux de Charmes dans les Vosges. Fidèle sans doute à la vocation commerciale de sa famille, elle dirige un atelier de broderie à son domicile où travailleront notamment ses deux filles, Rosine (née en 1848) et Céline (née en 1851). Le frère aîné, Félix (né en 1850), quittera de bonne heure la maison familiale.

Deux caractéristiques particulières de son milieu familial semblent avoir laissé une trace durable sur la personnalité et sur la mentalité du jeune Durkheim. Il s'agit d'abord d'un « foyer où régnait l'austérité plus que l'opulence, où l'observance de la loi était précepte et exemple, rien ne venant divertir du devoir » (Davy, 1960 *a* : 17). Il s'agit ensuite d'un environnement où, dans un contraste évident entre le père et le reste de la maisonnée, trône « l'écrasante présence de ce patriarche sur la scène familiale » (Lacroix, 1981, 134).

Le jeune Durkheim vit en quelque sorte écartelé. Il rencontre, d'une part, la noble figure hiératique de son vieux père, rabbin vénéré qui préside depuis trente ans aux destinées de la communauté juive de la région ; personnalité locale connue, appréciée et influente, symbole d'autorité, de tradition, de responsabilité et de pouvoir. Il voit, d'autre part, les femmes, soumises, dévotes et respectueuses, courbées sur l'ouvrage, acceptant humblement un rôle subalterne tout en apportant une contribution substantielle, en temps et en argent, à l'entretien du ménage.

La coupure

Lacroix (1981 : 121-187) a étudié l'évolution des convictions et des évidences fondamentales du jeune Durkheim. Principalement la fameuse « coupure » dont Durkheim lui-même a dit : « C'est seulement en 1895 que j'eus le sentiment net du *rôle capital* joué par la religion dans la vie sociale. C'est en cette année que, pour la première fois, je trouvais le moyen d'*aborder sociologiquement* l'étude de la religion. Ce fut pour moi une *révélation*. Ce cours de 1895 marque une *ligne de démarcation* dans le développement de ma pensée, si bien que toutes mes recherches antérieures durent être reprises à nouveaux frais pour être mises en harmonie avec ces vues nouvelles [...] » (1907 *b* : 606-607).

La lecture de l'ensemble des textes durkheimiens ne semble pas indiquer qu'il y a un changement du centre d'intérêt de Durkheim. Ce centre d'intérêt, comme nous espérons pouvoir le montrer, est toujours complexe, avant et après la « coupure » : il est fondamentalement social et politique tout autant que moral et religieux.

Le travail intellectuel

Ayant décidé de quitter l'école rabbinique, Durkheim poursuit ses études au Collège d'Epinal. Il s'y avère un élève particulièrement brillant. « Ses succès au Collège d'Epinal, ses deux baccalauréats facilement emportés malgré deux classes sautées, ses nominations au concours général l'orientent vers le professorat, qu'il choisit délibérément et qui correspond, en effet, chez lui à une vocation véritable qui s'affirme toujours davantage » (Davy, 1919 : 183).

L'écolier Durkheim acquiert un goût pour l'effort. Un type de spiritualité qu'on pourrait qualifier de « puritanisme scientiste ». Cette passion pour l'accomplissement de sa vocation (Weber, 1920 a, I : 84 et s.) a pour objet l'accumulation du savoir. Le salut étant la connaissance. Voilà une ligne de force qui a pris ses racines dans le milieu socioculturel du jeune Durkheim[1].

La crise de la société européenne

Durkheim est né en 1858, pendant le Second Empire, période de grand essor économique. C'est l'ère de la formation du capitalisme industriel en France, de l'affirmation du libéralisme économique, de l'organisation progressive de la classe ouvrière, de l'expansion coloniale, bref la naissance de la société moderne. Durkheim avait 12 ans en 1870, un moment d'intense mutation politique et sociale : la guerre franco-allemande, la défaite de la France, la révolution du 4 septembre et la proclamation de la IIIe République. Epinal fut occupée par l'armée prussienne et devint une ville frontière après l'armistice en 1871.

Cette société en crise constitue un véritable stimulant. « L'idée première de l'œuvre de Durkheim lui est [...] imposée, par le désarroi des esprits dont son temps lui offre le spectacle. La France n'est pas remise encore [...] du désastre de 1870 [...] Comment porter remède à la crise intellectuelle de la génération qui va arriver à l'âge adulte ? [...] C'est l'idée de réorganisation mentale, reprise d'Auguste Comte, mais à une échelle plus précisément positive et scientifique [...] qui règne au moment où se fixe le projet de Durkheim » (Davy, 1960 b : 13).

Cette idée de crise sera évoquée plus tard par Durkheim non sans un certain pathétisme. « [...] il n'y a pas dans l'histoire de crise aussi grave que celle où les sociétés européennes sont engagées depuis plus d'un siècle » (*Morale* : 86).

---

[1]. Cette attitude de Durkheim ne saurait pas être purement et simplement l'effet de sa souche juive. L'esprit du siècle y est également pour beaucoup. Karady (1983) décrit en détail, de façon très intéressante, les idées et les valeurs qui ont cours dans le milieu académique où ont vécu Durkheim et les durkheimiens.

Appendice

▶ L'EXPÉRIENCE DU JUDAÏSME

A sa naissance, l'enfant reçoit un double nom. Un nom ordinaire, séculier, Emile, destiné à identifier un petit Français parmi les milliers d'autres. Un nom juif, sacré, David, le nom du grand-père paternel, pour souligner la lignée et la fidélité à la tradition des ancêtres.

Cet enfant est éduqué originairement non seulement au sein d'une famille juive traditionnelle et pratiquante, mais à l'intérieur d'une famille de rabbins de père en fils depuis huit générations. Fils et petit-fils de rabbin (Filloux, 1976), Durkheim est ainsi destiné, au départ, à suivre la tradition familiale et il fréquente l'école rabbinique. A 13 ans, Emile David connaît l'hébreu et est familier du Pentateuque et du Talmud. Il est donc « imprégné de judaïsme » (Filloux, 1977 : 8).

Ecolier, jeune adolescent, Durkheim vit une première rupture : il ne sera pas rabbin comme ses ancêtres. Cette rupture n'est pas une liquidation du sacré mais une profonde transformation du sacré qui constitue à la limite une résurgence et, aussi étrange que cela puisse paraître, une authentique continuité. En effet, Durkheim ne suivra pas exactement la tradition de ses pères, mais il la réalisera autrement.

Mise à part une étude scolaire « sur les Juifs dans l'Empire romain » qu'il préparera pendant sa première année d'études à l'Ecole normale supérieure et qui montrera, par ailleurs, « la continuité de son intérêt pour le judaïsme » (Filloux, 1977 : 13), Durkheim n'évoquera explicitement des thèmes judaïques que de façon isolée et accidentelle.

1887. L'irréligion de l'avenir

Dans une de ses premières publications, un compte rendu d'un ouvrage récent, « un très beau livre » présentant la religion « comme un fait éminemment sociologique », Durkheim discute les idées de M. Guyau concernant la distinction entre morale et religion et affirme que le juif « qui, pour la première fois mange de la viande de porc, éprouve un remords qu'il est impossible de distinguer du remords moral » (1887 *b* : 308).

Sans y faire allusion explicitement, Durkheim évoque ici

une expérience « pénible » qu'il a faite lui-même. En effet, ses biographes racontent que Durkheim avait mangé du porc, à l'instigation de quelques-uns de ses amis et condisciples, afin de consommer en quelque sorte sa rupture définitive avec la religion juive (Lukes, 1972 : 44).

1897. *Le suicide*

Durkheim, en expliquant pourquoi les juifs ont un plus faible penchant pour le suicide (par opposition aux protestants, notamment, et aux catholiques), rappelle avec détachement l'expérience que, sans doute, il a lui-même vécue personnellement. « [...] la réprobation dont le christianisme les a pendant longtemps poursuivis, a créé entre les juifs des sentiments de solidarité d'une particulière énergie. [...] L'Eglise juive s'est ainsi trouvée être plus fortement concentrée qu'aucune autre, rejetée qu'elle était sur elle-même par l'intolérance dont elle était l'objet » (*Suicide* : 159).

Prenant un ton plus critique, Durkheim ajoute que ce taux de suicide chez les Juifs ne s'explique pas du fait que leur « moralité » soit « plus haute », mais tout simplement parce que « la société religieuse à laquelle ils appartiennent est solidement cimentée ». Et il termine avec des mots sévères qui ne cachent guère un certain ressentiment. « Le judaïsme, en effet, comme toutes les religions inférieures, consiste essentiellement en un corps de pratiques qui réglementent minutieusement tous les détails de l'existence et ne laissent que peu de place au jugement individuel » (*Suicide* : 160)[2].

1912. *Les formes élémentaires de la vie religieuse*

Dans son œuvre de maturité les *Formes*, Durkheim consacre des centaines de pages à développer une théorie générale de la religion (Lukes, 1972 : 458) où l'influence de la pensée juive est primordiale. Les allusions explicites au judaïsme y restent

---

2. Sur la notion de « religions inférieures », Durkheim s'exprime de la façon que voici. Certaines religions « peuvent être dites supérieures aux autres en ce sens qu'elles mettent en jeu des fonctions mentales plus élevées, qu'elles sont plus riches d'idées et de sentiments, qu'il y entre plus de concepts, moins de sensations et d'images, et que la systématisation en est plus savante » (*Formes* : 3).

cependant infimes. Citons-en seulement une qui a, à nos yeux, l'intérêt tout particulier de mentionner les trois « religions » qui ont frappé directement l'imagination et la sensibilité de Durkheim : celle des chrétiens, celle des juifs, celle — sécularisée — des citoyens nationalistes et républicains. « Quelle différence essentielle y a-t-il entre une assemblée de chrétiens célébrant les principales dates de la vie du Christ, ou de Juifs fêtant soit la sortie d'Egypte soit la promulgation du décalogue, et une réunion de citoyens commémorant l'institution d'une nouvelle charte morale ou quelque grand événement de la vie nationale ? » (*Formes* : 610).

▶ DES IDÉES DIRECTRICES

Durkheim a donc intégré une double culture : juive et française. Nous ne pouvons naturellement les dissocier. Mais il est sûr qu'il a acquis ce qu'on pourrait appeler en termes de sociologie de la connaissance (Goldmann, 1959 : 11-94 ; 1970 : 31-53) « une vision juive du monde », du moins celle qui correspondait au milieu juif bien particulier (Weill, 1911 : 469-483) où il est né et où il a fait ses premiers pas dans la vie.

La vision occidentale du monde, à cause de ses racines judéo-chrétiennes, est profondément dualiste. Mais le dualisme de Durkheim est particulier. Nous tenterons de le situer dans une typologie comprenant trois formes fondamentales de religion.

Le monothéisme yahvéique

Les religions monistes considèrent l'ensemble des choses comme réductible à une unité fondamentale à la fois immanente et transcendante. Les religions pluralistes adorent une multiplicité de forces, de principes ou de substances suprêmes. Les religions dualistes, elles, considèrent que l'ensemble des choses se divise en deux parties essentiellement irréductibles.

Nous entendons par monothéisme yahvéique la conception dualiste du monde, qui voit d'une part la multiplicité sans fin des choses et, d'autre part, un pôle transcendant, principe et fin de toutes choses. A nos yeux, l'intériorisation par le jeune

Durkheim du monothéisme yahvéique constitue un élément fondamental de la pensée durkheimienne.

Certes, nous n'entendons pas par là que Durkheim exprime de façon explicite une théorie particulièrement intéressante sur le monothéisme, le polythéisme, etc. Au contraire. Il mentionne ces termes, au passage, sans attirance ni répulsion. Il conteste la définition « populaire » qui « exprime la religion en fonction de l'idée de Dieu » ou des « divinités » (*Définition* : 7 ; *Formes* : 40). Il n'hésite pas à étudier « la genèse » de cette idée. A ce niveau explicite, il apparaît plus comme un savant agnostique que comme un adepte du monothéisme.

Le monothéisme yahvéique intervient à un niveau implicite et fondamental. Durkheim développe une sociologie qui se veut fondamentalement rationaliste. Elle repose sur une vision du monde dualiste qui présuppose que l'histoire, multiple et hétéroclite, possède un principe et une finalité, une source qui donne naissance à la connaissance et à la production d'idée, un port où sont appelés à confluer les normes qui régissent les croyances et l'action.

Cette vision du monde significative et engagée se trouverait-elle en rapport direct avec le discours rabbinique qui a frappé profondément l'imagination et la sensibilité du jeune Durkheim ? Il s'agit en tout cas d'une hypothèse qui nous semble plausible et prometteuse. Elle est à mettre en rapport en tout cas avec les différentes lectures du dualisme durkheimien (*supra* : 59). En voici une expression déterminante. « Il n'existe pas dans l'histoire de la pensée humaine un autre exemple de deux catégories de choses aussi profondément différenciées, aussi radicalement opposées l'une à l'autre [...] le sacré et le profane ont toujours et partout été conçus [...] comme deux mondes entre lesquels il n'y a rien de commun » (*Formes* : 53).

A nos yeux, ce dualisme radical peut être compris en bonne partie comme une conséquence, sans doute implicite[3], de la

---

3. Nous sommes en train de montrer ici que la vision fondamentalement dualiste du monde, ayant pour base le monothéisme yahvéique, est à la base de la pensée durkheimienne. Il est par ailleurs très intéressant de noter que le rapport peut être inversé, et considérer ce dualisme non pas comme la cause, mais comme une conséquence de la nature des choses. « Cette dualité du temporel et du spirituel n'est donc pas une invention sans raison et sans fondement dans la réalité ; elle exprime dans un langage symbolique la dualité de l'individuel et du social, de la psychologie proprement dite et de la sociologie » (*Formes* : 53).

croyance rabbinique dans la distinction radicale entre la figure de Yahvé et le reste du monde. Ainsi, ce dualisme est lui-même éclairé dans un sens précis : l'unité non seulement s'oppose à la diversité ; l'unité constitue le principe et la finalité de la diversité[4]. C'est dans ce sens que nous interprétons ce qu'on pourrait appeler un « réflexe monothéiste » chez Durkheim.

Toutes les circonstances ont amené Durkheim à vivre sa foi rabbinique de façon fondamentalement contradictoire. D'une part, il l'a accueillie avec une rare intensité ; d'autre part, il s'en est débarrassé très jeune, sous l'impulsion, si on ose dire, d'un autre système de croyances très puissant : l'humanisme rationaliste qui domine la culture auropéenne au XIXe siècle. Cette contradiction pourrait être à l'origine de l'idée durkheimienne de la pérennité des formes de la vie religieuse.

La complexité de l'expérience religieuse durkheimienne débouche existentiellement sur la transformation du « monothéisme yahvéique ». Au lieu d'évacuer la figure de Dieu, Durkheim la transforme et met à sa place la figure de l'humanité ; au lieu d'évacuer « la religion de la divinité », il professe « la religion de l'humanité » (*infra* : 307 et s.). Son « monothéisme » devient ainsi un « humanisme » (*infra* : 308 et s.). L'humanisme durkheimien est ainsi la conviction profonde, religieuse, qui porte à voir l'humanité comme une réalité sacrée. Cette réalité est une. On pourrait dire enfin que l'humanisme durkheimien transforme le monothéisme yahvéique en un monothéisme sécularisé (*supra* : 303 et s.).

Pour Durkheim, on le sait, cette sécularité n'est pas seulement un fait, mais une exigence méthodologique stricte et explicite : « [...] expliquer rationnellement les origines de la pensée religieuse », en laissant de côté « les théories qui, en totalité ou en partie, font intervenir des données supra-expérimentales » (*Formes* : 68).

Durkheim exprime cette vision du monde dans des nombreux passages tout au long de son œuvre. Par exemple, en 1897, dans *Le Suicide*, la répétition des mots « seul », « seule », relève de façon percutante l'idée de l'unicité de cette réalité suprême

---

4. Dans le *Pragmatisme*, à la fin de sa carrière, Durkheim développe tout particulièrement l'idée de l'unicité de la vérité (« norme pour la pensée »).

qui est au-dessus de l'humain. « Il faut qu'*une puissance régulatrice** joue pour les besoins moraux le même rôle que l'organisme joue pour les besoins physiques [...] *Seule**, la société, [...] est en état de jouer ce rôle modérateur ; car elle est le *seul** pouvoir moral supérieur à l'individu, et dont celui-ci accepte la supériorité. *Seule** aussi, elle peut apprécier quelle prime doit être offerte [...] au mieux de l'intérêt commun » (*Suicide* : 272-275).

En 1912, dans les *Formes*, Durkheim exprime la transposition « Yahvé-société » de façon parfaitement claire et explicite. « Un dieu, en effet, c'est d'abord un être que l'homme se représente [...] comme supérieur à soi-même et dont il croit dépendre. Qu'il s'agisse d'une personnalité consciente, comme Zeus ou Jahveh, ou bien des forces abstraites [...] le fidèle [...] se croit tenu à de certaines manières d'agir [...] Or la société, elle aussi, entretient en nous le sentiment d'une perpétuelle dépendance [...] elle réclame impérieusement notre concours [...] et elle nous astreint à toute sorte de gênes, de privations et de sacrifices [...] » (*Formes* : 295).

L'attachement au groupe et le respect de la loi

Nous avons considéré l'importance de la pensée dualiste dans l'œuvre durkheimienne. Cela ne signifie pas pour autant que là s'épuise l'essentiel de l'héritage juif du Sociologue. Nous voyons au moins deux éléments d'une grande portée, théorique et pratique, qui sont à considérer également.

Dans son *Cours sur l'éducation morale* où, comme on sait, il exprime sa pensée tout au long de sa carrière, Durkheim propose « l'attachement aux groupes sociaux » comme le deuxième des « trois éléments de la moralité ». Cet élément a une racine « supra-rationnelle » évidente.

A propos du rapport entre l'œuvre durkheimienne et son éducation de jeunesse comme serviteur de la Loi, ce qui vient à l'esprit d'abord est le fait que Durkheim a été constamment concerné par le problème de la morale, au début et tout au long de sa carrière. Son premier texte majeur (« La science positive de la morale en Allemagne »), le dernier écrit qu'il a laissé (« Introduction à la morale »), le cours qu'il a répété pendant de longues années (« L'éducation morale »), en sont une preuve évidente.

LA RELIGION DE L'HUMANITÉ

> « [...] s'il est vrai qu'une religion est, en un sens, indispensable, il est non moins certain que les religions se transforment, que celle d'hier ne saurait être celle de demain. L'important sera donc de nous dire ce que doit être la religion d'aujourd'hui. Or tout concourt précisément à faire croire que la seule possible est cette religion de l'humanité [...]. »
>
> E. Durkheim, *L'individualisme et les intellectuels*.

▶ LES SOURCES

Durkheim consacre une partie de son cours sur le Socialisme, qu'il professa à Bordeaux « de novembre 1895 à mai 1896 » (Mauss, 1978 : 17), aux thèses de Saint-Simon et à ses propres « conclusions critiques ».

Les thèses de Saint-Simon

La question centrale de la pensée saint-simonienne est le développement de ce qu'il appelle l'industrialisme. Celui-ci implique la thèse internationaliste. Parce que cette organisation est destinée à s'étendre à l'humanité entière. Mais comme cette organisation doit s'étendre à l'humanité entière, un « lien temporel » ne suffit pas, il doit exister une communion spirituelle qui ne peut être assurée que par une religion commune à l'espèce humaine.

Cette religion pour prétendre à l'universalité doit avoir deux éléments fondamentaux : *a)* La première place revient à l'humain, sa partie centrale sera donc réservée à la morale ; *b)* La place de Dieu change de sens. Il est constamment affirmé, mais il se confond, en fin de compte, avec les choses.

La critique de Durkheim

Durkheim est d'accord avec Saint-Simon sur la nécessité et la pérennité de la religion pour la survie et pour le développement de la société humaine. Toutefois il lui reproche de fonder la foi religieuse d'une façon un peu artificielle. La confusion entre le divin et le terrestre empêche de saisir le besoin d'une force morale capable de fournir la discipline que « ce Dieu d'un tel panthéisme » ne saurait fonder.

Durkheim pose le problème en ces termes : « Chercher par la science quels sont les freins moraux qui peuvent réglementer la vie économique, et, par cette réglementation, contenir les égoïsmes, et par conséquent permettre de satisfaire les besoins » (*Socialisme* : 253).

Même si Durkheim reste saint-simonien au niveau des convictions profondes, il se différencie de ce dernier par sa retenue scientifique. Alors que les saint-simoniens n'hésitent pas à parler de la nouvelle religion, des nouveaux prêtres, etc., Durkheim reste beaucoup plus réservé à ce niveau.

▶ L'HUMANISME DURKHEIMIEN

Durkheim n'utilise pas l'expression rousseauienne de « religion civile ». Il se sert cependant d'expressions qui semblent connexes. Ainsi, il parle par exemple de « culte de l'homme » et de « religion de l'humanité » (1898 c) ou encore de « religion publique » (*Physique* : 68), de « morale civique » et de « culte de la personne humaine » (*Physique* : 52-130). S'agit-il de la même chose ?

Les auteurs (Wallace, 1977 ; Schoffelleers, 1978) qui ont traité la question semblent le prendre pour acquis et se réfèrent sans hésitation à la conception durkheimienne de la religion civile. Pour notre part, nous préférons examiner ce problème de façon plus approfondie.

De quoi s'agit-il ici au juste ? Le problème est complexe et implique plusieurs séries de questions à la fois théoriques et empiriques. Quel est l'objet et la nature du concept de « religion civile » et de celui de « religion de l'humanité » ? S'agit-il de réalités identiques ? Coïncident-elles pleinement dans l'esprit de Durkheim ? Quelle est donc, au fond, sa position fondamentale ?

Strictement parlant, les expressions « religion civile » et « religion de l'humanité » ne sont pas parfaitement équivalentes.

L'expression « religion civile » renvoie essentiellement à l'idée générale de « religion laïque » ou de « religion séculière » dans un contexte particulièrement postchrétien. En opposant diamétralement deux pôles : « une religion civile » (censée être une religion du siècle) et « une religion transcendante » (censée être une religion de l'au-delà), l'expression « religion civile » prend un sens très général. Elle sert à qualifier toute forme religieuse qui a pour objet, par opposition aux formes religieuses traditionnelles, « les choses de ce monde ».

L'expression « religion de l'humanité » présente, par contre, un sens beaucoup plus précis. Elle ne vise pas n'importe quelle forme de religion séculière, mais une forme bien déterminée, celle qui prend l'être humain pour objet de la croyance et de la dévotion religieuses. Au lieu de signaler l'opposition entre « religion du siècle » et « religion de l'au-delà », elle marque l'opposition entre « religion de la divinité » et « religion de l'humanité ».

Gêné par la nécessité de répéter constamment la périphrase, pour nommer « la religion de l'humanité chez Durkheim », nous utiliserons le terme « humanisme » qui est l'expression durkheimienne et qui a le mérite de sa clarté.

L'objet

Durkheim ne fut pas un nationaliste, comme on le lui a parfois reproché. Toute sa vie, cependant, il fut marqué par un patriotisme fort, bien que non pas militant (Lukes, 1972 : 41) ni exclusif, puisqu'il est ouvert à des idéaux de caractère internationaliste (Lukes, 1972 : 118).

Nous devons nous concentrer par contre sur une question centrale : montrer que Durkheim professe un patriotisme ouvert à une perspective humaniste fondamentale. Dans ce contexte précis, deux textes durkheimiens semblent particulièrement explicites.

Dans son intervention à la séance organisée le 30 décembre 1907 par la *Société française de Philosophie*, Durkheim précise le sens des obligations sacrées de l'homme envers la Patrie et pose la question de « la patrie humaine ».

Pour Durkheim, la patrie est la forme de société organisée la plus haute qui existe. Le « nationalisme » et « l'antipatriotisme » ne sont pas « des positions *défendables** ».

Une question reste à résoudre : « quelle espèce de patrie il nous faut vouloir ». Parce qu'il y a celle qui est déjà constituée et envers laquelle nous avons « des obligations dont nous n'avons pas le droit de nous affranchir » ou celle « qui est en voie de formation [...] la patrie européenne ou la patrie humaine ».

Cette question en implique une autre, cette patrie encore inexistante, « Dans quelle mesure devons-nous essayer de la réaliser » ? Durkheim distingue alors cette patrie européenne ou humaine de l'internationalisme, parce que ce dernier, tel qu'il est généralement compris, tand à « ne tenir aucun compte des patries existantes ».

Ce court développement porte à une conclusion. « *Il faut** faire voir dans la patrie *in abstracto* le milieu normal, *indispensable** de la vie humaine... Ce serait à désespérer, si l'on était condamné à ne faire du patriotisme qu'en mettant la France au-dessus de tout ; *il faut** aimer la patrie *in abstracto*, sans faire dépendre ce sentiment d'un prix particulier attaché à la culture française » (1908 *a* (1) [*SSA* : 293, 294, 297, 300]).

Un texte peu connu de Durkheim publié dans le *Manuel général de l'instruction primaire, Journal hebdomadaire des instituteurs et des institutrices*, dans le cadre d'une enquête sur « L'Ecole de demain », exprime deux idées essentielles concernant sa conception de la religion civile : le but à atteindre et le moyen d'y parvenir.

Le but à atteindre. — Pour éviter de « retomber dans les errements du passé » Durkheim demande que « toutes les volontés soient orientées vers un *seul et même but** », ce but est *la grandeur morale de la France**. Cette formule a un caractère humaniste fondamental. « Dans ces quelques mots tout est impliqué, aussi bien *nos devoirs** envers notre patrie que *nos devoirs** envers l'humanité » (1916 *c* [*RFS*, 17/2 : 194]).

Le moyen d'y parvenir. — Pour que les hommes puissent accepter « spontanément, et en connaissance de cause » les règles sociales nécessaires au bon équilibre de la vie sociale, le moyen à prendre c'est qu'ils apprennent à respecter l'autorité dès l'enfance. « *Il faut**... que la discipline scolaire apparaisse aux enfants comme une chose *bonne et sainte** [...] *Il faudra** [...] lui apprendre la joie d'agir, de concert avec autrui, suivant *une loi impersonnelle, commune à tous** » (1916 *c* [*RFS*, 17/2 : 195]).

Un dernier texte illustre la perspective humaniste fondamentale de Durkheim. Le 2 juillet 1898, paraît dans la *Revue bleue*, « L'individualisme et les intellectuels » (1898 c). Durkheim répond à Brunetière, un écrivain catholique qui avait mis en cause les dreyfusards, ces « intellectuels » qui ne faisaient que couvrir « les prétentions de *l'individualisme* [...] la grande maladie du temps présent » (Brunetière, 1898 [*SSA* : 257]).

En faisant l'analyse de l'individualisme, Durkheim en distingue deux conceptions opposées, celui de « l'utilitarisme étroit et l'égoïsme utilitaire de Spencer et des économistes [...] », et celui « de Kant et de Rousseau, celui des spiritualistes ».

Le premier qui ne voit dans la société qu'un « vaste appareil de production et d'échange » est inadmissible parce « que toute vie commune est impossible s'il n'existe pas d'intérêts *supérieurs** aux intérêts individuels » (1898 c [*SSA* : 262-263]).

Le second « voit dans tout ce qui est mobile personnel la source même du mal » (1898 c [*SSA* : 263]). Nous devons « rechercher uniquement ce que réclame notre condition d'homme, telle qu'elle nous est commune avec tous nos semblables » (1898 c [*SSA* : 264]). Cet individualisme devient « une *religion** dont l'homme est, à la fois, le fidèle et le Dieu » (1898 c [*SSA* : 264-265]).

Selon Durkheim, cette religion de l'humanité est la seule possible pour la modernité parce que « La communion des esprits ne peut plus se faire sur des rites et des préjugés définis puisque rites et préjugés sont emportés par le cours des choses ; par suite, il ne reste plus rien que les hommes puissent aimer et honorer en commun, si ce n'est *l'homme lui-même**. [...] Et comme chacun de nous incarne quelque chose de *l'humanité**, chaque conscience individuelle a en elle quelque chose de divin, et se trouve ainsi marquée d'un caractère qui la rend *sacrée** et inviolable aux autres » (1898 c [*SSA* : 271-272]).

La nature

La religion de l'humanité est un véritable dualisme issu directement de la tradition judéochrétienne, où deux réalités hétérogènes se distinguent, d'une part une réalité sacrée symbolisée par la personne humaine, la société, l'humanité, d'autre part une réalité profane symbolisée par des individus, des groupes, des intérêts divergents. La spiritualité du Sociologue résulte donc en bonne partie d'une conjonction profonde entre sa souche juive et la grande tradition humaniste et laïque de la modernité française.

1906. — Dans la discussion de ses thèses sur la « Détermination du fait moral », Durkheim faisait remarquer l'analogie qui existe entre son raisonnement et celui de Kant. « Kant postule Dieu, parce que, sans cette hypothèse, la morale est inintelligible. Nous postulons *une société** spécifiquement distincte des individus, parce que, autrement, la morale est sans objet, le devoir sans point d'attache » (1906 *b* [*So. Phi.* : 70]).

Voilà deux fondements possibles : Dieu et la société. Lequel des deux peut être considéré comme valable ? La position existentielle de Durkheim s'avère ici d'une étonnante clarté. « Entre Dieu et la société il faut choisir. Je n'examinerai pas ici les raisons qui peuvent militer en faveur de l'une ou l'autre solution qui sont toutes deux cohérentes. J'ajoute qu'à mon point de vue, ce choix me laisse assez indifférent, car je ne vois dans la divinité que la société transfigurée et pensée symboliquement » (1906 *b* [*So. Phi.* : 71]).

1912. — La même idée est exprimée dans les *Formes*. « Au fond, concept de totalité, concept de société, concept de *divinité** ne sont vraisemblablement que des aspects différents d'une seule et même notion » (*Formes* : 630-631).

La construction intellectuelle durkheimienne serait donc bâtie sur la base d'une spiritualité d'origine juive ayant débouché sur une religion de l'humanité.

Il faudra corriger une opinion relativement bien répandue. Durkheim n'est point le sociologue qui regarde les « formes de la vie religieuse » de l'extérieur, comme une sorte d' « observateur externe » [*outsider*], comme un profane, comme un étranger sinon comme un intrus. Non. Tout comme Otto, comme Van der Leeuw, comme la plupart des spécialistes qui comptent dans la tradition occidentale de l'étude scientifique de la religion, Durkheim a vécu en profondeur son expérience religieuse et en a été marqué tout au long de sa vie et de son œuvre. La différence entre Durkheim et les autres spécialistes ne serait donc pas dans la présence ou l'absence d'une religiosité, mais dans le type de religiosité, qui, dans le cas de Durkheim, est une religiosité civile et humaniste, profondément dominée par un dualisme transcendant et sécularisé.

RÉFÉRENCES BIBLIOGRAPHIQUES

1
RÉFÉRENCES GÉNÉRALES

Abel, Th. (1948), The Operation Called Verstehen, *American Journal of Sociology*, 54, 212-218.
Adams, C. J. (1981), Classifications of Religions, *Encyclopaedia Britannica, Macropedia*, 15, 628-634.
Alexander, J. C. (1982 a), *Theoretical Logic in Sociology*. I : *Positivism, Presuppositions, and Current Controversies*, Berkeley, Univ. of California Press.
Alexander, J. C. (1982 b), *Theoretical Logic in Sociology*. II : *The Antinomies of Classical Thought : Marx and Durkheim*, Berkeley, Univ. of California Press.
Alexander, J. C. (1984), *Theoretical Logic in Sociology*. IV : *The Modern Reconstruction of Classical Thought : Talcott Parsons*, Berkeley, Univ. of California Press.
Allen, D. (1982), *Mircea Eliade et le phénomène religieux*, Paris, Payot.
Allier, R. (1935), *Magie et religion*, Paris, Berger-Levault.
Allport, G. W. (1937), *Personality : A Psychological Interpretation*, New York, Holt.
Allport, G. W. (1958), *The Nature of Prejudice*, Garden City, Doubleday.
Anonyme (1982), Assessment A, *Conseil de Recherches en Sciences humaines du Canada*, dossier 410-82-1008.
Aron, R. (1962), *Les grandes doctrines de sociologie historique*. II : *Emile Durkheim. Vilfredo Pareto. Max Weber*, Paris, Centre de Documentation universitaire.
Aron, R. (1964), *La philosophie critique de l'histoire. Essai sur une théorie allemande de l'histoire*, Paris, Vrin.
Aron, R. (1967), *Les étapes de la pensée sociologique*, Paris, Gallimard.
Arvon, H. (1957), *Ludwig Feuerbach ou la transformation du sacré*, Paris, PUF.
Aubert, R. (1958), *Le problème de l'acte de foi*, Louvain, Warny.

Badie, B. (1983), *Culture et politique*, Paris, Economica.
Baird, R. D. (1971), *Category Formation and the History of Religion*, The Hague, Mouton.
Balandier, G. (1985), *Le détour. Pouvoir et modernité*, Paris, Fayard.
Banton, M. (Ed.) (1966), *Anthropological Approaches to the Study of Religion*, London, Tavistock.
Barthes, R. (1957), *Mythologies*, Paris, Seuil.
Bastide, R. (1947), *Eléments de sociologie religieuse*, Paris, Max Leclerc.
Bastide, R. (1967), *Les amériques noires. Les civilisations africaines dans le nouveau monde*, Paris, Payot.
Bastide, R. (1975), *Le sacré sauvage et autres essais*, Paris, Payot.
Bastide, R. (1978 a), Anthropologie religieuse, *Encyclopaedia Universalis*, 2, 65-69.
Bastide, R. (1978 b), Magie, *Encyclopaedia Universalis*, 10, 295-298 et 301.
Baudrillard, J. (1976), *L'échange symbolique et la mort*, Paris, Gallimard.
Baudrillard, J. (1985), *La gauche divine, Chronique des années 1977-1984*, Paris, Grasset.
Baum, G. (1980), Définitions de la religion en sociologie, *Concilium*, 156, 43-54.
Beidelman, T. D. (1974), *Robertson Smith and the Sociological Study of Religion*, Chicago, Univ. of Chicago Press.
Bellah, R. N. (1959), Durkheim and History, *American Sociological Review*, 24/4, 447-661.
Bellah, R. N. (1964), Religious Evolution, *American Sociological Review*, 29/3, 358-374.
Bellah, R. N. (Ed.) (1965), *Religion and Progress in Modern Asia*, Glencoe, Free Press.
Bellah, R. N. (1966), Words for Paul Tillich, *Harvard Divinity Bulletin*, 30, 15-16.
Bellah, R. N. (1967), Civil Religion in America, *Daedalus*, 96/1, 1-21.
Bellah, R. N. (1970 a), *Beyond Belief. Essays on Religion in a Post-traditional World*, New York, Harper & Row.
Bellah, R. N. (1970 b), Christianity and Symbolic Realism, *Journal for the Scientific Study of Religion*, 9, 89-96.
Bellah, R. N. (1973 a), Introduction, *in* Emile Durkheim, *On Morality and Society*, IX-LV et 225-230.
Bellah, R. N. (1974 b), Comment on « The Limits of Symbolic Realism », *Journal for the Scientific Study of Religion*, 13/4, 487-495.
Bellah, R. N. (1978 a), Religious Studies as « New Religion », in Needleman et Baker, *Understanding the New Religions*, 106-112.
Bellah, R. N. et al. (1985), *Habits of the Heart. Individualism and Commitment in American Life*, Berkeley, Univ. of California Press.
Bendix, R. (1971), Two Sociological Traditions, *in* Bendix-Roth, *Scolarship and Partisanship*, 282-298.
Bendix, R. et Roth, G. (1971), *Scholarship and Partisanship : Essays on Max Weber*, Berkeley, Univ. of California Press.
Berger, P. L. (1961 a), *The Noise of Solemn Assemblies. Christian Commitment and the Religious Establishment in America*, Garden City, Doubleday.

Berger, P. L. (1963), *Invitation to Sociology : A Humanistic Perspective*, Garden City, Doubleday.
Berger, P. L. (1967), *The Sacred Canopy : Elements of a Sociological Theory of Religion*, Garden City, Doubleday.
Berger, P. L. (1969 a), *A Rumor of Angels. Modern Society and the Rediscovery of the Supernatural*, Garden City, Doubleday.
Berger, P. L. (1969 b), *The Social Reality of Religion*, London, Faber & Faber.
Berger, P. L. (1971), *La religion dans la conscience moderne*, Paris, Centurion.
Berger, P. L. (1974), Some Second Thoughts on Substantive versus Fonctional Definitions of Religion, *Journal for the Scientific Study of Religion*, 13, 125-133.
Berger, P. L. (1980), *Affrontés à la modernité : réflexions sur la société, la politique, la religion*, Paris, Centurion.
Berger, P. L. et Luckmann, Th. (1963), Sociology of Religion and Sociology of Knowledge, *Sociology and Social Research*, 47, 417-427.
Berger, P. L. et Luckmann, Th. (1966), *The Social Construction of Reality. A Treatise in the Sociology of Knowledge*, Garden City, Doubleday.
Bergeron, R. (1982), *Les fous de Dieu*, Montréal, Paulines.
Berkowitz, M. I. et Johnson, J. E. (1967 b), Definitions of Religion, *in* Berkowitz-Johnson, *Social Scientific Studies of Religion : A Bibliography*, 1-13.
Besnard, Ph. (1982 a), L'anomie dans la biographie intellectuelle de Durkheim, *Sociologie et sociétés*, 14/2, 45-53.
Besnard, Ph. (Ed.) (1983), *The Sociological Domain. The Durkheimians and the Founding of French Sociology*, Cambridge, Cambridge Univ. Press.
Bianchi, U. (1975), *The History of Religions*, Leiden, Brill.
Bird, F. et Reimer, B. (1976), A Sociological Analysis of New Religious and Para-Religious Movements in the Montreal Area, *in* Crysdale-Wheatcroft, *Religion in Canadian Society*, 307-320.
Birnbaum, P. (1971), Préface, *in* Durkheim, *Le socialisme*, 5-26.
Birnbaum, P. (1979), Filloux, Durkheim et le socialisme [...], *Revue française de Sociologie*, 20/1, 301-304.
Black, J. S. et Chrystal, G. (1912), *The Life of William Robertson Smith*, London, Black.
Blasi, A. (1980), Definitions of Religion and Phenomenological Approach. Towards a Problematic, *Les Cahiers du CRSR*, 3, 55-70.
Bleeker, C. J. (1959), The Phenomenological Method, *Numen*, VI/2, 96-111.
Boas, F. (1916), The Origins of Totemism, *American Anthropologist*, 18, 319-326.
Boudon, R. (1984), *La place du désordre, critique des théories du changement social*, Paris, PUF.
Bouillard, H. (1972), La tâche actuelle de la théologie fondamentale, *in* Bouillard et al., *Le point théologique*, 7-49.
Bourdieu, P. et al. (1968), *Le métier de sociologue*, Paris, Mouton.
Boutin, M. (1974), *Relationalität als Verstehensprinzip bei Rudolf Bultmann*, München, Kaiser.
Boutin, M. (1979), Réponses-Responses to John C. Robertson, 1, *Studies in Religion / Sciences religieuses*, 8/4, 379-388.

Bouveresse, J. (1984), *Rationalité et cynisme*, Paris, Minuit.
Bradbury, R. E. *et al.* (Eds.) (1972), *Essais d'anthropologie religieuse*, Paris, Gallimard.
Brown, R. F. (1981), Eliade on Archaic Religion : Some old and new Criticisms, *Studies in Religion / Sciences religieuses*, 10/4, 429-449.
Brunetière, F. (1898), Après le procès, *Revue des Deux Mondes*, 146, 428-446.

Caillois, R. (1950), *L'homme et le sacré*, Paris, Gallimard.
Capra, F. (1979), *Le Tao de la physique*, Paris, Tchou.
Castelli, E. (Ed.) (1974), *Prospettive sul sacro*, Roma, Istituto di Studi Filosofici.
Castoriadis, C. (1975), *L'institution imaginaire de la société*, Paris, Seuil.
Cazeneuve, J. (1957), *Les rites et la condition humaine*, Paris, PUF.
Cazeneuve, J. (1968 a), *Sociologie de Marcel Mauss*, Paris, PUF.
Cazeneuve, J. (1971), *Sociologie du rite. Tabou, magie, sacré*, Paris, PUF.
Cazeneuve, J. (1978), Marcel Mauss, 1872-1950, *Encyclopaedia Universalis*, 10, 638-639.
Cazeneuve, J. (1984), *Histoire des dieux, des sociétés et des hommes*, Paris, Hachette.
Chagnon, R. (1979), *Les charismatiques*, Montréal, Québec-Amérique.
Chagnon, R. (1985), *La scientologie : une nouvelle religion de la puissance*, Montréal, Hurtubise HMH.
Chalfant, H. P. *et al.* (1981), *Religion in Contemporary Society*, Sherman Oaks, Alfred.
Chesneaux, J. (1983), *De la modernité*, Paris, Maspero.
Cohn, W. (1962), Is Religion Universal ? Problems of Definition, *Journal for the Scientific Study of Religion*, 2/1, 25-33.
Corbin, H. (1983), *Face de dieux, face de l'homme, Herméneutique et soufisme*, Paris, Flammarion.
Corr, C. A. (1972), Peter Berger's Angels and Philosophy of Religion, *Journal of Religion*, 52/4, 426-437.
Cottier, G. M.-M. (1959), *L'athéisme du jeune Marx, ses origines hégéliennes*, Paris, Vrin.
Cox, H. (1977), *Turning East : The Promise and Peril of the New Orientalism*, New York, Simon.
Crysdale, S. et Wheatcroft, L. (Eds.) (1976), *Religion in Canadian Society*, Toronto, Macmillan.
Cutler, D. (Ed.) (1968), *The Religious Situation*, Boston, Beacon Press.

Davy, G. (1919), Emile Durkheim : l'homme, *Revue de Métaphysique et de Morale*, XXVI, 181-198.
Davy, G. (1960 a), Allocution pour la commémoration du centenaire de la naissance d'E. Durkheim, *Annales de l'Université de Paris*, 16-22.
Davy, G. (1960 b), E. Durkheim, *Revue française de Sociologie*, 1, 13-24.
Debray, R. (1981), *Critique de la raison politique*, Paris, Gallimard.
Deconchy, J.-P. (1969), La définition de la religion chez William James. Dans quelle mesure peut-on l'opérationnaliser ?, *Archives de Sociologie des Religions*, 27, 51-70.

De Coster, M. (1978), *L'analogie en sciences humaines*, Paris, PUF.
Delumeau, J. (1978), *Le christianisme va-t-il mourir ?*, Paris, Livre de poche.
Desroche, H. (1962), *Marxisme et religions*, Paris, PUF.
Desroche, H. (1965), *Socialismes et sociologie religieuse*, Paris, Cujas.
Desroche, H. (1969), Retour à Durkheim ? D'un texte peu connu à quelques thèses méconnues, *Archives de Sociologie des Religions*, 27, 79-88.
Desroche, H. et Séguy, J. (Eds.) (1970), *Introduction aux sciences humaines des religions*, Paris, Cujas.
De Vries, J. (1977), *Perspectives in the History of Religions*, Berkeley, Univ. of California Press.
Dilthey, W. (1942), *Introduction à l'étude des sciences humaines* [*Einleitung in die Geisteswissenschaften*], Paris, PUF.
Dilthey, W. (1946), *Théorie des conceptions du monde* [*Der Aufbau der geschichtlichen Welt in den Geisteswissenschaften*], Paris, PUF.
Dilthey, W. (1947), *Le monde de l'esprit* [*Die geistige Welt*], Paris, Aubier, 2 vol.
Dobbelaere, K. (1981 a), Secularization : A Multidimensional Concept, *Current Sociology*, 29/2, 1-216.
Dobbelaere, K. (1981 b), The Definition of Religion, *Current Sociology*, 29/2, 35-38.
Dobbelaere, K. et Lauwers, J. (1974), Definition of Religion. A Sociological Critique, *Social Compass*, 20, 535-551.
Douglas, M. (1978), *Purity and Danger*, London, Routledge.
Dudley, G. III (1977), *Religion on Trial. Mircea Eliade and his Critics*, Philadelphia, Temple Univ. Press.
Dumezil, G. (1968-1973), *Mythe et épopée*, Paris, Gallimard (3 vol.).
Dumezil, G. (1974), Préface, in Eliade, *Traité d'histoire des religions*, 5-9.
Dumezil, G. (1983), *L'idéologie tripartite des Indo-européens*, Bruxelles, Latonus.
Dumont, F. (1981), *L'anthropologie en l'absence de l'homme*, Paris, PUF.
Dumont, L. (1983), *Essais sur l'individualisme. Une perspective anthropologique*, Paris, Seuil.
Dupré, W. (1975), *Religion in Primitive Cultures. A Study in Ethnophilosophy*, The Hague, Mouton.
Durand, G. (1960), *Les structures anthropologiques de l'imaginaire*, Paris, PUF.
Durand, G. (1985), La culture ou le revolver, *Sociétés*, 2/1, 38-39.
Duvignaud, J. (1965), *Durkheim. Sa vie, son œuvre, avec un exposé de sa philosophie*, Paris, PUF.
Duvignaud, J. (Ed.) (1969), *Emile Durkheim. Journal Sociologique*, Paris, PUF.

Eisenstadt, S. N. (1978), *Revolution and the Transformation of Societies*, New York, Free Press.
Eister, E. W. (Ed.) (1974), *Changing Perspectives in the Scientific Study of Religion*, New York, Wiley.
Eliade, M. (1952), *Images et symboles. Essais sur le symbolisme religieux*, Paris, Gallimard.

Eliade, M. (1954), Expérience sensorielle et expérience mystique chez les primitifs. Nos sens et Dieu, *Les Etudes carmélitaines*, 13, 70-99.
Eliade, M. (1965), *Le sacré et le profane*, Paris, Gallimard.
Eliade, M. (1968), *Le chamanisme et les techniques archaïques de l'extase*, Paris, Payot.
Eliade, M. (1971), *La nostalgie des origines, méthodologie et histoire des religions*, Paris, Gallimard.
Eliade, M. (1972), *Religions australiennes*, Paris, Payot.
Eliade, M. (1974), *Traité d'histoire des religions*, Paris, Payot.
Elkin, A. P. (1933-1934), Studies in Australian Totemism, *Oceania*, VI/1-2, 113-131.
Elkin, A. P. (1937), W. Lloyd Warner. A Black Civilisation, *Oceania*, VIII/1, 119-120.
Evans-Pritchard, E. E. (1960), Introduction, *in* Hertz, *Death and the Right Hand*, 9-24.
Evans-Pritchard, E. E. (1965), *Theories of Primitive Religion*, Oxford, Clarendon.
Evans-Pritchard, E. E. (1971), *La religion des primitifs à travers les théories des anthropologues*, Paris, Payot.
Evans-Pritchard, E. E. (1974), *Les anthropologues face à l'histoire et à la religion*, Paris, PUF.
Evans-Pritchard, E. E. (1981), Durkheim (1858-1917), *Journal of the Anthropological Society of Oxford*, 12/3, 150-164.

Fauconnet, P. (1922), Introduction. L'œuvre pédagogique de Durkheim, *in* Durkheim, *Education et sociologie*, 1-30.
Fauconnet, P. (1925), Avertissement, *in* Durkheim, *L'éducation morale*, V-VI.
Fenton, S. *et al.* (1984), *Durkheim and Modern Sociology*, Cambridge, Cambridge Univ. Press.
Filloux, J.-C. (1970), Introduction et présentation, *Durkheim, La Science sociale et l'action*, 5-75, 161-170, 255-260, 301-304.
Filloux, J.-C. (1976), Il ne faut pas oublier que je suis fils de rabbin, *Revue française de Sociologie*, 17/2, 259-266.
Filloux, J.-C. (1977), *Durkheim et le socialisme*, Genève, Droz.
Finkielkraut, A. (1984), *La sagesse de l'amour*, Paris, Gallimard.
Flugel, J.-C. (1948), *The Psycho-Analytic Study of the Family*, London, Hogarth.
Foulquié, P. (1962), *Dictionnaire de la langue philosophique*, Paris, PUF.
Frazer, J. G. (1887), *Totemism*, Edinburgh, Black.
Frazer, J. G. (1888), Totemism, *Encyclopaedia Britannica*, 9e éd., 23, 467-476.
Frazer, J. G. (1890), *The Golden Bough*, London, Macmillan, 2 vol.
Frazer, J. G. (1899), The Origin of Totemism, *The Fortnightly Review*, LXV, 645-665, 835-852.
Frazer, J. G. (1910), *Totemism and Exogamy. A Treatise on Certain Early Forms of Superstition and Society*, London, McMillan (4 vol.).
Frazer, J. G. (1911-1915), *The Golden Bough : A Study in Magic and Religion*, London, McMillan (12 vol.).

Frazer, J. G. (1937), *Totemica : A Supplement to Totemism and Exogamy*, London, Macmillan.
Freedman (1967), *Social Organisation : Essays to Raymond Firth*, London, Cass.
Freud, S. (1912), *Totem und Tabu*, Wien, Deuticke.
Freud, S. (1927), *Die Zukunft einer Illusion*, Leipzig, IPV.
Freud, S. (1971), *L'avenir d'une illusion*, Paris, PUF.
Freund, J. (1966), *Sociologie de Max Weber*, Paris, PUF.
Fürstenberg, F. (1961), Religionssoziologie, *Die Religion in Geschichte und Gegenwart*, V, 1027-1032.
Fustel de Coulanges, N. D. (1864), *La cité antique*, Paris, Durand.

Gablentz, O. H. von der (1953), Die Krisis der säkularen Religionen, *in* Wendland, *Kosmos und Ekklesia*.
Gauchet, M. (1985), *Le désenchantement du monde. Une histoire politique de la religion*, Paris, Gallimard.
Geertz, C. (1965), Religion as Cultural System, *in* Banton, *Anthropological Approaches to the Study of Religion*, 1-46.
Ginsberg, M. (1956 a), *On the diversity of Morals*, London, Heineman.
Ginsberg, M. (1956 b), Durkheim's Theory of Religion, *in* Ginsberg, *On the Diversity of Morals*, 230-242.
Girard, R. (1972), *La violence et le sacré*, Paris, Grasset.
Girard, R. et al. (1981), Séminaire de recherche [...], *Studies in Religion/Sciences religieuses*, 10/1, 67-107.
Glock, Ch. Y. et Bellah, R. N. (Eds.) (1976), *The New Religious Consciousness*, Berkeley, Univ. of California Press.
Glock, Ch. Y. et Hammond, Ph. E. (Eds.) (1973), *Beyond the Classics ? Essays in the Scientific Study of Religion*, New York, Harper & Row.
Goldenweiser, A. A. (1910), Totemism : An Analytic Study, *Journal of American Folklore*, 23, 179-293.
Goldenweiser, A. A. (1915), Emile Durkheim, Les formes élémentaires de la vie religieuse. Le système totémique en Australie. 1912, *American Anthropologist*, 17, 719-735.
Goldenweiser, A. A. (1916), The Views of Andrew Lang and J. G. Frazer and Emile Durkheim on Totemism, *Anthropos*, 10-11, 948-970.
Goldenweiser, A. A. (1934), Totemism, *Encyclopaedia of the Social Sciences*, 14, 657-661.
Goldmann, L. (1959), *Le Dieu caché, Etudes sur la vision tragique dans les Pensées de Pascal et dans le Théâtre de Racine*, Paris, Gallimard.
Goldmann, L. (1970), *Marxisme et sciences humaines*, Paris, Gallimard.
Goody, J. (1961), Religion and Ritual : The Definitional Problem, *British Journal of Sociology*, 12, 142-164.
Granet, M. (1980 b), *La pensée chinoise* [1934], Paris, Albin Michel.
Greenwald, D. E. (1973), Durkheim on Society, Thought and Ritual, *Sociological Analysis*, 34/3, 157-168.
Grevisse, M. (1980), *Le bon usage*, Paris, Duculot.
Gurvitch, G. (1950), *La vocation actuelle de la sociologie. I : Vers une sociologie différentielle. II : Antécédents et perspectives* [...], Paris, PUF.

Gurvitch, G. et Moore, W. E. (Eds.) (1947), *La sociologie au XXe siècle*, Paris, PUF, 2 vol.
Hamnett, I. (1984), Durkheim and the Study of Religion, *in* Fenton, *Durkheim and Modern Sociology*, 202-218.
Harrison, J. E. (1912), *Themis : A Study of the Social Origins of Greek Religion*, Cambridge, Univ. Press.
Hartland, E. S. (1900), Totemism and some Recent Discoveries, *Folklore*, 11.
Hartland, E. S. (1913), Australia : Totemism. Les formes élémentaires de la vie religieuse, *Man*, 13/6, 91-96.
Hawkins, M. J. (1979), Comte, Durkheim and the Sociology of Primitive Religion, *Sociological Review*, 27/3, 429-446.
Hempel, G. C. (1952), *Fundamentals of Concept Formation in Empirical Science*, Chicago, Univ. of Chicago Press.
Herrman, U. (1969), *Bibliographie Wilhelm Dilthey. Quellen und Litteratur*, Berlin, Weinham.
Holton, G. (Ed.) (1972), *The Twentieth-Century Sciences*, New York, Norton.
Honigsheim, P. (1964), The Influence of Durkheim and His School on the Study of Religion, *in* Wolff, *Essays in Sociology and Philosophy*, 233-246.
Horton, R. (1960), A Definition of Religion and its Uses, *Journal of Royal Anthropological Institute*, 90/2, 201-226.
Hubert, H. (1905), Etude sommaire de la représentation du temps dans la religion et la magie, *Annuaire de l'Ecole pratique des Hautes Etudes, section des sciences religieuses*, 1-39.
Hubert, H. et Mauss, M. (1904), Esquisse d'une théorie générale de la magie, *Année Sociologique*, 7, 1-146.
Hubert, H. et Mauss, M. (1909), *Mélanges d'histoire des religions*, Paris, Alcan.

Isambert, F.-A. (1976 a), L'élaboration de la notion de sacré dans l'Ecole durkheimienne, *Archives de sciences sociales des religions*, 42, 35-56.
Isambert, F.-A. (1976 c), Dorfles, G., Mythes et rites d'aujourd'hui, *Archives de Sciences sociales des Religions*, 41, 220.
Isambert, F.-A. (1982), *Le sens du sacré. Fête et religion populaire*, Paris, Minuit.
Isambert, F.-A. (1985), Pickering, W. S. F., Durkheim's Sociology of Religion, Themes and Theories, *Archives de Sciences sociales des Religions*, 59/2, 299-300.

Jacob, P. (Ed.) (1980), *De Vienne à Cambridge. L'héritage du positivisme logique de 1950 à nos jours*, Paris, Gallimard.
James, W. (1902), *The Varieties of Religious Experience : A Study in Human Nature*, New York, Longmans.
Jevons, F. B. (1899), The Place of Totemism in the Evolution of Religion, *Folklore*, 10/4, 369-383.
Jones, R. A. (1977), On Understanding a Sociological Classic, *American Journal of Sociology*, 83/2, 279-319.
Jones, R. A. (1978), Subjectivity, Objectivity, and Historicity : a Response to Johnson, *American Journal of Sociology*, 84/1, 175-181.

Jones, R. A. (1981), Robertson Smith, Durkheim and Sacrifice : an Historical Context for the Elementary Forms of Religious Life, *Journal for Historical Behavioral Science*, 17/2, 184-205.
Jones, R. A. (1985), Durkheim, Totemism, and the Intichiuma (Introduction to a translation of Durkheim « Sur le totémisme »), *History of Sociology*, 5/2, 79-89.
Jung, C. G. (1958), *Psychologie et religion*, Paris, Buchet-Chastel.

Karady, V. (1968), Présentation de l'édition, *in* Mauss, *Œuvres*, Paris, Minuit, I, I-LIII.
Karady, V. (1979), Stratégie de réussite et modes de faire-valoir de la sociologie chez les durkheimiens, *Revue française de Sociologie*, 20/1, 49-82.
Karady, V. (1983), The Durkheimians in Academe. A Reconsideration, *in* Besnard, *The Sociological Domain*, 71-89.
King, W. L. (1968), *Introduction to Religion : A Phenomenological Approach*, New York, Harper & Row.
Kuhn, Th. (1962), The Structure of Scientific Revolutions, Chicago, Chicago Univ. Press.

La Capra, D. (1972), *Emile Durkheim. Sociologist and Philosopher*, London, Cornell Univ. Press.
Lacroix, B. (1974), Lukes, S., Durkheim, *Revue française de Sociologie*, XV/3, 422-427.
Lacroix, B. (1981), *Durkheim et le politique*, Montréal, Presses Univ. de Montréal.
Laforgue, R. (1934), La pensée magique dans la religion, *Revue française de Psychanalyse*, I, 19-31.
Lakatos, I. (1970), Falsification and the Methodology of Scientific Research Programmes, *in* Lakatos-Musgrave, *Criticism and the Growth of Knowledge*, 91-196.
Lakatos, I. et Musgrave, A. (Eds) (1970), *Criticism and the Growth of Knowledge*, Cambridge, Cambridge Univ. Press.
Lalande, A. (1962), *Vocabulaire technique et critique de la philosophie*, Paris, PUF.
Lang, A. (1903), *Social Origins*, London, Longmans-Green.
Lang, A. (1905), *The Secret of the Totem*, London, Longmans-Green.
Lang, A. (1963), Religionsersatz, *Lexikon für Theologie und Kirche*, 8, 1173-1175.
Lardreau, G. (1985), *Discours philosophique et discours spirituel. Autour de la philosophie de Philoxene de Mabbourg*, Paris, Seuil.
Lenski, G. (1963), *The Religious Factor. A Sociologist's Inquiry*, Garden City, Doubleday.
Leuba, J. (1919), *La psychologie des phénomènes religieux*, Paris, Alcan.
Leuba, J. (1934), La pensée magique chez le névrosé, *Revue française de Psychanalyse*, I, 32-50.
Lévinas, E. (1982), *Du Dieu qui vient à l'idée*, Paris, Vrin.
Lévi-Strauss, C. (1947), La sociologie française, *in* Gurvitch-Moore, *La sociologie au XXe siècle*, vol. II, 513-545.

Lévi-Strauss, C. (1950), Introduction à l'œuvre de Marcel Mauss, *in* Mauss, *Sociologie et Anthropologie*, IX-LII.
Lévi-Strauss, C. (1960), Ce que l'ethnologie doit à Durkheim, *in* Varii, *Centenaire de la naissance de Durkheim, Annales de l'Université de Paris*, 30/1, 47-52.
Lévi-Strauss, C. (1980), *Le totémisme aujourd'hui* [1960], Paris, PUF.
Lightstone, J. (1986), *The Religion of Jewish Peoplehood : The Myth, Ritual and Institutions of the Civil Religion of Canadian Jewry* (à paraître).
Lipovetsky, G. (1983), *L'ère du vide*, Paris, Gallimard.
Lowie, R. H. (1936), *Essays in Anthropology*, Berkeley, Univ. of California Press.
Luckmann, Th. (1963), *Das Problem der Religion in der modernen Gesellschaft*, Freiburg, Rombach.
Luckmann, Th. (1967), *The Invisible Religion. The Problem of Religion in Modern Society*, New York, McMillan.
Luckmann, Th. (1977), Theories of Religion and Social Change, *The Annual Review of the Social Sciences of Religion*, 1, 1-28.
Lukes, S. (1968), *Emile Durkheim : An Intellectual Biography*, Oxford, Bodleian Library (Thesis).
Lukes, S. (1972), *Emile Durkheim : His Life and Work. A Historical and Critical Study*, New York, Harper & Row.
Lyotard, J. F. (1982), *La condition postmoderne*, Paris, Minuit.
Lyotard, J. F. (1984), *Le différend*, Paris, Minuit.

Machalek, R. (1977), Definitional Strategies in the Study of Religion, *Journal for the Scientific Study of Religion*, 16/4, 395-401.
Machalek, R. et Martin, M. (1976), « Invisible » Religions : Some Preliminary Evidence, *Journal for the Scientific Study of Religion*, 15/4, 311-321.
Maertens, J. T. (1978), *Ritologiques*, Paris, Aubier-Montaigne.
Maffesoli, M. (1982), *L'ombre de Dionysos. Contribution à une sociologie de l'orgie*, Paris, Méridiens.
Malinowski, B. (1913), Les formes élémentaires de la vie religieuse, *Folklore*, 24, 525-531.
Marion, R. (1982), *Dieu sans l'être*, Paris, Fayard.
Marwick, M. G. (Ed.) (1970), *Witchcraft and Sorcery : Selected Readings*, Harmondsworth, Penguin.
Marx, K. (1960), Critique de la philosophie du droit de Hegel [1844], *in* Marx-Engels, *Sur la religion*, 41-58.
Marx, K. et Engels, F. (1845), *Die heilige Familie, oder Kritik der kritischen Kritik, gegen Bruno Bauer und Konsorten*, Frankfurt am Main, Literarische Anstalt.
Marx, K. et Engels, F. (1960), *Sur la religion*, Paris, Editions Sociales.
Masslow, A. (1976 a), *Religions, Values, and Peak Experiences*, New York, Penguin Books.
Masslow, A. (1976 b), *The Farther Reaches of Human Nature*, New York, Penguin Books.
Matthes, J. (1969), *Kirche und Gesellschaft. Einführung in die Religionssoziologie*, II, Reinbeck, Rowohlt.

Mauss, M. (1904), L'origine des pouvoirs magiques dans les sociétés australiennes, *Annuaire de l'Ecole pratique de Hautes Etudes (Sect. Sc. rel.)*, 1-55.
Mauss, M. (1909), L'origine des pouvoirs magiques dans les sociétés australiennes, *in* Hubert-Mauss, *Mélanges d'Histoire des Religions*, 181-137.
Mauss, M. (1939), *Manuel d'ethnographie*, Paris, PUF.
Mauss, M. (1950), *Sociologie et anthropologie*, Paris, PUF.
Mauss, M. (1978), Introduction [1928], *in* Durkheim, *Le socialisme*, 17-21.
Mauss, M. (1979), [L'œuvre de Mauss par lui-même], *Revue française de sociologie*, 20/1, 209-220.
Mehl, R. (1951), Dans quelle mesure la sociologie peut-elle saisir la réalité de l'Eglise ?, *Revue d'Histoire et de Philosophie religieuses*, 21, 429-438.
Melton, J. G. (1978), *Encyclopaedia of American Religions*, Wilmington, McGrath, 2 vol.
Meslin, M. (1973), *Pour une science des religions*, Paris, Seuil.
Middleton, J. F. M. (1981), *Magic, New Encyclopaedia Britannica, Macropaedia*, 11, 298-302.
Mills, C. W. (1967), *L'imagination sociologique*, Paris, Maspero.
Misrahi, R. (1983), *Traité du bonheur*, Paris, Seuil.
Mitchell, M. (1976), The Individual and Individualism in Durkheim, *Sociological Analysis and Theory*, 6/3, 257-277.
Mitros, J. F. (1973), *Religions : A Select, Classified Bibliography*, Louvain/Paris, Nauwelaerts.
Mol, H. (1979), The Origin and Function of Religion : a Critique of, and Alternative to Durkheim's Interpretation of the Religion of Australian Aborigenes, *Journal for the Scientific Study of religion*, 18/4, 379-389.
Mol, H. (1982), *The Firm and the Formless : Religion and Identity in Aboriginal Australia*, Waterloo, W. Laurier Univ. Press.

Nagel, E. (1953), On the Method of Verstehen as the Sole Method of Philosophy, *The Journal of Philosophy*, 50/5, 154-157.
Nathan Grossman, J. D. (1975), On Peter Berger's Definition of Religion, *Journal for the Scientific Study of Religion*, 14, 289-292.
Needleman, J. et Baker, G. (1978), *Understanding the New Religions*, New York, Seabury.
Nisbet, R. A. (1965 a), *Emile Durkheim*, Englewood Cliffs, Prentice Hall.
Nisbet, R. A. (1965 b), The Religio-Sacred, *in* Nisbet, *Emile Durkheim*, 73-83.
Nisbet, R. A. (1974 a), *Sociology of Emile Durkheim*, New York, Oxford Univ. Press.
Nisbet, R. A. (1974 b), Religion, *in* Nisbet, *Sociology of Emile Durkheim*, 156-186, 284-285.

Oliver, I. (1976), The Limits of the Sociology of Religion : a Critique of the Durkheimian Approach, *British Journal of Sociology*, 27/4, 461-473.
Otto, R. (1917), *Das Heilige. Über das Irrationale in der idee des Göttlichen und sein Verhältnis zum Rationalen*, Breslau, Trewendt.

Pachter, M. (1985), Des nourritures impures... à propos de Mary Douglas, *Sociétés*, 6, 30-31.

Pannikar, R. (1969), *L'homme qui devient Dieu. La foi dimension constitutive de l'homme*, Paris, Aubier.
Parsons, T. (1937), *The Structure of Social Action*, New York, McGraw-Hill.
Parsons, T. (1951), *The Social System*, Glencoe, Free Press.
Parsons, T. (1963), Christianity and Modern Industrial Society, *in* Tiryakian, *Sociological Theory, Values and Sociocultural Change*, 33-70.
Parsons, T. (1965), Introduction [« Culture and the Social System »], *in* Parsons et al., *Theories of Society*, 963-993.
Parsons, T. (1966), Religion in a Modern Pluralistic Society, *Review of Religious Research*, 7, 125-146.
Parsons, T. (1972), On Building Social System Theory, *in* Holton, *The Twentieth Century Sciences*, 99-154.
Parsons, T. (1973), Durkheim on Religion Revisited. Another Lock at The Elementary Forms of the Religious Life, *in* Glock-Hammond, *Beyond the Classics*, 156-180.
Parsons, T. (1975), Comment on « Parsons' Interpretation of Durkheim » and on « Moral Freedom through Understanding in Durkheim », *American Sociological Review*, 40/1, 106-111.
Parsons, T. (1978), Comment on R. Stephen Warner's « Toward a Redefinition of Action Theory : Paying the Cognitive Element is Due », *American Journal of Sociology*, 83/6, 1350-1358.
Parsons, T. et al. (Eds) (1965), *Theories of Society*, Glencoe, Free Press.
Payette, M. (1981), Ethnocentrisme et religion, bibliographie thématique, *Archives des Sciences sociales des religions*, 52/1, 133-138.
Penner, H. H. et Yonan, E. (1972), Is a Science of Religion Possible ?, *The Journal of Religion*, 52, 107-133.
Pickering, W. S. F. (Ed.) (1975), *Durkheim on Religion. A Selection of Readings with Bibliographies and Introductory Remarks*, London, Routledge.
Pickering, W. S. F. (1984), *Durkheim's Sociology of Religion : Themes and Theories*, London, Routledge.
Pinard de La Boullaye, H. (1922), *L'étude comparée des religions. Essai critique*. Vol. I : *Son histoire dans le monde occidental*, Paris, Beauchesne.
Pinto, R. et Grawitz, M. (1964), *Méthodes des sciences sociales*, Paris, Dalloz, 2 vol.
Pope, W. (1973), Classic on Classic : Parson's Interpretation of Durkheim, *American Sociological Review*, 38/4, 399-415.
Pope, W. et Cohen, J. (1978), On R. Stephen Warner's Toward a Redefinition of Action Theory : Paying the Cognitive Element is Due, *American Journal of Sociology*, 83/6, 1359-1367.
Pope, W., Cohen, J. et Hazelrigg, L. E. (1975), On the Divergence of Weber and Durkheim : A Critique of Parsons' Convergence Thesis, *American Sociological Review*, 40/4, 417-427.
Popper, K. R. (1935), *Logik der Forschung*, Wien.
Poupard, P. (Ed.) (1985), *Dictionnaire des religions*, Paris, PUF.
Prades, J. A. (1966), *Introduction aux sciences politiques et sociales*, Louvain, IRES.
Prades, J. A. (1969), *La sociologie de la religion chez Max Weber. Essai d'analyse et de critique de la méthode*, Paris, Nauwelaerts.

Prades, J. A. (1973), Sur le concept de religion, *Studies in Religion / Sciences religieuses*, 3/1, 47-62.
Prades, J. A. (1981), La contribution d'Emile Durkheim à l'étude religiologique de la religion, *Sociologie du Sud-Est*, 30, 27-40.
Prades, J. A. (1983), Discours politique et universalité du sacré. Contribution à la vérification empirique d'une thèse de Durkheim, *Studies in Religion / Sciences religieuses*, 12/4, 433-447.
Prades, J. A. (1985 a), J. C. Alexander, Theoretical Logic in Sociology, *Studies in Religion / Sciences religieuses*, 14/2, 259-260.
Prades, J. A. (1985 b), W. S. F. Pickering, Durkheim's Sociology of Religion, *Revue française de Sociologie*, 3, 546-550.
Prades, J. A. (1985 c), Le sacré, Durkheim et la théorie de la religion, *Studies in Religion / Sciences religieuses*, 14/2, 242-246.
Puech, H. Ch. et Vignaux, P. (1970), La science des religions en France [1937], *in* Desroche-Séguy, *Introduction aux sciences humaines des religions*, 9-35.
Pummer, R. (1975), Recent Publications on the Methodology of the Science of Religion, *Numen*, 22/3, 161-182.

Rafie, M. (1981), Le suicide : empirie et... métaphysique, *Sociologie du Sud-Est*, 30, 41-62.
Rhea, B. (Ed.) (1978), *The Future of the Sociological Classics*, London, Allen & Unwin.
Richard, G. (1923), L'athéisme dogmatique en sociologie religieuse, *Revue d'Histoire et de Philosophie religieuse*, 125-137 et 229-261.
Richard, G. (1928), L'enseignement de la sociologie à l'Ecole normale primaire, *L'éducateur protestant*, 7, 198-209, 233-243, 295-307.
Rickert, H. (1896-1902), *Die Grenzen der naturwissenschaftlichen Begriffsbildung*, Tübingen, Mohr.
Ries, J. (1985 a), Durkheim, Emile (1858-1917), *in* Poupard, *Dictionnaire des religions*, 470.
Ries, J. (1985 b), Homo religiosus, *in* Poupard, *Dictionnaire des religions*, 722-727.
Robbins, Th., Anthony, D. et Curtis, Th. E. (1973), The Limits of Symbolic Realism : Problems of Emphatic Field Observation in a Sectarian Context, *Journal for the Scientific Study of Religion*, 12/3, 259-271.
Robertson, R. (1970), *The Sociological Interpretation of Religion*, Oxford, Blackwell.
Robertson, R. (1977), Individualism. Societalism. Worldliness. Universalism : Thematizing Theoretical Sociology of Religion, *Sociological Analysis*, 38/4, 281-308.
Robinson, R. (1968), *Definitions*, Oxford, Clarendon.
Roheim, G. (1930), *Animism, Magic and the Divine King*, London, Kegan Paul.
Roheim, G. (1950), The Œdipus Complex, Magic and Culture, *Psychoanalysis and the Social Sciences*, New York, International Univ. Press.
Roszak, T. (1969), *The Making of a Counter-Culture*, New York, Anchor.
Runciman, W. G. (1969), The Sociological Explanation of « Religious Beliefs », *Archives Européennes de Sociologie*, 10, 149-191.

Scheler, M. (1923), *Wesen und Formen der Sympathie*, Bonn, Cohen.
Schleiermacher, F. (1799), *Über die Religion. Reden an die Gebildeten unter ihren Verachten*, Halle, Hendel.
Schmid, G. (1979), *Principles of Integral Science of Religion*, The Hague, Mouton.
Schoffeleers, M. (1978), Clan Religion and Civil Religion : On Durkheim's Conception of God as a Symbol of Society, *in* Schoffeleers-Meijers, *Religion, Nationalism and Economic Action*, 13-51.
Schoffeleers, M. et Meijers, D. (1978), *Religion, Nationalism and Economic Action : Critical Questions on Durkheim and Weber*, Assen, Van Gorcum.
Schreiter, R. J. (1985), Mana, *in* Poupard, *Dictionnaire des religions*, 1018-1019.
Schütz, A. (1932), *Der sinnhafte Aufbau der sozialen Welt. Eine Einleitung in die verstehende Soziologie*, Wien, Springer.
Schütz, A. (1962), *Collected Papers*. Vol. I : *The Problem of Social reality*, The Hague, Nijhoff.
Seger (1957), *Durkheim and his Critics on the Sociology of Religion*, NY, Columbia University, Bureau of Applied Social Research.
Séguy, J. (1969), Peter Berger. The Social Reality of Religion, *Archives de sociologie des religions*, 28, 177-179.
Séguy, J. (1971), Peter Berger. La religion dans la conscience moderne, *Année sociologique*, 22, 411-414.
Séguy, J. (1972), Peter Berger. La rumeur de Dieu : Signes actuels du surnaturel, *Année sociologique*, 23, 396-398.
Séguy, J. (1980), *Christianisme et société. Introduction à la sociologie de E. Troeltsch*, Paris, Cerf.
Séguy, J. (1985), Sociologie générale et sociologie religieuse, *Archives des Sciences sociales des Religions*, 59/2, 205-215.
Selltiz, C. et al. (1959), *Research Methods in Social Relations*, Methuen, Holt.
Sharpe, E. J. (1975), *Comparative Religion. A History*, London, Duckworth.
Simmel, G. (1923), *Probleme der Geschichtsphilosophie* [1907], München, Dunker & Humblot.
Simpson, J. H. (1983), Power Transfigured : Guy Swanson's Analysis of Religion, *Religious Studies Review*, 9/4, 349-352.
Singer, A. (1981), Evans-Pritchard on Durkheim, *Journal of the Anthropological Society of Oxford*, XII/3, 150.
Skorupski, J. (1976), *Symbol and Theory. A Philosophical Study of Theories of Religion in Social Anthropology*, Cambridge, Cambridge Univ. Press.
Slater, P., Wiebe, D. et Horvath, T. (1981), Three Responses to Faith and Belief : A Review Article, *Studies in Religion / Sciences religieuses*, 10/1, 113-126.
Smart, N. (1978), *The Phenomenon of Religion*, London, Mowbrays.
Smart, N. (1981 *b*), Study of Religion, *New Encyclopaedia Britannica, Macropaedia*, 15, 613-628.
Smith, J. E. (1981), Religious Experience, *New Encyclopaedia Britannica, Macropaedia*, 15, 647-652.
Smith, W. C. (1977), *Belief and History*, Charlottesville, Univ. of Virginia Press.

Smith, W. C. (1979), *Faith and Belief*, Princeton Univ. Press.
Smith, W. R. (1880), Animal Worship and Animal Tribes among the Arabes in the Old Testament, *Journal of Philology*, IX/17, 75-100.
Smith, W. R. (1882), *The Prophets of Israel and their Place in the History to the Close of the Eight Century*, BC, Edinburgh, Black.
Smith, W. R. (1885), *Kinship and Marriage in Early Arabia*, Boston, Beacon Press.
Smith, W. R. (1886), Sacrifice, *Encyclopaedia Britannica* [9ᵉ éd.], 21, 132-138.
Smith, W. R. (1889), *Lectures on the Religion of The Semites*, New York, Appleton.
Snelling, C. H. et Whitley, O. R. (1974), Problem-Solving Behavior in Religious and Para-Religious Groups : An Initial Rapport, *in* Eister, *Changing Perspectives in the Scientific Study of Religion*, 315-336.
Söderblom, N. (1913), *Natürliche Theologie und allgemeine Religionsgeschichte*, Stockholm, Leipzig.
Spencer, H. (1878-1879), *Principes de sociologie*, Paris, Alcan (5 vol.).
Spiro, M. E. (1966), Religion, Problems of Definition and Explanation, *in* Banton, *Anthropological Approaches to the Study of Religion*, 85-126.
Spiro, M. E. (1972), La religion : problèmes de définition et d'explication, *in* Bradbury et al., *Essais d'anthropologie religieuse*, 109-152.
Stanner, W. E. H. (1966), *On aboriginal Religion*, Sydney, Oceania monograph 11.
Stanner, W. E. H. (1967), Reflections on Durkheim and Aboriginal Religion, *in* Freedman, *Social Organisation : Essays to Raymond Firth*, 217-240.
Stirrat, R. L. (1984), Sacred Models, *Man*, 19/2, 199-215.
Streng, F. J. (1981), Sacred or Holy, *New Encyclopaedia Britannica, Macropaedia*, 16, 122-126.
Sumpf, J. (1965), Durkheim et le problème de l'étude sociologique de la religion, *Archives de Sociologie des Religions*, 20, 63-73.
Swanson, G. (1960), *The Birth of Gods : The Origin of Primitive Beliefs*, Ann Arbor, Univ. of Michigan Press.
Swanson, G. (1967), *Religion and Regime : A Sociological Account of the Reformation*, Ann Arbor, Univ. of Michigan Press.
Swanson, G. (1968), Modern Secularity : Its Meaning, Sources and Interpretation, *in* Cutler, *The Religious Situation*, 801-834.
Swanson, G. (1971 a), Interpreting the Reformation, *Journal of Interdisciplinary History*, 1, 419-446.
Swanson, G. (1973), The Search for a Guardian Spirit : A Process of Empowerment in Simples Societies, *Ethnology*, 12, 359-378.
Swanson, G. (1976), Orphaeus and Star Husband : Meaning and Structure of Myths, *Ethnology*, 15, 115-133.
Swanson, G. (1980), A Basis of Authority and Identity in Post-Industrial Society, *in* Robertson et Holzner, *Identity and Authority*, 190-217.

Thomason, B. C. (1971), *Sociology and Existentialism*, Ottawa, National Library of Canada.
Tillich, P. (1948), *The Protestant Era*, Chicago, Chicago Univ. Press.
Tillich, P. (1968), *Le christianisme et les religions*, Paris, Aubier-Montaigne.

Tiryakian, E. A. (Ed.) (1963), *Sociological Theory. Values and Sociocultural Change*, Glencoe, Free Press.
Tiryakian, E. A. (1964), Introduction to a Bibliographical Focus on Emile Durkheim, *Journal for the Scientific Study of Religion*, 3, 247-254.
Tiryakian, E. A. (1978), Durkheim's Elementary Forms as Revelation, *in* Rhea, *The Future of the Sociological Classics*, 114-135.
Tocqueville, A. (1835), *De la démocratie en Amérique*, Paris, Gallimard, 2 vol.
Tylor, E. B. (1871), *Primitive Culture*, London, Murray, 2 vol.
Tylor, E. B. (1876), *La civilisation primitive*, Paris, Alcan.
Tylor, E. B. (1898), Remarks on the Totemism with Special Reference to Some Modern Theories Concerning it, *Journal of the Royal Anthropological Institute*, 28 (n.s.i.), 138-148.

Van der Leeuw, G. (1955), *La religion dans son essence et ses manifestations*, Paris, Payot.
Van Gennep, A. (1904), *Tabou et totémisme à Madagascar*, Paris, Leroux.
Van Gennep, A. (1913), E. Durkheim, Les formes [...], *Mercure de France*, 101, 389-391.
Van Gennep, A. (1920), *L'état actuel du problème totémique*, Paris, Leroux.
Varii (1916-1932), *Mythology of All Races*, Boston, Jones (13 vol.).
Varii (1934-1958), *History of Magic and Experimental Science*, New York, Columbia Univ. Press. (8 vol.).
Varii (1960), Centenaire de la naissance de Durkheim, *Annales de l'Université de Paris*, 1, 3-54.
Varii (1971), *Encyclopaedia of Superstitions, Folklore and the Occult Sciences of the World*, Detroit, Gale (3 vol.).
Varii (1975-1976), *L'Univers de la parapsychologie et de l'ésotérisme*, Romorantin, Martinsart (7 vol.).
Varii (1978), *Encyclopaedia universalis*, Paris, Enc. Universalis (20 vol.).
Varii (1981), *The New Encyclopaedia Britannica. Propaedia. Micropaedia* (10 vol.), *Macropaedia* (19 vol.), Chicago, Enc. Britannica.
Vergotte, A. (1966), *Psychologie religieuse*, Bruxelles, Dessart.
Vergotte, A. (1984), *Religion, foi, incroyance. Etude psychologique*, Bruxelles, Mardaga.

Waardenburg, J. (1972), Religion between Reality and Idea. A Century of Phenomenology of Religion in the Nederlands, *Numen*, 19, 128-203.
Waardenburg, J. (1978 a), *Reflections on the Study of Religion. Including an Essay on the Work of Gerardus van der Leeuw*, The Hague, Mouton.
Waardenburg, J. (1978 b), The Category of Faith in Phenomenological Research, *in* Waardenburg, *Reflections on the Study of Religion*, 79-88.
Wach, J. (1951), *Types of Religious Experience, Christian and Non-Christian*, Chicago, Univ. of Chicago Press.
Wach, J. (1955), *Sociologie de la religion*, Paris, Payot.
Wackenheim, Ch. (1963), *La faillite de la religion d'après Karl Marx*, Paris, PUF.
Wallace, R. A. (1977), Emile Durkheim and the Civil Religion Concept, *Review of Religious Research*, 18/3, 287-290.

Warner, R. S. (1978), Toward a Redefinition of Action Theory : Paying the Cognitive Element is Due, *American Journal of Sociology*, 83/6, 1317-1349.
Watts, A. W. (1976), *L'esprit du Zen*, Paris, Dangles.
Webb, C. C. J. (1916), *Group Theories of Religion and the Individual*, London, Allen & Unwin.
Weber M[arianne]. (1926), *Max Weber. Ein Lebensbild*, Tübingen, Mohr.
Weber, M. (1906), Kritische Studien auf dem Gebiet der kulturwissenschaftlichen Logik, *Archiv für Sozialwissenschaft und Sozialpolitik*, 22, 143-207.
Weber, M. (1913), Über einige Kategorien der verstehenden Soziologie, *Logos*, 4, 253-294.
Weber, M. (1920 a), *Gesammelte Aufsätze zur Religionssoziologie*, Tübingen, Mohr, 3 vol.
Weber, M. (1920 b), Die protestantische Ethik und der Geist der Kapitalismus, *in* Weber, *Gesammelte Aufsätze zur Religionssoziologie*, I, 17-206.
Weber, M. (1920 c), Das antike Judentum, *in* Weber, *Gesammelte Aufsätze sur Religionssoziologie*, vol. III.
Weber, M. (1922), *Wirtschaft und Gesellschaft. Grundriss der verstehenden Soziologie*, Tübingen, Mohr.
Weber, M. (1964 b), *The Sociology of Religion*, Boston, Beacon Press.
Weigert, A. J. (1974 a), Comment and Reply. Functional, Substantive or Political ? A Comment on Berger's « Second Thoughts on Defining Religion », *Journal for the Scientific Study of Religion*, 13/4, 483-486.
Weigert, A. J. (1974 b), Whose Invisible Religion ? Luckmann Revisited, *Sociological Analysis*, 35/3, 181-188.
Weill, G. (1911), *Histoire du mouvement social en France, 1852-1910*, Paris, Alcan.
Wesley, F. (1984), *The Complex Forms of the Religious Life ; a Durkheimian Analysis of New Religious Movements*, Chico, Scholar's Press.
White, H. W. (1977), *Reductive Explanations of Religion with Special Reference to Durkheim*, Montreal, McGill University [Thesis].
Wilson, J. (1978), Outside Mediator for a Family Feud, *Journal for the Scientific Study of Religion*, 17/1, 74-75.
Wolf, K. H. (Ed.) (1964), *Essays in Sociology and Philosophy*, New York, Harper.
Wundt, W. (1912), *Elemente der Völkerpsychologie*, Leipzig, Theil.
Wunenberger, J.-J. (1981), *Le sacré*, Paris, PUF.
Wuthnow, R. (1983), Durkheim via Swanson, *Religious Studies Review*, 9/4, 352-356.

Yinger, J. M. (1967), Pluralism, Religion, and Secularism, *Journal for the Scientific Study of Religion*, VI, 17-28.

Zaretsky, I. et Leaon, M. P. (1974), *Religious Movements in Contemporary America*, Princeton, Princeton Univ. Press.
Zucker, K. (1952), *Psychologie de la superstition*, Paris, Payot.

2
RÉFÉRENCES A L'ŒUVRE DE DURKHEIM

1885 a   Schaeffle, A., Bau und Leben des sozialen Körpers : Erster Band, *Revue philosophique*, XIX, 84-101 [Compte rendu] (T. 1 : 355-377).

1885 b   Fouillée, A., La propriété sociale et la démocratie, *Revue philosophique*, XIX, 446-453 [Compte rendu] (*SSA* : 171-183).

1885 c   Glumpowicz, Ludwig, Grundriss der Soziologie, *Revue philosophique*, XX, 627-634 [Compte rendu] (T. 1 : 344-354).

1886 a   Les études de science sociale, *Revue philosophique*, XXII, 61-80 [Comptes rendus] (*SSA* : 184-214).

1886 b   DeGreef, Guillaume, Introduction à la sociologie, *Revue philosophique*, XXII, 658-663 [Compte rendu] (T. 1 : 37-43).

1887 a   La philosophie dans les universités allemandes, *Revue internationale de l'enseignement*, XIII, 313-338, 423-440 (T. 3 : 437-486).

1887 b   Guyau, M., L'irréligion dans l'avenir, *Revue philosophique*, XXIII, 299-311 [Compte rendu] (T. 2 : 149-165).

1887 c   La science positive de la morale en Allemagne, *Revue philosophique*, XXIV, 33-58, 113-142, 275-284.

1888 a   Cours de science sociale : leçon d'ouverture, *Revue internationale de l'enseignement*, XV, 23-48 (*SSA* : 77-110).

1888 c   Introduction à la sociologie de la famille, *Annales de la Faculté des Lettres de Bordeaux*, 257-281.

1890 a   Les principes de 1789 et la sociologie, *Revue internationale de l'enseignement*, XIX, 450-456 [Compte rendu] (*SSA* : 215-225).

1892 a   *Quid Secundatus Politicae Scientae Instituendae Contulerit*, Bordeaux, Gounouilhou.

1893 b   *De la division du travail social : étude sur l'organisation des sociétés supérieures*, Paris, Alcan.

1893 c   Note sur la définition du socialisme, *Revue de philosophie*, XXXVI, 506-512.

1894 a   Les règles de la méthode sociologique, *Revue philosophique*, XXXVII, 465-498, 577-607 ; XXXVIII, 14-39, 168-182.

1895 a   *Les règles de la méthode sociologique*, Paris, Alcan.

1895 d   L'origine du mariage dans l'espèce humaine d'après Westermack, *Revue philosophique*, XL, 606-623 [Compte rendu].

1897 a   *Le suicide, étude de sociologie*, Paris, Alcan.

1897 f   [Contribution à Enquête sur l'œuvre de H. Taine], *Revue blanche*, 13, 287-291 (T. 1 : 171-177).

1898 a (ii)   La prohibition de l'inceste et ses origines, *L'Année sociologique*, I, 1-70.

1898 a (iv) (1)	Kohler, Professor J., Zur Urgeschichte der Ehe. Totemismus, Gruppenehe, Mutterecht, *L'Année sociologique*, I, 306-319 [Compte rendu].
1898 a (iv) (8)	Friedrichs, Karl, Familienstufun und Eheformen, *L'Année sociologique*, I, 343-344 [Compte rendu].
1898 a (iv) (9)	Garufi, C. A., Ricerche sulli usi nuziali nel medio evo in Sicilia, *L'Année sociologique*, I, 345 [Compte rendu].
1898 a (iv) (10)	Schulenburg, Emil, Die Spuren des Bratraubes, etc., *L'Année sociologique*, I, 346-347 [Compte rendu].
1898 b	Représentations individuelles et représentations collectives, *Revue de métaphysique et de morale*, VI, 273-302 (*So. Phi.* : 13-50).
1898 c	L'individualisme et les intellectuels, *Revue bleue*, 4ᵉ série, X, 7-13 (*SSA* : 261-278).
1899 a (i)	Préface, *L'Année sociologique*, II, i-vi.
1899 a (ii)	De la définition des phénomènes religieux, *L'Année sociologique*, II, 1-28.
1899 a (iv) (13)	Ciszewski, Stanislas, Künstliche Verwandtschaft bei den Südslaven, *L'Année sociologique*, II, 321-323.
1900 a (8)	Spencer, Baldwin et Gillen, F. J., The Native Tribes of Central Australia, *L'Année sociologique*, III, 330-336 [Compte rendu].
1900 b	La sociologie en France au XIXᵉ siècle, *Revue bleue*, 4ᵉ série, XII, 609-613, 647-652 (*SSA* : 111-136).
1901 a	*L'Année sociologique*, IV.
1901 a (i)	Deux lois de l'évolution pénale, *L'Année sociologique*, IV, 65-95.
1901 a (iii) (28)	Lourbet, Jacques, Le problème des sexes, *L'Année sociologique*, IV, 364 [Compte rendu].
1901 a (iii) (29)	Frazer, J. G., Suggestions as to the Origin of Gender in Language, *L'Année sociologique*, IV, 364-365 [Compte rendu].
1901 c	*Les règles de la méthode sociologique, revue et augmentée d'une préface nouvelle*, Paris, Alcan.
1902 a (i)	Sur le totémisme, *L'Année sociologique*, V, 82-121.
1902 a (iii) (28)	Lambert, Edouard, La tradition romaine sur la succession des formes du testament devant l'histoire comparative, *L'Année sociologique*, IV, 364-365 [Compte rendu].
1902 a (iii) (32)	Kovalewsky, Maxime, La gens et le clan, *L'Année sociologique*, V, 373-376 [Compte rendu].
1903 a (i)	De quelques formes primitives de classification : Contributions à l'étude des représentations collectives, *L'Année sociologique*, VI, 1-72.
1903 a (iii) (19)	Schurtz, Heinrich, Altersklassen und Männerbünde, *L'Année sociologique*, VI, 317-323 [Compte rendu].
1903 a (iii) (31)	Caillemer, R., Origines et développement de l'exécution testamentaire, *L'Année sociologique*, VI, 345-350 [Compte rendu].

1903 a (iii) (32) Crowley, Ernest, The MysticRose. A Study of Primitive Marriage, *L'Année sociologique*, VI, 352-358 [Compte rendu].
1903 a (iii) (34) Esmein, A., Les coutumes primitives dans les écrits des mythologues grecs et romains, *L'Année sociologique*, VI, 359-361 [Compte rendu].
1903 a (iii) (35) Révész, Géza, Das Trauerjahr der Witwe, *L'Année sociologique*, VI, 361-365 [Compte rendu].
1903 a (iii) (37) Lefebvre, C., Le mariage civil n'est-il qu'un contrat ?, *L'Année sociologique*, VI, 365-366 [Compte rendu].
1903 a (iii) (38) Rullkoeter, William, The Legal Protection of Woman among the Ancient Germans, *L'Année sociologique*, VI, 366-367 [Compte rendu].
1903 a (iii) (39) Courant, Maurice, En Chine, *L'Année sociologique*, VI, 367-369 [Compte rendu].
1903 a (iii) (43) Huvelin, P., Les tablettes magiques et le droit romain, *L'Année sociologique*, VI, 388-390 [Compte rendu].
1903 a (iii) (47) Dépinay, J., Le régime dotal, *L'Année sociologique*, VI, 418-420 [Compte rendu].
1903 a (iii) (48) Griveau, Paul, Le régime dotal de la France, *L'Année sociologique*, VI, 418-420 [Compte rendu].
1903 a (iii) (52) Scrader, Franz, Le Facteur planétaire de l'évolution humaine, Lois terrestres et coutumes humaines, *L'Année sociologique*, VI, 539-540 [Compte rendu].
1903 b Pédagogie et sociologie, *Revue de métaphysique et de morale*, XI, 37-54 (*Ed. So.* : 81-102).
1903 c Sociologie et sciences sociales [avec P. Fauconnet], *Revue philosophique*, LV, 465-497 (T. 1 : 121-159).
1903 d Lang, A., Social Origins and Atkinson, J. J., Primal Law, *Folklore*, XIV, 420-425 [Compte rendu] (T. 2 : 123-128).
1904 a (5) Lévy-Bruhl, L., La morale et la science des mœurs, *L'Année sociologique*, VII, 380-384 (*JS* : 467-470).
1904 a (18) Letourneau, C., La condition de la femme dans les diverses races et civilisations, *L'Année sociologique*, VII, 433-434 [Compte rendu].
1904 a (19) Gaudefroy-Demombynes, Les cérémonies du mariage chez les indigènes de l'Algérie, *L'Année sociologique*, VII, 435-436 [Compte rendu].
1904 a (20) Pidoux, Pierre-André, Histoire du mariage et du droit des gens mariés en Franche-Comté, *L'Année sociologique*, VII, 436-438 [Compte rendu].
1904 a (21) Bauer, Max, Das Geschlechtsleben in der deutschen Vergangenheit, *L'Année sociologique*, VII, 438-440 [Compte rendu].
1904 d Réponse à M. Lang, *Folklore*, XV, 215-216.
1905 a (i) Sur l'organisation matrimoniale des sociétés australiennes, *L'Année sociologique*, VIII, 118-147.
1905 a (ii) (9) Tsugaru, Fusamaro, Die Lehre von der japanischen Adoption, *L'Année sociologique*, VIII, 409-413 [Compte rendu].

1905 a (ii) (12)	Nietzold, Johannes, Die Ehe in Ägypten zur ptolemäisch-römischen Zeit, *L'Année sociologique*, VIII, 415-418 [Compte rendu].
1905 a (ii) (14)	Mielzines, M., The Jewish Law of Marriage and Divorce, *L'Année sociologique*, VIII, 419-421 [Compte rendu].
1905 a (ii) (15)	Twasaky, Kojiro, Das japanische Eherecht, *L'Année sociologique*, VIII, 421-425 [Compte rendu].
1905 a (ii) (17)	Bartsch, Robert, Die Rechtsstellung der Frau als Gattin und Mutter, *L'Année sociologique*, VIII, 425-427 [Compte rendu].
1905 f (1)*	[L.-G. Lévy, La famille dans l'antiquité israélite], *Revue de philosophie*, 6, 484-490 (T. 2 : 130-133).
1906 a (13)	Merker, M., Die Masai. Ethnographische Monographie eines ostrafrikanischen Semitenvolkes, *L'Année sociologique*, IX, 331-337 [Compte rendu].
1906 a (19)	Howitt, A. W., The Native Tribes of South-East Australia, *L'Année sociologique*, IX, 355-368 [Compte rendu].
1906 a (21)	Kovalewski, Maxime, Le clan chez les tribus indigènes de la Russie, *L'Année sociologique*, IX, 369 [Compte rendu].
1906 a (31)	Kelles-Krauz, Casimir de, L'origine des interdictions sexuelles, *L'Année sociologique*, IX, 393-394 [Compte rendu].
1906 b	La détermination du fait moral, *Bulletin de la Société française de Philosophie*, VI [*So. Phi.* : 51-101].
1907 a (16)	Lang, Andrew, The Secret of the Totem, *L'Année sociologique*, X, 400-409 [Compte rendu].
1907 a (20)	Engert, Thad., Ehe- und Familienrecht der Hebräer, *L'Année sociologique*, X, 427-429 [Compte rendu].
1907 a (23)	Guigon, Henri, La succession des bâtards dans l'ancienne Bourgogne, *L'Année sociologique*, X, 435-436 [Compte rendu].
1907 a (26)	Mallard, Henri, Etude sur le droit des gens mariés, *L'Année sociologique*, X, 438-439 [Compte rendu].
1907 b	Lettres au Directeur de la « Revue néo-scolastique », *Revue néo-scolastique*, XIV, 606-607, 612-614 (T. 1 : 401-405).
1907 f	[Cours d'Emile Durkheim à la Sorbonne, résumé de P. Fontana], *Revue de philosophie*, VII, 5, 528-539 ; 7, 92-114 ; 12, 620-638.
1908 a (1)	[Contribution à la discussion : Pacifisme et patriotisme], *Bulletin de la Société française de Philosophie*, VIII, 44-49, 51-52, 66-67, 69 (*SSA* : 293-304).
1909 a (1)	[Contribution à la discussion : Science et religion], *Bulletin de la Société française de Sociologie*, IX, 56-60 (T. 2 : 142-146).
1909 d	Sociologie religieuse et théorie de la connaissance, *Revue de métaphysique et de morale*, XVII, 733-758 (T. 1 : 184-188).
1909 e	Sociologie et sciences sociales, in *De la méthode des sciences*, 1re série, Paris, Alcan, 259-285 (*SSA* : 137-170).
1910 a (ii) (2)	Systèmes religieux des sociétés inférieures [avec M. Mauss], *L'Année sociologique*, XI, 75-76.

1910 a (iii) (3)	Strehlow, C., Die Aranda und Loritja-Stämme in Zentral-Australian [avec M. Mauss], *L'Année sociologique*, XI, 76-81 [Compte rendu].
1910 a (iii) (4)	Marzan (de), Le totémisme aux îles Fiji, *L'Année sociologique*, XI, 105-106 [Compte rendu].
1910 a (iii) (5)	Rivers, W. H. R., Totemism in Fiji, *L'Année sociologique*, XI, 105-106 [Compte rendu].
1910 a (iii) (6)	Seligman, Note on the Totemism in New Guinea, *L'Année sociologique*, XI, 105-106 [Compte rendu].
1910 a (iii) (9)	Thomas, Northcote, W., Kinship Organization and Group Marriage in Australia, *L'Année sociologique*, XI, 335-343 [Compte rendu].
1910 a (iii) (12)	Obrist, Alfred, Essai sur les origines du testament romain, *L'Année sociologique*, XI, 352-355 [Compte rendu].
1910 a (iii) (14)	Kohler, Joseph, Über Totemismus und Urebe, *L'Année sociologique*, XI, 359-361 [Compte rendu].
1910 a (iii) (15)	Kohler, Joseph, Eskimo und Gruppenehe, *L'Année sociologique*, XI, 359-361 [Compte rendu].
1910 a (iii) (16)	Kholer, Joseph, Nochmals über Gruppenehe end Totemismus, *L'Année sociologique*, XI, 359-361 [Compte rendu].
1910 a (iii) (17)	Crawley, A. E., Exogamy and the Mating of Cousins, *L'Année sociologique*, XI, 361-362 [Compte rendu] (T. 3 : 102-104).
1910 a (iii) (18)	Lang, A., Australian Problems, *L'Année sociologique*, XI, 361-362 [Compte rendu] (T. 3 : 102-104).
1910 a (iii) (20)	Richard, Gaston, La femme dans l'histoire, *L'Année sociologique*, XI, 369-371 (T. 3 : 150-152).
1910 a (iii) (26)	Lasch, Richard, Der Eid. Seine Entstebung und Beziebung zu Glaube und Brauch der Naturvölker, *L'Année sociologique*, XI, 460-465.
1911 b	Jugements de valeur et jugements de réalité, *Revue de métaphysique et de morale*, XIX, 437-453 (*So. Phi.* : 102-121).
1912 a	*Les formes élémentaires de la vie religieuse : le système totémique en Australie*, Paris, Alcan.
1913 a (i) (2)	Sur les systèmes religieux des sociétés inférieures, *L'Année sociologique*, XII, 90-91.
1913 a (ii) (6)	Lévy-Bruhl, Les fonctions mentales dans les sociétés inférieures, *L'Année sociologique*, XII, 33-37 [Compte rendu].
1913 a (ii) (7)	Durkheim, Emile, Les formes élémentaires de la vie religieuse, *L'Année sociologique*, XII, 33-37 [Compte rendu].
1913 a (ii) (8)	Wundt, Wilhelm, Elemente der Völkerpsychologie, *L'Année sociologique*, XII, 50-61 [Compte rendu].
1913 a (ii) (10)	Visscher, H., Religion und soziales Leben bei den Naturvölkern, *L'Année sociologique*, XII, 83-88 [Compte rendu].
1913 a (ii) (11)	Totemism and Exogamy [avec M. Mauss], *L'Année sociologique*, XII, 91-98 [Compte rendu].

1913 a (ii) (12)	Durkheim, Les formes élémentaires de la vie religieuse [avec M. Mauss], *L'Année sociologique*, XII, 91-98 [Compte rendu].
1913 a (ii) (13)	Goldenweiser, A. A., Totemism, an Analytical Study, *L'Année sociologique*, XII, 100-101 [Compte rendu].
1913 a (ii) (15)	Deploige, Simon, Le conflit de la morale et de la sociologie, *L'Année sociologique*, XII, 326-328 [Compte rendu] (T. 1 : 405-407).
1913 a (ii) (16)	Fletcher, Alice C., et La Fleche, Francis, The Omaha Tribe, *L'Année sociologique*, XII, 366-371 [Compte rendu].
1913 a (ii) (17)	Endle, Sidney, The Kacharis [avec M. Mauss], *L'Année sociologique*, XII, 375-378 [Compte rendu].
1913 a (ii) (20)	Torday et Joyce, Notes ethnographiques [...] [avec M. Bianconi], *L'Année sociologique*, XII, 384-390 [Compte rendu] (T. 3 : 298-304).
1913 a (ii) (23)	Guttmann, Bruno, Dichten und Denken der Dschagga-Neger, *L'Année sociologique*, XII, 395-397 [Compte rendu] (T. 3 : 309-312).
1913 a (ii) (24)	Holis, The Nandi, *L'Année sociologique*, XII, 395-397 [Compte rendu] (T. 3 : 309-312).
1913 a (ii) (25)	Hobley, C. W., Ethnology of Akamba and other East African Tribes, *L'Année sociologique*, XII, 395-397 [Compte rendu] (T. 3 : 309-312).
1913 a (ii) (28)	Hartland, E. Sidney, Primitive Paternity, *L'Année sociologique*, XII, 410-414 [Compte rendu].
1913 a (ii) (30)	Averbury, Lord, Marriage, Totemism and Exogamy, *L'Année sociologique*, XII, 429 [Compte rendu] (T. 3 : 105).
1913 a (ii) (31)	Frazer, Totemism and Exogamy, *L'Année sociologique*, XII, 429-432 [Compte rendu].
1913 a (ii) (32)	Opet, Otto, Brauttradition und Consensgespräch in mittelalterischen Trauungsritualen, *L'Année sociologique*, XII, 433 [Compte rendu].
1913 a (ii) (33)	Neubecker, F. K., Die Mitgift in rechtsvergleichender Darstellung, *L'Année sociologique*, XII, 434 [Compte rendu].
1913 a (ii) (34)	Aubéry, Gaëtan, La communauté des biens conjugale, *L'Année sociologique*, XII, 434-437 [Compte rendu].
1913 b	Contribution à la Discussion : Le problème religieux et la dualité de la nature humaine, *Bulletin de la Société française de Philosophie*, XIII, 63-75 [...] ; 108-111 (T. 2 : 23-59 ; 60-64).
1914 a	Le dualisme de la nature humaine et ses conditions sociales, *Scientia*, XV, 206-221 (*SSA* : 314-332).
1916 c*	La grandeur morale de la France : L'Ecole de demain, *Manuel général de l'instruction primaire* [...], 83/17, 217-218 [Réponse à une enquête] (*RFS*, 1976, 17/2, 193-195).
1919 b	La conception sociale de la religion, *in* Abauzit, F. *et al.*, *Le sentiment religieux à l'heure actuelle*, 97-105, 142-143 (*SSA* : 305-313 ; T. 2 : 146-148).

1921 a	La famille conjugale : conclusion du cours sur la famille, *Revue de philosophie*, XC, 1-14.
1922 a	*Education et sociologie*, Paris, Alcan.
1924 a	*Sociologie et philosophie*, Paris, Alcan.
1925 a	*L'éducation morale*, Paris, Alcan.
1928 a	*Le socialisme*, Paris, Alcan.
1955 a	*Pragmatisme et sociologie*, Paris, Vrin.
1967 a	Discours aux lycéens de Sens, *Cahiers internationaux de sociologie*, XLIII, 25-32 (T. 1 : 409-417).
1968 a*	De l'enseignement de la morale à l'école primaire [transcrit par Raymond Lenoir], *in* Lukes, S., 1968, *Emile Durkheim : an Intellectual Biography*, II, 147-241.
1968 c*	La morale [notes de cours prises par G. Davy], *in* Lukes, S., 1968, *Emile Durkheim : an Intellectual Biography*, II, 248-260 (T. 2 : 12-22).
1968 d*	La morale [notes de cours prises par A. Cuvillier], *in* Lukes, S., 1968, *Emile Durkheim : an Intellectual Biography*, II, 217-224 (T. 2 : 292-312 ; T. 3 : 217-224).
1969 c	*Journal sociologique*, Paris, PUF.
1970 a	*La science sociale et l'action*, Paris, PUF.
1971**	*Le socialisme*, Paris, PUF.
1973 a*	*On Morality and Society*, Chicago, Univ. of Chicago Press.
1975 a**	*Textes*. Vol. I : *Eléments d'une théorie sociale*, Paris, Minuit.
1975 b**	*Textes*. Vol. II : *Religion, morale, anomie*, Paris, Minuit.
1975 c**	*Textes*. Vol. III : *Fonctions sociales et institutions*, Paris, Minuit.
1978**	*Le socialisme*, Paris, Retz.

N.B. — Les publications de Durkheim qui ne se trouvent pas dans la bibliographie de Lukes (1972) mais qui ont été signalées par Pickering dans le *Bulletin d'études durkheimiennes* (n°s 2 à 10), portent un astérisque (*). Les publications de Durkheim qui ne sont pas signalées ni par Lukes ni par Pickering portent deux astérisques (**).